CLASSIQUES JAUNES

Littératures francophones

Robert Garnier

Hippolyte *(1573)*
La Troade *(1579)*

Robert Garnier

Hippolyte *(1573)*
La Troade *(1579)*

Édition critique par Jean-Dominique Beaudin,
établie d'après le texte de 1585

PARIS
CLASSIQUES GARNIER
2019

Jean-Dominique Beaudin, agrégé de grammaire, est un spécialiste de la tragédie française du XVIe siècle.

Couverture :
« *Les Héros de la Guerre de Troie* » de Johann Heinrich Wilhelm Tischbein.
Gravure sur cuivre.
Berlin, collection des archives.

ISBN 978-2-406-09257-5
ISSN 2417-6400

AVANT-PROPOS

Les deux tragédies réunies dans ce volume présentent des affinités, mais aussi de notables différences, et c'est là que réside tout l'intérêt de ce rapprochement.

Les deux pièces ont en commun la nature de leurs sujets, empruntés aux légendes grecques anciennes, traités auparavant à la fois par Euripide et par Sénèque. Si, dans *Hippolyte* (1573), l'influence de Sénèque est prédominante, elle n'est pas la seule dans *La Troade* (1579), où la source grecque est importante, puisque Garnier, tout en empruntant aux *Troades* de Sénèque, s'inspire également des *Troyennes* et de l'*Hécube* d'Euripide, selon le principe bien connu de la *contamination*.

Les personnages féminins (Phèdre et la nourrice dans la première pièce, la reine Hécube et les nombreuses captives troyennes dans la seconde) occupent une place de premier plan. Hécube, exemple du malheur accompli, reste sur la scène d'un bout à l'autre du drame. Cassandre, Andromaque, Polyxène se succèdent, offrant au spectateur une galerie de personnages émouvants et attachants, en raison de leur infortune.

D'autre part, le caractère élégiaque de ces deux tragédies est fortement marqué, ce qui est, on le sait, le propre de la plupart des tragédies de cette époque. Elles ont en outre été publiées dans la même décennie.

Elles présentent l'une et l'autre des caractères rhétoriques très proches (figures telles que l'hypotypose, la répétition, l'imprécation, la comparaison, pour ne citer que quelques-unes d'entre elles) ; elles sont écrites en un style soutenu, noble, sublime et véhément, qui n'est pas sans rapport avec le genre épique. La couleur poétique et lyrique du texte se manifeste constamment, atteignant son apogée dans les parties chorales. Il convient d'ailleurs de prendre le terme de *lyrisme* au sens antique (strophes prononcées ou chantées par un chœur, dont la voix, les mouvements, voire les pas de danse, peuvent s'accompagner de musique, du son de la *lyre* notamment), ce qui n'exclut pas de donner au mot également son acception moderne, celle de l'expression vive et animée des sentiments.

Mais la confrontation de ces deux pièces permet aussi de saisir entre elles d'importantes différences. *Hippolyte* est une tragédie privée et amoureuse, dont les préoccupations politiques ne sont pas totalement absentes, quoique discrètes, et qui a comme objet principal la représentation de la fureur amoureuse, destructrice à tous égards, tandis que *La Troade* met en scène les horreurs de la guerre, la cruauté des vainqueurs à l'égard des vaincus. Garnier, à travers le destin ambigu d'Astyanax et l'allusion implicite aux origines légendaires de la Gaule, lance un appel voilé à la reconstruction de la France, déchirée par les guerres civiles.

Des différences apparaissent encore dans la dramaturgie des deux tragédies. *Hippolyte* se construit autour de la passion dévorante et criminelle de Phèdre, qui, selon les ordres d'un destin implacable (du moins en apparence), va provoquer la mort de l'innocent héros Hippolyte. Dans *La Troade*, c'est la ruine de tout un peuple que le poète représente, et le tragique (ainsi que le pathétique) repose sur l'accumulation incessante et accélérée des infortunes, jusqu'à un paroxysme toujours surpassé dans l'horreur et la douleur.

D'autre part, les deux pièces posent des problèmes métaphysiques et religieux. Ces derniers semblent très complexes, voire obscurs, dans la première, tandis que, dans la seconde, au-delà du plan des funestes péripéties, se profile plus nettement la grave question de la Providence, de la justice et du gouvernement divins.

Chacune des deux tragédies, enfin, illustre parfaitement la variété et l'évolution du talent de Robert Garnier. Si l'*Hippolyte* se signale encore par un certain « statisme » rhétorique et dramatique, *La Troade*, elle, présente une plus grande diversité de formes scéniques et de dialogues, d'une vivacité accrue, et un dynamisme efficace du point de vue théâtral. La véhémence du style, saluée par Ronsard, lequel évoque Eschyle dans un poème liminaire, fait de *La Troade* un des sommets de la tragédie humaniste.

HIPPOLYTE

« Car à la mort des hommes pieux,
Les dieux n'éprouvent pas de joie ;
Mais les méchants, nous les frappons,
Eux, leurs enfants, et leurs maisons. »

Euripide, *Hippolyte*, vers 1339-1341

« Toute la cité partage cette douleur
Qui frappe à l'improviste.
On versera des larmes à grands flots :
Quand on apprend la mort des héros,
Le deuil dure plus longtemps. »
Ibidem, vers 1462-1466

INTRODUCTION

LE MODÈLE SÉNÉQUIEN ET LA STRUCTURE DU DRAME

Après la publication de *Porcie* (1568), Garnier s'attelle à une seconde tragédie romaine, *Cornélie*, dont il interrompt provisoirement la rédaction pour composer une tragédie grecque[1], délaissant ainsi momentanément le cycle des guerres civiles romaines pour un drame privé[2], dont le thème est l'amour d'une belle-mère pour son beau-fils. C'est pourquoi cette pièce a semblé longtemps constituer une œuvre à part dans le théâtre de Garnier. En réalité, les préoccupations politiques n'en sont nullement absentes[3],

1 Marie-Madeleine Mouflard (*Robert Garnier*, I, p. 331-333) situe la composition d'*Hippolyte* dans les années 1569-1570, en s'appuyant sur des détails biographiques et sur des déclarations de l'auteur lui-même. En effet, dans son *Élégie à Nicolas de Ronsard*, Garnier donne des renseignements sur la genèse de sa pièce. Emmanuel Buron juge fragile l'argumentation de Marie-Madeleine Mouflard. Il pense, à partir d'un sonnet que Paschal Robin du Faux écrit au début de 1572, où celui-ci souhaite que Garnier achève sa pièce et la porte à la scène, que le poète manceau a composé *Hippolyte* en 1572, et l'a fait représenter peu de temps après l'avoir terminée, en 1573 (*Lectures de Robert Garnier*…, p. 19-20).

2 Aristote accorde une place importante au pathétique issu de conflits familiaux (*Poétique*, 1453 b).

3 Égée, s'adressant à Hippolyte, dit, dans les premières éditions, au vers 142 : *La gloire de tes ans ne deshonore pas.* Garnier corrige ainsi le vers

car, derrière le drame domestique, se profile une réflexion politique : les vers 1950-1951 contiennent une allusion aux guerres civiles contemporaines ; les vices dont sont affligés les membres de la famille régnant sur Athènes ont des conséquences graves sur la vie des citoyens ; le chœur supplie Pallas Athéna, protectrice d'Athènes, d'éloigner tout malheur de la cité[4]. Toutefois, si Garnier ne quitte jamais totalement le plan de la vie publique[5], on chercherait en vain dans cette tragédie des allusions, même voilées, aux tout récents massacres de la nuit de la Saint-Barthélemy et de l'été 1572. Tout au plus pourrait-on voir dans l'erreur et la précipitation de Thésée une figure du souverain qui, par sa légèreté, entraîne toute sa famille dans une aventure désastreuse. On sait que la Saint-Barthélemy a donné naissance, dans les années qui ont suivi, à une abondante littérature pamphlétaire et philosophique consacrée aux excès du pouvoir royal. Dans le domaine théâtral, des tragédies paraissent inspirées par l'événement. Baïf s'interroge, dans son adaptation de l'*Antigone* de Sophocle (1573), sur les limites de la raison d'État, la *Tragédie* (anonyme) *du bon Kanut, roi de Danemark* (1575) contient des allusions à la

---

en 1585, et de manière significative : *La gloire de ton sang ne deshonore pas*. Il s'agit donc de la tragédie d'une lignée royale, ce qui est lourd de conséquences pour la cité.

4 Vers 1523 *sq.*

5 « En prenant pour argument l'explosion d'une famille, Garnier n'abandonne… pas le domaine de la politique, mais il l'interroge à un autre niveau, microscopique ou cellulaire. » (Emmanuel Buron, *Lectures de Robert Garnier…*, p. 19 ; on trouvera dans cet article les rapprochements possibles avec la situation de la famille royale à l'époque de la pièce et avec les questions matrimoniales qui remplissaient alors l'actualité diplomatique et politique). On tirera aussi grand profit de l'article que Jean-Raymond Fanlo a consacré aux « figures de la souveraineté dans le théâtre de Garnier », dans *Littératures*, n° 43, p. 59-70, et dont nous citons un extrait important dans notre note sur les vers 77-116.

cinquième guerre de religion, conséquence directe de la Saint-Barthélemy, tandis que la même année la *Tragédie de feu Gaspard de Coligny* du catholique François de Chantelouve cherche à disculper Charles IX et son conseil[6]. Rien de tel dans l'*Hippolyte*. Cependant, même si Garnier ne semble pas se souvenir des événements et ne prend pas parti dans la polémique, il ne reste certainement pas sourd aux questions brûlantes de l'autorité royale et de la responsabilité du monarque à l'égard de sa famille et de sa cité. Quelle que soit la date à laquelle le poète a commencé à écrire sa pièce, il a pu en infléchir la portée à partir d'août 1572.

Le sujet de la passion coupable et non réciproque de l'épouse de Thésée pour Hippolyte avait inspiré Euripide et Sénèque ; Garnier est le premier à traiter le sujet en langue française ; le thème en avait été, avant lui, repris par deux dramaturges italiens, Ottaviano Zara, auteur d'un *Hippolito*[7], et Coriolanus Martiranus, auteur d'un *Hippolytus*[8], qui prenait Euripide comme modèle : Garnier les a négligés, faute peut-être de les avoir lus ; un autre poète, Francesco Bozza, est l'auteur d'une *Fedra* italienne[9], postérieure à celle de Garnier.

Garnier doit peu à l'*Hippolyte porte-couronne* d'Euripide[10], mais beaucoup à la *Phaedra*[11] de Sénèque, qu'il imite direc-

6 Pour ces trois pièces, voir, dans la collection « Théâtre français de la Renaissance » (Leo S. Olschki et P.U.F.), les introductions respectives de Simone Maser (1re série, vol. 5), Christiane Lauvergnat-Gagnière (2e série, vol. 1), Lisa Wollfe et Marian Meijer (*ibidem*).

7 Padoue, 1558.

8 Naples, 1563 (parmi les *Tragœdiae* néo-latines du même auteur).

9 Venise, Giolito de Ferrari, 1578.

10 Toutefois, ainsi que le note Claude Francis (*Les Métamorphoses de Phèdre*…, p. 10), il y a dans la pièce de Garnier une dimension religieuse empruntée à Euripide, même si la vision est différente sous la plume d'un auteur chrétien.

11 Dans les éditions de la Renaissance, la *Phaedra* porte habituellement le titre d'*Hippolytus*, ce qui explique sans doute celui de la tragédie de Garnier.

tement, avec des transpositions, des amplifications, et sans renoncer à innover. Nous donnons ci-après, à la fin de notre introduction, un tableau comparatif de la structure des deux pièces, en indiquant le thème central de chaque scène et, lorsqu'il y a lieu, les passages correspondants de la *Phaedra*.

Cinq scènes, ainsi que deux longs fragments du deuxième acte, ce qui n'est pas négligeable, ne proviennent pas de la tragédie latine ; leur originalité prouve la liberté que Garnier manifeste à l'égard de son modèle. Le monologue protatique contient quelques souvenirs d'autres pièces de Sénèque, *Thyeste* et *Agamemnon*. La seconde scène, où Hippolyte rapporte d'effrayants présages et raconte son cauchemar, scène totalement inédite, permet de compléter le prologue, où Égée annonçait les malheurs décrétés par le destin et prêts à s'abattre sur son fils et son petit-fils et, partant, à se révéler funestes à la cité d'Athènes, déjà naguère éprouvée par les cruelles exigences du Minotaure de Crète. Il semble qu'en refusant d'emprunter à la *Phaedra* la matière de la plus grande partie de son premier acte, le poète français ait voulu non seulement étoffer son drame, mais encore insister sur l'acharnement du destin, du moins tel que le conçoivent les personnages, donner une couleur authentiquement et pleinement tragique à la douloureuse épreuve traversée par la famille d'Égée, souligner la culpabilité du monarque, Thésée, dans le déchaînement de la colère des dieux. Le chœur final du premier acte offre lui-même une très libre et lointaine adaptation d'un monologue lyrique chanté en ouverture par Hippolyte dans la tragédie latine. Une grande partie du dialogue entre Phèdre et la nourrice au deuxième acte ne figure pas chez Sénèque et contient toutes sortes de développements moraux et métaphysiques. Le chœur qui termine le troisième acte n'est pas imité de la *Phaedra* ; il contient tout au plus quelques souvenirs d'autres tragédies de Sénèque et des poètes latins. Garnier a ajouté, à la fin du quatrième acte, le suicide de la nourrice, comme dans *Porcie*, où il l'avait fait, pour, disait-il, *ensanglanter la catastrophe*[12]. Le chœur final du même acte, entièrement original, ne fait que de vagues emprunts aux auteurs latins. Le long monologue qui ouvre le troisième acte ne comporte que quelques passages provenant d'un chœur de Sénèque.

Outre l'introduction de ces scènes originales, Garnier en a déplacé trois autres : le chœur final du premier acte, nous l'avons vu, correspond au prologue (prononcé par Hippolyte) dans la pièce latine ; le monologue de Phèdre, au début du troisième acte, est tiré d'un chœur situé à la fin de l'épisode chez Sénèque ; le chœur du cinquième acte a été repoussé d'une scène par Garnier. Le poète français a modifié une donnée finale importante : le cadavre d'Hippolyte est apporté sur scène alors que Phèdre est encore vivante, tandis que dans la *Phaedra* de Sénèque ce n'est qu'après la mort de la reine que l'on vient présenter à Thésée le corps de son fils : cela donne à Garnier l'occasion de développer les adieux pathétiques de Phèdre à Hippolyte, sa demande de pardon à celui dont elle a causé la mort et à qui elle rend un dernier hommage, faisant l'éloge de sa beauté et de sa vertu.

Certains propos passent d'un personnage à un autre : c'est le chœur et la nourrice qui, chez Sénèque, faisaient l'éloge d'Hippolyte : Garnier a trouvé plus naturel et plus efficace sur le plan dramatique de placer cet éloge dans la bouche de Phèdre ; Sénèque commençait sa pièce en faisant chanter à Hippolyte les plaisirs de la chasse : Garnier a jugé plus satisfaisant pour l'équilibre de la pièce de faire

---

12 *Porcie*, *Argument*, éd. Jean-Claude Ternaux, p. 43.

sur ce thème entendre la voix du chœur à la fin du premier acte ; plus loin, ce n'est plus la nourrice qui invoque Diane, mais Phèdre elle-même, ce qui est plus vraisemblable et plus émouvant.

Toutes ces transformations (additions, déplacements, transferts) témoignent de la liberté créatrice de Garnier. On ne saurait sans injustice parler de traduction, ni même de simple adaptation. Si Sénèque a fourni la trame de l'action et l'essentiel de la mise en œuvre rhétorique, Garnier conserve une souplesse totale et innove sur plus d'un point. La construction dramatique y a souvent gagné[13].

En choisissant de commencer la tragédie par le monologue d'Égée, absent de la pièce latine, Garnier donne à son drame une couleur particulière. L'ombre d'Égée, sortie des Enfers, annonce en effet que le jour qui commence sera celui de l'accomplissement des destinées et présente comme inéluctables le sort d'Hippolyte et le malheur de Thésée. En faisant parler un spectre, le dramaturge offre à son personnage une autorité supérieure. Ce monologue inscrit aussi l'action qui se prépare dans une perspective morale : Thésée sera puni d'avoir prêté la main aux desseins adultères de Pirithoos, d'avoir accompagné celui-ci aux Enfers pour ravir à Minos son épouse Proserpine, d'avoir, plus anciennement, enlevé à Minos ses deux filles, Ariane et Phèdre, et d'avoir, en attirant ainsi la colère des dieux, entraîné la mort d'Égée[14]. Ce prologue tient lieu d'exposition : le spectateur y est du même coup informé

---

13 *Cf.* Christine M. Hill et Mary G. Morrison, édition d'*Hippolyte*, p. 11 : « Although Garnier's play is clearly an adaptation of Seneca's *Phaedra* it is very far from being simply a translation. An attentive comparison of the two plays will show how complex is his method of imitation. Nearly all the material derives from Seneca, but it has been subjected to a thourough rearrangement. » – *Cf.* aussi M.-M. Mouflard, III, p. 21-37.

14 Voir les vers 61-72.

d'une des données de la situation initiale. La scène se déroule avec, en arrière-plan, la lugubre atmosphère du monde infernal et la sombre perspective des châtiments subis par les coupables après leur mort. Ce monologue protatique donne donc à la pièce de Garnier une tonalité très particulière : le destin a prononcé un arrêt contre lequel il serait vain de se dresser, toute violation des principes moraux essentiels devant rencontrer sa peine. Mais seul le spectateur partage les secrets du *fatum*, qu'Hippolyte, pour sa part, ignore. Quand ce dernier paraît sur scène, il est toutefois en proie à une terrible angoisse, due à de mauvais présages, et surtout à un horrible rêve, dans lequel lui, le chasseur expérimenté, n'a pu triompher, même à l'aide de ses chiens, d'un monstrueux lion ; l'animal préfigure la passion coupable et destructrice de Phèdre, ainsi que la mort du jeune homme terrassé par le monstre sorti de la mer à la fin de la tragédie. Cet acte original établit donc des liens avec la suite du drame et augmente le tragique.

La passion de Phèdre n'est connue du spectateur qu'au deuxième acte, et elle l'est d'emblée, au contraire de ce que fera Racine, qui sur ce point imitera Euripide[15], et chez qui Œnone, tout comme la nourrice de la tragédie grecque, finira au terme d'un long dialogue par arracher à la reine l'aveu de sa passion, ce qui créera une tension dramatique. Garnier préfère privilégier le pathétique : Phèdre exprime poétiquement sa douleur. Le seul conflit qui éclate est d'ordre moral : la reine et la nourrice s'affrontent sur la question de l'adultère et de la liberté sexuelle. Une péripétie pourtant se produit : Phèdre souhaitant quitter la vie, la nourrice cesse de lui prêcher le renoncement à l'amour pour

15 Racine doit beaucoup à la scène correspondante de la tragédie du poète grec : en proviennent, entre autres exemples, le fameux *C'est toi qui l'as nommé*, de même que l'évocation du *char dans la carrière*.

lui conseiller d'aborder le jeune homme et de se déclarer. L'intrigue se noue ici, vers la fin du deuxième acte, dont le chant final est consacré aux effets funestes de l'amour.

Le discours initial du troisième acte, prononcé par Phèdre, et non comme dans la pièce de Sénèque par un chœur postérieur[16], ce qui intensifie le pathétique, puisque c'est la personne qui souffre qui laisse libre cours à ses plaintes, illustre fort bien la conception que Garnier se fait de la tragédie à l'époque où il rédige *Hippolyte*. Ce monologue ne fait pas progresser l'action, il marque un temps d'arrêt et permet à Phèdre d'exprimer sa souffrance sous forme rhétorique et incantatoire : il est représentatif de ce théâtre humaniste, certes très spectaculaire, mais souvent plus lyrique et poétique que proprement dramatique. Le poète ne rejoint le drame qu'à la fin du discours, lorsque Phèdre se demande si Hippolyte aura pitié d'elle : ainsi retrouve-t-on le cours de l'action. La nourrice, à son tour, et sans qu'aucun lien soit établi avec la scène précédente, décrit les ravages de la passion sur l'âme et le corps de sa maîtresse : ce second monologue n'est pas plus dramatique que le précédent, il a une fonction descriptive et poétique, et vise avant tout à produire des effets pathétiques. La troisième scène, beaucoup plus brève, prépare les deux entretiens avec Hippolyte qui vont suivre immédiatement, mais contient encore un discours lyrique, la prière de Phèdre à Diane. Abandonnant ensuite le lyrisme, selon un principe d'alternance constamment observé dans *Hippolyte*, Garnier, à la suite de Sénèque, fait dialoguer la nourrice et Hippolyte. La nourrice vante au jeune homme les plaisirs de l'amour, l'incite à rompre avec sa vie solitaire et à profiter de sa jeunesse. Mais, insensible aux séductions du *carpe diem*, le prince, fils d'une guerrière Amazone, fait au contraire l'éloge

---

16 Garnier n'emprunte du reste à ce chœur que quelques passages.

de la vie sauvage et active, proche de la nature, éloignée de l'air corrupteur des villes, tout en proclamant sa haine des femmes. Cette controverse où s'entrechoquent les arguments aboutit donc pour la nourrice et pour Phèdre à un échec. La scène suivante, elle aussi inspirée de Sénèque[17], est celle de l'aveu : la reine se laisse aller progressivement à une déclaration d'amour, ce qui provoque l'effroi et l'indignation d'Hippolyte, qui dégaine son glaive, puis s'enfuit, renonçant à frapper Phèdre et abandonnant au sol son épée. À partir de ce moment, l'action s'accélère : la nourrice, effrayée de la tournure prise par les événements, et craignant que sa maîtresse ne soit accusée, décide, avec une promptitude d'esprit et un sang-froid impressionnants, de transformer la coupable en victime, en faisant croire qu'Hippolyte a tenté de faire violence à sa belle-mère : l'arme qu'il a laissée en partant fournira une excellente pièce à conviction ; la nourrice appelle les domestiques au secours en calomniant le jeune homme. Ainsi cette fin de troisième acte présente-t-elle un contraste marqué avec la première moitié de la pièce : elle se trouve soumise à un dynamisme soudain, qui ne va cesser de s'amplifier dans la suite du drame.

Nouvelle péripétie et coup de théâtre : l'imprévu retour de Thésée des Enfers à l'ouverture du quatrième acte[18].

---

17 Et non d'Euripide, chez qui c'était la nourrice qui annonçait à Hippolyte l'amour de Phèdre. Garnier, comme plus tard Racine, a préféré suivre Sénèque. Notons cependant que Racine, tout en plaçant, comme Sénèque et Garnier, l'aveu dans la bouche même de Phèdre, ne concevra pas une démarche préméditée de la part de la reine : c'est en effet de manière imprévue et par les hasards du dialogue qu'elle se laissera aller à découvrir à Hippolyte sa passion. Jean Pommier note que le monologue du début du troisième acte de la pièce de Garnier « est déjà une déclaration avant celle du tête-à-tête » (« Histoire littéraire d'un couple tragique », dans *Aspects de Racine*, p. 367).

18 Semi-coup de théâtre, du moins, puisqu'Égée avait annoncé (v. 87-90) la sortie de Thésée des Enfers. Mais il n'en avait pas précisé le moment

L'entretien qui s'engage entre le roi et la nourrice est d'une forte intensité dramatique : devant l'air sombre et le silence de son interlocutrice, Thésée nourrit de profondes inquiétudes. La fureur du roi est à son comble quand il entend les accusations de Phèdre. Thésée éclate en imprécations contre son fils et appelle sur lui la colère de Neptune. Sa longue tirade est animée par une violence verbale et par une éloquence énergique, particulièrement efficaces d'un point de vue scénique, grâce à la musicalité du vers et de la phrase. En revanche, Garnier, tout comme Sénèque, s'est abstenu de faire dialoguer en cette occasion Thésée avec son fils, se privant ainsi d'une confrontation dramatique que Racine, à la suite d'Euripide, ne manquera pas de porter sur le théâtre. La nourrice, restée seule sur la scène, prise de remords devant les conséquences de son acte, se suicide. En ajoutant cet épisode pathétique auquel n'avait pas songé Sénèque[19], le poète français crée une tension supplémentaire, une accélération du *tempo* dramatique, et le chœur final, lui aussi original par rapport à la pièce latine, exprime les inquiétudes des Athéniens pour la vie d'Hippolyte ; la prière pressante qu'ils adressent à Neptune pour qu'il n'écoute pas la demande de Thésée traduit bien leur angoisse et fait monter encore l'attente, l'incertitude et la tension.

Au cinquième acte, la catastrophe s'est réalisée, conformément aux prédictions du premier acte : la prière du chœur s'est révélée tragiquement inefficace. L'action est accomplie. L'auteur va pouvoir déployer les diverses facettes de son génie poétique et théâtral. Un récit épique

---

et, de toute façon, la surprise reste entière pour les autres personnages de la pièce.

19 C'est donc à Garnier que Racine devra l'épisode du suicide d'Œnone, qui, cependant, aura lieu dans la coulisse, et non sur scène, comme c'est le cas chez Garnier.

du messager rapporte les derniers instants d'Hippolyte, terrassé par un monstre surgi de la mer, contre lequel le jeune héros a vainement lutté. Thésée laisse éclater une douleur trop tardive ; puis il découvre soudain son erreur : Phèdre vient s'accuser, détrompant le roi et innocentant Hippolyte ; prise de remords, elle se tue avec le glaive du jeune homme, après une longue tirade émouvante, où elle rend hommage à sa beauté et à sa vertu et où elle lui demande pardon de l'avoir calomnié et d'avoir causé sa mort. Le chœur des Athéniennes déplore la mort du héros dans un chant funèbre. Une dernière incertitude tient en suspens le spectateur : Thésée se tuera-t-il à son tour ? Il renonce au suicide, préférant s'en remettre à la volonté des dieux et expier son injustice dans une douloureuse existence, accablée de remords. On observe, au cours de cet ultime acte, une accumulation d'événements cruels et pathétiques. La tragédie, à partir des deux dernières scènes du troisième acte, change de rythme, et devient de plus en plus dynamique : les scènes lyriques, le style sentencieux ou argumentatif n'ont certes pas disparu[20], mais l'action, qui avait été ralentie par les scènes de lamentations ou de discussions morales, se précipite : les deux derniers épisodes de la pièce de Sénèque se trouvent condensés par Garnier en un seul acte, ce qui produit un heureux effet théâtral, le sentiment d'un amoncellement de faits tragiques. La fusion des deux épisodes sénéquiens est obtenue par le déplacement du thrène vers la fin de l'acte, après la mort de Phèdre.

L'*Hippolyte* semble donc concilier la tragédie de type lyrique et statique, représentée par la première pièce de l'auteur, *Porcie* (1568), avec la tragédie plus dynamique,

---

20 Toutefois, les sentences proprement dites sont absentes du cinquième acte, fait qui constitue un indice d'accélération dramatique.

dont Jean de La Taille donne l'exemple dès 1572, un an avant la parution d'*Hippolyte*, et telle que Garnier lui-même l'illustrera dans *La Troade* (1579) et dans *Antigone* (1580)[21]. Le premier acte de la pièce, ajouté par Garnier, crée une atmosphère de crainte. Le deuxième acte et le début du troisième sont essentiellement centrés sur la passion douloureuse de Phèdre. À partir du refus d'Hippolyte, les événements s'enchaînent selon un rythme de plus en plus rapide. C'est une construction dramatique en *crescendo*. Le paroxysme du tragique semble atteint avec la mort d'Hippolyte, mais l'action rebondit avec les regrets et la mort de Phèdre. Ce procédé de l'accumulation finale et accélérée des malheurs est une constante du théâtre de Garnier[22]. Plus personne ne maîtrise la machine infernale.

La progression dramatique repose aussi sur l'évolution des personnages. Phèdre se laisse aller par étapes à des crimes de plus en plus grands, avant de se repentir et de se donner la mort. Thésée finira par reconnaître sa faute, mais sans tomber dans le même désespoir. Ces deux personnages répondent à la conception qu'Aristote se fait du héros tragique, ni entièrement bon, ni totalement méchant. Leurs remords préfigurent ceux de Créon à la fin de l'*Antigone* de Garnier. Rien n'est plus efficace sur le plan dramatique que la courbe psychologique de la nourrice. D'abord farouchement opposée à la passion de la reine, qu'elle combat avec un sens élevé de la vertu et de la grandeur d'âme, elle ne consent à aider sa maîtresse que pour la sauver[23] ; oubliant alors tous ses principes, elle se fait l'auxiliaire du vice et

---

21 Marie-Madeleine Mouflard parle, au sujet d'*Hippolyte*, de *type mixte*.

22 Voir la fin de *La Troade* et d'*Antigone*.

23 La nourrice est plus qu'une servante, qu'une suivante ou même qu'une confidente : il existe entre elle et Phèdre un lien affectif tissé dès la naissance de la reine.

de la calomnie, prenant à chaque fois les devants, avant de se punir elle-même après un touchant aveu de sa faute. Son évolution morale en fait plus qu'une simple utilité : le public s'intéresse à elle et compatit à son sort. Les différents revirements qui affectent l'âme des personnages produisent des effets dramatiques indiscutables, amplifiés par la pitié que ces sentiments éveillent chez le spectateur.

SPECTACLE ET PATHÉTIQUE

Lorsque Garnier écrit, il songe à la représentation de sa pièce. Il possède un sens inné du théâtre[24]. On imagine volontiers, concernant le lieu de l'action, plusieurs décors simultanés. D'un côté de la scène peut figurer une *gueule d'enfer*, d'où Égée et Thésée surgissent, de l'autre côté un palais avec des tours, au centre et au fond la forêt où Hippolyte chasse, selon les indications fournies par le texte lui-même.

La présence d'une caverne marquant l'entrée des Enfers permet un premier effet spectaculaire : l'ombre décharnée d'Égée surgit du royaume des morts. C'est un spectre à la voix sépulcrale qui se fait entendre[25]. Le texte se prête à

---

24 *Hippolyte* fut joué par les élèves du collège de Saint-Maixent en juillet 1576. La pièce figure au répertoire d'Adrien Talmy en 1594 (*cf.* Marie-Madeleine Mouflard, II, p. 258-260, et Raymond Lebègue, « Répertoire d'une troupe française à la fin du XVIe siècle », dans *Revue d'histoire du théâtre*, 1948). Plus récemment, la pièce a été représentée en 1982 au Palais de Chaillot, dans une mise en scène très réussie d'Antoine Vitez. On trouvera des précisions sur cette représentation dans *Lectures de Robert Garnier*, Emmanuel Buron éd., Rennes, 2000, p. 71-85.

25 Impression obtenue par les allitérations et les assonances.

une mise en scène où l'on pourrait faire retentir en coulisse les aboiements du chien Cerbère, évoqué par Égée. Un des motifs les plus souvent évoqués, à l'imitation de Sénèque, est celui des supplices des criminels aux Enfers, et d'une façon plus générale, l'horreur du *royaume noirci de Pluton*, demeure des *filles de la Nuict*, c'est-à-dire des Furies. La grotte peut être ornée de scènes infernales. Rien ne prouve que Garnier ait conçu de tels détails scéniques, mais le verbe rhétorique autorise parfois une conversion de l'imaginaire poétique en spectacle. La nourrice et Phèdre, en mourant, tombent l'une et l'autre dans le gouffre des Enfers[26]. Thésée lui-même envisage un instant de se laisser engloutir dans cet abîme, avant de renoncer au suicide.

Autre élément important pour la représentation : d'un bout à l'autre du drame, l'ombre et la lumière se disputent l'espace scénique, ce qui symbolise la lutte entre la vie et la mort, entre le bien et le mal, entre l'espoir des hommes et la rigueur de leur destin. L'aube se lève peu à peu après le prologue, le soleil paraît, et Hippolyte salue le dieu du jour[27]. C'est au soleil aussi que Phèdre adresse ses adieux en mourant ; c'est le soleil que Thésée refuse de regarder en face dans le monologue final. L'évocation des ombres infernales en fin de tragédie peut dès lors s'accompagner d'un retour de l'obscurité sur la scène.

Comme dans toutes les tragédies de Garnier, les gestes, les jeux de physionomie, les diverses attitudes sont soigneusement indiqués. Au deuxième acte, Phèdre menace de se tuer sous les yeux de sa nourrice, qui parvient à l'en empêcher, en appelant à l'aide. Au troisième acte, Phèdre,

26 Vers 1897-1898 et 2255-2256.

27 Hippolyte raconte au soleil qui se lève le sinistre songe de la nuit précédente ; on pensait, chez les Grecs, faire obstacle aux funestes présages en les exposant au soleil (*cf.* Sophocle, *Electre*, vers 424-425).

abordant Hippolyte, chancelle et tombe. Peu après, elle ceint d'un diadème la tête d'Hippolyte avec solennité[28]. Plus loin, Hippolyte rejette les avances de sa belle-mère et tire avec rage son épée, laquelle sera faussement utilisée comme pièce à conviction. Garnier, en bon dramaturge, sait quel rôle les objets jouent au théâtre. Thésée découvre avec horreur l'arme qui, selon lui, témoigne de la tentative de viol.

Lorsque Hippolyte quitte la scène, la nourrice appelle au secours des serviteurs, pour faire croire que Phèdre a été victime d'une agression. Une troupe de figurants envahit probablement très vite la scène. On imagine quantité de jeux de physionomie marquant leur répulsion et le mouvement qui règne alors sur le théâtre[29]. La mention du glaive resté à terre rend le spectacle encore plus visuel. Quand Thésée, en proie à l'inquiétude, veut interroger Phèdre, la scène s'anime soudain :

> Entrons soudainement, entrons, il n'est pas heure
> De faire, en perdant temps, icy longue demeure. (vers 1657-1658)

Dans le dialogue qui suit, Thésée est livré à une attente insupportable : Phèdre n'en finit pas de révéler son secret, le rythme se fait de plus en plus haletant et précipité. Quand Thésée comprend enfin de quoi il s'agit, il ordonne la capture d'Hippolyte, ce qui suppose un jeu de scène (par exemple la sortie d'un ou de plusieurs gardes, prêts

28 On se souvient que le titre de la pièce d'Euripide était *Hippolyte porteur de couronnes*, car le prince couronnait de guirlandes de feuillages la statue de la déesse Artémis. Chez Garnier, la perspective est différente : Phèdre couronne Hippolyte, qui reçoit un honneur divin (vers 1361-1368).

29 Un mouvement analogue, un peu moins spectaculaire, avait déjà eu lieu au deuxième acte, lorsque, Phèdre menaçant de se tuer, la nourrice appelait à l'aide (vers 855-856).

à transmettre à des troupes l'ordre royal). Le dialogue théâtral, dans ce passage[30], doit sa qualité à l'accélération du *tempo* dramatique.

Quand, prise de remords, la nourrice se suicide, elle s'enfonce une arme dans la poitrine[31]. C'est avec l'épée d'Hippolyte, devenue le symbole de la culpabilité de Phèdre, que cette dernière se donne la mort. L'objet théâtral et spectaculaire acquiert en même temps une valeur dramatique très évidente. Autre élément spectaculaire : à la fin de la pièce, le cadavre d'Hippolyte est exposé sur scène et c'est sur son corps que Phèdre vient faire entendre ses dernières plaintes avant de mourir.

Toute cette mise en scène est également destinée à produire des effets pathétiques[32]. Le deuxième acte s'ouvre sur un long monologue lyrique de Phèdre qui exprime sa douleur physique et morale. Un jeu corporel est suggéré. Elle tend probablement les mains au ciel pour implorer la pitié des dieux ; elle insiste sur le spectacle qu'elle donne de son mal[33] :

> O Dieux qui de là haut voyez comme je suis,
> Qui voyez mes douleurs, qui voyez mes ennuis :
> Dieux, qui voyez mon mal, Dieus qui voyez mes peines,
> Dieux qui voyez seicher mon sang dedans mes veines,
> Et mon esprit rongé d'un eternel esmoy,
> Bons Dieux, grands Dieux du ciel prenez pitié de moy !
> (v. 397-402)

30 Vers 1659-1142.

31 Voir dans *Antigone* la mort de Jocaste, et dans *Porcie* celle de la nourrice.

32 La question du pathétique a fait l'objet d'une thèse de Florence Dobby-Poirson (*Le Pathétique dans le théâtre de Robert Garnier*, Paris, Champion, 2006). Se reporter, par exemple, aux p. 482-486, consacrées au *corps languissant*.

33 Ce côté spectaculaire est renforcé par les anaphores. C'est une application à l'art dramatique des procédés de répétition goûtés à l'époque (*Cf.* A. Fouquelin, *La Rhétorique française*, p. 388 *sq.*).

De la même façon, les invocations à Hippolyte dans le monologue du début du troisième acte peuvent être accompagnées de gestes pathétiques :

> Helas vous voyez bien par mon visage bléme,
> Par ma palle maigreur, qu'ardemment je vous aime !
> Voyez-vous pas mes yeux ne cesser larmoyans
> De verser en mon sein deux ruisseaux ondoyans ?
> Voyez-vous pas sortir comme d'une fournaise,
> Les soupirs de ma bouche aussi chauds comme braise ?
> Voyez-vous point mon sein panteler de sanglots,
> Et tesmoigner le mal, qui me bourrelle enclos ?
> (v. 1053-1060)

Le public, et non Hippolyte, absent à ce moment, assiste au spectacle d'une reine qui se consume et se meurt d'amour. La répétition du verbe *voir*, fortement soulignée par l'interrogation négative rhétorique, les descriptions très concrètes de la déchéance physique de Phèdre apportent la preuve que Garnier se préoccupe des exigences de la scène.

Comme pour souligner encore mieux cette déchéance, la nourrice, s'approchant de sa maîtresse, renchérit sur la description pathétique, fournissant les indications scéniques :

> Voyez comme elle boust en ceste pauvre Dame,
> Comme ell'luy a tiré la raison hors de l'ame.
> Elle va forcenee ores pour s'outrager,
> Ores pleine d'espoir se semble encourager. (...)
> Rien ne luy sçauroit plaire, elle s'assied dolente,
> Puis elle se releve, ou se couche, inconstante.
> Se pourmene ore viste, et ore lentement (...) (v. 1073 *sq.*)

Gestes, attitudes, expressions sont scrupuleusement notés, et correspondent à autant de jeux de scène pathétiques[34].

34 « Garnier voit l'action. » (Raymond Lebègue, « Introduction » aux *Œuvres complètes* de Robert Garnier, dans *Porcie, Cornélie*, p. 25).

Chacune des attitudes est associée à la souffrance physique et morale, offerte au regard du spectateur (*voyez comme*). Au moment de périr, Phèdre tremble. La place prise par le corps et ses mouvements dans la pièce est essentielle : le mal moral se traduit par des manifestations physiques intenses et spectaculaires.

La rhétorique elle-même contribue au spectacle : répétitions[35], allitérations, assonances relèvent de l'orchestration sonore. L'organisation de la tirade révèle en Garnier un authentique homme de théâtre[36]. Le dialogue stichomythique, procédé fréquent dans cette tragédie, permet une accélération soudaine du rythme dramatique : ainsi, au deuxième acte, aux vers 500-518, la nourrice, au cours d'un vif échange avec la reine, souligne l'impiété de la prière de Phèdre, qui invoque le secours des dieux pour une action moralement condamnable ; cet échange animé, qui contraste avec les longues tirades précédentes, met l'accent sur un thème essentiel de la tragédie[37].

35 Ce dernier point est capital : nous venons de rappeler l'importance de la répétition et du nombre rhétorique, dont témoigne la *Rhétorique française* d'Antoine Fouquelin (voir p. 379 *sq.*). Garnier fait un généreux usage, poétique, dramatique, de la répétition pathétique, et nous en signalons plusieurs exemples significatifs dans les notes placées en fin de volume.

36 Voir plus loin, pour illustrer cet aspect de l'art dramatique de Garnier, les notes que nous consacrons aux vers 1408-1422, 1431-1432, 1433-1439, situés dans la tirade où Phèdre avoue son amour à Hippolyte.

37 Nous venons d'insister sur les aspects proprement dramatiques et sur les effets spectaculaires recherchés par Garnier. Cela ne doit pas faire oublier le caractère poétique de la pièce, et d'abord sa couleur épique, que révèlent de nombreux procédés, récemment analysés par Jean-Claude Ternaux (*Calliope et Melpomène…*) : ce sont en particulier les comparaisons homériques, si fréquentes dans le théâtre humaniste, parfois plus que dans l'épopée elle-même, le *topos* du songe vain et effrayant, omniprésent dans les épopées antiques, le thème courant de la colère des dieux, les récits épiques aussi, où la *narratio*, pour dramatisée qu'elle soit, tend à se substituer à la *mimésis* tragique.

LA MYTHOLOGIE ET LE TRAGIQUE

L'action de l'*Hippolyte* se déroule dans le monde de la mythologie. Les personnages vivent dans l'intimité des dieux, des héros et des monstres. Phèdre, *la fille de Minos et de Pasiphaé*, est par sa mère la petite-fille du dieu Hélios, lui-même frère de l'Aurore et de la Lune et descendant d'Ouranos et de Gaia, c'est-à-dire du Ciel et de la Terre ; quant à Minos, il juge aux Enfers (le royaume de Pluton) les âmes des morts. Le crime de Phèdre est donc d'autant plus grave qu'elle est fille de ce juge infernal[38]. Thésée est un ami d'Hercule, fils de Jupiter. Hippolyte est un dévot de Diane, tandis que sa belle-mère invoque Vénus, d'où l'opposition implicite entre la chasteté et la passion sensuelle, sans que Garnier ait pour autant conservé le thème qui sous-tend la pièce d'Euripide, la lutte entre les deux déesses, Artémis et Aphrodite. Si l'on en croit la plupart des personnages, les dieux et les hommes connaissent les mêmes passions : Phèdre rappelle que Vulcain n'a pu se défendre du feu d'amour, le chœur affirme qu'Amour domine autant les Immortels que les pauvres mortels. Hippolyte est fils d'une des Amazones, qui descendaient d'Arès, le dieu de la guerre. Il invoque le dieu Soleil en entrant en scène, Thésée priera Neptune de châtier son fils, tandis que le chœur demandera au même dieu de faire éclater au grand jour la

38 Voir Racine, *Phèdre et Hippolyte*, IV, 6, vers 1273-1280 : Misérable ! Et je vis ? Et je soutiens la vue / De ce sacré Soleil, dont je suis descendue ? / J'ai pour Aïeul le Père et le Maître des Dieux. / Le Ciel, tout l'Univers est plein de mes Aïeux. / Où me cacher ? Fuyons dans la Nuit infernale. / Mais que dis-je ? Mon Père y tient l'Urne fatale. / Le Sort, dit-on, l'a mise en ses sévères mains. / Minos juge aux Enfers tous les pâles Humains.

vérité. Le chœur des chasseurs, à l'exemple d'Hippolyte, adresse une prière à Diane.

Un thème mythologique, important du point de vue moral et dramatique, revient sans cesse : c'est celui du Minotaure, ce *monstre mi-taureau* issu de l'union contre nature de Pasiphaé et d'un taureau, et que Minos avait enfermé dans le labyrinthe. D'où la terrible tare morale qui pèse sur la descendance de Pasiphaé et dont Phèdre se croit victime, bien qu'elle ne soit que la demi-sœur du monstre. L'amour de Phèdre est considéré comme monstrueux, la reine est souvent assimilée à un monstre. L'immonde bête marine qui cause la mort d'Hippolyte est l'image mythologique de la passion destructrice de la reine. Hippolyte, à l'exemple de son père, qui combattit et tua le Minotaure, devra affronter, mais sans succès, cette fois, le monstre marin envoyé par Neptune : l'échec du jeune héros est une des sources du tragique, déjà présent dans son cauchemar raconté au début du drame et qui marque l'arrêt du destin, que ne parviennent à conjurer ni les prières ni les offrandes ni les sacrifices[39].

Ce thème de la monstruosité trouve son prolongement dans la peinture des Enfers et des châtiments infernaux, propre à susciter l'horreur tragique[40]. Les actes commis par les personnages étant monstrueux et sacrilèges, les punitions et les supplices que les dieux infligent aux coupables sont eux-mêmes monstrueux et défient l'imagination. Toute la

39 « Dans les tragédies, le songe prémonitoire et sa problématique ont été utilisés depuis les Anciens pour souligner la force du destin, suggérer d'entrée les déroulements futurs de l'action, préparer le spectateur au dénouement. À ce titre, le songe est un repère du discours tragique chargé de signifier par sa seule présence un au-delà du texte. » (James Dauphiné, « Le songe d'Hippolyte… » dans *Le Songe à la Renaissance*, Françoise Charpentier éd., Saint-Étienne, 1990, p. 191).

40 Sur ces questions, se reporter à Jean-Dominique Beaudin, « La monstruosité et l'horreur tragique… », dans *Littératures*, n° 43, Toulouse, automne 2000.

tragédie se déploie donc dans le climat sombre, créé par la rhétorique, de la mythologie des Enfers, qui ne fournissent pas seulement un lieu commun de l'éloquence tragique, mais constituent un lieu théâtral privilégié. Nous avons dit que la scène doit comporter une ouverture sombre, une sorte de caverne ou de gouffre, semblable à la gueule d'enfer des mystères médiévaux. *Je sors de l'Acheron*, proclame le spectre d'Égée au premier vers : l'utilisation d'un verbe de mouvement suggère bien la remontée du royaume infernal vers le monde terrestre. Égée souligne le contraste entre l'ombre des Enfers et la lumière retrouvée. Dans le monologue final, Thésée prononce un long discours, où, derrière la puissance de la rhétorique, on devine la présence d'un monde mythologique infernal actualisé par la proximité de la caverne et par la théâtralisation de l'éloquence. Les évocations mythologiques ne relèvent pas seulement de l'ornementation verbale ou de l'atmosphère tragique habituelle, mais la parole se convertit en imaginaire théâtral, en théâtre rêvé, non immédiatement vécu : telle est la fonction de la rhétorique mythologique. Dans l'ensemble de l'œuvre, la géographie infernale, insolite et effrayante, se déploie en images visionnaires (Cocyte, Phlégéton, Tartare) ; l'entrée des Enfers est placée au lac Averne ; les ténèbres infernales portent, comme dans la poésie gréco-latine, le nom d'Érèbe. Ces Enfers, peuplés de monstres et de fantômes, terrifient Égée ; Thésée craint les Dires, les Fureurs et les Rages, évoque les Serpents, les Dragons et les Pestes, les bourreaux et leurs supplices. Il résulte de toutes ces visions d'horreur une poésie funèbre et grandiose. Il faut en rechercher les sources à la fois dans le théâtre de Sénèque, dans le chant XI de l'*Odyssée* d'Homère, et, chez Virgile, dans le livre VI de l'*Énéide* et le livre IV des *Géorgiques*. Garnier a donné ce climat à sa pièce pour faire ressortir le poids du destin : tout part des Enfers d'où Égée prédit ce qui va se produire, et, une fois le destin accompli, chacun se tourne de nouveau vers le gouffre infernal. Le cycle du *fatum* est clos[41].

Dans le récit final du messager, les effets tragiques sont rehaussés par les ornements de la poésie : le monstre surgit après plusieurs vers de préparation, après l'arrivée d'une immense vague. Garnier finit par faire fusionner la description de la vague et le mouvement de l'animal fabuleux (vers 2017-2026). Il a l'habileté d'introduire ensuite la description du monstre par une question de Thésée, ce qui lui permet de dramatiser un récit essentiellement épique. L'animal est qualifié d'*énorme* par Thésée, ce qui veut dire qu'il sort de la norme, qu'il atteint des dimensions et un aspect surnaturels. Le feu qui sort de ses naseaux (comme pour le Minotaure) est un symbole de la passion criminelle de Phèdre[42]. Ainsi se trouve soulignée de façon spectaculaire, par le biais de ce monstre mythologique, toute la puissance destructrice de la passion de Phèdre, responsable, par sa flamme incestueuse et adultère, et surtout par sa calomnie, de la mort du jeune prince, avec la complicité de la nourrice mauvaise conseillère et la précipitation inconsidérée de Thésée. La mythologie sert d'expression poétique au tragique provoqué par le vice et les passions des personnages.

La monstruosité et l'horreur sont donc des données essentielles du tragique de la pièce. La situation des personnages dépend en partie de leur hérédité, de leur passé : Thésée a autrefois combattu des monstres et des brigands, mais lui-même adopte un comportement de brigand en essayant de ravir Perséphone : *Tu brigandes Minos*, lui reproche Égée en ouvrant le drame. Il agit même comme un monstre,

---

41 *Cf.* Jean-Dominique Beaudin, *ibidem*, p. 52.

42 *Cf.* Jean-Dominique Beaudin, « La monstruosité… », *ibidem*, p. 55.

puisqu'il commet un sacrilège en violant le domaine du royaume des morts, en abolissant les frontières entre le monde terrestre naturel et le monde souterrain surnaturel : c'est ce que peut désigner l'horreur (latin *horror*), le franchissement impie des lois morales et religieuses les plus sacrées[43] ; et Phèdre opère de la même façon par l'inceste et l'adultère, de même que sa mère avait osé enfreindre une loi naturelle sacrée en s'unissant à une bête. Ces différents actes sont souvent qualifiés d'*horribles* ou d'*abominables*, termes d'origine latine à connotation religieuse[44]. Ainsi se justifie la colère de Neptune : Thésée méritait le châtiment en la personne de son fils ; ainsi se justifie la mort de l'innocent Hippolyte, auquel son père souhaite l'immortalité bienheureuse dont jouissent aux Champs Élysées les âmes vertueuses et héroïques[45]. Plus que la vengeance des dieux, c'est, selon Égée, l'arrêt de l'impitoyable destin, auxquels les dieux mêmes sont soumis[46]. En ce sens, Garnier se montre fidèle à la conception de la tragédie antique, tout en laissant cependant poindre une vision plus moderne, où le tragique repose sur les passions[47], mais où la mauvaise foi

---

43 Il faut toutefois remarquer, ce que la nourrice ne manque pas de faire, que Pluton lui-même avait ravi Proserpine (*Cf.* l'*Hymne homérique à Déméter*).

44 Se reporter à Jean-Dominique Beaudin, « Un cas de latinisation interne du lexique français à la Renaissance : *horreur* et *horrible* dans les tragédies de Robert Garnier », dans *L'Information Grammaticale*, n° 75, octobre 1997, p. 33-35.

45 Puisque Hippolyte connaît une bienheureuse destinée après sa mort, c'est en fait d'abord Thésée qui subit sur terre son châtiment mérité. Ainsi que le remarque Daniela Dalla Valle, « la punizione di Teseo consiste dunque nel dover accettare la vita contro il suo desiderio di morte, una vita sopportata *tant que voudront les dieux*, come insegnavano i cristiani e in particolare i neostoici, allora particolarmente attivi e presenti nell'etica tardo rinascimentale. » (*Il mito cristianizzato...*, p. 65).

46 Vers 21-24.

47 *Cf.* Charles Mazouer : « Force est de conclure sur la fidélité globale de la vision tragique de R. Garnier à celle de la tragédie antique. Avec Phèdre, qui se

des personnages s'abrite derrière le cruel vouloir des dieux, alors que ceux-ci ne sauraient approuver les conduites des coupables[48]. Garnier, tout en faisant proclamer par Égée la force punitive du destin, laisse une marge à la liberté humaine. Ce qu'il souligne en fait, c'est la grande faiblesse des êtres : faiblesse de Phèdre incapable de résister à la passion[49] et conduite à la plus horrible des calomnies, faiblesse de la nourrice d'abord opposée au vice de la reine, mais se laissant fléchir par amour pour elle et l'entraînant ensuite dans des voies perverses pour la sauver, faiblesse de Thésée, qui commet l'adultère en permanence, qui juge de manière trop prompte, avec un manque de sagesse indigne d'un roi et d'un héros, qui reconnaîtra, mais trop tard (paroxysme du tragique !), son aveuglante erreur, faiblesse du même Thésée, qui, pour complaire à un ami, n'hésite pas à violer de manière sacrilège le royaume et l'intimité conjugale de Pluton, ce qui attire sur lui la colère divine, cause la perte de la famille royale et risque d'avoir de dangereuses conséquences pour la cité d'Athènes[50], et, dans un autre

veut libre d'aimer hors du mariage et qui, non sans une certaine mauvaise foi dénoncée par la nourrice, accuse l'action de Vénus et de Cupidon alors qu'elle est sans prise sur son amour, on entrevoit un tragique moderne qui congédie les dieux mais les remplace par la force tout aussi transcendante de la passion. » (« La vision tragique de Robert Garnier dans *Hippolyte*, *La Troade*, et *Antigone* », dans *Studi di Letteratura Francese*, vol. 232-XVIII, p. 81).

48 La nourrice fait comprendre à Phèdre que celle-ci est maîtresse de son destin, tandis que la reine se soumet à la fatalité de l'amour. Selon la nourrice, il n'y a donc pas de prédestination absolue.

49 Parmi les passions qui témoignent de cette faiblesse humaine, l'amour-volupté est particulièrement visé et condamné, il est considéré comme une peste, assimilé à un serpent venimeux (la vision des choses sera la même dans *Marc-Antoine* en 1578). Raymond Lebègue l'avait souligné dans « Robert Garnier et les problèmes de Phèdre », in *Literatur und Spiritualitat*, 1978, p. 139-144.

50 En ce sens, rappelons-le, *Hippolyte* n'est pas seulement une tragédie privée : c'est aussi une pièce sur l'autorité familiale et monarchique, comme le

sens, non plus moral, mais simplement physique, faiblesse d'Hippolyte devant le monstre et impuissance du même Hippolyte devant son destin, alors qu'il rêvait d'égaler au combat son père et peut-être aussi sa mère, l'Amazone. Cette tragédie est en grande partie celle de la fragilité de l'être humain. La condamnation des passions et de la concupiscence est une des constantes de la pièce[51].

TRAGIQUE ET SENS RELIGIEUX DU DRAME

Toutefois, les réprouvés se trouvent grandis par la force de leur repentir, qu'il s'agisse de la nourrice, de Phèdre ou de Thésée, et Charles Mazouer a raison d'y voir l'influence du

fait remarquer Emmanuel Buron : « [Garnier] met en question la relation hiérarchique qui, selon lui, doit organiser la société. » (*Lectures de Robert Garnier*, p. 19). Le même auteur va jusqu'à considérer que le véritable héros de la pièce est Thésée, dont le châtiment est annoncé au début par Égée et dont le monologue clôt le drame (*op. cit.*, p. 21). Ajoutons que Thésée reconnaît avoir entraîné sa *maison* royale dans l'abîme, ce qui représente une faute autant politique que personnelle (vers 2341-2344), et que le chœur s'estime atteint par le malheur qui accable le couple royal (vers 2305-2308). Voir aussi, sur cette question de la figure royale, l'article, déjà cité, de Jean-Raymond Fanlo (dans *Littératures*, n° 43).

51 « Dans une période où renaît le stoïcisme, le personnage de Phèdre est un *exemplum* : à travers lui ce sont les passions qui sont condamnées, l'amour et aussi toutes celles qui en dérivent, en particulier la colère, moteur de l'action. Aussi la pièce poursuit-elle à sa façon la réflexion sur l'exercice du pouvoir qui caractérise le théâtre de Garnier. (...) Thésée quant à lui est dépourvu des deux vertus que la Renaissance considère, à la suite d'Aristote, comme essentielles : la clémence et la justice. » (Jean-Claude Ternaux, *Le Théâtre au* XVI*e siècle*, p. 32 de la version dactylographiée : l'auteur renvoie sur ce point à l'article de Christine de Buzon, « Morale et passions, pudeur et impudeur dans *Hippolyte* de Garnier », dans *Lectures de Robert Garnier*, E. Buron éd., Rennes, 2000, p. 97-111).

christianisme[52]. Les tragiques grecs adoptaient souvent une vision cruelle et désespérante des relations entre l'homme et la divinité. Pourtant, Euripide a posé en termes nuancés, parfois même contradictoires, le problème de la Providence. Hippolyte, chez lui, manifeste une piété très vive à l'égard d'Artémis, à laquelle il se consacre, avec chasteté et amour de la vertu, et avec qui il entretient une relation privilégiée[53]. Garnier a retenu cela du personnage antique, mais il ne semble pas vouloir utiliser à fond toutes les possibilités qu'aurait pu lui offrir une imitation d'Euripide. C'est ainsi qu'il ne va pas jusqu'à reprendre l'émouvant dialogue que le poète grec avait imaginé entre la déesse et Hippolyte mourant, où le jeune homme trouvait sa consolation dans l'idée qu'il quittait la vie accompagné d'une présence bienveillante de la divinité. Ayant préféré suivre Sénèque, le poète français s'est-il privé de mettre en scène une attitude qui, pour païenne qu'elle soit, se serait rapprochée de la vision providentialiste du christianisme, et qui aurait sans doute mieux convenu à un poète catholique de la Renaissance ? Le sujet antique, et notamment celui qui provenait de son modèle latin, lui

52 « Avec Thésée, Jocaste et Antigone s'introduisent des thèmes chrétiens comme celui du repentir, de l'apaisement et de la compassion, qui laissent entrevoir le dépassement du tragique. » (Charles Mazouer, art. cité, p. 82). Il faut relever une autre influence du christianisme dans la manière dont Garnier infléchit implicitement l'image de l'amour-serpent venimeux : voir à ce propos notre note portant sur les vers 483-484.

53 « Le premier aspect [de la contemplation chez Euripide] est la *tendre intimité avec une personne divine*, et nous avons là deux figures extraordinairement séduisantes, Hippolyte et Ion, tous deux dans les tragédies qui portent leurs noms. Hippolyte est le dévot, et l'on peut dire l'ami, d'Artémis, une déesse vierge et pure, Ion est l'enfant de chœur, le jeune ministre, le lévite, du dieu Apollon à Delphes. (…) Hippolyte est pur parce qu'il se sent voué à une déesse pure et que son profond désir est de rester toujours en communication avec elle. » (André-Jean Festugière, *De l'Essence de la tragédie grecque*, p. 35-37).

imposait-il de contraignantes limites[54] ? Telle pourrait être la source des contradictions que l'on observe à première vue dans la pièce : d'un côté les personnages mettent leur espoir en des dieux providentiels et justes, qui, d'un autre côté, semblent parfois agir selon des principes peu compatibles avec la bonté divine et se soumettre à un destin aveugle, supérieur, implacable, contredisant toute espérance en une transcendance bienfaisante. S'agit-il d'une impasse provenant de la matière même offerte par le mythe d'origine, et donc incompatible avec les conceptions héritées du judéo-christianisme, où l'alliance entre Dieu et l'homme, la rédemption, la grâce, les vues eschatologiques optimistes effacent toute perspective tragique à long terme, ce qui évidemment s'accorderait mal avec le genre que cultive le poète[55] ? Ou bien Garnier a-t-il voulu souligner ce qui manquait à la religion païenne pour atteindre la cohérence et la plénitude confiante de la religion du Christ ? Ou encore faut-il interpréter ces réflexions angoissées sur les caprices du Ciel comme une interrogation personnelle plus profonde, voire comme un écho des doutes momentanés d'un catholique par ailleurs convaincu ?

---

54 C'est ce que pense Charles Mazouer : « (…) les héros de Garnier, frappés par le malheur, pris au piège d'une fatalité implacable et de divinités cruelles, correspondent à l'homme tragique tel que le conçoit une Antiquité qui a ignoré Jésus-Christ. L'univers créé par le dramaturge soucieux d'imiter les modèles antiques contredit le catholicisme de l'homme Robert Garnier ; et Garnier éclaire pour sa part une difficulté qui marqua toute la culture de notre XVIe siècle. Seules *Les Juives* rétabliront l'accord avec la foi du croyant. » (art. cité, p. 82).

55 Les contradictions entre vision païenne et conception chrétienne si fortement soulignées par Charles Mazouer (*cf.* les références rappelées ci-dessus, ainsi que « La théologie de Garnier… », dans Emmanuel Buron, *Lectures de Robert Garnier*, Rennes, 2000, p. 113-125) n'avaient pas échappé à Raymond Lebègue, qui pensait que Garnier conservait de la pensée grecque ce qui pouvait se concilier avec le christianisme et rejetait autant que possible ce qui ne le pouvait pas (« Robert Garnier et les problèmes de Phèdre », dans *Literatur und Spiritualitat*, 1978, p. 139-144).

Sans rejeter *a priori* aucune de ces hypothèses, on est en droit de se demander si, derrière les apparentes contradictions, Garnier ne cherche pas à donner à sa tragédie, sous le masque du mythe païen, une signification pleinement chrétienne et à poser des problèmes religieux tels que les formulaient ses contemporains. On comprendrait dès lors beaucoup mieux le choix du sujet : *Hippolyte* a souvent été compris comme une tragédie amoureuse sans autre portée notable. Mais si le poète-magistrat, catholique sincère et monarchiste fidèle, abordait en réalité, bien au-delà des malheurs domestiques de la maison de Thésée, des problèmes métaphysiques et dogmatiques brûlants ? Tel était l'avis de Claude Francis[56], qui n'hésitait pas à voir dans l'*Hippolyte* de Garnier une œuvre néo-stoïcienne et pré-janséniste. Partant de la constatation que, tout en reprenant à Sénèque l'essentiel de la structure du drame, Garnier n'en avait pas moins imaginé trois longs monologues originaux, elle a recherché dans ces passages où le dramaturge français s'écartait délibérément de son modèle la piste pouvant fournir la clé du mystère. Il s'agit du monologue protatique d'Égée, de celui d'Hippolyte qui suit immédiatement, et de celui de la nourrice au quatrième acte. Ces trois monologues révéleraient, hypothèse à laquelle nous sommes tenté de souscrire volontiers, le sens profond du drame, le stoïcisme de Sénèque se transformant en un néo-stoïcisme[57] d'inspiration chrétienne[58].

56 *Les Métamorphoses de Phèdre dans la littérature française*, Québec, Éditions du Pélican, 1967. Claude Francis est probablement l'actrice qui fut en relation avec Gide et la fille de ce dernier, dans les années 1940 : *cf.* André Gide, *Notes sur l'interprétation du rôle de Phèdre*, Paris, Gallimard, 1942.

57 Le stoïcisme est très présent dans les discours que la nourrice tient à Phèdre au deuxième acte, lorsqu'elle recommande à sa maîtresse de vaincre ses passions, de se soumettre à la volonté divine et à la providence, et lorsqu'elle reproche à l'humanité de ne jamais se contenter de son sort, mais de désirer toujours davantage.

58 « (…) l'Ombre d'Égée situe la tragédie sur le plan religieux et précisément sur le plan où les idées néo-stoïciennes des catholiques humanistes

Garnier, cependant, pose la question de la liberté humaine[59] : aussi Égée rend-il Thésée responsable par ses œuvres mauvaises des peines qu'il s'attire, sans oublier que la nature humaine est corrompue et que c'est la grâce qui a jadis sauvé Thésée, vainqueur du Minotaure[60]. Thésée a commis une faute irréparable par l'être humain lui-même : le *brigandage* de Minos, et cette sorte de péché originel[61] va entraîner un enchaînement de fautes : il est prédestiné à la mort éternelle[62].

Hippolyte meurt innocent mais sa sainteté le sauvera spirituellement. L'unique prière de la tragédie qui sera exaucée sera la sienne, car elle est la seule à ne pas être

comme Garnier rencontrent les idées calvinistes sur la prédestination. / Comme les Stoïciens, Garnier constate que tout est soumis à une nécessité logique et que la seule liberté de l'homme est (…) une liberté morale qui s'oppose au libre-arbitre, une liberté amère, puisqu'elle ne peut rien changer sinon le jugement de l'homme. » (Claude Francis, *op. cit.*, p. 9-10).

59 Pour la nourrice, l'homme n'est pas prédestiné au mal, il peut y résister (vers 485 *sq.*). Garnier abordera de nouveau ce problème, en 1580, en faisant tenir à Antigone des propos qui contredisent ouvertement l'idée de prédestination (*Antigone*, vers 125-136).

60 Vers 45-46.

61 « Une exclamation d'Égée nous ramène au péché originel, à la nature corrompue, à la constatation pascalienne de la misère de l'homme : il a la vision des peines qui attendent Thésée en enfer et n'a que ces mots : "pauvre homme !" Il ne s'agit ni d'un fils, ni du roi, ni de Thésée, mais de la condition humaine. Car que fait-il ce "pauvre homme" ? Il accumule péché sur péché, il va avec Pirithois tenter de ravir Proserpine : cette entreprise est punie par la damnation immédiate de Pirithois. La damnation de Thésée n'est que différée. (…) Qui est donc Thésée pour Robert Garnier ? C'est un réprouvé. C'est un homme prédestiné à la mort éternelle, dont il a déjà connu un avant-goût par sa descente aux enfers : Thésée est damné. » (Claude Francis, *op. cit.*, p. 13).

62 C'est du moins ce que croient Égée au début, puis Thésée lui-même à la fin de la pièce. Nous serions enclin pour notre part à penser que les dieux ont puni Thésée par la mort d'Hippolyte, afin de l'inciter au repentir. Il y a peut-être là une voie ouverte au pardon. La perspective serait alors un peu moins sombre.

impie : il se borne à demander, avant de mourir en martyr de la vérité[63], que celle-ci finisse un jour par éclater. Il est donc utile de prier pour le bien, mais il est inacceptable de prier pour le mal ou pour une injustice, comme le font Phèdre en demandant à Diane de soutenir ses coupables amours et Thésée en attirant indûment sur Hippolyte la colère de Neptune. Thésée pressent le salut de son fils dans l'invocation finale, lorsqu'il lui souhaite de voir les Champs Élysées, tandis qu'il se reproche son tort vis-à-vis de Minos. Le salut d'Hippolyte n'est pas mondain, il est uniquement d'ordre spirituel : son échec sur le plan terrestre ne doit pas effacer sa réussite sur le plan religieux. C'est la récompense de sa fidélité à la chaste Diane. Il est la victime du mal, mais il résiste au péché. Dans le songe du premier acte, autre innovation de Garnier par rapport à Sénèque, le lion pourrait représenter le démon (assimilation biblique fréquente) et sa gueule terrifiante peut rappeler la gueule d'enfer des mystères médiévaux[64]. L'innocent Hippolyte mourra, mais sera spirituellement sauvé[65].

En face d'Hippolyte, le justifié, Phèdre fait figure de réprouvée. Cette pécheresse désespérée d'être poussée vers le mal engage une lutte pathétique. Cette âme serait-elle déjà, elle aussi, « une chrétienne à qui la grâce a manqué » ? Elle se cherche des excuses[66], retombe ensuite dans le désespoir

---

63 La nourrice, au vers 1858, compare Hippolyte au *simple agneau qu'on meine au sacrifice*. On reconnaîtra ici des connotations néo-testamentaires.

64 Signalons aussi que Thésée, en proie aux remords au dernier acte, souhaite que Diane fasse sortir des bois *un Lion qui derompe [son]corps*. Damné, il appelle sur lui le châtiment de la déesse honorée par son fils. La cohérence des évocations d'un bout à l'autre de la pièce montre que Garnier ne laisse rien au hasard et cela renforce l'argumentation de Claude Francis.

65 « Son destin inaltérable s'accomplira selon la volonté du ciel : malheureux selon la chair, bienheureux selon l'esprit. » (Claude Francis, *op. cit.*, p. 18).

66 Ces excuses, selon la nourrice, ne sont d'aucune valeur du point de vue de la morale et des sentiments religieux, puisque les dieux ne sauraient

et n'en sort que pour formuler une prière impie à Diane, celle qui précisément a établi une alliance avec Hippolyte, le vertueux, l'élu[67] ! Aveuglement tragique, qui méconnaît les voies de la justice divine et de la sainteté. Son deuxième péché sera de se croire exaucée, par orgueil :

> De la prière de Phèdre, le mal est sorti triomphant sous le déguisement de la faveur céleste. L'illusion devient absolument diabolique par le renversement des valeurs morales.
>
> La Nourrice demande à Phèdre de s'éloigner et commence son œuvre de damnée : elle incite l'élu au mal, elle le tente. Elle lui peint le mal sous les couleurs du plaisir et c'est vraiment « la tentation de saint Hippolyte ».
>
> Avec la brusquerie farouche d'un ermite, Hippolyte repousse les pièges du démon et surtout son piège par excellence : la sensualité. L'explosion indignée d'Hippolyte contre la femme, reprise du stoïcien Sénèque, se colore chez Garnier d'un ascétisme chrétien et nous fait penser à toutes les tentations de la *Légende dorée*. (…) (Claude Francis, *op. cit.*, p. 22-23)

Le troisième acte, celui de la tentation d'Hippolyte et de l'aveu de Phèdre, ne se termine pas comme chez Sénèque par un chœur sur la fatalité de l'amour, mais il se situe sur le plan religieux, évoque les femmes pécheresses et la punition réservée au mal. Les choreutes s'apprêtent à se rendre au temple de Diane, la protectrice d'Hippolyte. Cette nouvelle modification est de première importance, puisqu'elle éclaire la signification religieuse et morale de la tragédie de Garnier.

Désormais livrée au péché, Phèdre ne connaît plus de frein sur la voie de la perdition : accusant faussement

---

apporter leur approbation à ses désirs adultères, quelle que soit la conduite de son époux. Si celui-ci veut se damner, Phèdre doit-elle suivre le même chemin ? C'est ainsi qu'on pourrait transposer, dans le langage théologique chrétien, les remontrances de la nourrice.

67 On mesure ici toute la différence avec la Phèdre de Racine, qui tentera d'obtenir de Vénus qu'elle touche le cœur d'Hippolyte.

Hippolyte, elle joint à la calomnie un sacrilège en prenant les dieux à témoin de son mensonge. Le crime de la réprouvée se double d'une impiété, et, comme par contagion, le blasphème éclate sur les lèvres de Thésée. Or, il faut y insister, Sénèque ne faisait pas blasphémer le roi. Cette différence, apparemment ténue, est grosse de signification. Phèdre finira par se repentir, mais elle applique à elle-même la loi du talion, en se perçant le cœur de l'épée d'Hippolyte, symbole de son péché. Elle se situe sur un plan strictement humain, sans comprendre que l'ordre de la grâce n'est pas celui de la nature. Elle ne connaît pas l'existence du pardon divin, pas plus que la nourrice, qui commet un péché en se donnant elle-même la mort, poussée par le désespoir[68]. En ajoutant ce dernier épisode et le monologue qui précède le geste suicidaire, Garnier a voulu compléter la leçon religieuse de la pièce : l'homme livré à lui-même, comptant sur ses propres forces, ignorant de la grâce et de la miséricorde divines, ne peut que hâter sa damnation.

L'orientation de la pièce serait donc résolument religieuse[69], comme l'était la pièce d'Euripide, bien plus que celle de Sénèque, même si Garnier doit peu au poète grec,

68 « Et la Nourrice se précipite en enfer par le suicide. Ce monologue offre des analogies frappantes avec la scène de la désespérance de Judas dans *Le Mystère de la Passion* d'Arnoul Gréban. Comme Judas, la Nourrice reconnaît son crime, se tourne vers la bonté du ciel, mais par un retour sur elle-même se juge indigne de pardon, se sent déjà la proie des démons, se désespère et se tue. » (Claude Francis, *op. cit.*, p. 28).

69 L'influence du christianisme a été soulignée par Raymond Lebègue : « En comparant *Hippolyte* à son modèle, on est frappé, dans les passages originaux, par le grand nombre des épithètes laudatives qualifiant les dieux : ils sont bons, débonnaires, ils ont soin de nous, et ils ne sont sévères que pour nos forfaits. Mieux encore : dans une tirade originale, la nourrice affirme que les dieux nous font du bien, alors que nous commettons le mal. (…) Cette insistance trahit le Chrétien qui, lorsqu'il écrit "les dieux", pense moins au Panthéon romain qu'au Dieu de la Bible. » (éd. d'*Hippolyte*, p. 245). Mais il n'évoque pas l'interprétation de

tant pour la construction dramatique que pour la signification profonde de son œuvre. Garnier exprimerait alors, sous le couvert d'une tragédie à sujet grec et païen, son avis sur des questions dangereuses, notamment sur celle de la grâce et du libre-arbitre, qui passionnent et exaspèrent les esprits au plus fort des guerres de religion.

Telle est, dans ses grandes lignes, l'argumentation de Claude Francis. Elle nous a convaincu de la profonde cohérence de la vision métaphysique et théologique de Robert Garnier. Elle a le mérite de ramener à l'unité des éléments disparates et des divergences déconcertantes, et de replacer la réflexion du poète dans le contexte d'une époque agitée par de virulents antagonismes.

Nous ajouterons pour notre part que Garnier offre aussi, au-delà des controverses trop souvent meurtrières, un modèle de sainteté en la figure du juste et chaste Hippolyte, malheureux sur terre, mais promis à la béatitude éternelle. Comme plus tard dans *Les Juifves*, la tragédie se termine mal pour le héros sur le plan humain, mais un autre drame se joue dans la coulisse en transcendant le tragique immédiat, le drame mené par la Providence. La différence est qu'ici, contrairement à la tragédie biblique de 1583, aucun prophète à l'autorité spirituelle reconnue n'est là pour signaler cette double action. Hippolyte s'est gardé des passions qui, aveuglant l'homme, l'entraînent sur la voie large de la perdition, et il s'est en particulier écarté de la concupiscence, à laquelle Phèdre s'abandonne et devant laquelle Thésée a succombé toute sa vie, qu'il y ait lui-même cédé ou qu'il ait été le complice des fautes d'autrui. En choisissant la porte étroite, le protégé de Diane obtient

---

Claude Francis, dont il cite pourtant l'étude dans sa courte bibliographie (p. 256).

à long terme le salut et demeure, malgré sa sauvagerie et sa violente misogynie (même les saints ont leurs excès)[70], un modèle de vertu, de chasteté et de sagesse. La sainteté d'Hippolyte est reconnue par Thésée et même par Phèdre lorsqu'elle vient à se repentir en présence de son époux et de son beau-fils mort.

La leçon de la pièce nous paraît on ne peut plus claire et, du même coup, se dissipent toutes les incohérences apparentes de l'action des puissances célestes. Le destin, les dieux, Jupiter, Neptune, Diane, et Vénus elle-même, tout le ciel réuni exercent bien une providence et n'ignorent pas la justice. Voilà pourquoi il ne saurait y avoir de place, dans une telle tragédie, œuvre d'un poète chrétien de la Renaissance, pour une lutte entre Aphrodite et Artémis, qui soutenait la pièce d'Euripide. Le ciel ne peut être divisé contre lui-même. Quoi qu'en pense le chœur, Amour n'est pas un dieu qui imposerait sa loi aux autres dieux, vision que la nourrice a tôt fait de remettre en cause ; quoi qu'en dise Égée, les dieux et le destin ne s'opposent pas, Pallas n'est pas impuissante ; la voix qu'il fait entendre d'outre-tombe ne lui donne qu'un don partiel de prophétie ; après tout, il n'est qu'une ombre, celle d'un homme, il n'est pas omniscient, le dernier mot n'appartenant qu'à la Providence. C'est en cela que Garnier provoque la surprise : ce qui est démenti en fin de compte, c'est l'injustice du destin. Ainsi se trouvent *in fine* justifiés les propos que tenait la nourrice, lorsqu'elle rappelait à Phèdre que, contrairement à l'opinion courante, les dieux *ne sont point touchez des passions des hommes*[71] : elle affirmait au contraire la bonté des dieux et leur sens de

70 *O trop chaste Hippolyte*, s'écrie la nourrice au vers 1852.
71 Vers 512.

la justice, dans une tirade qui n'a pas d'équivalent chez Sénèque, et qui prouve l'importance que Garnier accorde à la signification religieuse de sa tragédie[72].

Quant au message profond que Garnier veut livrer, on le résumera en disant que la Providence agit, mais que tout est soumis à la grâce divine, car l'homme ne peut sortir du mal en comptant sur ses propres forces. On a vu que Phèdre et la nourrice se donnent la mort parce qu'elles ignorent la gratuité du pardon céleste : péché contre l'espérance, attitude qui contraste avec celle de Thésée, tenté par le suicide, mais le refusant pour passer le reste de sa vie à expier ses fautes. Le roi témoigne d'une prise de conscience déjà un peu plus nette des liens qui unissent le Ciel aux créatures[73]. La leçon se complète peu à peu et il faut décrypter sous les thèmes antiques et le canevas sénéquien, au gré des innovations et de la progression dramatique, et à la lueur des comportements contrastés des personnages, une réflexion chrétienne, qui se fait l'écho des préoccupations contemporaines. La tragédie joue ainsi le rôle non plus d'une simple *catharsis*, mais surtout d'une initiation spirituelle, en faisant comprendre au spectateur que la faiblesse de l'homme ne peut être rachetée que par la grâce divine. Le châtiment infligé à Thésée peut lui fournir l'occasion d'une expiation et déboucher sur le pardon divin. Ce n'est pas ici le lieu de se demander si, comme on l'a parfois soutenu, la *Phèdre* de Racine obéira à cette vision, « janséniste » avant la lettre, ni de se livrer à une confrontation des deux tragédies, mais il faut bien remarquer, à la suite de Raymond Lebègue, que Racine a

---

72 Vers 590-644. Le sens religieux est encore suggéré par Raymond Lebègue, qui notait, sans autre commentaire, qu'au vers 1275, la *culpa* du texte sénéquien devenait *peché* chez Garnier (éd. d'*Hippolyte*, p. 256).

73 Sur la décision de Thésée, voir aussi l'interprétation d'Olivier Millet, que nous évoquons à la note des vers 2319-2320.

lu de près la pièce de son illustre prédécesseur, dont il s'est souvenu à maintes reprises[74].

74 « Racine, on le sait, a emprunté à l'*Hippolyte* de Garnier des thèmes, des expressions, des images : les exploits de Thésée, – Ariane abandonnée, – fléchir l'inflexible, – que diras-tu, mon père, – la montagne humide, – le dard, – le frein et la voix, – l'écume sanglante des chevaux, – les crimes inconnus aux Enfers. De ces imitations, qui ne sont pas littérales, sont issus plusieurs des plus beaux vers de *Phèdre*. Et il lui doit deux épisodes : le remords de la nourrice, suivi de son suicide, et l'hallucination de Phèdre, pour laquelle il remplace très heureusement Mégère par Minos, père de Phèdre et juge aux Enfers. » (Édition d'*Hippolyte*, p. 247). Ces imitations sont d'ordre rhétorique. Nous avons eu l'occasion, dans les lignes précédentes, de signaler quelques-uns des changements que Racine a fait subir à ses modèles dans la conduite de l'action. Une des principales innovations du poète du XVIIe siècle est d'avoir imaginé les sentiments qui unissent Hippolyte et Aricie, ce qui lui a permis de modifier le personnage d'Hippolyte et de concevoir la scène de la jalousie de Phèdre, inexistante chez ses devanciers.

ÉTABLISSEMENT DU TEXTE

On dénombre six éditions de la tragédie parues du vivant de Garnier, et dont seules les cinq premières ont été revues par lui :

A et *A2* : ces deux éditions ont paru à Paris, chez Robert Estienne en 1573 : la première (sigle *A*) est représentée par trois exemplaires, dont l'un est conservé à la Médiathèque-Bibliothèque municipale de Nantes [28304 R] et les deux autres à celle de l'Arsenal sous les cotes [8°B 12689] et [8°GD 742] ; la seconde (sigle *A2*) est connue par deux exemplaires de la Bibliothèque nationale de France [Yf. 3899 et Yf 3953] et par un troisième, présent à l'Arsenal sous la cote [8°BL 12601] ; cette seconde édition ne présente que quelques modifications de détail, que nous avons indiquées lorsqu'elles nous ont paru significatives et uniquement quand la leçon fournie par *A2* s'écarte de celle que propose *A*[1].

B : la troisième édition de la pièce est insérée dans la première édition collective du théâtre de Garnier (Paris,

1 Cette édition *A2* provient d'un tirage différent de *A*, ainsi qu'en témoigne la place de la signature de bas de page, modifiée par rapport à *A* dans la totalité des cahiers, à l'exception de deux folios, situés respectivement dans les cahiers F et M. En outre, sur le recto du folio 27 de l'exemplaire de l'Arsenal, la signature n'est pas au même endroit que sur les deux exemplaires de la Bibliothèque nationale, le reste de la page étant inchangé. Selon Lucien Scheler, « [la] collation [des deux tirages de 1573] est semblable, mais les bandeaux gravés sur bois et la typographie sont différents. » (« Le crime de Nicolas de Ronsard », dans *B. H. R.*, III, 1943, p. 62, note 2).

Mamert Patisson, 1580), dont un exemplaire se trouve à l'Arsenal [Rés. 8°BL 12588] et un autre au département des Arts du spectacle de la B.N.F., sur le site Richelieu [Rondel RF 1242].

C : cette quatrième édition de la tragédie figure dans la deuxième édition collective (Paris, Mamert Patisson, 1582), conservée à la B.N.F. sous la cote [Rés. p-Yf-532] et au département des Arts du spectacle (B.N.F.-Richelieu) sous la cote [Rondel RF 1244 Rés.].

D : cinquième édition de la pièce. Le texte en est inclus dans la troisième édition collective (Paris, Mamert Patisson[2], 1585), la dernière revue par l'auteur ; c'est ce texte que nous reproduisons, en prenant pour base les exemplaires conservés à l'Arsenal [8°B 12589 Rés.] et au département des Arts du spectacle [Rondel RF 1245], et en indiquant en bas de page les variantes des éditions précédentes. Il existe d'autres exemplaires du même texte : l'un, non consultable actuellement, à la Bibliothèque nationale de France [Rés. Yf 2959], deux autres à la bibliothèque de la Sorbonne [Rra 472, in-12][3] et [Rra 472a, in-12].

E : Pierre Jagourt a donné, à Toulouse, en 1588, une édition complète des tragédies de Robert Garnier (Cote BN Tolbiac [8-YF-1461] et BN Arsenal [GD-980]). Garnier n'a certainement pas revu ce texte, très fautif pour la plupart des pièces. Nous n'en tenons donc pas compte, car on y déplore des fautes d'impression et de fâcheuses substitutions

2 D'après Philippe Renouard, *Répertoire des imprimeurs parisiens*, p. 334-335, Mamert Patisson fut d'abord correcteur chez Robert II Estienne, de 1569 à 1574, avant de devenir libraire-imprimeur (1574), puis imprimeur du roi (1578). Il épousa en 1574 Denyse Barbé, veuve de Robert II Estienne, à qui il succéda. Il périt en se noyant dans les fossés de Châtres-sous-Montlhéry (Arpajon) en 1601 ou 1602.

3 Il manque les deux folios 150 et 151 dans ce volume.

de termes[4], voire des vers faux (1327, 1572, 1827). En dehors de cela, il se contente de reproduire, avec de rares variantes orthographiques ou phonétiques sans grande importance, le texte de 1585, dont il corrige toutefois une erreur minime[5].

Voici les principes qui nous ont guidé dans le choix des variantes :

a) Nous avons négligé les variations orthographiques lorsque nous les jugions sans importance particulière. Nous ne les avons signalées que lorsqu'elles pouvaient correspondre à un choix grammatical ou linguistique, conscient et significatif : prononciation, morphologie ou accord syntaxique. C'est ainsi que nous indiquons l'alternance ente *ai* et *a* (*imaige* / *image*), entre les formes ouïstes et non-ouïstes (*doulente* / *dolente*), les hésitations en ce qui concerne la quantité vocalique en syllabe tonique (*maistresse* ou *maîtresse* en face de *maitresse*, *opiniatre* en face d'*opiniastre* / *opiniâtre*, ou *choir* en face de *cheoir*), les fluctuations dans l'aperture vocalique (la même voyelle pouvant être tour à tour ouverte ou fermée), la volonté de distinguer des homonymes (*il souffre* en face du nom *soufre* écrit *souffre, soulfre ou souphre, ha* verbe en face de *à* préposition), l'alternance entre les formes à désinence et les formes sans désinence pour les verbes (*je vien* en face de *je viens*), les variations dans la transcription des mots composés (*toutefois* / *toutesfois* / *toute fois* / *toutes fois ; s'entraimer* / *s'entr'aimer* / *s'entre-aimer*), les formes à *s* dit « adverbial » (*avecque* / *avecques ; encore* / *encores*), l'accord ou non du participe présent (*faisans* / *faisant*) ; nous n'avons

4 Voici quelques exemples d'erreurs : *Que* pour *qui* (333), *les* pour *de* (362), *commence* pour *commences* (372), *sur* pour *sous* (470), *devore* pour *devoree* (658), *leuvre* pour *lévres* (910), *n'avons* pour *n'avous* (967), *bon Dieu* pour *bons Dieux* (1303), *mettez* pour *mettrez* (1482), *mensonge* pour *mensongere* (1572).

5 Il rétablit la forme correcte *jambe*, au lieu de *jambé*, au vers 206.

signalé l'alternance entre la majuscule et la minuscule à l'initiale d'un mot que lorsqu'il nous semblait que la majuscule pouvait avoir une raison d'être, correspondre par exemple à une éventuelle personnification (*Amour, Fortune, Soleil*). Selon la pratique adoptée dans la plupart des éditions de textes du XVIe siècle, nous avons distingué *i* et *j*, *u* et *v*, et transcrit le signe *&* par *et*.

b) En ce qui concerne les alinéas, nous avons prêté attention aux divergences, puisque celles-ci témoignent de la réorganisation du texte. Ils sont plus nombreux à partir de la troisième édition, celle de 1580.

c) Nous n'avons relevé, dans le domaine de la ponctuation, que les variantes importantes : par exemple quand on observe une hésitation entre le point et le point d'interrogation, puisque cela implique un changement de modalité de la phrase ; ou encore lorsqu'un point est remplacé par une virgule ou l'inverse. En revanche, nous n'avons pas jugé utile de signaler l'alternance entre le point et les deux points ou entre la virgule et les deux points, l'écart entre ces types de pause étant à nos yeux bien moindre que dans le cas précédent.

d) Nous avons accordé une priorité scrupuleuse aux variantes portant sur le vocabulaire et la syntaxe, ainsi qu'aux suppressions et aux additions, puisque ces modifications engagent la signification du texte et sa portée.

e) Les guillemets (») placés devant certains vers figurent dans le texte original et signalent les sentences. Les astérisques renvoient à l'*index verborum*. La foliotation est précisée entre crochets et placée à la suite du vers qui commence la page ou du nom du personnage qui le prononce ou, s'il y a lieu, du titre situé en haut de la page ; toutefois, dans le corps des textes rédigés en prose (*Dédicace*, *Argument*), nous la plaçons immédiatement avant le premier mot ou la première syllabe de la page.

TABLEAU COMPARATIF

La tragédie de Garnier et celle de Sénèque

Garnier, *Hippolyte*	Sénèque, *Phaedra*
Acte I	
Monologue d'Égée, annonçant les malheurs qui vont s'abattre sur sa descendance 1-142	*Pas de scène correspondante*
Longue tirade[1] d'Hippolyte, faisant part de ses craintes, à la suite de funestes présages et d'un songe inquiétant 143-284	*Pas de scène correspondante*
Chœur des chasseurs 285-380	Hippolyte exhorte les chasseurs 1-84
Acte II	
Monologue de Phèdre, exprimant les douleurs causées par sa passion 381-466 *[les vers 415-430 sont de l'invention de Garnier, avec quelques réminiscences des Héroïdes d'Ovide]*	Monologue de Phèdre 85-128

1 Tirade, plutôt que monologue : malgré l'absence de toute didascalie, on peut penser que le récit des prodiges et du songe est adressé aux chasseurs, compagnons d'Hippolyte, qui sont présents sur scène, quoique provisoirement muets, et qui entonneront le chant final du premier acte.

Aveu de Phèdre à sa nourrice 467-874 *[les vers 493-682 sont en grande partie propres à Garnier]*	Aveu de Phèdre à sa nourrice 85-273
Chœur sur la puissance de l'amour 875-976	Chœur sur les ravages de l'amour 274-356
Acte III	
Second monologue de Phèdre, exprimant de nouveau sa douleur : suite d'invocations ; éloge de la beauté d'Hippolyte 977-1064	Garnier a imité quelques passages d'un chœur de Sénèque, situé plus loin, après la fuite précipitée d'Hippolyte et l'appel au secours de la nourrice 736-834
Monologue de la nourrice, qui plaint Phèdre 1065-1124	La nourrice décrit auprès du chœur les souffrances de la reine 357-386
Phèdre invoque Diane et la nourrice lui demande de se retirer à l'approche d'Hippolyte 1125-1154	C'est la nourrice qui adresse à Diane une prière 399-425
La nourrice tente en vain de convaincre Hippolyte de se laisser dompter par l'amour 1155-1308	Même tentative de la nourrice, même échec 431-588
Phèdre avoue son amour à Hippolyte en présence de la nourrice ; le jeune homme s'indigne et s'enfuit, laissant tomber son épée 1309-1492	Scène de l'aveu. Hippolyte laisse éclater sa fureur, puis lâche son épée en quittant précipitamment la scène 589-718
La nourrice appelle au secours les serviteurs du palais, laissant croire qu'Hippolyte a tenté de violer Phèdre 1493-1522	Même processus : scène située après un chœur chantant la dangereuse beauté d'Hippolyte, chœur que Garnier supprime, mais dont il a placé le thème au début de l'acte, dans la bouche de Phèdre (voir *supra*) 719-735

Le Chœur : « Allons faire au temple prière » 1523-1610	*Pas de scène correspondante*
Acte IV	
Retour de Thésée 1611-1630	Retour de Thésée 835-853
Thésée s'inquiète du ton éploré et des sous-entendus tragiques de la nourrice 1631-1658	Mêmes inquiétudes 854-863
Phèdre accuse faussement Hippolyte auprès de Thésée, qui lance contre son fils des imprécations et appelle sur lui la colère de Neptune 1659-1848	Calomnie de Phèdre et malédiction de Thésée 864-958
Suicide de la nourrice 1849-1898	*Pas de scène correspondante*
Chœur sur le thème de la clairvoyance des dieux ; prière à Neptune pour détourner la malédiction 1899-1964	*Pas de scène correspondante*
Acte V	
Le messager annonce à Thésée la mort d'Hippolyte et en fait le récit détaillé 1965-2160	Récit de la mort d'Hippolyte 991-1122
Phèdre s'accuse devant Thésée et le cadavre d'Hippolyte, à qui elle rend un pathétique hommage en implorant son pardon, avant de se donner la mort 2161-2260	Même processus, à ceci près que le corps d'Hippolyte n'est pas encore présent sur la scène 1156-1200
Chœur plaintif : thrène des suivantes de Phèdre 2261-2308	Chœur situé entre les deux scènes précédentes, donc placé plus loin par Garnier 1123-1155

Monologue conclusif de Thésée, qui exprime ses remords, mais renonce à se tuer 2309-2384	Après des imprécations lancées contre lui-même, Thésée laisse éclater son désespoir et la violence de ses remords ; puis il dialogue avec le chœur : on lui apporte le corps de son fils déchiqueté, dont il ordonne les funérailles 1201-1280

HIPPOLYTE[1]

Tragédie[2]

A MESSEIGNEURS DE RAMBOUILLET[3]

Nostre France a de tout temps produit une belle Noblesse et valeureuse pour le service de son Roy : et encores en nourrist* une en cest heureux siecle, qui surpasse avantageusement l'honneur de ses devanciers. Si* est-ce qu'en l'abondance d'une si vertueuse nourriture*, elle ne se peut vanter d'une plus genereuse* race* et de plus digne recommandation à la posterité, que la vostre, Messeigneurs, qui, outre le rang que vous tenez, perpetué d'une presque eternelle suite de nobles ancestres, faites tant reluire de vertus en vous,[4] que les moindres donnent plus d'admiration, que d'esperance d'imitation.[5] Je m'efforceroy de les chanter aussi volontiers qu'elles sont dignes de passer jusques à vos neveux* :[6] si je

1 [f° 109 r°].

2 *A* Hippolyte, tragedie de Rob. Garnier conseiller du Roy au siege Presidial et Senechaussee du Maine. A Messeigneurs de Rambouillet. A Paris, de l'Imprimerie de Robert Estienne. M.D.LXXIII. Avec privilege. *BC* Hippolyte, tragedie

3 [f° 110 r°].

4 *A* faites tant reluire en vous de vertus,

5 *A* d'imitation en exemplarité.

6 *A* passer à vos nepveus* surpris d'esbahissement de les entendre : si je ne doubtoy

ne doutoy [f° 110 v°] que mon affection trop ardente entrast en folle presomption, succombant sous le faix d'un si digne sujet.[7] Je ne sçay (et me pardonne la France) s'il se trouvera encores maison de vostre qualité, où les lettres s'appareillent* si bien au sanglant exercice de Mars, et où la generosité* d'un brave et magnanime* cœur reçoive en telle concordance le paisible esbat* des livres. De là vient l'estroit et indissoluble lien qui vous unist d'amitié,[8] conduisant sous un seul vouloir un nombre[9] de tres-vertueux[10] seigneurs : comme si une seule ame vous animoit tous ensemble, bien que composez de diverses façons et habitudes. C'est pourquoy, ores* que je ne fusse, ce que je suis,[11] tres-devôt* serviteur de vos seigneuries : je ne pense toutefois[12] estre par trop hors de raison, de vous faire present à tous de ce seul mien ouvrage : qui encores que je l'eusse consacré en particulier à l'un de vous, n'eust laissé d'appartenir à tous egalement : tant est individue* et inseparable vostre fraternelle affection.[13] Je ne m'excuseray point de l'humilité de [f° 111 r°] l'ouvrage, sçachant que vostre bonté ne refusera Hippolyte, comme trop indigne de se presenter à vous, apres qu'il aura testifié* qu'il vient, et vous est adressé de la sincere devotion* de moy, à qui vous a pleu faire cest honneur de donner accez en vos bonnes graces, et qui en recognoissance de telle faveur, et du plaisir que je ressentiray que vous l'ayez eu agreable, renforceray[14]

7 *A* succombant, trop foible, soubs le faix d'un si digne suget.

8 *ABC* lien de vostre fraternité, qui donne tant d'estonnement* à ce Royaume,

9 *ABC* sous un seul vouloir, tout un nombre

10 *AB* tresvertueux

11 *ABC* C'est pourquoy, Messeigneurs, ores que je ne fusse, ce que par obligation je suis,

12 *A* toutesfois [*A2* toutefois]

13 *ABC* inseparable la fraternelle affection de vos debonnairetez*.

14 *ABC* renforceray (s'il se peut faire)

le tres-affectionné desir que j'ay, Messeigneurs, de vous faire à tout jamais tres-humble service.

Vostre perpetuel serviteur
ROB. GARNIER.

Il me souvient, GARNIER, que je prestay la main
[f° 111 v°]
Quand ta Muse accoucha, je le veux[15] faire encore :
Le Parrain bien souvent par l'enfant se decore,
Par l'enfant bien souvent s'honore le Parrain.

Ton ouvrage, GARNIER, Tragique et souverain
Qui Fils, Parrain ensemble, et toute France honore,
Fera voller ton nom du Scythe jusque au More,
Plus dur contre les ans, que marbre ny qu'airain.

Resjouy toy, mon Loir, ta gloire est infinie,
Huyne et Sarte tes sœurs te feront compagnie,
Faisant GARNIER, BELLEAU, et RONSARD estimer,[16]

Trois fleuves qu'Apollon en trois esprits assemble.[17]
Quand trois fleuves, GARNIER, se degorgent ensemble
Bien qu'ils ne soyent pas grands, font une grande mer.

P. DE RONSARD.[18]

---

15 *A2* veu

16 *A* estimer.

17 *A* assemble,

18 *ABC La signature manque à la fin du poème, mais on trouve en tête :* P. DE RONSARD A ROB. GARNIER. (*A* Sonet.).

Tu sers trop longuement au monde de theatre,
France, et trop longuement durent tes tristes jeux :
Tu devrois arracher de tes poings outrageux*
Les glaives, et, paisible, à[19] d'autres jeux t'ébatre.

France, ou si tu es tant au meurtre opiniatre,[20]
Et que tes nourriçons* y soyent si courageux,
Voy ce Tragique escrit : tout y est orageux,
On y bruit, on y tue, on n'y fait que debatre*.

Ma France, je te pry, laisse ton propre flanc,
Et devote* à ton Roy, tire d'ailleurs du sang,
Ou de ces meurtres feints assouvy ton courage*.

GARNIER, qui a desja d'un vers bien entonné,
Grave, docte et hardy tout le monde estonné*,
Te represente assez de fureur* et de rage.

N.D.R.[21]

---

19 *A* en

20 *A* opiniâtre,

21 *A ces initiales manquent. A porte le titre suivant :* Nic. de Ronsard Sieur de Roches à Rob. [*A2* R.] Garnier. Sonet. *B* Nic. de Ronsard Sieur de Roches à Rob. Garnier.

P. AMYUS[22] REGIS APUD CŒNOMANOS[23] CONSILIARIUS [f° 112 r°]

Ad Rob. Garnierium,[24] *de Porcia et Hippolyto.*

Cum fractis patriæ rebus, tua Porcia,[25] Brutum
Certa sequi, impavido rutilantes ore favillas
Hausit, tum nostra obstupuit scena, atque cothurni
Nescia magniloqui olim, expavit grande tonánsque
Dicendi genus, et spirantia verba Quiritem
Pro re communi recidivum, occumbere morte.
Te vetuit labor ille mori, illóque auspice nostras
Diximus Ausoniis minimum invidisse camenis[26].
Et nunc Thesides iterum revocatus Averno,
Remigióque tui his appulsus pectinis oris,
Invidia major Græcis se comparat, atque
Transfugium extollit, quod nec locupletius usquam
Ampullari, nec gravius sævire cothurnum
Vidit, seu ritus, aut ævi candida primi
Persequeris studia, et mores, seu concitus ignes
Ferris in incestos, sceleratáque vota, novámque
Perfidiam doctæ fraudes versare novercæ.
Perge, age, Garnieri, laurus te multa manebit
A nobis nostrísque, et jam dicêre cothurno
Princeps sublimi Francum instruxisse theatrum,
Quod vix dignè olim popularia[27] Comica norat.

22 *ABC* P. Amicius

23 *ABC* Cenomanos

24 *A Ad Rob. Garnierium collegam,*

25 *D* rebus tua, Porcia, *(La première virgule est mal placée : nous l'avons mise à sa place logique, qui est du reste celle de A)*

26 *A* camœnis [*A2* camenis] *BC* camænis

27 *A2* popularis

EJUSDEM AD EUNDEM. [f° 112 v°]

Olim sancta situ loca, et reductas
Valles, cinctáque rivulis vireta
Mixto carmine tibiis lyræque
Musæ personuere, nec profana
Incerti studia attigere vulgi.
Sed te, Melpomene, inter oppidanos
Sermones, strepitúsque, quos ciere
Nobis assidui solent clientes :
Te, inquam, Pierii incolæ recessus,
Inter sollicitos[28] metus potentum,
Inter jurgia, civiúmque avaras
Spes spretis nemorum otiis sequuntur,
Dum nostræ indociles amare scenæ
Ritus Hippolyti paras, et igne
Notum Pasiphæ genus scelesto.
Quid mirum ? instar eis situs amœni est,
Et vallis rigua madentis unda,
Concinnum vario lepore carmen,
Quo tu præcipites sonas Tyrannûm
Iras, insidiosáque innocenti
Privigno studia, et dolos novercæ.
Hæ sunt deliciæ novem Sororum,
His captæ illecebris, tibi in profana
Fiunt urbe duces, et eruditæ
Lauros præmia frontis, albicanti
Distinguunt hedera, quibus novenas
Festinent capiti tuo coronas.

28 *A* solicitos [*A2* sollicitos]

ODE IN HIPPOLYTUM [f° 113 r°]
a Rob. Garnerio Gallico cothurno donatum.[29]

Strophe.

Mare cùm furit agitatum
Hyeme aspera, tunc
Anchoras duas si
Cito[30] *projiciat Tiphys in æquor,*
Ratem melius moratur.
Quondam medicus, morte furenti,
Juvenem pudore recisum,
Arte Pæonia
Ab inferis reduxit :
Illúmque pro talibus ausis
Dextera Jovis æthere tonans
Tenebras detrusit ad infimas,
Nec numina Phœbi
Patris potuêre contrà
Juvare natum.

29 *A* ODE IN HIPPOLYTUM A ROB. GARNERIO REGIO Consiliario, Gallico cothurno donatum.
30 *A Citò*

Antistrophe.

Retinacula data vitæ
Prius, haud tueri illius valebant
Verecundula, Phædræque novercæ
Pudicum Hippolytum roganti
Ingrata nimis curricula : sed
Odio illius, Dea furvæ
Noctis alma jubar
Suum suo favere
Castóque gratóque probóque
Hippolyto avida atque cupida,
Subitò reddi studuit nova [f° 113 v°]
Vitam arte Nepotis,
Sacróque relegat inde
Nemori Diana.

Epodos.

Sorores deinde sacræ,
Euripidis poetæ
Audaciâ gravissimâ
Prognatum ex Amazone Nympha
Virentibus per alta coronis
Theatra protrahere
Nobilitatum, ut et Annei
Facundia Cordubensis,
Ita ausæ fuere, ut hîc
Tibi Tragicographo
Iterum triplicibus dederint
Tenendum eum anchoris.

PASQUASII ROBINI DELPHII.

SUGET DE CESTE TRAGEDIE

Thesee, fils d'Egee Roy des Atheniens, retourné de l'isle de Crete espousa en secondes nopces Phedre fille de Minos, qui en estoit Roy. Il fut requis[31] par Pirithois son singulier* amy, de l'accompagner à l'entreprise[32] qu'il avoit faite de descendre aux enfers, pour enlever Proserpine.[33] Ce que luy ne voulant refuser[34] à un amy si cher, piqué aussi d'un magnanime* desir d'achever de belles et hazardeuses* adventures, y [f° 114 r°] devala* avecques luy : où s'estant mis en devoir d'executer[35] leur violente intention, furent saisis et arrestez par les satellites* de Pluton. Ce pendant*[36] Phedre devint esprise de l'amour d'Hippolyte son fillâtre*, et la rage de ceste passion gaigna tant sur elle, qu'il ne luy fut en fin possible d'y plus* resister : de façon que reduitte en toute extremité, et despouillant toute honneste honte de son cœur, elle se descouvrit à ce jeune seigneur, lequel (comme vertueux qu'il estoit, nourri* chastement au laborieux plaisir de la chasse, loin de la mollesse et lasciveté des villes) la refusa severement, detestant* un si abominable* desir. Dequoy elle extremement indignee, tournant son premier amour en haine et fureur*, se plaignit à son mary (qui lors se trouva de retour des enfers) de l'outrage* qu'elle dist[37] luy avoir esté faict en son honneur

31 *A* Pendant lequel mariage il fut requis

32 *ABC* en une entreprise

33 *ABC* pour en tirer de force Proserpine, et l'enlever.

34 *A* Luy qui ne vouloit refuser chose du monde *BC* Ce que ne voulant refuser

35 *A* debvoir ensemblément* d'executer

36 *ABC* Cependant

37 *ABC* dict *A* dit

par Hippolyte son fils. A quoy cest homme credule ayant facilement adjousté foy, transporté d'une juste douleur, et d'un ardent desir de vengence, pria le Dieu Neptune son ayeul, de le faire mourir[38] ce que Neptune soudainement executa. Car il fit[39] à l'instant sortir un grand monstre de mer, qui se presentant devant les chevaux d'Hippolyte, les effroya tellement que quelque devoir qu'il sceust faire pour les arrester, ils gravirent à travers les rochers[40] prochains, et le renverserent de son char : et advint qu'en tombant,[41] il s'enlaça[42] fortuitement, et ennoüa* les jambes aux courroyes et liaces* de l'attellement, en telle sorte que ne [f° 114 v°] s'en estant peu depestrer, il fut miserablement trainé par ses chevaux à travers les rocs et buissons, dont* le pauvre jeune Prince mourut. La nouvelle de sa mort estant apportee en la ville d'Athenes, Phedre coupable en elle mesme de son innocente mort, et vaincue de pitié, avec l'amour qui se renouvela et rafraischit en son ame, decouvrit sa faulse accusation, et la cause d'icelle*, à son mari, puis se tua sur le corps trespassé de son amy.[43]

38 *A* de faire tout à l'heure mourir sondit fils : *C* de le faire mourir. ce que

39 *C* feit

40 *D* roches *(coquille probable) : ABC présentent* rochers, *que nous rétablissons.*

41 *ABC* et advint de malheur qu'en tombant,

42 *AB* il s'impliqua*

43 *Dans ABC, on peut lire, après ce texte, un* ARGUMENT DES ACTES, *que nous donnons plus loin, immédiatement après la fin de la pièce.*

INTERLOCUTEURS

L'ombre d'Egee.
Hippolyte.
Phedre.
Nourrice.
Thesee.
Messager.
Chœur de Chasseurs.
Chœur d'Atheniens.

HIPPOLYTE

[f° 115 r°]

ACTE I

EGEE

Je sors de l'Acheron, d'où les ombres des morts
Ne ressortent jamais couvertes de leurs corps :
Je sors[44] des champs ombreux, que le flambeau du [monde
Ne visite jamais courant sa course ronde :
Ains* une espoisse horreur*, un solitaire effroy,
Un air puant de souphre[45], un furieux aboy*
Du portier des Enfers, Cerbere à triple teste,
Maint fantôme volant, mainte effroyable beste.
Mais l'horrible* sejour* de cet antre* odieux,[46]
De cet antre*, privé de la clairté[47] des cieux,
M'est cent et cent fois plus agreable, et encore
Cent et cent autresfois*[48], que toy, que je deplore*,
Ville Cecropienne, et vous mes belles tours,
D'où me precipitant je terminay mes jours.
Vostre Pallas devoit, belliqueuse Deesse,
Destourner ce mechef* de vous, sa forteresse :
Et, alme*, vous garder d'encombreux* accidens*,
Puis qu'elle a bien daigné se retirer dedans :
Et de plus en plus faicte à vostre bien proclive*,

[f° 115 v°]

44 *A2* sôr
45 *A* souffre
46 *A* Vers aligné.
47 *A* bany de la clarté
48 *ABC* autres fois

Vous orner de son nom, et de sa belle olive*.
Mais quoy ? c'est le destin, c'est ce mechant* destin,
Que mesme Jupiter, tant il luy est mutin*,
Ne sçauroit maistriser* : Jupiter qui d'un foudre
Qu'il lance de sa main, peut tout broyer en poudre*.
Tandis que j'ay vescu, je t'ay veu, ma Cité,
Tousjours porter au col* une captivité :
Non telle que lon[49] voit en une ville prise,
Qu'un Roy victorieux humainement maistrise*.[50]
Mais en ta servitude, ô Athenes, le sort
Menaçoit tes enfans d'une cruelle mort :
Qui mis sous le hasard* d'une ordonnance* inique,
Entroyent l'an, deux fois sept au logis Dedalique,[51]
Pour servir de pasture aux devorantes dens
Du monstre Mi-taureau qu'on nourrissoit dedans.
Et toymesme Thesee, et toy ma geniture*,
Pour qui moy desja mort, la mort encor j'endure,
Ravy d'entre mes bras, le destin envieux
Te choisit pour viande* à ce monstre odieux :
Ce monstre pour lequel ce poil* gris qui s'allonge
Espars dessus mes yeux, se dresse quand j'y songe :
Et ces genoux privez de chair et de chaleur,
Comme genoux d'un mort, chancellent de douleur.
Aussi fut-ce la cause, il t'en souvient, Thesee,[52]
D'accourcir* de mes ans la mortelle fusee* :
Bien que le vueil* des Dieux, propice à ton dessain,

49 *A* l'on

50 *A présente une virgule à la fin de ce vers, puis, entre les vers 28 et 29, on lit les quatre vers suivants :* Subjuguee* à ses loix, sans luy estre cruel, / Et luy rien exiger qu'un tribut annuel, / Qu'entre mille citez, la chetive* vaincue, / Gemissant et pleurant, malgré soy contribue.

51 *ABC* Entroyent sept chasque (*C* chaque) annee [*A* annee,] au logis Dedalique,

52 *A Vers aligné.*

Te sauvast du gosier de ce monstre inhumain,
Qui glouton de l'appas, que ta main cauteleuse*
Jetta par pelottons dans sa gorge monstreuse*,
S'abbatit au sommeil, te permettant plonger
Au travers de son cœur ton poignard estranger.[53]

[f° 116 r°]

Ainsi tu te sauvas de sa felonne* rage,
Puis suivant sagement l'advertissement sage
De ta bonne Ariadne, à la suitte d'un fil
Tu sors du labyrinthe au bastiment* subtil.
» Mais ainsi qu'il advient que l'humaine nature[54] »
» Insatiable d'heur* convoite[55] outre mesure,
» Et jamais ne s'arreste à mediocrité* :
Non bien contant d'avoir ton malheur evité,
Tu brigandes Minos, et corsaire* luy pilles
Avecque[56] ses thresors ses deux plus cheres filles.
De là tout le malheur, de là tout le mechef*,[57]
Qui ja ja* prest de cheoir*[58] penche dessur* ton [chef*,
Prend source, mon Thesee, et de là la mort blesme
D'ailes noires vola jusques à mon cœur mesme :
Ne voulans[59] les grands Dieux courroucez contre toy,
Te donner le plaisir d'essuyer* mon esmoy* :
Ains* voulurent (que c'est des vengences celestes !)
Que tes heureuses naufs* m'apparussent funestes,
Et que leurs voiles noirs, qui flotoyent oubliez,

53 *A* estranger, [*A2* étranger.]
54 *ABC* » Mais comme de malheur, nostre humaine nature
55 *A* couvoite
56 *AB* Avecques
57 *A Vers aligné.*
58 *ABC* choir
59 *AB* voulant

Me fissent eslancer dans[60] les flots repliez,
(Miserable tombeau de ma vieillesse agee !)
Et changeassent leur nom au nom de moy Egee.
» Les Dieux aiment justice[61], et poursuivent à mort
» L'homme mechant, qui fait à un autre homme tort.
» Ils tiennent le parti du foible qu'on oppresse,
» Et font cheoir*[62] l'oppresseur en leur main
[vengeresse.
Thesee, helas Thesee, aujourd'huy[63] le Soleil
Ne sçauroit voir malheur à ton malheur pareil :[64]
L'enfer, bien que hideux et gesne* de nous ombres,
N'ha pas en son enclos tant de mortels encombres*,
Que je t'en voy, pauvre homme ! hé, qu'il te falloit bien
[f° 116 v°]
Entreprendre d'aller au lict Plutonien,
Pour ravir nostre Royne ! hé, qu'à la mauvaise heure*
Tu entrepris forcer nostre palle demeure !
Ce fut pour Pirithois, à qui les noires Sœurs
Font ja porter la peine ourdie aux ravisseurs,[65]
Que si le bon secours du genereux* Alcide,
Ne t'eust ores* tiré du creux* Acherontide,
Tu eusses ton supplice aussi bien comme luy,
Pour avoir entrepris sur la couche d'autruy.
Mais non non, je voy bien à fin que tu endures[66]
Pour ton mal perpetré de plus aspres tortures,
Pluton gros de vengence, et de colere gros,

---

60 *A* élancer sur
61 *A* Justice
62 *BC* choir
63 *A* aujourdhuy
64 *ABC* pareil !
65 *B* ravisseurs.
66 *A Vers aligné.*

Te permet de revoir avecques ce heros
Ta fatale maison* : maison*, où les Furies
Ont jusqu'à[67] ton trespas fondé leurs seigneuries*.
    Tu y verras l'inceste, et le meurtre, et tousjours[68]
Ton desastre* croistra, comme croistront tes jours.
Tu occiras*, meurtrier, ta propre geniture*,
Puis l'adultere* mort de ta femme parjure
Doublera tes ennuis*, qui lentement mordans
Te rongeront le cœur et le foye au dedans.
En fin[69] quand ta langueur* bien longuement trainee
D'une tardive mort se verra terminee,
Et que fuyant le ciel et les celestes Dieux
Tu penseras fuir ton tourment* ennuyeux*,
(Tourment*, qui te joindra plus estroit qu'un lierre
Ne joint estroittement les murailles qu'il serre)
Le severe Minos, et le cruel Pluton,
Tous deux tes outragez*, hucheront* Alecton,
Megere, Tisiphone, execrables* bourrelles*,
Pour ribler*, forcener*, ravager* en tes moüelles,
[f° 117 r°]
T'élancer leurs serpens en cent plis renoüez*,
T'ardre* de leurs flambeaux, et de leurs rouges foüets
Te battre dos et ventre, aussi dru que la gresle
Craquetant, bondissant, decoupe un espi gresle[70].
    Ja* desja je te voy porter l'affliction
De quelque Promethee, ou de quelque Ixion,
D'un Tantale alteré, d'un remangé* Titye,
D'un Typhon, d'un Sisyphe, et si l'horreur* noircie
De Pluton garde encore un plus aspre tourment*,

67 *AB* jusque à
68 *A Vers aligné.*
69 *A* Enfin
70 *D propose* espigresle, *sans laisser d'espace entre les deux mots ; nous les séparons.*

L'on t'en ira gesner* perpetuellement.
Or* je te plain sur tout, ma chere nourriture*,
Et de mes ans vieillars* la plus soigneuse cure*,
Hippolyte, que j'aime autant que la vertu
Luist aimable en celuy qui s'en monstre vestu.
Las ! je te voy meurtry*[71] par cette Minoïde,
(Si quelque bon Démon* aujourd'huy[72] ne te guide)
Par cette Phedre icy*, dont mon fils ravisseur,
Pour nostre commun mal accompagna sa sœur.
Que pleust aux Immortels, qu'un tempesteux [orage[73]
Dés le port Gnossien[74] en eust faict le naufrage !
Et que la mer mutine*, enveloppant sa nef*,
Eust abysmé* dedans son impudique chef* !
Tu vivrois, Hippolyte, et la mort violente
N'éteindroit aujourd'huy[75] ta jeunesse innocente.
» Mais quoy ? le sort est tel. L'inexorable Sort[76]
» Ne se peut esbranler d'aucun humain effort*.
» Quand il est arresté*, mon enfant, que lon[77] meure,
» On n'y peut reculer d'une minute d'heure.
Prens[78] en gré ta fortune* : et fay que ton trespas
La gloire de ton sang[79] ne deshonore pas.

71 *ABC* Las ! meurtry je te voy
72 *ABC* aujourdhuy
73 *A Vers aligné.*
74 *A* Gnosien [*A2* Gnossien]
75 *ABC* aujourdhuy
76 *A* sort
77 *A* l'on
78 *ABC* Pren
79 *ABC* La gloire de tes ans

HIPPOLYTE [f° 117 v°]

Ja* l'Aurore[80] se leve, et Phebus qui la suit,
Vermeil, fait recacher* les flambeaux de la nuict.
Ja* ses beaux limonniers* commencent à respandre
Le jour aux animaux, qui ne font que l'attendre.
Ja* les monts sourcilleux* commencent à jaunir
Sous le char de ce Dieu qu'ils regardent venir.
O beau Soleil[81] luisant, belle et claire planette,
Qui pousses tes rayons dedans la nuict brunette :
O grand Dieu perruquier*, qui lumineux esteins
Me decharmant* les yeux, l'horreur* des songes [vains*,
Qui ores* travailloyent*[82] durant cette nuict sombre
Mon esprit combatu d'un larmoyable* encombre*,
Je te saluë, ô Pere, et resaluë encor,
Toy, ton char, tes chevaux, et tes beaux rayons d'or.
Il me sembloit dormant, que j'erroy* solitaire
Au creux* d'une forest, mon esbat* ordinaire :
Descendu dans un val,[83] que mille arbres autour,
Le ceinturant* espois, privent de nostre jour.
Il y faisoit obscur,[84] mais non pas du tout comme
En une pleine nuict, qu'accompagne le somme* :[85]
Mais comme il fait au soir, apres que le soleil
A retiré de nous son visage vermeil,
Et qu'il relaisse encore une lueur qui semble
Estre ny jour ny nuict, mais tous les deux ensemble.
Dedans ce val ombreux estoit à droicte main

80 *A* l'aurore
81 *ABC* soleil
82 *ABC* Songes qui travailloyent
83 *A* C'estoit dedans un val,
84 *A* Il y fait tenebreux,
85 *A* En la pleine mi-nuict, où nous charme* le somme :

Un antre* plein de mousse, et de lambruche* plein,
Où quatre de mes chiens entrerent d'avanture*,
Quatre Molossiens* de guerriere nature.
A grand peine[86] ils estoyent à la gueule du creux*,
Qu'il se vient presenter un grand Lion affreux,
[f° 118 r°]
Le plus fort et massif, le plus espouventable[87]
Qui jamais hebergeast* au Taure inhospitable*.
Ses yeux estoyent de feu, qui flamboyent tout ainsi
Que deux larges tisons dans un air obscurci.
Son col* gros et charnu, sa poitrine nerveuse*,
S'enfloyent herissonnez d'une hure crineuse :
Sa gueulle estoit horrible*, et horribles* ses dents
Qui comme gros piquets apparoissoyent dedans.
Mes chiens, bien que hardis si tost ne l'aviserent*,[88]
Que saisis de frayeur, dehors ils s'élancerent :
Accoururent vers moy tremblant et pantelant*,
Criant d'une voix foible[89], et comme s'adeulant*.
Si tost que je les voy si esperdus*, je tâche
De les rencourager* : mais leur courage* lâche
Ne se rasseure* point, et tant plus que je veux
Les en faire approcher, ils reculent peureux.
Comme un grand chef guerrier, qui voit ses gens*
[en fuitte,
Et plusieurs gros scadrons* d'ennemis à leur suitte,
A beau les enhorter*, les prier, supplier
De retourner visage, et de se rallier* :
A beau faire promesse, a beau donner menace,[90]

86 *ABC* grand'peine
87 *ABC* Le plus espouvantable et le plus effroyable,
88 *A Vers aligné.*
89 *ABC* casse*
90 *ABC* a beau faire menasse, [*A* menasse : *C* menace]

C'est en vain ce qu'il fait : ils ont perdu l'audace,
Ils sont sourds et muets, et n'ont plus autre soing,
Que de haster le pas et de s'enfuir bien loing.
J'empoigne mon espieu, dont le fer qui flamboye
Devant mon estomach*, me découvre la voye :
Je descens[91] jusqu'au[92] bord, où soudain j'apperçoy
Ce grand Lion patu* qui décoche*[93] sur moy,
Degorgeant un tel cry de sa gueule beante,
Que toute la forest en resonne tremblante,
Qu'Hymette en retentist, et que les rocs, qui sont
[f° 118 v°]
Au bord Thriasien, en sourcillent* le front.
Ferme je me roidis, adossé d'une souche
Avancé d'une jambe[94], et à deux bras je couche
Droit à luy mon espieu, prest[95] de luy traverser
La gorge ou l'estomach*, s'il se cuide* avancer.
Mais las peu me servit cette brave* asseurance !
Car luy sans faire cas du fer que je luy lance,
Non plus que d'un festu que j'eusse eu dans la main,
Me l'arrache de force, et le rompt tout soudain :
Me renverse sous luy, me trainace* et me boule*,[96]
Aussi facilement qu'il eust faict d'une boule.[97]
Ja* ses griffes fondoyent dans mon estomach* nu,
L'escartelant sous luy comme un poulet menu
Qu'un Milan a ravy sous l'æle de sa mere,
Et le va deschirant de sa griffe meurtriere :

---

91 *AB2* descend
92 *AB* jusque au
93 *ABC* s'élance
94 *D* jambé *(coquille).*
95 *A* pres [*A2* prest]
96 *A* Me terrasse à ses pieds, me couche, et me saboule*,
97 *ABC* faict une boule.

Quand vaincu de tourment* je jette un cry si haut,
Que j'en laisse mon songe, et m'éveille en sursaut,
Si froid et si tremblant, si glacé par la face,
Par les bras, par le corps, que je n'estoy que glace.
Je fu long temps ainsi dans mon lict estendu,[98]
Regardant çà et là[99] comme un homme esperdu*,
Que l'esprit, la memoire, et le sens* abandonne,
Qui ne sçait ce qu'il est, ne connoist* plus personne,
Immobile, insensible, elourdé*, qui n'ha plus
De pensement* en luy qui ne soit tout confus.
Mais las ! ce n'est encor tout ce qui m'espouvante,
Tout ce qui me chagrine, et mon ame tourmente*,
Ce n'est pas cela seul qui me fait tellement
Craindre je ne scay quoy de triste evenement !
J'ay le cœur trop hardy pour estre faict la proye
D'un songe deceveur*, cela seul ne m'effroye.[100]
[f° 119 r°]
» Le songe ne doit pas estre cause d'ennuy*,
» Tant foible est son pouvoir quand il n'y a que luy.
» Ce n'est qu'un vain semblant*, qu'un fantôme, [une image
» Qui nous trompe en dormant, et non pas un [presage.
Depuis quatre ou cinq nuicts le Hibou n'a jamais
Cessé de lamenter* au haut de ce palais,
Et mes chiens aussi tost qu'ils sont en leurs estables

98 *A Vers aligné.*

99 *A* Çà et là regardant

100 *ABC vers 229-234 :* Mais ce n'est pas encor tout ce qui m'espouvante, [*A* m'épouvante :] / Mais ce n'est pas encor tout ce qui me tourmente, / Ce n'est pas, ce n'est pas cela tant seulement / Qui me fait presagir* un triste evenement ! [*A* evenement.] / J'ay le cœur trop hardy [*A* hardy,] pour estre faict la proye / Si miserablement [*A* miserablement,] d'un songe, qui [*C* que] m'effroye.

Comme loups par les bois hurlent espouvantables :
Les tours de ce chasteau noircissent de corbeaux
Jour et nuict aperchez*, sepulcraliers* oiseaux,
Et n'en veulent partir, ores* qu'on les dechasse*,
Si ce n'est quand je sors pour aller à la chasse.[101]
Car alors tous ensemble ils décampent[102] des tours,
Et croassant sur moy m'accompagnent tousjours,
Bavolant* çà et là, comme une espesse[103] nuë
Qui vogue parmy l'air, du Soleil soustenuë.
J'ay faict ce que j'ay peu, à fin de destourner
Ce malheur menaçant, qui me vient estonner*.
Quelles sortes de vœux*, quelles sainctes manieres
D'appaiser les hauts Dieux, en leur faisant prieres,[104]
N'ay-je encore esprouvé* ?[105] à qui des Immortels
N'ay-je d'un sacrifice échauffé* les autels ?
Et brief* que n'ay-je fait[106] pour aller à l'encontre[107]
Des injures* du ciel et de mon malencontre* ?
» Mais quoy ? rien ne se change, on a beau faire
[vœux*,
» On a beau immoler des centeines de bœufs,
» C'est en vain, c'est en vain : tout cela n'a puissance
» De faire revoquer* la celeste ordonnance*.[108]
Hier sacrifiant à toy pere Jupin,
Une blanche brebis, pour t'avoir plus benin* :
[f° 119 v°]

101 *ABC* Si ce n'est quelque fois [*A* quelque fois, *C* quelquefois] quand je sors [*A2* sor] à la chasse.
102 *ABC* ils s'élancent
103 *A* espoisse
104 *ABC* et leur faire prieres,
105 *A* N'ay-je pas esprouvé ?
106 *ABC* Qu'est-ce que je n'ay faict
107 *AB* alencontre
108 *ABC* » De varier en rien la celeste ordonnance.

Bien que mortellement elle fust entamee*
Et qu'ardist* autour d'elle une flambe*[109] allumee,
Bien qu'elle eust pieds et teste ensemblément* liez,
Je la vis par trois fois[110] dessur* les quatre pieds :
Puis secouant son sang de mainte et mainte goutte,[111]
M'en arrosa la face et l'ensanglanta toute.
Et encore, ô prodige ! apres qu'on veit le feu
S'estre gloutonnement de son beau sang repeu,
Le prestre contemplant le dedans de l'hostie*,
N'y trouva point de foye en aucune partie.
O Dieux, ô Dieux du ciel[112] qui avez soing de [nous,
Et qui ne bruslez point d'un rigoureux courroux
Contre le genre[113] humain : Dieux[114] qui n'estes [severes
Que pour nostre forfait*, soyez moy salutaires ![115]
Conservez moy bons Dieux ! et toy que j'ay tousjours
En mes adversitez imploree à secours,
Amorty* ces frayeurs qui me glacent les veines,
O Delienne, et fay qu'elles demeurent vaines ![116]
Recule tout desastre* et accident* mauvais[117]
Loing de moy, ma Deesse, et loing de ce Palais ![118]

109 *A* flamme
110 *ABC* Se leva par trois fois
111 *AB* Et secouant son sang [*AB* sang,] qui sur l'autel [*C* hostel] degoutte,
112 *A* ciel !
113 *ABC* sang
114 *A* Dieux !
115 *A* salutaires.
116 *A* O Delienne ! et fay qu'elles demeurent vaines :
117 *ABC* Recule tout prodige et tout signe mauvais
118 *ABC* Palais.

CHŒUR DE CHASSEURS

Deesse fille de Latone,
De Dele le bon-heur[119] jumeau,
Qui t'accompagnes d'un troupeau,
Que la Chasteté[120] n'abandonne :
Si les monts herissez de bois,
Si le sein touffu[121] d'une taille*,
Si les rocs à la dure escaille,
Te vont[122] agreant quelque fois[123],
Quand du front passant* tes pucelles*, [fº 120 rº]
L'arc et la trousse sur le dos,
La trompe creuse à tes esselles,
Tu vas chassant d'un pied dispos.

O montagneuse, ô bocagere,
Aime-fonteines, porte-rets,[124]
Guide nos pas en tes forests,
Apres quelque biche legere.
Que si favoriser te chaut*
Nostre chasseresse entreprise,
Nous t'appendrons*[125] de nostre prise
La despouille en un chesne haut :
Et de fleurs les temples* couvertes
Sous l'arbre trois fois entouré,
Les mains pleines de branches vertes
Chanterons ton nom adoré.

---

119 *A* bon heur
120 *A* chasteté
121 *A* toffu
122 *A* sont
123 *A* quelquefois *AB2* quelquesfois
124 *A* Ayme-ruisseaux, hante-deserts,
125 *A* appendron

Heureuse nostre dure vie,
Que la faim avare* de l'or,
La haine, ny l'amour encor
N'ont à leurs poisons asservie :
Mais qui faits compagnons des Dieux,
Nous exerce à faire une queste*,
Ores* d'un cerf branchu* de teste,
Ores* d'un sanglier furieux*,
Que tout expres produit Nature,
Pour servir d'esbat* innocent,
Au creux* d'une forest obscure,
A nous, qui les allons chassant.

Quel plaisir de voir par les landes,
Quand les mois tremblent refroidis,
Les cerfs faire leurs viandis*,
Faute de gaignages*[126], aux brandes* ? [f° 120 v°]
Et recelez* au plus profond
Des bois, chercher[127] entre les hardes*
De diverses bestes fuyardes,
L'abry[128] du vent qui les morfond ?
Puis si tost que l'an renouvelle,
A repos dedans leurs buissons,
Refaire une teste nouvelle,
Qui endurcist jusque aux moissons ?

Adonc l'Amour, qui époinçonne*
Toute creature à s'aimer,
Les fait du rut si fort bramer,

126 *A* gagnaiges
127 *A* cercher
128 *A* L'arbry *(coquille ? Peut-être s'agit-il d'une confusion avec le vieux mot* arbri(l), *« bocage, lieu planté d'arbres » : cf.* Godefroy, I, p. 378, col. 3*)*

Que le bois d'autour en resonne.
Vous les verrez de grand courroux
Gratter de[129] quatre pieds la terre,
Et d'une forcenante* guerre
Se briser la teste de coups.
La biche regarde, peureuse,
Incertaine lequel sera,
Que la victoire imperieuse*
Pour son mary luy baillera*.

Lancez par les picqueurs, ils rusent,
Ores* changeant, ores* croisant*,
Ore* à l'escart se forpaisant*
D'entre les meutes qu'ils abusent* :
Ore* ils cherchent[130] de fort* en fort*
Les autres bestes qui les doutent*,
Et de force en leur lieu* les boutent*,
Pour se garantir de la mort.
Là se tapissant contre terre,
Les pieds, le nez, le ventre bas,
Mocquent* les chiens qui vont grand erre*, [f° 121 r°]
Dependant* vainement leurs pas.

Tandis* nous voyons d'avanture*
Vermeiller* dedans un pastis*,
Ou faire aux fraischeurs*[131] ses boutis*
Un Sanglier à l'horrible* hure,
Qu'une autre fois, armez d'espieux,
Et de[132] chiens compagnons fidelles,

129 *ABC* des
130 *ABC* cerchent
131 *AB* fraicheurs
132 *A* des

Malgré ses defenses cruelles,
Nous combattons audacieux.
Quelquefois[133] d'une course viste*
Nous chassons les liévres soudains*,
Qui plus cauts* meslent à leur fuite
La ruse, pour frauder* nos mains.

Quand le soir ferme la barriere
Aux chevaux establez* du jour,
Et que toy Diane, à ton tour
Commences ta longue carriere* :
Comme les forests, ton soucy*,
Tu vas quittant à la Nuict[134] brune,
Pour reluire au ciel, belle Lune,
Lassez nous les quitons aussi :
Nous retournons chargez de proye,
En nostre paisible maison,
Où soupant d'une allegre joye,
Devorons nostre venaison*.

ACTE II

PHEDRE. NOURRICE

PHEDRE

O Roine de la mer, Crete mere des Dieux,
Qui as receu naissant le grand moteur* des cieux,
O la plus orgueilleuse et plus noble des isles,
Qui as le front orné de cent fameuses* villes :

133 *ABC* Quelque fois
134 *A* nuict

Demeure de Saturne,[135] où les rivages torts*
Remparez* de rochers, s'ouvrent en mille ports,
En mille braves* ports qui caressez[136] de l'onde
Reçoivent des vaisseaux de toutes parts du monde :
Pourquoy mon cher sejour*, mon cher sejour* [pourquoy
M'as-tu de toy bannie en eternel esmoy* ?
Las ! pourquoy, ma patrie, as-tu voulu, cruelle,
Me faire cheoir*[137] és* mains d'un amant infidelle ?
D'un espoux desloyal ? qui parjurant sa foy*
Adultere* sans cesse, et ne fait cas de moy ?
Me laisse desolee*, helas helas ! me laisse
Sur ce bord estranger languissant de tristesse ?
O Dieux qui de là haut voyez comme je suis,[138]
Qui voyez mes douleurs, qui voyez mes ennuis* :
Dieux, qui voyez mon mal, Dieus qui voyez mes [peines,[139]
Dieux qui voyez seicher mon sang dedans mes veines,
Et mon esprit rongé d'un eternel esmoy*,[140]
Bons Dieux, grands Dieux du ciel prenez pitié de moy !
Ouvrez, je vous supply, les prisons* à mon ame,
Et mon corps renversez dessous la froide lame
Pour finir mes langueurs* qui recroistront tousjours
Sans jamais prendre fin qu'en finissant mes jours.[141]
L'espoir de ma santé n'est qu'en la tombe obscure,[142]
[f° 122 r°]

135 *ABC* O terre de Saturne,
136 *A* defendus
137 *ABC* choir
138 *A Vers aligné.*
139 *A* peines !
140 *ABC* Qui voyez mes douleurs et mon mortel émoy : [*BC* esmoy,]
141 *Le point final manque dans D.*
142 *A Vers aligné*

Ma guarison* n'est plus que d'une sepulture.
Parlé-je de mourir ? hé pauvrette ! mon corps
Mon corps ne meurt-il pas tous les jours mille morts ?
Helas helas si* fait :[143] je ne suis plus en vie,
La vie que j'avoy m'est de douleur ravie.
Pour le moins si je vis, je vis en endurant
Jour et nuict les dangers[144] qu'on endure en mourant.
O Phedre ! ô pauvre Phedre ! hé qu'à la mauvaise [heure*
Tu as abandonné ta natale demeure !
Qu'il t'eust bien mieux valu, pauvre Princesse, alors
Que tu te mis sur mer, perir de mille morts.
Qu'il t'eust bien mieux valu tomber dessous les [ondes,
Et remplir l'estomac des Phoques vagabondes,
Lors qu'à ton grand malheur une indiscrete* amour
Te feit[145] passer la mer sans espoir de retour.
Qu'il[146] t'eust bien mieux valu, delaissee au rivage,
Comme fut Ariadne en une isle sauvage,
Ariadne ta sœur, errer* seule en danger
Des lions Naxeans, qui t'eussent peu manger,
Plustost qu'adoulouree*, et de vivre assouvie
Trainer si longuement ton ennuyeuse* vie :
Plustost plustost que vivre en un eternel dueil*,
Ne faisant jour et nuict qu'abayer* au cercueil.
Voila mon beau Thesé, qui, suivant sa coustume[147]
D'estre instable en amours, d'un nouveau feu [s'allume.

143 *AC* si fait !
144 *ABC* les langueurs
145 *AB* fist
146 *C* Qui
147 *A* coutume

Voila qu'il m'abandonne, apres que le cruel
M'a faict abandonner mon sejour* naturel :
Apres[148] qu'il m'a ravie aux yeux de mon bon pere :
Et aux embrassemens de ma dolente*[149] mere,
Fugitive, bannie, et qu'il a contenté
Son ardeur*, des plaisirs de ma virginité, [f° 122 v°]
Il va de Pirithois compagnon detestable*,
Enlever de Pluton l'espouse venerable.
La terre leur est vile : ils vont chercher là bas,
Sur les rivages noirs leurs amoureux esbas*.
L'enfer qui n'est qu'horreur*, qui n'est que toute rage,
Qu'encombre* et que tourment*, ne domte leur [courage*.
    Mais soyent tant qu'ils voudront aux infernaux [palus*,
Ce n'est pas la douleur qui me gesne* le plus :
Un plus aspre* tourment* rampe dans mes moüelles,
Qui les va remplissant[150] de passions* cruelles.[151]
    Le repos de la nuict n'allege mes travaux*,[152]
Le somme Lethean n'amortist* point mes maux,
Ma douleur se nourrist et croist tousjours plus forte.[153]
Je brûle, miserable, et le feu que je porte
Enclos en mes poumons, soit de jour ou[154] de nuict,
De soir ou de matin, de plus en plus me cuit.
J'ay l'estomach* plus chaud que n'est la chaude [braise,

148 *A* A pres [*A2* Apres]
149 *A2* doulente
150 *A* tenaillant
151 *A* cruelles,
152 *A Vers aligné.*
153 *A* forte,
154 *ABC* soit

Dont les Cyclopes nus font rougir leur fournaise,
Quand au creux* Etnean, à puissance de coups,
Ils forgent, renfrongnez*, de Jupin le courroux.
Hé bons Dieux ! que feray-je ? auray-je tousjours [pleine
La poitrine et le cœur d'une si dure peine ?
Souffriray-je tousjours ? ô malheureux Amour !
Que maudite soit l'heure et maudit soit le jour,
Que je te fu sujette ! ô quatre fois mauditte
La fleche, que tu pris dans les yeux d'Hippolyte :
D'Hippolyte que j'aime, et non pas seulement
Que j'aime, mais de qui[155] j'enrage follement.

NOURRICE

Ne verray-je jamais hors de vostre pensee
Cruelle s'affligeant, cette amour insensee ?
Languirez*-vous tousjours, race* de Jupiter, [f° 123 r°]
Sous ce monstre d'Amour, que vous deussiez domter ?
Domtez-le, ma maistresse, et par cet acte insigne*
Monstrez-vous, je vous pry, de vostre Thesé digne.[156]
Thesee est renommé par tout cet univers
Pour avoir combattu tant de monstres divers :
Et vous emporterez* une pareille gloire,
Si de ce fier* serpent vous avez la victoire.
» Amour est un serpent, un serpent voirement*,
» Qui dedans nostre sein glisse si doucement
» Qu'à peine le sent on : mais si lon[157] ne prend garde
» De luy boucher l'entree, et tant soit peu lon[158] [tarde,

155 *A* duquel
156 *A2* digne,
157 *ABC* l'on
158 *ABC* l'on

» Bien tost privez d'espoir de toute guarison*
» Nous aurons nostre sang infect*[159] de sa poison :
» Et alors (mais trop tard) cognoistrons[160] nostre faute
» D'avoir laissé entrer[161] une beste si caute*.
Gardez-vous donc, Madame, et en vous efforçant*,
De bonne heure estouffez cet Amour blandissant*,
De peur qu'il s'enracine, et qu'apres on ne puisse,
Quand il sera trop fort, combatre sa malice*.
» Celuy n'est plaint d'aucun qui obstiné ne veut
» Eviter son malheur, quand eviter le peut.
» Il faut prevoir son mal, on diroit estre beste*
» Cil* qui plaindroit le joug qu'il s'est mis sur la [teste.

PHEDRE

Je suis preste tousjours de constamment* souffrir
Tel hazard* qu'aux bons Dieux il plaira de m'offrir.

NOURRICE

» Ce n'est pas un hasard*, s'il vient un[162] infortune
» De nostre seule faute, et non de la fortune :
» Alors est-ce hasard*, s'il nous eschet* d'avoir
» Quelque accident* mauvais, que n'ayons peu [prevoir.
Mais las ! vostre malheur vous est tout manifeste.

PHEDRE [f° 123 v°]

J'ay bonne confiance en la faveur celeste.

---

159 *A* infet [*A2* infect]
160 *A* connoitrons
161 *ABC* » D'avoir souffert entrer
162 *ABC* une

NOURRICE

Pensez-vous que les Dieux favorisent nos maux ?

PHEDRE

Appellez-vous un mal mes amoureux travaux* ?

NOURRICE

Non ce n'est pas un mal, c'est un crime execrable*,
Un prodige*, un forfaict* qui n'ha[163] point de [semblable.

PHEDRE

O puissante Venus !

NOURRICE

Venus n'invoquez point.

PHEDRE

Las ! Nourrice, pourquoy ? c'est son fils qui me poind*.

NOURRICE

Un Dieu n'est point autheur d'un si vilain inceste.

PHEDRE

Il embrase mon cœur.

NOURRICE

Plustost il le deteste*.

PHEDRE

Les Dieux ne sont faschez que lon[164] s'aime icy bas.

163 *A* a [*A2* ha]
164 *A* l'on

NOURRICE

Les Dieux ne sont joyeux de nos salles esbats*.

PHEDRE

Ils sont touchez d'amour aussi bien que nous sommes.

NOURRICE

Ils ne sont point touchez des passions* des hommes.

PHEDRE

Et quoy ? pour s'entre-aimer commet-on tant de mal ?

NOURRICE

Non pas pour s'entre-aimer[165] d'un amour conjugal.

PHEDRE

L'amour ne se doit pas borner du mariage.

NOURRICE

Ce ne seroit sans luy qu'une brutale rage.

PHEDRE

Nature ne nous fait esclaves d'un espoux.

NOURRICE

Non, mais les saintes loix, qui sont faites pour nous.

PHEDRE

Les hommes nos tyrans, violant[166] la Nature,
Nous contraignent porter* cette ordonnance* dure,
Ce miserable joug, que ny ce que les flots
Enferment d'escaillé, ny ce qui vole enclos

165 *A* s'entr'aimer [*A2* s'entre-aimer]
166 *A* violans [*A2* violant]

Dans le vuide* de l'air, ce qui loge aux campagnes,
Aux ombreuses forests, aux pierreuses montagnes,
De cruel, de bening*, de sauvage, et privé*,
Plus libre qu'entre nous n'a jamais esprouvé.
Là l'innocente amour s'exerce volontaire*,[167]
Sans pallir sous les noms d'inceste et d'adultere,[168]
Sans crainte d'un mari, qui flambe de courroux
Pour le moindre soupçon qu'ait son esprit jaloux.
Et n'est-ce pas pitié qu'il faille que l'on aime[169]
[f° 124 r°]
A l'appetit* d'un autre, et non pas de soymesme ?
» En ce monde il n'y a[170] pire subjection*,
» Que de se voir contraindre en son affection*.

NOURRICE

Que dites vous, Madame ? est-ce une chose honneste
D'ainsi vous abjecter* aux façons d'une beste ?

PHEDRE

Nourrice, je me plais en leurs libres amours.

NOURRICE

Et quelle liberté n'avez-vous eu tousjours
De vostre bon mari, qui vous prise* et honore,
Vous aime et vous cherist plus que soymesme [encore.[171]

---

167 *A Vers aligné.*
168 *A2 Vers 527-528 :* volontaire/adultaire
169 *A Vers aligné.*
170 *ABC* » En ce monde n'y a
171 *ABC vers 539-540 :* De vostre bon mari, qui loyaument vous aime, / Vous prise et vous cherist plus qu'il ne fait soyméme ? [*A2BC* soymesme ?]

PHEDRE

C'est pourquoy volontiers il est absent de moy.

NOURRICE

Pirithois l'a contraint d'aller avecques[172] soy :
Puis qu'il avoit promis, il devoit ainsi faire.
» Qui promet quelque chose, il y doit satisfaire.

PHEDRE

Mais il est chez Pluton pour violer son lict.

NOURRICE

Il ne l'en faut blâmer, ce n'est pas son delict.

PHEDRE

» Ceux qui sont compagnons à faire un acte infame,
» Sont compagnons aussi pour en recevoir blâme.

NOURRICE

Ce que Thesee a faict, il l'a faict pour autruy.

PHEDRE

Il en est d'autant plus punissable que luy.

NOURRICE

Pirithois de sa Dame avoit l'ame embrasee.

PHEDRE

Cela luy sert d'excuse, et non pas à Thesee.

NOURRICE

L'on parlera par tout d'un amy si parfaict.

---

172 *B* avecque

PHEDRE
L'on parlera par tout d'un si malheureux faict*.

NOURRICE
Pluton l'avoit jadis à sa mere ravie.

PHEDRE
Si Pluton a mal faict[173], y portent-ils envie ?

NOURRICE
Ils ne sont ravisseurs que sur un ravisseur.

PHEDRE
Pluton l'a[174] prise à femme, et en est possesseur.

NOURRICE
Mais à qui se plaindra Pluton de son offense* ?

PHEDRE
Il ne s'en plaindra pas, il en prendra vengence.

NOURRICE
Thesé, qui, compagnon du grand Tirynthien,
A presque tout couru ce globe terrien, [f° 124 v°]
Qui a faict, indomté, tant de braves conquestes,
Qui a tant combatu d'espouvantables bestes,
Tant domté d'ennemis, tant de monstres desfaits,
Tant meurtri* de Tyrans pour leurs injustes faicts*,
Aura peur volontiers des nocturnes encombres*
De Pluton, qui n'est Roy que de peureuses ombres.

---

173 *AB* mal-faict
174 *A2* la

PHEDRE

Mais[175] les Démons* qu'il a seront ils trop peu forts
Pour oser repousser ses outrageux* efforts* ?
» Non, ma Nourrice, non. Les puissances humaines,
» Tant grandes qu'elles soyent, là bas demeurent
[vaines.
» Nul qui soit devalé* sur le bord Stygieux
» N'est jamais remonté pour revoir les hauts cieux.

NOURRICE

» Celuy qui pour entrer a sceu forcer la porte,
» La pourra reforcer quand il faudra qu'il sorte.

PHEDRE

» Il est aisé d'entrer dans le palle sejour*,
» La porte y est ouverte et ne clost nuit ne jour :
» Mais qui veut ressortir[176] de la salle profonde,
» Pour revoir derechef* la clairté[177] de ce monde,
» En vain il se travaille*, il se tourmente* en vain,
» Et tousjours se verra trompé de son dessain.
Mais feignons*[178] qu'il eschappe, et que vif il se
[treuve
Repassé[179] par Charon deça le triste fleuve,
Pensez-vous qu'il sejourne une seule saison
Avec moy s'esbatant*, paisible, en sa maison :
Ains* qu'il n'aille aussi tost en quelque estrange*
[terre
Chercher, impatient, ou l'amour, ou la guerre,

175 *ABC* Quoy ?
176 *A* resortir [*A2* ressortir]
177 *ABC* de rechef la clairté [*A2* derechef la clarté]
178 *A* feignon
179 *A* Repasse *(coquille)* [*A2* Repassé]

Me laissant miserable icy seule à jamais ?

NOURRICE

Il sera plus long temps avec vous desormais.
Mais quoy qu'il vueille faire, et quoy que sa nature,
Qui est de pourchasser* tousjours quelque adventure
L'arrache de vos bras pour le jetter bien loing.[180]

[f° 125 r°]

Quoy qu'il ne prenne pas de vous assez de soing,
Et qu'il ne garde assez la foy* de mariage,
Rien ne vous est pourtant* octroyé* d'avantage*[181],
Pour cela ne devez vous dispenser d'avoir
Tout autant de respect à vostre sainct devoir.
» Le mal qu'un autre fait, n'est pas cause vallable
» De nous faire à l'envy commettre un mal semblable.
» Le vice ne doit pas les hommes inciter
» De le prendre à patron*, à fin de l'imiter.[182]
Voyez-vous pas les Dieux nous estre debonnaires*,
Bien qu'à les offenser nous soyons ordinaires* ?
Voyez-vous[183] pas le ciel perpetuer son cours,
Et le luisant Phebus faire ses mesmes tours,
Et n'estre d'un moment sa carriere* plus lasche*,
Bien que nostre mesfaict incessamment le fasche ?
Car depuis que son œil de luire commença,
Que ses premieres fleurs le Printemps amassa,
Que l'Esté nous donna ses despouilles* premieres,
L'Automne vendangeur ses grappes vinotieres*,

180 *Nous avons conservé, d'après B, C* et *D, ce point, ponctuation forte au milieu de la phrase, malgré A, qui présente deux points.*

181 *ABC* davantage

182 *A* tâchant de l'imiter.

183 *C* Voy-vous *(coquille)*

Et que l'Hyver[184] glacé fist le premier amas
Dessur* son chef grison, de neige et de frimas,
Des malheureux humains les natures fautieres
Ont les Dieux courroucez[185] en cent mille manieres :
Et toutesfois, bons Dieux, le ciel ne laisse* pas
De disposer* la terre à nostre humain repas.[186]
Vous ne nous ostez point[187] le Soleil ordinaire,
De qui l'œil nous nourrist, nous chauffe et nous [esclaire.
Vous ne nous ostez point[188] l'Esté ny le Printemps,
L'Automne ny l'Hyver : ils viennent en leur temps :
Seulement quelquefois[189], quand la monstreuse* masse
Des freres Etneans, Titanienne race*, [f° 125 v°]
Entreprend de forcer* le ciel etherean*,
Vous levez lors la main sur le champ Phlegrean,
Et d'un foudre sonnant bouleversez les festes*
D'Osse et de Pelion, sur leurs superbes* testes
» Jamais nos cruautez ne font les Dieux cruels.
» Si nous sommes meschans, pourtant* ils ne sont [tels :
» Si nous sommes ingrats à leur bonté suprême,
» Si nous les oublions, ils ne font pas de mesme :[190]
» Ainçois* le plus souvent que nous meritons bien

---

184 *A* l'hyver
185 *ABC* Ont courroucé les Dieux
186 *A vers 617-618 :* Et toutefois, bons Dieux ! vous ne laissez d'ouvrir / Le sein de nostre mere, à fin de nous nourrir : / [*A2* Et toutesfois, bons Dieux, vous ne laissez d'ouvrir / Le sein de nostre mere, à fin de nous nourrir.]
187 *A* pas
188 *A* pas
189 *A* quelquesfois *A2B* quelques fois *C* quelque fois
190 *A Vers 631-632 :* supresme/mesme

» D'estre punis, c'est lors* qu'ils[191] nous font plus
[de bien.
Et ne voyons nous pas qu'au lieu de nous atteindre
De leurs foudres bruyans, ils ne font que se feindre* ?
Et que le traict de feu, qui grondant, aboyant,
De tempeste et d'esclairs nous va tant effroyant,
Le plus souvent ne bat que les montagnes hautes,
Et non pas nous mechans, qui commettons les fautes ?
Ainsi, Madame, ainsi vous ne devez laisser*,
Pour Thesé vostre espoux, qui vous peut offenser,
D'avoir cher vostre honneur : et luy garder loyale,
Jusqu'au[192] pied du tombeau, vostre amour conjugale.

PHEDRE

Je ne sçauroy, Nourrice, et ne le dois aussi*.
Aimeray-je celuy qui n'ha[193] de moy souci ?
Qui n'ha[194] que l'inconstance, et de qui la moüelle
S'enflamme incessamment de quelque amour
[nouvelle ?
Helene Ledeanne aussi tost il ne veit,[195]
Qu'espris de sa beauté, corsaire*, il la[196] ravit :
Depuis il eut au cœur, Hippolyte, ta mere,
Qu'il amena vainqueur d'une terre estrangere :
Puis ô pauvre Ariadne, ô ma chetive* sœur,
Tu pleus à cet ingrat, cet ingrat ravisseur,
Qui pour le bon loyer* de l'avoir, pitoyable*,
[f° 126 r°]

8 *BCD* il *(coquille que nous corrigeons ; d'ailleurs A porte* ils*).*
192 *A2BC* Jusque au
193 *A* a [*A2* ha]
194 *A* a [*A2* ha]
195 *A Vers aligné.*
196 *A* l'a *(coquille).*

Sauvé du Mi-taureau, ce monstre abominable*,
Sur le bord Naxean te laissa l'inhumain,
Pour estre devoree, ou pour mourir de faim.
En fin mon mauvais sort me mit en sa puissance,
Pour goûter à mon tour sa legere inconstance.
Ores* soulé* de moy, possible* aux sombres lieux
Il cherche une beauté[197] qui ravisse ses yeux.
Que s'il en treuve aucune*, et qu'elle luy agree,
Qu'attendé-je sinon que je soy'[198] massacree*
Comme fut Antiope, ou qu'il me laisse au bord
Où il laissa ma sœur, pour y avoir la mort ?
Or* allez me louer la loyauté des hommes :
Allez me les vanter. O folles que nous sommes,[199]
O folles quatre fois, helas[200] nous les croyons,
Et sous leurs feints soupirs indiscrettes* ployons.[201]
Ils promettent assez qu'ils nous seront fidelles,
Et que leurs amitiez* nous li'ront[202] eternelles :
Mais, ô deloyauté, les faulsaires* n'ont pas
Si tost nos simples cœurs surpris de leurs appas,
Si tost ils n'ont deceu* nos credules pensees,
Que telles amitiez* se perdent effacees.[203]
Qu'ils nous vont dedaignant, se repentant d'avoir
Travaillé*, langoureux*, voulant nous decevoir*.

197 *A* Cerche quelque beauté, *BC* Il cerche une beauté
198 *A* soy [*A2* soy']
199 *A* vanter, ô folles que nous sommes !
200 *A* fois ! helas !
201 *B* ployons !
202 *A* lieront
203 *ABC* effacees : *(Nous avons conservé le point de D, qui, bien que placé au milieu d'une phrase, marque une sorte de respiration dans la déclamation de la période.)*

NOURRICE

Ostez de vostre esprit ceste rage jalouse,
Vous estes d'un grand Roy la cherissable espouse,
Le desir et la vie : il ne vous faut penser
Que jamais pour une[204] autre il vous doive laisser.

PHEDRE

Il n'y a plus d'espoir, je n'y puis plus que faire,
Je porte dans les os mon cruel adversaire :
Il a forcé le mur, et planté l'estandart
Malgré ma resistance au plus haut du rampart.
[f° 126 v°]
Je suis en sa puissance, et quoy que je luy brasse*,
Je ne puis, tant est fort, luy enlever la place*.
Mes efforts* tombent vains, et ne peut la raison
Me secourir maistresse, il la tient en prison.

NOURRICE

Vous laissez-vous ainsi subjuguer*, imbecile*,
A cette passion*, de toutes la plus vile ?
Voulez-vous diffamer* vostre nom de mesfaits,
Et vaincre vostre mere en ses lubriques faicts* ?
Puis ne craignez-vous point un remors miserable,
Qui se viendra plonger en vostre esprit coupable,
Bourreau perpetuel, et qui joinct à vos os[205]
Ne vous lairra* jamais sommeiller en repos ?
Reprimez, je vous pry, cette[206] ardeur* [malheureuse,[207]

---

204 *A* un *(coquille)* [*A2* une]
205 *A* et joignant à vos os,
206 *AB* cet
207 *A Vers aligné.*

Reprimez cette[208] Amour qui ard* incestueuse
Autour de vos roignons* : reprimez reprimez
Avecques la raison ces desirs enflamez,
Qu'aucune nation tant barbare fut-elle,[209]
Tant fut-elle[210] à nos loix brutalement rebelle,
N'eut jamais en l'esprit : non les Getes espars,
Non les Scythes errans*, cruels peuples de Mars,
Non les Sarmates durs, non le negeux Caucase,
Non le peuple qui boit dans les ondes de Phase.
    Voulez-vous engendrer en vostre ventre infet*[211]
De vous et vostre fils un monstre contrefait ?
Voulez-vous que la mere avec son enfant couche,
Flanc à flanc accouplez en une mesme couche ?
    Or* allez, hastez-vous, ne vous espargnez* pas,
Exercez vostre soul vos furieux* esbats*.
Que tardez-vous encor ? pourquoy la salle ouverte
Du monstre vostre frere est si long temps deserte ?
Et pourquoy ne se va vostre race* estoffant* [fº 127 rº]
Des membres merveilleux* de quelque enorme* [enfant ?
    Les monstres trop long temps en vostre maison [cessent*,
Il vous faut efforcer* que quelques uns y naissent.
Sus* donq, mettez y peine. Et* mais quoy ? [n'est-ce pas,
O saincte Paphienne, un merveillable* cas*,
Qu'autant de fois qu'Amour poindra* de sa sagette
Le cœur enamouré* d'une fille de Crete,
La terre autant de fois des prodiges* verra,

---

208 *ABC* cet
209 *AB* fust-elle,
210 *AB* fust-elle
211 *AB* *vers aligné.* [*A* infait,]

Nature autant de fois de son cours sortira ![212]

PHEDRE

Las ! Nourrice, il est vray : mais je n'y puis que faire.
Je me travaille* assez pour me cuider* distraire*
De ce gluant Amour, mais tousjours l'obstiné
Se colle plus estroit à mon cœur butiné.[213]
Je ne sçaurois[214] sortir libre de[215] son cordage*,
Ma chaste raison cede à sa forçante* rage :
Tant il peut dessur* nous, quand une fois son trait
Nous a troublé le sang de quelque beau pourtrait*.
J'ay tousjours un combat de ces deux adversaires,[216]
Qui s'entrevont[217] heurtant de puissances contraires.
Ores* cetuy-là gaigne, et ore*[218] cetuy-cy,
Cetuy-cy perd apres, cetuy-là perd aussi :
Maintenant* la raison ha la force plus grande,
Maintenant* la fureur* plus forte me commande :
Mais tousjours à la fin Amour est le vaincueur,
Qui paisible du camp s'empare de mon cueur.
Ainsi voit-on souvent une nef* passagere
Au milieu de la mer, quand elle se colere*,
Ne pouvoir aborder, tant un contraire vent
Seigneuriant* les flots la bat[219] par le devant.
Les nochers esperdus* ont beau caler les voiles,
Ont beau courir au mast, le desarmer* de toiles,

[f° 127 v°]

212 *A* sortira ?
213 *A* butiné, [*A2* butiné.]
214 *AB* sçauroy
215 *A* sortir, libre, de
216 *ABC Ce vers commence en retrait (nouvel alinéa).*
217 *A* s'entre-vont [*A2* s'entre vont]
218 *A* ores
219 *BC* l'abat

Ont beau coucher la rame, et de tout leur effort*
Tâcher malgré le vent de se trainer au port,[220]
Leur labeur n'y fait rien : la mugissante haleine
Du Nort qui les repousse, aneantist leur peine.
La nef* court eslancee, ou contre quelque banc,
Ou contre quelque roc, qui luy brise le flanc.
Ainsi cette fureur* violente s'oppose
A ce que la raison salutaire propose,
Et sous ce petit Dieu tyrannise mon cueur.
C'est ce Dieu, qui des Dieux et des hommes [veinqueur,
Exerce son empire au ciel comme en la terre :
Qui ne craint point de faire à Jupiter la guerre,
Qui domte le Dieu Mars, ores* qu'il soit d'armet*,
De gréve* et de cuirace armé jusqu'au sommet :
Qui le Dieu forgeron brusle dans la poitrine
Au milieu de sa forge, où le foudre il affine :
Le pauvre Dieu Vulcan, qui tout estincelant
Aux fourneaux ensoulfrez*[221] travaille* martelant,
Qui tousjours ha le front panché dans la fournaise,
Qui à bras decouverts va pincetant la braise,
Sans qu'il soit offensé* de la force du feu,
De ces tisons d'Amour se defendre n'a peu*.
Il brusle en l'estomac*, et tout sueux* s'estonne
Qu'en luy qui n'est que feu, cet autre feu s'entonne*.

NOURRICE

Voire* on a feint Amour un redoutable Dieu,
Vagabond, qui ne loge en aucun certain lieu :
Il porte, comme oiseau, le dos empenné*[222] d'æles :

---

220 *A* port.
221 *A* ensouffrez
222 *A2* empané

Il ha[223] le beau carquois, qui luy pend aux escelles :
Il ha tousjours les yeux aveuglez d'un bandeau,
Il ha, comme un enfant, delicate la peau,
La chair tendre et douillette, et la perruque* blonde
[f° 128 r°]
De cheveux frisotez, comme les plis d'une onde.
Cyprine l'enfanta, qui sentit tost apres,
Blessee enragément, la rigueur de ses tréts.
Il guerroye un chacun. Car luy qui ne voit goute,
Du sang d'un Immortel aussi souvent degoute,
Que de quelqu'un de nous : aussi le traistre enfant
Est du ciel, de la terre, et des eaux trionfant.
Voila comment le vice en se flatant coupable,
Couvre son appetit* d'une menteuse fable.
Voila comme excusant nos lubriques desirs,
Nous bastissons un Dieu forgeur de nos plaisirs,
Autheur de nostre honte, et n'avons peur qu'un foudre
Pour telle impieté nous broye tous en poudre.
» Quiconque s'orgueillit*[224] de sa prosperité,
» Qui ne prend sa fortune* avec sobrieté,
» Qui tombe de mollesse, et delicat, ne treuve
» Rien à son appetit* que toute chose neuve :
» Qui ore* en ses habits, ores* en son manger,
» Ore* en ses bastimens ne veut rien qu'estranger*,
» Celuy le plus souvent en ses entrailles porte
» De l'amoureuse ardeur* une pointe* plus forte
» Que le pauvre commun, et son esprit troublé
» Va tousjours forcenant* d'un desir dereglé.
» L'amour accoustumé luy desplaist trop vulgaire :
» Il veut s'ébatre d'un, qui ne soit ordinaire,

223 *A* a [*A2* ha]
224 *AB* s'orgueillist

» Qui ne soit naturel, mais tout incestueux,
» Mais tout abominable*, horrible* et monstrueux.
» Tousjours tousjours les grands ont leurs ames [esprises,
» Ont leur cœur enflammé de choses non permises.
» Celuy qui peut beaucoup, veut encor plus pouvoir :
» Et cil* qui ha beaucoup, veut encor plus avoir.[225]

[f° 128 v°]

Mais qui vous flechira ce jeune homme inflechible* ?
Voyez-vous pas combien il est inaccessible ?
Comme l'Amour il fuit, et l'amoureux lien ?
Comme il vit solitaire en Amazonien ?

PHEDRE

Je le suivray par tout, dans les forests ombreuses,
Sur les coupeaux* blanchis de neiges paresseuses,
Sur les rochers aigus bien qu'ils touchent les cieux,
Au travers des sangliers les plus pernicieux*.

NOURRICE

Il fuira devant vous comme devant une Ourse,
Qui tâche recouvrer ses petits à la course.

PHEDRE

Je ne croy pas cela d'une si grand'beauté.

NOURRICE

Il est encor plus dur, ce n'est que cruauté.

PHEDRE

» L'amour amollist tout, fust-ce un rocher sauvage.[226]

---

225 *C* avoir,
226 *Dans A, ce vers n'est pas guillemeté.*

NOURRICE

Vous ouvrirez plustost un roc que son courage* :
Puis il s'ira cacher au profond des desers.

PHEDRE

Je le trouveray bien, et fust-il aux enfers :
Fust-il où le Soleil au soir sa teste trempe,
Fust-il où le matin il allume sa lampe.

NOURRICE

Que vous dira Thesé, s'il retourne une fois ?

PHEDRE

Mais moy, que luy diray-je, et à son Pirithois ?

NOURRICE

Et encor que dira vostre rigoureux pere ?

PHEDRE

Qu'a-til dict à ma sœur ? qu'a-til dict à ma mere ?

NOURRICE

Par ces cheveux grisons tesmoins de mes vieux ans,
Par ce crespe*[227] estomach*, chargé de soings* cuisans,
Par ce col* recourbé*, par ces cheres mamelles,
Que vous avez pressé de vos lévres nouvelles,
Je vous supply, mon ame,[228] et par ces tendres pleurs
Que j'espan de pitié, prevoyant vos malheurs,
Ma vie, mon souci, je vous pry[229] à mains jointes,
Deracinez de vous ces amoureuses pointes* :

---

227 *A2* crespé *(coquille).*
228 *B* Ame, *A* Je vous pry, ma douce Ame,
229 *A* prie

Vueillez-vous, mon amour,[230] vous mesmes secourir.
[f° 129 r°]
» C'est presque guarison* que de vouloir guarir*.[231]

PHEDRE

Or je n'ay pas encor despouillé toute honte.
Sus* mon cruel amour, il faut que l'on te domte.
Je sçay qui te vaincra, mon honneur m'est trop cher
Pour le laisser par toy si follement tacher.
La mort te combatra : sus* sus* il me faut suivre
Mon desiré mary, je suis lasse de vivre.

NOURRICE

Las mon cher nourriçon*, n'ayez-pas ce propos !

PHEDRE

Non non je veux[232] mourir, la mort est mon repos.
Il ne me reste plus qu'adviser* la maniere,
Si je doy m'enferrer d'une dague* meurtriere,
Si je doy m'estrangler d'un estouffant licol*,
Ou sauter[233] d'une tour et me briser le col*.

NOURRICE

Au secours mes amis, au secours elle est morte !
Je ne la puis sauver, je ne suis assez forte.

PHEDRE

Taisez-vous, ma nourrice.

230 *A* Amour,
231 *Dans A, ce vers n'est pas guillemeté.*
232 *A2* veu
233 *A* saillir

NOURRICE

Et comment ma douceur ?
Et comment ma mignonne ? est-ce là le bon-heur[234]
Que j'esperoy de vous ? est-ce là[235] la liesse
Que de vous attendoit ma tremblante vieillesse ?
Laissez ce fol desir qui gaigne vos esprits.

PHEDRE

» Celuy qui de mourir a constant* entrepris,
» Ne peut estre empesché par aucun qu'il ne meure :
» Si ce n'est à l'instant, ce sera quelque autre heure.

NOURRICE

Hé ! que voulez-vous faire ? et pourquoy mourez-vous ?
Rompez plustost la foy* promise à vostre espous,
Et plustost mesprisez le bruit* du populaire*,[236]
Mesprisez-le, mon cœur, plustost que vous mal faire.[237]
» Le bruit* du populaire* erre* le plus souvent,
» Loüant un vicieux, blasmant un bien vivant.[238]
Il nous faut aborder cet homme solitaire,
Et tâcher d'amollir son naturel severe : [f° 129 v°]
Cela sera ma charge. Or*[239] ayez donc bon cueur,
Peut estre[240] pourrons-nous adoucir sa rigueur.

---

234 *ABC* bonheur
235 *C* la
236 *A* populaire.
237 *Ce vers ne figure pas dans A*. Dans *BC* malfaire.
238 *ABC* au lieu d'un bien vivant.
239 *A2* charge. or
240 *A* Peut-estre

CHŒUR

Ne verrons-nous[241] jamais le jour
Que lon[242] soit libre de l'amour ?
Jamais ne se verra le monde
Affranchi de la dure main
De ce Dieu, qui regne, inhumain,
Au ciel, en la terre, et en l'onde ?

C'est grand cas que les Dieux, qui ont
Tout pouvoir sur ce monde rond,
N'ont divinité, qui repousse
D'un Enfant les debiles* coups,
Et qu'ils sont navrez* à tous coups
Des tréts venimeux de sa trousse ! [243]

Mais les hommes plus aigrement*
Que les Dieux, sentent ce tourment*.
Car les Dieux, s'ils sont d'aventure
Comme nous blessez dans le cœur,
Ne souffrent pas grande langueur*,
Devant* que d'en avoir la cure*.

Mais las ! il advient rarement,
Que ceux qui sont nostre tourment*,
Et nostre guarison* ensemble,
Soyent esmeus de quelque pitié,
Et que sous pareille amitié
Ce cruel Amour les assemble.

Car tousjours le malicieux*,

---

241 *A* ne verron nous
242 *A* l'on
243 *A2* trousse.

A fin de nous tourmenter*[244] mieux,
Par une beauté nous attire, [f° 130 r°]
Qu'il nous monstre, et ne baille* pas :
Ains* ne s'en sert que d'un appas
Pour nous tromper, puis la retire.

Comme on dit du vieillard chetif*,
Qui dedans le coulant fuitif*
D'un fleuve veut moüiller sa bouche,
Qui prompt s'est plustost* retiré,
Que le miserable alteré
Du bout de ses lévres y touche.

» Il n'est si mortelle poison,
» Qui ne treuve sa guarison* :
» Tout, fors* qu'amour, se rend curable,
» Quand Cupidon fait que celuy,
» Qui ha le remede avec luy,
» N'a[245] la volonté secourable.

» Mainte cruelle passion*
» Commande à nostre affection* :
» Mais passion* si furieuse*
» Jamais pour nous gesner* n'apprit*
» Si fort tourment* en nostre esprit,
» Que ceste fureur* amoureuse.

Comme une eau boüillonne de chaud
Sur le feu qui plus fort l'assaut* :
Nostre sang boüillonne en la sorte,

244 *A* captiver
245 *AB* ha

Quand il a[246] les brasiers autour
De cest estincelant Amour,
Et que sa rage est la plus forte.

Quand Jupiter fut irrité
Contre le larron* Promethé,
Pour avoir pris le feu celeste :
Entre les malheurs que sa main [f° 130 v°]
Secoüa sur le genre humain,
Fut cette abominable* peste*.

Ceste peste* nee au profond
Du[247] Styx en neuf tours vagabond,
Pour troubler, ardante* furie,
L'heur* des animaux poursuivis*,
Si tost qu'ell'les tient asservis
Sous les pieds de sa seigneurie*.

Alcide, qui de tous costez
A tant de monstres surmontez
Et purgé le monde où nous sommes,
Eust plus merité qu'il n'a faict,
S'il eust de ce Tyran desfaict
Pour jamais delivré les hommes.

Le sanglier Erymanthean,
Le grand lion Cleonean,
Busire, Eurypyle, et Antee,
Et l'Hydre au col* sept fois testu*,
Qui multiplioit* abbatu,
Cogneurent sa force indomtee.

---

246 *ABC* ha
247 *ABC* De

Et toutesfois Amour n'eut pas
Si tost roidi son tendre bras,
Pour luy decocher* une fleche,
Que laschement il se laissa
Frapper du trét[248], qui luy perça
Le cœur d'une profonde breche.

Il devint de preux* qu'il estoit,
Un vil esclave[249] qui tortoit*
De la filace* enquenoüillee* :
Et de la mesme main filoit,
Qui fiere* auparavant souloit* [f° 131 r°]
Estre au sang des monstres soüillee.

Venus, et toy son cher enfant,
Qui allez des cœurs trionfant,
N'avous* vengé le fait coupable
De Phebus, qui vous decela*,
Sur Pasiphe qui affola*
D'une amour si abominable* ?

Pourquoy encore espandez*-vous
Vostre insatiable courroux
Sur ceste miserable dame ?
Luy faisant par trop de rigueur
Rostir bourrellement* le cœur
En une incestueuse flame ?[250]

248 *A* trait [*A2B* tret]
249 *A2BC* exclave
250 *A* flame ! [*A2* flame ?]

ACTE III

PHEDRE

Quand romprez-vous le fil de mes heures fatales ?
Quand m'aurez-vous filee*, ô Vierges infernales ?
Que tarde tant la mort, que d'un coup bien-heureux[251]
Elle ne jette hors* mon esprit langoureux* ?
Que fay-je plus au monde ? et dequoy la lumiere
De nostre beau Soleil[252] sert plus à ma paupiere ?
Ah que je sens de mal, que je sens de douleurs !
Que je souffre d'angoisse*, et que j'espans* de
[pleurs ! [253]
O beau visage aimé, ma douloureuse peine !
O comble de mon heur*, douce face sereine !
O beau front applany des amours[254] le sejour* !
O sourcils[255] ebenez* deux voutûres d'amour !
O beau corps composé d'une taille celeste, [f° 131 v°]
Semblable au corps d'un Dieu de maintien et de
[geste,
Je meurs[256] de vous trop voir ! je meurs[257] helas je
[meurs
De vous voir, ô beautez, semences de mes pleurs !
O venimeux Amour, que ta mere celeste
T'enfantant accoucha d'une cruelle peste* !

---

251 *A2* bienheureux
252 *BC* soleil
253 *A Vers 983-984 :* Ah, que je sen de mal ! que je sen de douleurs ? [*A2* douleurs !] / Que je souffre d'angoisse ! et que j'espan de pleurs !
254 *ABC* Amours
255 *B* sourcis *C* soucis
256 *A2* meûr
257 *A2* meûr

Qu'il eust bien mieux valu, qu'elle eust grosse produit
Un millier de serpens, qu'un si malheureux fruit !
Helas tousjours ton feu, tousjours ton feu me brusle,
Soit que je m'en approche, ou que je m'en recule ![258]
Hé Dieux qu'y faut-il faire ? Hippolyte m'espoint*,
Et quand il est present, et quand il n'y est point.
Ainsi voit-on souvent une[259] biche sauvage,
Qu'un berger Cressien blesse dans un bocage
D'un garrot* decoché*, qui luy coust les poumons,
Traverser à la course et les bois et les monts,
Voulant fuir son mal : mais tousjours la pauvrette
Porte dedans le flanc la mortelle sagette*.
Hippolyte mon cœur, n'aurez-vous point pitié
De me voir trespasser serve* en vostre amitié* ?
Me lairrez*-vous plonger aux ondes de Cocyte ?
Me lairrez*-vous mourir pour vous, mon Hippolyte ?
Ah Phedre ! ah pauvre Phedre ! où as-tu mis ton
[cœur ?
Tu ne dois esperer le tirer de langueur*.[260]
Tu brusles follement en une beauté digne
Non pas de ton amour, mais d'une amour divine :
Tu brusles follement, volontiers[261] ses beaux yeux
Sont des Nymphes aimez, qui le meritent mieux.
Je ne sçauroy penser, pucelle Cynthienne,
Que ton Endymion desormais te retienne :
Hippolyte plus cher tes doux baisers reçoit
Au lieu de ce dormeur qui ton col* embrassoit*.
[f° 132 r°]
Je ne croy pas aussi, Tithonienne Aurore,

258 *A* recule.
259 *C* qu'une (*construction fautive*)
260 *A* langueur, [*A2* langueur.]
261 *ABC* Tu brusles follement, tu brusles,

Que tu baises le sein de ton Cephale encore :
Au moins si quelquefois[262] en respandant le jour,
Baissant les yeux à[263] bas tu as veu mon amour.
O vous creuses forests qui recelez* ma vie*,
Que bien jalousement je vous porte d'envie !
O vous coustaux* pierreux, qui l'allez esprouvant
A la suitte d'un Cerf, ou d'un Sanglier bavant,
Que je vous suis despite* ! O vous aussi fontaines,
Qui allez ondelant[264] par les herbeuses plaines,
Et par tortis* cavez*, roulez tousjours à val,
Que je vous veux helas ! que je vous veux[265] de mal !
C'est vous qu'il va baisant, quand lassé de la chasse,
Degoutant de sueur et d'une honneste* crasse,
Couché sur vostre bord tout plat il va lavant
Ses lévres et sa soif[266] en vostre eau l'abreuvant[267].
Où courés-vous mon cœur* ? les Dieux ont-ils [fait naistre
Tant de beautez en vous pour vous faire champestre[268]
Citoyen des forests ? les forests, mon souci*,
Sont indignes de vous, et les rochers aussi.
Laissez-les donc mon cœur ! hé voulez-vous despendre*
En un labeur si dur, vostre jeunesse tendre ?
Où courez-vous, mon cœur ?[269] mon cœur où [courez-vous ?
Laissez les bois deserts, les villes sont pour nous,
Cupidon y habite avec sa douce mere

262 *AB* quelque fois
263 *ABC* en
264 *C* ondelans
265 *A2* veu
266 *A2* souef
267 *A2* abrevant
268 *A Vers 1037-1038 :* nêtre/champêtre
269 *A* cœur,

La Deesse Venus, delices de Cythere.
O mon bel Hippolyte, et* ne voyez-vous pas[270]
Que pour vous trop aimer j'approche du trespas ?
Et* ne voyez-vous pas que je meurs[271] pauvre Roine,
Et que pour me sauver vous estes seul idoine* ?
Secourez-moy, ma vie, et ne changez à tort,[f° 132 v°]
Par faute de pitié, mon amour[272] à la mort.
Helas vous voyez bien par mon visage bléme[273],
Par ma palle maigreur, qu'ardemment* je vous [aime !
Voyez-vous pas mes yeux ne cesser larmoyans
De verser en mon sein deux ruisseaux ondoyans ?
Voyez-vous pas sortir comme d'une fournaise,
Les soupirs de ma bouche aussi chauds comme [braise ?
Voyez-vous point mon sein panteler* de sanglots,
Et tesmoigner le mal, qui me bourrelle* enclos ?
Soyez-moy donc benin*, et tirez secourable,
De mon cœur offensé* la douleur incurable :
Vous pouvez seulement d'un amoureux baiser
(Las que ce vous est peu[274]) mes langueurs* appaiser.

NOURRICE

Bien-heureux[275] est celuy, qui ne sent dans ses veines,
Comme soulfre,[276] boüillir les amoureuses peines.
Bien-heureux,[277] qui ne sçait que c'est de Cupidon,

---

270 *A Vers aligné.*
271 *A2* meûr
272 *A* Amour
273 *A2BC* blême
274 *AB* peu !
275 *A* Bien heureux
276 *A* souffre
277 *A* Bien heureux,

Qui ne cognoist ses traits[278], son arc, ny son brandon*.
Hà qu'il est outrageux* ce petit Dieu qui vole !
Hà que cruellement nos esprits il affole* !
Je n'eusse pas cuidé* que ceste passion*
Peust commander, si forte, à nostre affection*.
Voyez comme elle boust en ceste pauvre Dame,
Comme ell'luy a tiré* la raison hors de l'ame.
Elle va forcenee*, ores* pour s'outrager*,
Ores* pleine d'espoir se semble encourager.
Le feu luy sort des yeux, et bien qu'elle s'efforce*
De cacher sa fureur*, elle échappe de force.
  La clairté[279] luy desplaist, et ne demande plus,[280]
Morne, qu'à se[281] cacher dans quelque lieu reclus*.
[f° 133 r°]
Rien ne luy sçauroit plaire, elle s'assied dolente*,
Puis elle se releve, ou se couche, inconstante*.[282]
Se pourmene* ore*[283] viste, et ore[284]* lentement,
Tantost elle pallist, et tout soudainement
La couleur luy rehausse* : elle tremble fiévreuse,
Et puis brusle à l'instant d'une ardeur* chaleureuse.
Elle espere, elle craint, son esprit agité,
Comme la mer du vent, n'a plus rien d'arresté.
Elle ne mange point, la viande* apperceüe
Devant* que d'y gouster luy offense* la veüe.
Il ne luy chaut*[285] de vivre, et n'a pour tout confort*,

278 *B* trets
279 *A2* clarté
280 *A Vers aligné.*
281 *C* ce
282 *Nous conservons le point des éditions* C et D, *placé au milieu de la phrase, et marquant probablement une pause importante.* [*A* inconstante :]
283 *ABC* ores
284 *ABC* ores
285 *A* chaud [*A2* chaut]

Jour et nuict lamentant*, que l'espoir de la mort :
La mort luy est sa vie, et l'appelle à toute heure
Pour la precipiter en la palle demeure.
Le jour, quand Phebus marche, elle voudroit la nuit,
Et la nuit, le Soleil luy tarde qu'il ne luit.
Le sommeil, qui nourrist tout ce qui vit au monde,
Ne peut clorre ses yeux, arrosez de son onde.
Car soit ou que le jour face son large cours,
Soit que la nuict chemine, elle veille tousjours.
    Miserable princesse, aujourdhuy[286] ne soupire
Rien en si grand malheur, que le tien ne soit pire !
Quand la nuict tend son voile, et qu'elle embrunist
[l'ær,
Tout sent l'oublieux* somme* en ses membres couler :
Le silence est par tout, tout est coy* par le monde
Fors* qu'en ton ame seule, où l'amour fait la
[ronde.[287]
Elle est si foible aussi, que ja le plus souvant
La force à ses genous defaut* en se levant.
Elle chancelle toute, et ses bras imbeciles*
Battant à ses costez, luy pendent inutiles.
Cette belle couleur de roses, et de lis [f° 133 v°]
N'honore plus sa joüe et son front appallis*.
Ses beaux yeux soleillez*, qui la faisoyent paroistre
Vray tige* lumineux de Phebus son ancestre,
N'ont plus rien de divin, comme ils souloyent* avoir :
Ains*, tous chargez d'humeurs*, ne cessent de
[pleuvoir[288]
Le long de son visage, et d'une eau qui chemine,

---

286 *A* aujourduy
287 *A* où l'amour tousjours gronde.
288 *A* plouvoir

Goutte à goutte roulant luy lavent la poitrine.
Ainsi qu'aucunefois*[289] on voit sur le coupeau*
Du Taure inaccessible une pluvieuse eau
Tomber humidement du centre de la nüe
Et la neige escouler* de sa teste chenüe.
O que c'est grand[290] pitié ! Mais ne la voy-je pas,
Croisant les mains au ciel dresser* ici ses pas ?

PHEDRE. NOURRICE.
HIPPOLYTE

PHEDRE

Las ! qui a veu jamais peine si douloureuse[291] ?
Las ! qui a veu jamais douleur si outrageuse* ?
O amour ! o amour !

NOURRICE

Que vous servent ces cris ?

PHEDRE

Je sens[292] ce feu dans moy plus chaudement espris.

NOURRICE

Les plaintes n'y font rien, plustost d'une priere
Humble sollicitez la vierge forestiere*.

PHEDRE

O Royne des forests, qui habites les monts,
Diane à triple forme, invoquee en trois noms,

289 *AB* aucunesfois
290 *B* grand'
291 *A2* douleureuse
292 *A* sen

Qui commandes aux bois et aux montagnes
sombres,
Qui là bas aux enfers regnes entre les ombres,
Et qui grande lumiere en nostre ciel reluis,
Effaçant la noirceur des sommeilleuses* nuits,
Hecate Triviane, [293] O saincte chasseresse, [f° 134 r°]
Escoute ma priere, et m'exauce, Deesse :
Ouvre le cœur glacé d'Hippolyte, et luy mets
Les tisons de l'amour dans ses os enflamez :
Que desormais il aime, et comme moy resente[294]
De l'amoureux brandon* l'ardeur* impaciente :
Qu'il se monstre facile, et chasse de son cueur,
Par toy, Vierge, attendry, toute austere rigueur.
Fay cela, ma Deesse : ainsi tousjours luisante[295]
Puisses-tu decorer la voûte[296] brunissante :
Ainsi quand tu seras au ciel pour l'esclairer,
Nul chant magicien ne t'en puisse tirer :
Ainsi jamais l'obscur d'une ennuyeuse* nuë
Ne voile la beauté de ta face cornuë.

NOURRICE

Madame c'est assez, elle oit* vostre oraison* :
Taisez-vous, je le voy sortir de la maison.
Retirez-vous à part, l'heure m'est opportune.
C'est luy, c'est luy sans doute,[297] et si* n'a suitte
[aucune.

---

293 A *Toutes les éditions comportent cette virgule devant la majuscule qui suit.*

294 *Graphie courante au XVI*e *siècle pour* ressente, *présente dans toutes les éditions de la pièce.*

295 A *Vers aligné.*

296 A voúte [*A2* voûte]

297 A Taisez-vous je le voy,

HIPPOLYTE

Où dressez*-vous vos pas, Nourrice ? et quel souci
Trouble vostre visage et l'appallist* ainsi ?
Madame est-elle saine* ? et sa plus chere cure*,
Ses deux petits enfans, Royale nourriture* ?

NOURRICE

La maison*, le Royaume, et Phedre, et ses enfans,
La grace des bons Dieux, florissent trionfans :
Mais vous qui devriez ore*, honnestement* follâtre,
De cent divers plaisirs vostre jeunesse esbatre*,
Vous la chetivez* toute, et vuide*[298] de douceurs
La laissez escouler en des dogues chasseurs,
Dans l'obscur des forests, sombre, morne, sauvage,
Ne monstrant presque rien d'humain que le visage.[299]
Laissez ce vain labeur, qui vous consomme*
[ainsi.[300]
Ceux que le sort contraint doivent vivre en souci :
[f° 134 v°]
Mais ceux que la fortune embrasse favorable,[301]
S'ils se vont affligeant d'un vivre miserable,
Et volontairement s'abandonnent au mal,
Doivent perdre le bien, dont ils usent si mal.
Donnez-vous à l'amour, passez vostre jeunesse
Ce pendant* qu'elle dure, en joyeuse liesse.
Egayez vostre esprit, vous n'aurez pas le temps
Quand vous serez plus vieil, commode* au
[passetemps*.
» Toute chose ha son propre et naturel office*.

---

298 *A2* vide
299 *A* humain, que le visage.
300 *A* *Vers aligné.*
301 *A* embrasse, favorable,

» Ce qui sied bien à l'une, à l'autre[302] est souvent
[vice.
» L'allegresse convient au front du jouvenceau,
» Et non pas du vieillard qui se ride la peau :
» Au contraire le soin*, et la rigueur honneste*
» Honore[303] l'homme vieil, qui blanchist par la teste.
Ne laissez donc perir le plus beau de vos jours
Ainsi austerement sans gouster aux amours,
Au plaisir de la dance, et de la liqueur douce,
Dont Bacchus nous detriste* et nos soucis repousse.
La mort[304] sans se monstrer vient à nous à grand pas
Nous trancher*, journaliers*, la vie et les esbats*.
Puis quand nous trouverons, palles, sur le rivage
Du bourbeux Acheron, de Pluton le partage*,
Où l'ennuy*, les regrets, les soupirs, et les pleurs
Avec les passions*, naissent au lieu de fleurs :
Lors nous repentirons de n'avoir en ce monde
Autant pris de douceur comme il y en abonde,
Tandis que le Destin[305] nous donnoit le loisir,
Et l'opportunité de vivre en tout plaisir.

HIPPOLYTE

Les monts et les forests me plaisent solitaires,
Plus que de vos citez les troubles sanguinaires.
Telle façon de vivre avoyent du premier temps
[f° 135 r°]
Nos peres vertueux, qui vivoyent si contens*.
» Et certes celuy-là, qui s'escartant des villes
» Se plaist dans les rochers des montagnes steriles,

302 *A2* lautre
303 *A* Honorent
304 *A* Mort [*A2* mort]
305 *A* destin

» Et dans les bois fueillus, ne se voit point saisir,
» Comme les bourgeois* font,[306] d'un avare* desir.
» L'inconstante faveur des peuples et des Princes,
» L'appetit* de paroistre honorable* aux provinces*[307]
» Ne luy gesne* le cœur, ny l'envieuse dent,
» Des hommes le poison, ne le va point mordant.
Il vit libre à son aise exempt de servitude,
N'estant de rien contraint que de son propre estude*,
Que de son franc* vouloir, ne tremblant de souci
Pour la crainte d'un Roy, qui fronce le sourci.
Il ne sçait, innocent, que c'est d'un tas de vices
Bourgeonnans[308] aux citez qui en sont les nourrices.
Il ne se couvre point le chef* ambicieux[309]
D'un bastiment doré qui menace les cieux.[310]
Il n'a mille valets, qui d'une pompe fiere
L'accompagnent espois* et devant et derriere.
Sa table n'a le dos chargé de mille plats,
Exquisement fournis de morceaux delicats.
Il ne blanchist les champs de cent troupeaux à laine,
De cent couples de bœufs il n'escorche la plaine :
Mais paisible il jouist d'un air tousjours serain,
D'un paisage inegal, qu'il descouvre loingtain.
Il s'amuse* à courir ou la Biche peureuse,
Ou l'Ours, ou le Sanglier à la dent escumeuse.
Tantost las il se couche ou sur le bord d'une eau,
Ou dans un creux rocher d'où pend maint [arbrisseau.[311]

306 *A* Comme le peuple fait, *BC* Comme les villes font,
307 *A* paroistre, honorable, aux provinces
308 *A* Bourgeonnant
309 *A* ambicieux. *(ponctuation erronée)* [*A2 donne une virgule après* ambicieux]
310 *D Pas de ponctuation ; nous ajoutons le point figurant dans ABC.*
311 *A* arbrisseau, [*A2* arbrisseau.]

Le doux sommeil le prend entre mille fleurettes,
Au bruit d'une fontaine et de ses ondelettes,
[f° 135 v°]
Qui gargouillent autour, ou d'un coudre* mouëlleux,
Ou d'un saule qui fend son chemin graveleux*.
Quel plaisir ce luy est, quand la soif le
[tourmente,[312]
Boire au creux de sa main de la belle eau courante :
Et contenter sa faim des bons fruits savoureux,
Qu'il abbat en hochant*, d'un arbre plantureux ?
Or* vive qui voudra d'une plus molle vie,[313]
Quant à moy, qui suis bien, je n'en ay point d'envie :
Je ne veux[314] point changer mon vivre accoustumé,[315]
Pour un plus delicat que je n'ay oncque* aimé.

NOURRICE

Voulez-vous donc laisser* vivant ainsi sauvage,
De goûter aux faveurs de l'amoureux breuvage ?
Jupiter le grand Dieu, prevoyant sagement
Que le monde faudroit*, destruit entierement,
Si comme d'heure en heure il nous perd miserables
Par divers accidens*, et trespas variables,
Il n'estoit repeuplé d'autant de nouveaux corps,
Que le destin en jette incessamment dehors,
Nous a donné l'amour, pour laisser une race*
Qui nous survive morts, et tienne nostre place.
Si Venus une fois quitte cet univers,[316]
Vous le verrez bien tost gesir mort à l'envers.

312 *A Vers aligné.*
313 *A Vers aligné.*
314 *A2* veu
315 *AB* accoutumé,
316 *A Vers aligné.*

La mer, vuide*,[317] perdra ses escailleuses troupes,
Sans peuples se verront les montagneuses croupes,
Dans le ciel defaudront* les oiseaux duveteux,
Et l'air n'aura sinon* des tourbillons venteux.
Combien d'hommes voit-on engloutir en ce monde
Par le fer, par la faim, par la rage de l'onde ?
Or* sus* laissez-vous prendre au cordage* [amoureux,[318]
Frequentez-moy la ville, et vivez plus heureux :
Il vous faut une amie, et cueillir avec elle [f° 136 r°]
Les doux fruits, où l'amour tendrement vous appelle.

HIPPOLYTE

Je ne sçaurois aimer vostre sexe odieux,
Je ne puis m'y contraindre, il est trop vicieux.
Il n'est mechanceté que n'invente une femme,
Il n'est fraude* et malice* où ne plonge son ame.
Nous voyons tous les jours tant de braves* citez
Flamber, rouges de sang, pour leurs lubricitez :
Tant fumer de palais, tant de tours orgueilleuses
Renverser jusqu'au pied pour ces incestueuses :
Tant d'Empires destruits, qui (possible*) seroyent
Encore en leur grandeur,[319] qui encor fleuriroyent.
Je ne veux[320] que Medee et ses actes infames
Pour montrer quelles[321] sont toutes les autres femmes.

NOURRICE

Pourquoy pour le peché de quelqu'une de nous,

317 *A2* vide,
318 *A Vers aligné.*
319 *ABC* Encores en leur fleur,
320 *A2* veu
321 *A* qu'elles

Qui a peu* s'oublier, toutes nous blasmez-vous ?

HIPPOLYTE

Je ne sçay pourquoy c'est, toutes je les deteste*,
Je les ay en horreur* plus que je n'ay la peste.
Soit raison, soit fureur*, soit tout ce qu'on voudra,
Jamais de les aimer vouloir ne me prendra.[322]
Plustost le feu naistra dans la mer escumeuse,
Plustost sera le jour une nuict tenebreuse,
Plustost nostre Soleil commencera son cours
A la mer Espagnole, où se cachent nos jours,
Et plustost sera l'Aigle aux Pigeons sociable*,
Que je serve une femme, esclave[323] miserable.

NOURRICE

» Amour domte le cœur des hommes et des Dieux,
Et les contraint aimer ce qu'ils ont odieux.[324]

HIPPOLYTE

Je n'ay pas peur qu'Amour[325] corrompe mon [courage*,
Fuyant la volupté, le poison de nostre âge.

NOURRICE

Il n'y a point d'espoir, autant vaudroit prescher
Le sourd entendement d'un caverneux rocher.

[f° 136 v°]

Voyez qu'il est hautain, et qu'il fait peu de conte[326]

---

322 *C* prendra,

323 *AB* exclave

324 *Ce vers est guillemeté dans A et dans B.*

325 *C* amour

326 *A Le vers commence en retrait (nouvel alinéa). Rime* comte/domte *pour ce vers et le suivant.*

De nous et de l'Amour, qui toute chose[327] domte.
Je ne le voy non plus esmeu de mes propos,
Qu'un grand roc rivager* n'est esbranlé des flots.
Amour te puisse nuire, arrogant, et te face
Brusler d'une qui soit, comme tu es, de glace.
Mais ne voy-je pas Phedre ? helas que son beau
[teint[328]
De cinabre et de lis, est pallement desteint !
Helas qu'elle est desfaitte ! hà hà ce n'est plus elle,
Ce n'est plus elle, non, comment elle chancelle !
Helas elle est tombee ![329] hé bons Dieux qu'est-ce ci ?[330]
Ma maistresse m'amie. Elle a le cœur transi,
Le visage luy glace, ô passion* maudite !
Madame, esveillez-vous, voici[331] vostre Hippolyte :
Voulez-vous pas le voir ? vous n'aurez plus
[d'ennuy*,[332]
Sus sus* ouvrez les yeux et devisez* à luy.

PHEDRE. NOURRICE.
HIPPOLYTE.

PHEDRE

Qui m'a rendu mes pleurs et mes cruelles plaintes ?
Qui m'a renouvelé mes passions* esteintes ?
Qui m'a remis en vie ? hà que n'ay-je joüy
Plus long temps du repos qu'on goûte[333] esvanoüy ?

---

327 *AB* toutes choses
328 *A2 Vers aligné.*
329 *C* elle tombee (est *omis : coquille).*
330 *A* qu'est-cecy ?
331 *AB* voy-cy
332 *A* ennuy.
333 *A* goute [*A2* goûte]

NOURRICE

Pourquoy refuyez*-vous cette clairté[334] rendue ?[335]
Pourquoy pallissez-vous au besoin* esperdue* ?
Pourquoy hesitez-vous ? est-ce ore*[336] qu'il vous[337] faut
Coüardement* troubler dés le premier assaut ?
» Qui froidement demande à quelqu'un, il l'advise*
» De luy faire refus de la chose requise.

PHEDRE [f° 137 r°]

» Mais quiconque requiert* quelcun de deshonneur,
» A grand'peine qu'il soit bien hardy requereur*.

NOURRICE

Ce n'est ores* qu'il faut succomber à la honte :
Elle vous prend trop tard, il n'en faut tenir conte.[338]
Lors que premierement amour vous vint saisir
Il estoit bon de rompre[339] un si mauvais desir,
Et d'une chaste honte armer vostre poitrine,
Mais ore* il est trop tard, amour a pris racine.
Desormais qu'il ne peut estre en vous abbatu,
Vous convient efforcer* qu'il puisse estre esbatu*.
Possible* (et que sçait-on) cet amoureux outrage*
Se pourra convertir en un bon mariage.
» Maintefois d'un grand mal il s'est fait un grand [bien.
» Le temps corrige tout, quand on le conduist bien.

---

334 *A2* clarté
335 *A* rendüe ! [*A2* rendüe ?]
336 *ABC* ores
337 vous *omis dans A (le vers est faux : il manque une syllabe).*
338 *A* comte. *Graphie adaptée à la rime dans BD :* honte/conte
339 *A* d'esteindre

PHEDRE

Nourrice le voy-cy.

NOURRICE

Monstrez vostre asseurance.

PHEDRE

Efforce* toy, mon cœur, aye[340] bonne esperance,
Commence à l'aborder. Aurez-vous le loisir
De m'entendre parler de ce que j'ay desir ?

HIPPOLYTE

Dites ce qu'il vous plaist, je suis prest de l'entendre.

PHEDRE

Si ce n'est en secret je ne veux[341] l'entreprendre.

HIPPOLYTE

Personne n'est icy, qui vous puisse escouter.

PHEDRE

La peur fait mes propos sur ma langue arrester.
Le desir est bien fort, mais la honte est plus forte.
Dieux vous sçavez pourquoy je suis en ceste sorte !

HIPPOLYTE

Avez-vous de la peine à dire quelque cas* ?

PHEDRE

Helas[342] j'en ay beaucoup plus que ne croiriez pas ![343]

---

340 *A* ayes
341 *A2* veu
342 *A* Helas !
343 *A* pas.

» Les plus petits ennuis* qui dans nos cœurs se [treuvent,
» Se descouvrent assez, mais les plus grands ne [peuvent.

HIPPOLYTE

Ma mere fiez*-vous à moy de vos ennuis*.

PHEDRE

Laissez ce nom de mere, Hippolyte, je suis
Vostre sœur, et encore, humble, je me contante
De n'avoir desormais que le nom de servante,

[fº 137 vº]

De servante voirment* : je[344] vous feray l'honneur
Que doit une servante à son propre seigneur.
Je vous suivray par tout, fust-ce au travers des ondes,
Fust-ce au haut des rochers, dans les neiges profondes,
Fust-ce au travers du feu gloutonnement ardant*,
Et fust-ce pour m'aller, perissable, dardant*,
Le visage baissé, dans le fer de cent piques,
Fust-ce et fust-ce au profond des caves Plutoniques.
Prenez le sceptre en main, mettez vous sur le front[345]
Le royal diadéme[346], ainsi que les Rois font :
Tenez, je vous le donne : il est bien plus honneste*
Que vous plustost que moy, le portiez sur la teste.
Vous estes en la fleur de vostre âge : et combien*
Que Thesé soit chery du peuple Athenien,
Vous l'estes d'avantage[347], et vostre belle grace
Son nom moins desiré de sa memoire efface.

---

344 *A* vrayment je
345 *Dans BC, ce vers commence en retrait (nouvel alinéa).*
346 *BC* Royal diadême
347 *ABC* davantage

Or* regnez, noble Prince, et prenez le souci
De moy dolente* veufve, et de ce peuple ici*.

HIPPOLYTE

Le grand Dieu Jupiter, et le pere Neptune
Nous vueille preserver de si grande[348] infortune :
Vous reverrez mon pere à peu de jours d'ici.

PHEDRE

Pluton, Dieu qui commande au Royaume noirci,
Ne le permettra pas, s'il n'est si debonnaire*
De laisser eschaper de son lict l'adultere.[349]

HIPPOLYTE

Les bons Dieux de là haut qui ont cure de luy,
Le feront retourner, n'en ayez point d'ennuy*.
Mais tandis qu'il sera dans ces lieux solitaires
Je prendray le souci* de vos enfans, mes freres,
Et vous honoreray, comme celle qui est
De mon pere l'espouse, et qui seule luy plaist.
Je vous tiendray sa place, et par notable* preuve
[f° 138 r°]
Tascheray[350] de monstrer que vous n'estes pas veufve,
Je vous seray mary.

PHEDRE

O desiré propos,[351]
Dont la faulse douceur m'empoisonne les os ![352]
O propos decevable* ! ô parolle trompeuse !

348 *BC* grand'
349 *A2 Vers 1373-1374 :* debonnaire/adultaire.
350 *ABC* Tácheray
351 *A* propos !
352 *A* os.

O esperance vaine ! ô chetive* amoureuse !
Il me sera mary ? pouvoit-il mieux parler,
Et plus ouvertement pour me faire affoler* ?
Il faut me descouvrir, mais le cœur me pantele*,
Un frisson me saisist d'une crainte nouvelle.
Pleust à Dieu, mon amy, que vous sceussiez ouvrir
Les secrets de mon cœur, sans vous les decouvrir :
Je m'efforce* à les dire, et je ne puis de honte.

HIPPOLYTE

Laissez la honte là.

PHEDRE

Mais elle me surmonte*.

HIPPOLYTE

Quel mal est-ce si grand que n'osiez deceler* ?[353]

PHEDRE

C'est un mal, que jamais on ne veit[354] devaller*
Au cœur d'une marâtre.

HIPPOLYTE

Encor ne puis-je entendre
Vos propos ambigus : faites les moy apprendre
En termes plus ouverts.

PHEDRE

L'amour consomme* enclos*
L'humeur* de ma poitrine et desseche mes os, [355]

353 *ABC* deceller ?
354 *AB* vit
355 *ABC* et m'ard* dedans les os. [*C* os,]

Il rage en ma mouelle, et le cruel m'enflamme
Le cœur et les poumons d'une cuisante flamme.
Le brasier estincelle, et flamboye asprement,
Comme il fait quand il rampe en un vieil bastiment
Couvert de chaume sec, s'estant en[356] choses seches
Elevé si puissant de petites flammeches.

HIPPOLYTE

C'est l'amour[357] de Thesé, qui vous tourmente* ainsi.

PHEDRE

Helas ! voire*, Hippolyte, helas ! c'est mon souci.
J'ay miserable, j'ay la poitrine embrasee
De l'amour que je porte aux beautez de Thesee,
Telles qu'il les avoit lors que bien jeune encor
Son menton cotonnoit d'une frisure d'or, [f° 138 v°]
Quand il veit, estranger, la maison Dedalique
De l'homme Mi-toreau, nostre monstre Cretique.
Helas que sembloit-il ? ses cheveus crespelez,[358]
Comme soye retorce* en petits aneletz,
Luy blondissoyent la teste, et sa face estoilee*
Estoit entre le blanc, de vermeillon meslee.
Sa taille belle et droite avec ce teint divin
Ressembloit, esgalee, à celle d'Apollin,
A celle de Diane, et sur tout à la vostre,
Qui en rare beauté surpassez l'un et l'autre.
Si nous vous eussions veu, quand vostre geniteur*
Vint en l'isle de Crete, Ariadne ma sœur
Vous eust plustost que luy, par[359] son fil salutaire

356 *ABC* de
357 *AB* l'Amour
358 *BC Ce vers commence en retrait (nouvel alinéa).*
359 *ABC* de

Retiré des prisons du Roy Minos mon pere.
Or* quelque part* du ciel que ton astre plaisant[360]
Soit, ô ma chere sœur, à cette heure luisant,
Regarde par pitié moy ta pauvre germaine*
Endurer comme toy cette amoureuse peine.
Tu as aimé le pere, et pour luy tu desfis
Le grand monstre de Gnide, et moy j'aime le fils.
O tourment* de mon cœur, Amour qui me
[consommes* ![361]
O mon bel Hippolyte, honneur des jeunes hommes,
Je viens[362] la larme à l'œil me jetter devant vous,
Et d'amour enyvree, embrasser* vos genous,
Princesse miserable, avec constante envie
De borner à vos pieds mon amour, ou ma vie :
Ayez pitié de moy.

HIPPOLYTE

O grand Dieu Jupiter,[363]
Peus-tu voir une horreur* si grande, et l'escouter ?
Où est ton foudre ardant*, qu'ireux* tu ne le dardes*
Tout rougissant d'esclairs, sur les temples*
[paillardes*[364]
De cette malheureuse ![365] Es-tu si paresseux, [fº 139 rº]
O Pere, es-tu si lent à nous lancer tes feux ?
Que le ciel, esclatant au bruit de ton tonnerre,
Jusques aux fondemens[366] ne renverse la Terre ?[367]

---

360 *A* luisant
361 *A Vers aligné.*
362 *A* vien
363 *A* Jupiter !
364 *C* paillarde
365 *A* malheureuse ?
366 *A* au fondemens [*A2* aux fondemens]
367 *A* terre ?

Et n'abysme* le jour, tout sanglant, au plus creux
Et au gouffre plus noir des enfers tenebreux ?
Mais[368] toy, Soleil, qui luis par tout ce grand espace
Peux-tu voir sans pallir les crimes de ta race* ?
Cache toy vergongneux*, quitte* à la nuit ton cours,
Destourne tes chevaux gallopant à rebours.
Plonge toy, lance toy le chef* bas sous les ondes,
Et ta torche noircis en tenebres profondes.
Que tardes tu aussi, pere Saturnien,
Que tu ne vas ruant* ton foudre Olympien
Sur ma coupable teste, et que tu ne la broyes
Plus menu que sablon*, que tu ne la foudroyes ?
N'ay-je assez merité,[369] n'ay-je forfaict* assez
Pour sentir la fureur* de tes dards* eslancez,
De plaire à ma marâtre, et de luy sembler propre
Entre tous les mortels, seul, à si lasche opprobre ?
O femme detestable* ! ô femme dont le cueur[370]
Est en mechancetez de son sexe vaincueur !
O pire mille fois et d'ardeur* plus enorme*,
Que ta mere qui eut un monstre si difforme !
Ce ventre t'a[371] porté qui s'enfla grossissant
Du germe convoité[372] d'un Taureau mugissant.

PHEDRE

Helas, c'est le destin de nostre pauvre race* !
Venus nous est cruelle, et sans cesse nous brasse*
Une amour dereglee. Et que peut nostre effort*
Encontre une Deesse, et encontre le sort ?

---

368 *ABC* Et
369 *A* merité ?
370 *A Vers aligné.*
371 *A* ta [*A2* t'a]
372 *A* couvoité

Derechef*[373], ô cruel, à vos pieds je me jette,[374]
Prenez compassion de moy vostre sujette. [f° 139 v°]

HIPPOLYTE

Retirez-vous de moy, ne me venez toucher,
Ne me touchez le corps, de peur de me tacher.
Comment ? elle m'embrasse* ? Il faut que mon espee,
Vengeant si grand forfaict*, soit de son sang trempee.
Jamais, chaste Diane, à ton nom immortel
Un sang mieux consacré n'humecta[375] ton autel.

PHEDRE

C'est ce que je demande. A[376] ceste heure, Hippolyte,
Piteux*, mettrez vous fin à ma douleur despite*.
Hippolyte, il ne peut m'arriver plus grand heur*,
Que mourant par vos mains conserver mon honneur.

HIPPOLYTE

Allez, vivez infame, et que jamais cette[377] arme,
Pollue* en vous touchant, le chaste corps ne m'arme.
En quel Tigre, en quel Gange, en quel gouffre [aboyant,[378]
En quelle ondeuse mer m'iray-je nettoyant ?
Non le grand Ocean, avecques toute l'onde,

---

373 *A* De rechef [*A2* Derechef]

374 *A Vers aligné.*

375 *ABC* n'eschauffa

376 *A* demande, à

377 *Toutes les éditions portent* cet : *cette unanimité ne nous conduit pourtant pas à maintenir une telle orthographe, d'abord parce que le genre masculin ne semble pas attesté pour* arme *au* XVIe *siècle, et surtout parce qu'au vers suivant l'adjectif épithète de ce nom est bien au féminin.*

378 *A Ce vers commence en retrait (nouvel alinéa).*

Dont il lave en flottant[379] ceste grand'[380] masse ronde,
Ne me sçauroit laver. O rochers esgarez* !
O coûtaux* ![381] ô vallons ! ô bestes ! ô forests !

NOURRICE

Nostre faute est cogneuë : et* bien et* bien, mon [ame,
Il faut le prevenir*, et luy donner le blâme,
Accusons-le[382] luy-mesme, et par nouveau mesfaict
Couvrons[383] habilement celuy qu'avons ja faict.
» C'est un acte prudent* d'avancer* une injure*,
» Quand nous sommes certains que lon nous la [procure.[384]
Et qui ne jugera que ce n'ait esté luy
Qui ait commis le crime, et puis s'en soit enfuy ?
Personne n'est pour luy, qui tesmoigner s'efforce*.
Accourez mes amis, au secours, à la force,
On force* vostre Royne, accourez, le mechant
Luy presse le gosier avec le fer trenchant.[385]
Il s'enfuit, il s'enfuit, poursuivez-le à la trace : [f° 140 r°]
Il a jetté d'effroy son[386] espee en la place :
Il n'a pas eu loisir de l'engainer*[387], au moins
Nous avons un bon gage*, à faute de tesmoins.
Helas ! consolez-la, voyez comme elle pleure,[388]

---

379 *ABC* en tournant,
380 *B* grand
381 *A* coutaux ! [*A2* coûtaux !]
382 *A* Accuson-le
383 *A* Couvron
384 *A* procure !
385 *A Pas de ponctuation à la fin de ce vers, mais un point se trouve à la fin du vers précédent (erreur : la ponctuation est mal placée).*
386 *A2* effroy, son
387 *A2B* engaigner
388 *A Vers aligné.*

Ne touchez à son chef*, il vaut mieux qu'il demeure
Tout meslé* comme il est, pour enseigne* du tort
De ce monstre impudique, et de son lasche effort*.
Appaisez-vous, Madame, et prenez patience*,[389]
Las ! que pouviez-vous faire à telle violence ?
Laissez cette tristesse, helas ![390] que gaignez-vous
De vous plomber* ainsi la poitrine de coups ?
D'outrager* vostre face, et par impatience*
Offenser* vos cheveux qui n'ont point faict
[d'offense* ?
» Celle n'est point blessee en sa pudicité*
» Qui est prise d'aucun* contre sa volonté.
» On peut forcer* le corps, mais l'ame qui est pure,
» Maugré le ravisseur est exempte d'injure*.

CHŒUR

Allons[391] faire au temple priere
A Pallas la vierge guerriere,
Des genoux la terre pressant,
Les deux mains vers le ciel dressant :
Et penchez devers* la Deesse,
La supplions[392] que nostre chef*
Elle vueille garder d'oppresse*,
Et nostre Cité de mechef*.

Si les Dieux, les bons Dieux, n'ont cure
De conserver leur creature,[393]
Et si toy, Minerve, sur tous

389 *A Vers aligné. ABC* patience.
390 *A2* tristesse. helas !
391 *A* Allon
392 *A* supplion
393 *ABC* De nous, leur pauvre creature,

Ne prens quelque souci* de nous : [fº 140 vº]
Je prevoy ja* mainte tempeste
Et maint orage menaçant,
Pour nous accravanter* la teste,
S'aller dessur* nous eslançant.

» Qu'une femme, que jalousie, [394]
» Que haine, ou qu'amour ont saisie,
» Est redoutable ! et que son cœur
» Couve de fielleuse rancœur ![395]
» Le trét ensoulfré*[396] du tonnerre,
» Que Jupin darde*, colereux,
» Sur une crimineuse* terre,
» Ne tombe pas si dangereux.

» La mer, quand elle escume, enflee,
» Du Nort et d'Aquilon soufflee,
» Le feu rongeant une Cité,
» La peste infectant un Esté,
» Et la guerre qui tout saccage,
» Sont bien à craindre : et toutesfois
» D'une femme l'horrible* rage
» L'est encore[397] plus mille fois.

» Comme une Menade troublee,
» Hûlant*[398] d'une voix redoublee,
» Fait, yvre, mille ardans* effors*,
» Des pieds, des mains, de tout le corps,[399]

---

394 *Dans A, les vers 1539-1586 ne sont pas guillemetés.*
395 *AB* rancœur.
396 *A* ensouffré
397 *A* encores
398 *A* Hurlant [*A2* Hûlant]
399 *AC* corps. [*A2* corps,]

» Le jour qu'à Bacchus le bon pere,
» Portant au poing le Thyrse* aimé,
» Elles vont au haut de Cythere,
» Faire l'Orgie* accoustumé.[400]

» Celle-là forcene* en la sorte,
» Voire* d'une fureur* plus forte,
» Qui dedaignee en son amour, [f° 141 r°]
» Porte au cœur la haine à son tour.
» Elle ne brasse* que vengence,
» La vengence la joint* tousjours :
» Et quoy qu'elle discoure et pense,
» Ce ne sont que sanglans discours.

» Elle tourne et retourne en elle
» Mainte mensongere cautelle,
» Ardant* de venger son refus :
» Son esprit regarde confus
» Entre mille ruses fardees,
» Et là, peschant abondamment,
» Y prend, les ayant regardees,
» La meilleure à son jugement.

» Puis faulse* sous un faux* visage
» Vomist le fiel de son courage*,
» Plus mortel que n'est le venin
» De quelque serpent Getulin.
» De voix, de soupirs et de larmes
» Couvre, coupable, son forfaict*,
» Et avecques les mesmes armes
» De son ennemy se desfaict.

---

400 *A* accoutumé.

Jadis l'amante Sthenobee,
De pareil dedain enflambee*,
A son mary Prœte accusa
Bellerophon, qui refusa,
Trop chaste, sa flamme infidelle :
Et du regret, qui la ferut*,
De le voir vivre, eschappé d'elle,
La cruelle à la mort courut.

Du mesme danger fut suivie
De Pelé l'innocente vie, [f° 141 v°]
Par Acaste[401] Magnesien.
Maint et maint heros ancien,
Comme toy, bon Amazonide,
Voguant en ceste mesme mer,
A[402] conneu le cœur homicide
Des femmes qu'on ne daigne aimer.

Mais s'il y a là haut encore
Quelque deïté qu'on adore,
S'il y a des Dieux ayans soing
D'assister les bons au besoing*,
Ils permettront que la malice*
Contre ta vertu rebouchant*,
Recherra* dessur* son authrice*,
Bourreau de son crime mechant.

401 *A* Achaste
402 *A* Ont

ACTE IV

THESEE. NOURRICE

THESEE

Je vien du creux sejour* des eternelles nuits,
Et de la triste horreur* des Enfers pleins d'ennuis* :
A grand'peine mes yeux à paupieres ouvertes,
Peuvent voir du beau jour les clairtez[403] decouvertes.
Ja* la belle Eleusis coupe en ce bouillant mois
Les presens de Cerés pour la quatriesme fois,
Depuis[404] que sous la voûte horriblement* profonde
Je pleure mort et vif la perte de ce monde.
Encor seroy-je errant* dans le Royaume noir[405]
Sans Hercul'qui m'osta de ce triste manoir*,[406]
Tirant le chien portier de sa caverne creuse, [f° 142 r°]
Qui m'empeschoit d'ouvrir la porte Stygieuse.
Mais je n'ay plus la force et la brave* vigueur
Qu'auparavant j'avois indomtable de cœur* :
Mes genoux affoiblis vont tremblant, et à peine
Peuvent plus supporter mon corps, leur dure peine.
Quel labeur m'a esté, d'avoir depuis le[407] fond
De l'enfer, sceu monter jusques icy à mont* ?
D'avoir sceu eviter la mort en la mort mesme,
Et de te suivre, Alcide à la force supréme ?[408]

---

403 *A2* clartez
404 *AB* De puis
405 *A Vers aligné.*
406 *A* Sans Hercule, qui vint m'oster d'un tel manoir,
407 *B* de *(coquille)*
408 *A2 Vers 1629-1630 :* mesme/supresme

NOURRICE

Hà maison* desolee* !

THESEE

Hé ! quel bruit est-ce là ?

NOURRICE

Que la mort n'ay-je au cœur ![409]

THESEE

Que veut dire cela ?
Quel tonnerre est-ce cy ? quels soupirs ? quels [encombres* ?
Suis-je encore aux enfers entre les cris des[410] ombres ?
D'où vient un si grand trouble ? est-ce un dueil* fait [exprés
Pour me mieux recevoir me sçachant icy prés ?
Voyla, voyla vraiment une tempeste deuë
A un hoste infernal pour sa premiere veuë.
Nourrice, quel tumulte* entendé-je entre vous ?[411]

NOURRICE

Phedre se veut défaire*, et ne luy chaut* de nous[412]
Qui la reconfortons,[413] et qui à chaudes larmes
La prions de jetter de sa dextre* les armes.

THESEE

Qui peut à mon retour causer ce deconfort* ?

---

409 *A* O que n'ay-je la mort !
410 *D* de *(coquille que nous corrigeons).*
411 *A* Nourrice, quel malheur nostre maison* assaut* ?
412 *A* et point il ne luy chaut
413 *A* De nous, qui l'assistons,

NOURRICE

C'est pour vostre retour qu'elle haste sa mort.

THESEE

Elle veut donc mourir pour me revoir en vie ?[414]

NOURRICE

Non, mais vostre retour luy en accroist l'envie.

THESEE

Prend elle desplaisir que je soy'revenu ?

NOURRICE

Vostre absence luy est un regret continu.

THESEE

Qui* luy cause la mort sçachant bien ma presence ?

NOURRICE

Je ne sçay, mais je voy que c'est ce qui l'offence*.[415]

THESEE

Quelle nouvelle rage[416] est entree en son cœur ?

NOURRICE [f° 142 v°]

Un despit*, qui la ronge, une triste langueur*.

THESEE

Vos propos ambigus couvrent quelque grand'chose.

---

414 *AB* vie.

415 *Dans A, entre ce vers et le suivant, sont insérés quatre vers :* THESEE : Une femme de bien ne feroit pas ainsi. / NOURRICE : Elle est femme de bien, n'en soyez en soucy. / THESEE : Une femme de bien me feroit autre chere*. / NOURRICE : Elle ne le peut faire en si grande misere.

416 *A* Quelle grande misere

Dites moy clairement,[417] Qu'a Phedre mon espose ?

NOURRICE

Elle ne le dit point : elle veut emporter
Au tombeau la douleur qui[418] la fait lamenter.

THESEE

Entrons soudainement, entrons, [419] il n'est pas heure
De faire, en perdant temps, icy longue demeure*.

THESEE. PHEDRE

THESEE

Quoy ? ma chere compagne, est-ce ainsi qu'il vous faut
Recevoir vostre espoux ? est-ce ainsi qu'il vous chaut*
De son heureux retour ?[420] et que vous prenez joye
De le voir eschappé de la mortelle voye ?
Quelle chaude fureur* allez-vous remaschant* ?
Que fait en vostre main ce coutelas tranchant ?

PHEDRE

Magnanime* Thesé, je vous prie à mains jointes
Par cet acier luisant pitoyable* à mes plaintes,
Par le sceptre Royal de vostre empire* craint,
Par vos enfans aimez le doux soing* qui m'estraint,
Par vostre heureux retour de la palle demeure,
Et par ma cendre aussi, permettez que je meure.

THESEE

Quelle cause vous meut* de desirer la mort ?

---

417 *Toutes les éditions comportent cette virgule devant la majuscule qui suit.*
418 *AB* tombeau, la douleur, qui
419 *A* Entron soudainement, entron,
420 *A* De sa chere venue ?

PHEDRE

Si je vous la disois, je perirois à tort,
Et le fruict periroit que de la mort j'espere.

THESEE

Ne le dites qu'à moy je le sçauray bien taire.

PHEDRE

» Ce qu'on veut que quelcun taise fidellement
» Le faut soymesme taire, il est sceu autrement.

THESEE

» Mais un loyal mary vers sa femme qu'il aime[421]
» N'est pas un estranger, c'est un[422] autre elle mesme.

PHEDRE [f° 143 r°]

» Une femme ne doit conter à son mary[423]
» Chose dont il puisse estre en le sçachant marry*.

THESEE

Que me peut-on conter, qui plus de dueil* me cause
Que de vous voir mourir sans en sçavoir la cause ?

PHEDRE

Si de me voir mourir vous prenez quelque esmoy*
Il n'amoindrira pas quand vous sçaurez pourquoy.

THESEE

Que me peut proffiter ceste tristesse teuë ?

---

421 *A* aime,
422 *B* une
423 *A* mary,

PHEDRE

Que vous peut proffiter ceste tristesse sceuë ?

THESEE

On remedie au mal quand on le peut sçavoir.

PHEDRE

A celuy que j'endure il n'y a point d'espoir.

THESEE

Que vous sert donc la mort de tous les maux le pire ?

PHEDRE

La mort fait terminer tout angoisseux* martyre.

THESEE

Il n'est rien plus horrible* aux hommes que la mort.

PHEDRE

Elle est aux affligez un desirable port,
Comme à moy qui suis tant[424] de ce monde assouvie,
Autrement il fait mal de laisser ceste vie.

THESEE

Je ne permettray pas que vous donniez la mort.

PHEDRE

Vous ne sçauriez qu'y faire avec tout vostre effort*.
» La mort jamais ne manque à ceux qui la desirent.[425]
Ses homicides arcs contre nous tousjours tirent.[426]

---

424 *A* Comme à moy, qui tant suis
425 *AC* desirent, [*A2* desirent :]
426 *Dans ABC, ce vers est guillemeté.*

THESEE

Quel mal digne de mort avez-vous doncque[427] fait ?

PHEDRE

De vivre si long temps, c'est mon plus grand forfait*.

THESEE

N'aurez-vous point pitié de ma douleur future ?

PHEDRE

Rompez vostre douleur dessous ma[428] sepulture.
» La mort est moins à craindre,[429] et donne moins [d'esmoy*
» Quand on laisse mourant quelque regret de soy.[430]

THESEE

Elle ne veut rien dire, il faut que ceste vieille,
Il faut que sa nourrice ou vueille, ou ne le vueille,
Me le dise en son lieu*. Sus* qu'on la serre au corps,
Et qu'à force de coups on luy sacque* dehors
Avec les fouetz sanglans, les secrets de sa Dame.
Qu'on ne la laisse point qu'elle n'ait rendu l'ame.

[f° 143 v°]

PHEDRE

Je vous conteray tout, laissez-la, demeurez.

THESEE

Que pleurez-vous ainsi ? qu'est-ce que vous pleurez,

---

427 *A* doncques
428 *A* la
429 *BC* » Puis la mort fasche moins,
430 *A vers 1703-1704 :* » La mort tourmente moins, quand entrant sous sa loy / » Lon espere laisser quelque regret de soy.

Ma mignonne ? et pourquoy ne me voulez-vous dire
La cause du tourment* que vostre cœur soupire* ?

PHEDRE

O Gouverneur du ciel, qui de ton thrône[431] saint
Vois au fond de nos cœurs ce qu'il y a de feint :
Et toy alme* Soleil, qui la voûte[432] azuree
Enlustres* au matin de ta lampe doree,
Et qui d'un œil veillant perces par le travers
Des nuax*[433] espoissis tout ce vague* univers :
Je vous invoque ô Dieux ! ô Dieux je vous appelle
Tesmoings de mon outrage*, et de ma mort cruelle !
Les prieres n'ont peu ma constance* esmouvoir*,
Le fer et la menace ont esté sans pouvoir,
Le corps a toutesfois enduré violence :
Mais de mon chaste sang j'en laveray l'offense*.

THESEE

Qui est le malheureux qui a souillé mon lict ?

PHEDRE

Un que ne croiriez pas commettre un tel delict.

THESEE

Qui est-ce ? dites tost* : Dieux immortels j'affole*
Que je ne l'ay desja ! Sus*, en une parolle,
Qui est-il ? d'où est-il ? où va-til le mechant ?[434]
Viste qu'on coure apres.

---

431 *BC* throne
432 *A* voulte [*A2* voûte]
433 *ABC* nuaux
434 *A* Qui est-il ? où est-il ? que fait-il le mechant ?

PHEDRE

Ce coutelas tranchant
Qu'il laissa de frayeur au bruit* du populaire*,
Le voyant vous fera connoistre l'adultere.[435]

THESEE

O terre[436] qu'est-ce cy ?[437] quel monstre Stygieux,
Quel Démon* infernal se decouvre à mes yeux ?
Cette garde doree, et sa riche pommelle*
Entamee* au burin d'une graveure belle,
Ont la marque ancienne, et les armes aussi
De nos premiers ayeulx qui regnerent icy.
Mais où s'est-il sauvé ?[438] [f° 144 r°]

PHEDRE

Vos gens* l'ont veu naguiere*
Courir palle d'effroy dessus cette poudriere*.

THESEE

O sacré geniteur* des hommes et des Dieux,
O Neptune adoré des flots audacieux,
D'où me vient ceste peste en mon lignage*, infame ?[439]
D'où me vient à ma race* une si mauditte ame ?
O ciel ! qui bruis souvent la menace, et jamais
Ne punis les meschans de foudres abysmés* :
O ciel, injuste ciel, qui pardonnes les crimes,
Et aux mechancetez, indulgent, nous animes*,[440]
Que te sert le tonnerre et ce devorant feu,

---

435 *A2 Vers 1733-1734 :* populaire/adultaire
436 *A* O terre !
437 *ABC* qu'est-cecy ?
438 *A2* sauvé !
439 *ABC* lignage infame ?
440 *A* animes !

Qui grondant si terrible execute si peu ?
Mais que te sert encor de perdre ta tempeste,
Comme tu fais, battant l'invulnerable teste
Des rochers insensez*[441] ? s'il advient quelque fois
Que tu lasches ta foudre apres ses longs abois*,[442]
Le front et le sourcy des montagnes tes buttes,
A tort sont outragez* de tes tempestes cheutes* :
Veu qu'ils[443] n'irritent point par mesfaits comme [nous,
Comme nous malheureux, le celeste courroux.
Devriez-vous,[444] Immortels, souffrir un malefice*
Si horrible* à vos yeux, sans en faire justice ?[445]
Ne devoit-il pas ardre* et tomber tout ardant*
Au plus creux des enfers, la terre se fendant ?
O Dieux lens à punir, vous n'advisez* qu'aux fautes
Qu'on fait entreprenant sur vos magestez hautes !
Tu vis monstreux* enfant, tu vis donque impuny,
Apres m'avoir, ton pere, en ma couche honny* ?
Tu vis, tu vis barbare, et la lampe celeste
Aussi claire qu'à moy reluist à ton inceste ?
Tu vis, tu vis barbare, et n'as point de souci
Des Dieux qui sont là haut, ny des hommes aussi ?
[f° 144 v°]
Les bestes des forests que tu cours*, sanguinaire,
Vivent plus chastement en leur brutal repaire.
Car bien qu'en leur poitrine il n'entre que fureur*,
Elles ont toutesfois un tel crime en horreur*,
Et sans loix et raison qui guident leur courage*,

441 *A2* incensez
442 *A* la foudre apres tes longs abois. [*A2* abois,]
443 *A* Car ils
444 *A* Debviez-vous,
445 *A* justice ! [*A2* justice ?]

Elles portent respect aux degrez du lignage*.
Mais toy serpent infect, sembles avoir tasché
D'assembler mal sur mal, peché dessur* peché,
Forfaict* dessur* forfaict*, ne pouvant ta luxure
Prendre contentement que d'une horrible* injure*.
Tu t'es fait en un coup coupable triplement,
D'adultere, d'inceste, et de violement*.
O Dieux ! vous monstrez bien que vous n'avez [plus cure*
De nous, ny de ce monde errant à l'avanture !
Si le soing* vous touchoit des affaires humains,
S'il vous challoit* de nous, ouvrage de vos mains,
Ce traistre[446] incestueux, ce violeur de femme,
Remply d'impieté, cest adultere infame
Ne vivroit à ceste heure, et n'iroit glorieux*
Si long temps sans trouver la vengence des Cieux.
Helas que[447] nostre vie est de fallaces* pleine !
Que de deguisemens en la poitrine humaine !
Que les hommes sont feints*, et que leurs doubles* [cœurs
Se voilent traistrement*[448] de visages mocqueurs !
Ce triste* forestier*, ce chasseur solitaire,
En geste, en contenance*, et en propos severe,
Retiré de plaisirs, fuyant oisiveté,
D'un visage rassis* sentant sa majesté,
D'un pudique regard, d'un sourci venerable,
A le cœur impudent, lascif, abominable*.[449]

---

446 *A* brave
447 *A* O Dieux, que
448 *A* traitrement
449 *A vers 1801-1802 :* D'un pudique regard, d'un sourcy de vieil homme, / Est lubrique, impudent, et l'amour le consomme.

Or* cour[450] où tu voudras, traverse vagabond, [fº 145 rº]
Les terres et les mers de ce grand monde rond :
Cour[451] delà le Sarmate, où le venteux Boree
Blanchist le chef* grison du froid Hyperboree :
Cour[452] jusqu'au Garamante, où les torches [d'enhaut
Font jaunir le sablon* estincelant de chaud :
Tu ne sçaurois fuir les vengeresses peines
De ton impieté, qui te suivront[453] soudaines :
Tu ne sçaurois fuir mes homicides trets,
Qui te viendront surprendre aux lieux les plus secrets.
Mes trets[454] sont inconneus,[455] ils sont inevitables,
Ils décochent* par tout, et blessent incurables :
Rien ne leur est couvert, esloigné, destourné*,
Et d'aucune distance ils n'ont leur coup borné.
Cour[456] doncque où tu voudras, tu ne sçaurois [tant faire[457]
Qu'evites de ton mal le merité[458] salaire.
Je te suivray par tout d'un cœur* plus animeux*
Que n'est pour ses petits le sanglier escumeux
Apres le caut* chasseur, qui d'une main accorte*
Les a prins* en son fort*, et larron* les emporte.[459]
Ne sçais-tu pas, chetif*, que Neptune le Roy

450 *A* cours [*A2* coûr]
451 *A* Cours [*A2* Coûr]
452 *A* Cours [*A2* Coûr]
453 *A* suyvent
454 *A* traits [*A2* trets]
455 *A* inconnus,
456 *A* Cours [*A2* Coûr]
457 *A Vers aligné.*
458 *A* funebre
459 *A* Les a pris [*A2* prins] en son fort, et brigand les emporte.

Des marinieres eaux soumises à sa loy,
M'a promis en jurant par les eaux Stygiennes,
M'octroyer* par trois fois, trois des demandes
[miennes ?
O grand Dieu marinier*, c'est ores* que je veux
Te presenter, dolent*, le dernier de mes vœux.
Fay mon cher geniteur*, fay que tout[460] à cette
[heure[461]
En quelque part que soit Hippolyte, il y meure :
Qu'il descende aux enfers, appaisant la rancœur
Qu'irrité contre luy, je porte dans le cœur.
Ne me refuse point, grand Dieu : car ma priere,
Bien qu'elle te semble estre (ainsi qu'elle est)
[meurtriere, [f° 145 v°]
Est juste toutefois[462], et de cerveau rassis*
Je te requiers[463] en don le meurtre de mon fils.
Je n'entreprendroy pas de te faire demande[464]
De ce troisiesme vœu, que pour chose bien grande :
Et si je ne sentoy mon esprit angoissé*
D'extremes passions* extremement pressé*.
Tu sçais qu'estant là bas aux pieds de Rhadamante,[465]
Prisonnier de Pluton sous la voûte[466] relante*,
J'ay tousjours espargné ce vœu, que langoureux*
Je despens* aujourd'huy[467] contre ce malheureux.
Souvienne toy, grand Dieu, de ta saincte promesse,
Trouble toute la mer, un seul vent ne relaisse

460 *AB* toute
461 *A Vers aligné.*
462 *ABC* toutesfois
463 *A* requier
464 *A Vers aligné.*
465 *BC Ce vers commence en retrait (nouvel alinéa).*
466 *A* voulte [*A2* voûte]
467 *A* aujourdhuy *AB2* aujourduy

Au creux* Eolien, mutine* avec les flots
Tes grans troupeaux monstreux* que la mer tient
[enclos.

NOURRICE

O maison* desolee* ! ô maison miserable !
O chetive* maison*, maison* abominable* !
O Phedre infortunee ! ô credule Thesé !
O trop chaste Hippolyte à grand tort accusé !
O moy sur tout cruelle, et digne d'une peine
La plus griefve*[468] qui soit en l'infernale plaine !
C'est par toy, ma Maistresse, et pour couvrir ton mal,
Que je tramé[469] sur luy ce crime* capital*.
Hé ! le pauvre jeune homme, il est par ma malice*
Comme le simple* agneau qu'on meine au sacrifice.
Face des immortels[470] la puissante bonté,[471]
Que pour ton faux* mesfaict faussement raconté,
Ton pere forcenant* d'une rage jalouse
Ne se souille en ton sang, trompé de son espouse.
Que c'est de nostre vie, helas[472] bons Dieux que
[c'est [f° 146 r°]
Des choses de ce monde, où n'y a point d'arrest* ![473]
N'aguieres* il n'estoit sur la masse terreuse*,[474]
Famille qui fust tant que cette-cy heureuse,
Et aujourd'huy[475] fortune*[476] habile en changement,

468 *AB* grefve
469 *A* Que j'ay tramé
470 *ABC* Immortels
471 *A Vers aligné.*
472 *A* helas !
473 *A2* arrest.
474 *A* Il n'estoit cy devant sur la masse terreuse,
475 *A* aujourdhuy [*AB2* aujourduy]
476 *ABC* Fortune

Culbutee à l'envers, l'accable en un moment.
Allez Rois, et pensez que l'instable Fortune*
Ne vous soit comme à nous une crainte commune :
Allez, et estimez que la felicité
De vos sceptres tant craints, dure en eternité :
Vous trebuchez* souvent d'une plus grand'ruine*,
D'autant que vostre main plus puissante domine.
» Les grands Rois de ce monde aupres du peuple bas,
» Sont comme les rochers, qui vont levant les bras
» Si hauts et si puissans[477] sur la planiere* terre :
» Mais qui souvent aussi sont battus du tonnerre.
Hà lugubre maison*, aujourd'huy[478] ta grandeur[479]
Tombe sous le tison d'une amoureuse ardeur* ![480]
Hà Royne desolee* ! auras-tu le courage
De voir faire à ton cœur*, à ton cher cœur* outrage* ?
De voir innocemment, et par ton faux* rapport
Ce chaste jouvenceau soupirer* à la mort ?
Et toy pauvre vieillotte, authrice* malheureuse
D'un esclandre* si grand pour ta Dame amoureuse,
Pourras-tu regarder le sainct thrône[481] des Dieux ![482]
Pourras-tu plus lever la face vers les Cieux,
Et tes sanglantes mains, coupables de l'outrage*
De ce jeune seigneur au plus beau de son âge ?
Il me semble desja, que les flambeaux ardans*
Des filles de la Nuict,[483] me bruslent au-dedans :[484]
Il me semble desja sentir mille tenailles,

477 *A* membrus
478 *A* aujourdhuy [*AB2* aujourduy]
479 *A* *Vers aligné.*
480 *A* ardeur.
481 *BC* throne
482 *AB* Dieux ?
483 *A2* nuict,
484 *AB* au-dedans :

Mille serpens retors* morceler* mes entrailles.[fº 146 vº]
Je porte*, ains* que je tombe en l'aveugle noirceur
Du rivage infernal, mon tourment* punisseur.
Sus* sus* descen, meurtriere, en l'Orque avecque[485]
[celles
Qui sont pour leurs mesfaicts en gesnes* eternelles.

CHŒUR

C'est aux Dieux, qui connoissent bien
Si nous faisons ou mal ou bien :
C'est aux Dieux, c'est aux Dieux celestes,
Quand on commet quelques mesfaits,
De sçavoir ceux qui les ont faits,
Et de les rendre manifestes.

Leurs yeux percent par le travers
De ce lourd-terrestre univers,
Et jusque au[486] fond de nos poitrines
Descouvrent du plus haut des Cieux,
Le dessein artificieux*
De nos entreprises malignes*.[487]

Pourquoy donques, Porte-trident,
Ne rens-tu ce crime evident ?[488]
Es-tu seul des Dieux qui ne sçaches
Ce qu'au dedans les hommes font,
Ignorant que trompeurs ils ont
Au cœur maintes secrettes caches* ?

---

485 *A* avecques
486 *A* jusqu'au [*A2* jusque au]
487 *AB* malines.
488 *B* evident :

Courrouce toy contre celuy
Qui est cause de tout l'ennuy* :
Poursuy-le seul, et ne te laisse
Surmonter*, ô juste Neptun,
Au cry de ton fils importun,
Qui te somme de ta promesse.

» La promesse obliger* ne doit, [f° 147 r°]
» Quand elle est faite contre droit :
» Et celuy n'offense*, parjure,
» Qui refuse le don promis,
» Où il s'est librement soubmis,[489]
» Si c'est de commettre une injure*.

» C'est se decevoir* seulement
» Que promettre, et fust-ce en serment,
» Quand on engage[490] sa parolle
» D'autre chose qu'on ne cuidoit* :
» Si c'est promesse, elle se doit
» Appeller promesse frivole.

Qui seroit de si folle erreur,
Que lors qu'une ardente* fureur*
Son ami forcené* maistrise*,
De luy bailler* s'evertûroit*
Une dague*, qui le tûroit,
Sous couleur de l'avoir promise ?

Ores*, Neptune, que Thesé
Brusle de trop[491] d'ire* attisé,

489 *A* Bien qu'il s'y soit libre soubmis,
490 *A* engaige
491 *D* Brusle trop *(coquille)*

D'escouter sa voix ne t'avance*,
De peur qu'à son meurtrier dessein,
Trop prompt, ne luy verses au sein
Une eternelle repentance.

» L'ire* desloge la raison
» De nostre cerveau sa maison :
» Puis y bruit l'ayant delogee,
» Comme un feu dans un chaume espars*,
» Ou un regiment de soudars*
» En une ville saccagee.

» Tout ce qui se voit de serpens
» Aux deserts d'Afrique rampans[492], [f° 147 v°]
» Des monstres le fameux* repaire :
» Tout ce qu'aux Hyrcaniques mons
» Loge de Tigres vagabons,
» N'est tant à craindre qu'un colere :

» Qu'un colere, qui maintefois
» A tant faict lamenter de Rois,
» Despouillez de sceptre et d'Empire :
» Qui de tant de braves* Citez
» A les murs par terre jettez,
» Et tant faict de Palais destruire.

492 *A* rompans *(coquille)* [*A2* rampans]

ACTE V

MESSAGER. THESEE

MESSAGER

O la triste adventure ! ô le malheureux sort !
O desastre* ! ô mechef* ! ô deplorable mort !

THESEE

Il parle d'Hippolyte. O Dieu je te rens[493] grace,
Je voy bien que ma voix a eu de l'efficace.

MESSAGER

Las ! ne m'avoit assez malheuré* le destin,
D'avoir veu de mes yeux si pitoyable fin,
Sans qu'il me faille encore (ô Fortune cruelle !)
Sans qu'il me faille encore en porter la nouvelle ?

THESEE

Ne crain point, Messager, je veux[494] sçavoir comment
Ce mal est advenu, conte-le hardiment.

MESSAGER

Le parler me defaut*, et quand je m'y essaye
Ma langue lors muette en ma bouche begaye.

THESEE

Pren courage, et me dy sans ton ame troubler,[495]
Quel desastre* nouveau vient mon mal redoubler.

493 *A2* rend *B* rends
494 *A2* veu
495 *A* sans ainsi te troubler,

MESSAGER [f° 148 r°]

Hippolyte (ô regret !) vient de perdre la vie.

THESEE

J'estoy bien asseuré qu'ell'luy seroit ravie,
Comme il m'avoit ravy ma femme, ses amours.
Mais nonobstant fay moy de sa mort le discours.

MESSAGER

Si tost qu'il fut sorti de la ville fort blesme,
Et qu'il eut attelez ses limonniers* luy-mesme,
Il monte dans le char, et de la droitte main
Leve le fouet sonnant, et de l'autre le frein.[496]
Les chevaux sonne-pieds d'une course esgalee
Vont gallopant[497] au bord de la plaine salee :
La poussiere s'esleve, et le char balancé
Volle dessus l'essieu comme un trait eslancé.
Il se tourne trois fois vers la Cité fuyante,[498]
Detestant* coleré* sa luxure mechante*,
Sa fraude* et trahison, jurant ciel, terre et mer
Estre innocent du mal dont on le vient blâmer.
Il vous nomme souvent, priant les Dieux celestes,[499]
Que les torts qu'on luy fait deviennent manifestes,
Et que la verité vous soit cogneuë, à fin
Que vous donniez le blasme au coupable à la fin :
Quand voicy que la mer soudainement enflee,
Sans se voir d'aucun vent comme autrefois soufflee,
Mais calme et sommeilleuse*, et sans qu'un seul [flot d'eau

---

496 *B* frein,
497 *B* gallopans
498 *A* *Vers aligné.*
499 *B* *Ce vers commence en retrait (nouvel alinéa).*

Se pourmenant* mutin*, luy fist rider la peau :
Se hausse jusqu'au[500] ciel, se dresse montagneuse,
Tirant tousjours plus grosse à la rive areneuse*.
Jamais le froid Boree armé contre le Nort,
Et le Nort contre luy, ne l'enflerent si fort,
Bien qu'ils la troublent toute, et que de la grand'rage
Qu'ils la vont boursoufflant*, tremble tout le rivage,
Que Leucate en gemisse, et que les rocs esmeus*
Blanchissent tempestez* d'orages escumeux.

[f° 148 v°]

Cette grand'charge d'eau seulement n'espouvante
Les vaisseaux mariniers*, mais la terre pesante :
Elle s'en vient roulant à grands bonds vers le bord,
Qui fremist de frayeur d'un si vagueux abord :
Nous restons esperdus, redoutant la venuë
Et la moitte*[501] fureur* de ceste ondeuse nuë,
Quand nous voyons paroistre ainsi qu'un grand [rocher
Qui se va sourcilleux* dans les astres cacher,
La teste avec le col* d'un monstre si horrible*,
Que pour sa seule horreur* il seroit incredible*.
Il nage[502] à grand'secousse, et la vague qu'il fend
Bouillonnant dans le ciel, comme foudre descend :
L'eau se creuse au dessous en une large fosse,
Et de flots recourbez* tout alentour[503] se bosse :
Elle boust, elle escume, et suit en mugissant
Ce monstre[504], qui se va sur le bord eslançant.

---

500 *A2BC* jusque au
501 *A2* mouëtte
502 *ABC* marche
503 *ABC* à l'entour
504 *AB* Monstre

THESEE

Quelle figure avoit ce monstre[505] si enorme* ?

MESSAGER

Il avoit d'un Taureau la redoutable forme,[506]
De couleur azuré, son col* estoit couvert
Jusques au bas du front d'une hure à poil vert :
Son oreille estoit droitte, et ses deux cornes dures
Longues se bigarroyent de diverses peintures :
Ses yeux estinceloyent, le feu de ses naseaux
Sortoit en respirant comme de deux fourneaux :
Son estomac* espois luy herissoit de mousse,
Il avoit aux costez une grand'tache rousse :
Depuis son large col* qu'il eslevoit crineux*,
Il monstroit[507] tout le dos doublement espineux.
Il avoit au derriere une monstreuse* taille,
Qui s'armoit jusqu'au bas,[508] d'une pierreuse escaille.
Le rivage trembla, les rochers qui n'ont peur
[f° 149 r°]
Du feu de Jupiter, en fremirent au cœur :
Les troupeaux espandus* laisserent les campagnes,
Le berger pallissant s'enfuit dans les montagnes,
Le chasseur effroyé quitta cordes et rets,
Et courut se tapir dans le sein des forests
Sans doute* des sangliers ny des Ours, car la crainte
Du monstre, a[509] dans leur cœur toute autre peur [esteinte.
Seul demeure Hippolyte, à qui la peur n'estreint

505 *AB* Monstre
506 *A* forme.
507 *A* montroit
508 *ABC* jusque au bas
509 *AB* monstre a

L'estomac* de froideur, et le front ne desteint.[510]
Il tient haute la face, et grave d'asseurance,[511]
De mon pere, dist-il, c'est l'heur* et la vaillance[512]
D'affronter les Taureaux, je veux en l'imitant
Aller à coup de main cettuy-cy combatant.
Il empoigne un espieu (car pour lors d'avanture*[513]
Le bon Heros n'estoit equippé d'autre armure)
Et le veut aborder,[514] mais ses chevaux craintifs
S'acculant* en arriere, et retournant retifs
Son char malgré sa force et adroitte conduitte,
Tout pantelans*[515] d'effroy se jetterent[516] en fuitte.
Ce Taureau furieux* court apres plus leger
Qu'un tourbillon de vent, quand il vient saccager
L'espoir du laboureur, que les espis il veautre*
Pesle-mesle couchez dans le champ l'un sur l'autre.
Il les suit, les devance, et dans un chemin creux
Fermé de grands rochers se retourne contre eux,[517]
Fait sonner son escaille, et roüant* en la teste
Ses grands yeux enflambez*, annonce la tempeste.
Comme quand en Esté le ciel se courrouçant
Noircist, esclaire*, bruit, les hommes menaçant,
Le pauvre vigneron presagist* par tels signes,
S'outrageant* l'estomac*, le malheur de ses vignes.
[f° 149 v°]
Aussi tost vient la gresle ainsi que dragcons* blancs

---

510 *A vers 2049-2050 :* Seul demeure Hippolyte, à qui l'ignoble peur / Ne perse la poitrine, et ne glace le cœur.
511 *AB Ce vers commence en retrait (nouvel alinéa).*
512 *AB Vers aligné.*
513 *A Vers aligné.*
514 *A* Et va pour l'aborder :
515 *A* pentelant *BC* pantelants
516 *ABC* s'eslancerent
517 *A2* eux. [*A* eux :]

Batre le sainct Bacchus à la teste et aux flancs :
Le martelle de coups, et boutonne* la terre
De ses petits raisins enviez du tonnerre.
Ainsi faisoit ce monstre, apprestant contre nous[518]
En son cœur enfielé la rage et le courrous.
Il s'irrite soymesme, et de sa queuë entorce*
Se battant les costez, se colere* par force.[519]
Comme un jeune Taureau, qui bien loing dans un val
Voit jaloux sa Genice avecque[520] son rival
Errer* parmy la plaine, incontinant* il beugle[521]
Forcenant* contre luy d'une fureur* aveugle.
Mais premier* que le joindre* il s'essaye au combat,
Luitte* contre le vent, se fasche, se debat,
Pousse du pied l'arene*, et dedans une souche
Ses cornes enfonçant, luy mesme[522] s'écarmouche*.
Lors le preux Hippolyt[523], qui avecques le fouët,
Avecques la parolle et les resnes avoit
Retenu ses chevaux, comme un sçavant Pilote
Retient contre le vent son navire qui flotte :
Ne sçauroit plus qu'y faire, il n'y a si bon frain,
Bride, resne, ny voix, qui modere leur train*.
La frayeur les maistrise*, et quoy qu'il s'évertue*,
Il ne leur peut oster cette crainte testue :
Ils se dressent à mont*, et de trop grand effort*
L'escume avec le sang de la bouche leur sort.
Ils soufflent des naseaux, et n'ont aucune veine,
Nerf ny muscle sur eux qui ne tende* de peine.

518 *A Vers aligné.*
519 *A* force,
520 *A* avecques
521 *A* bugle
522 *A* luymesme
523 *A* Hippolyte *(erreur de métrique : une syllabe de trop)*

Comme à les arrester[524] il se travaille* ainsi,[525]
Et qu'eux à reculer[526] se travaillent* aussi,
Voicy venir le monstre[527], et à l'heure* et à l'heure*
[f° 150 r°][528]
Les chevaux esperdus* rompent toute demeure* :
S'eslancent de travers, grimpent au roc[529] pierreux,
Pensant tousjours l'avoir en fuitte derriere eux.
Hippolyte au contraire essaye à toute force
D'arrester leur carriere*, et en vain s'y efforce* :
Il se penche la teste, et à force de reins,
Tire vers luy la bride avecques les deux mains,
La face luy degoute, eux que la crainte presse
Au lieu de s'arrester, redoublent leur vistesse,[530]
Il est contraint de cheoir*[531], et de malheur advient
Qu'une longue laniere en tombant le retient,
Il demeure empestré, le neud tousjours se serre,
Et les chevaux ardans* le trainent contre terre
A travers[532] les halliers et les buissons touffus,
Qui le vont deschirant avec leurs doigts griffus :
La teste luy bondist* et ressaute sanglante,
De ses membres saigneux la terre est rougissante,[533]
Comme on voit un limas* qui rampe advantureux
Le long d'un sep tortu* laisser un trac* glaireux*.

---

524 *ABC* Pendant qu'à les chasser
525 *A Vers aligné.*
526 *ABC* à ne bouger
527 *AB* Monstre
528 *Les deux pages de ce folio manquent dans l'exemplaire de l'édition D conservé à la Sorbonne sous la cote [Rra 472].*
529 *A* aux rocs
530 *ABC* N'arrestant pour cela [*B* cela,] redoublent leur vistesse, [*A* vitesse : *C* vistesse.]
531 *ABC* choir
532 *A2* Atravers
533 *A* rougissante.

Son estomac* ouvert d'un tronc pointu, se vuide*[534]
De ses boyaux* trainez sous le char homicide :
Sa belle ame le laisse, et va conter là bas,
Passant le fleuve noir, son angoisseux* trespas.
De ses yeux etherez* la luisante prunelle
Morte se va couvrant d'une nuit eternelle.
Nous que la peur avoit dés le commencement
Separez loing de luy, accourons vistement
Où le sang nous guidoit d'une vermeille trace,
Et là nous arrivons à l'heure qu'il trespasse.
Car les liens de cuir, qui le serroyent si fort,
Rompirent d'advanture* usez de trop d'effort*,

[f° 150 v°]

Et le laisserent prest de terminer sa peine,
Qu'il retenoit encore avec un peu d'haleine.
Ses chiens autour de luy piteusement* hurlans
Se monstroyent du malheur de leur maistre dolens* :
Nous qui l'avons servi, nous jettons contre terre,
Nous deschirons la face, et chacun d'une pierre
Nous plombons* la poitrine, et de cris esclatans,
Palles et deformez*, l'allons tous lamentans*.
Les uns luy vont baisant les jambes desja roides,
Les autres l'estomac*, les autres ses mains froides :
Nous luy disons adieu, maudissant[535] le destin,
Le char, les limonniers*, et le monstre marin,
Causes de son malheur : puis dessur* nos espaules
L'apportons veuf de vie estendu sur des gaules*.[536]
Or* je me suis hasté pour vous venir conter
Ce piteux* accident*, qu'il vous convient domter*.

---

534 *A2* vide

535 *A* maudissans [*A2* maudissant]

536 *A vers 2147-2148 :* Causes de son malheur : puis mis sur quatre gaules / L'apportons veuf de vie aveques les espaules.

THESEE

J'ay pitié de son mal, bien qu'un cruel supplice
Ne soit digne vengence à si grand malefice*.

MESSAGER

Si vous avez voulu qu'il mourust, et* pourquoy
De sa mort poursuivie* avez-vous de l'esmoy* ?

THESEE

Je ne suis pas dolent* qu'il ait perdu la vie,
Mais seulement dequoy[537] je la luy ay ravie.

MESSAGER

Dequoy sert vostre dueil* ? soit bien fait, ou mal fait,
Il ne peut desormais qu'il ne demeure fait.[538]
Prenez donc patience*, et faites qu'on luy dresse
La pompe d'un tombeau digne de sa noblesse.[539]

PHEDRE. THESEE

PHEDRE [f° 151 r°][540]

O malheureuse Royne entre celles qui sont
Regorgeant de malheurs par tout ce monde rond !
O mechante homicide ! ô detestable* femme !
O cruelle ! ô traistresse ![541] ô adultere infame !

---

537 *A2* de quoy

538 *A vers 2157-2158 :* Vos pleurs n'y servent rien, ce que vous avez faict / Ne peut estre autrement qu'il ne demeure faict.

539 *AC* prouësse. *AB2* proësse.

540 *Les deux pages de ce folio manquent dans l'exemplaire de l'édition D conservé à la Sorbonne sous la cote [Rra 472]*

541 *A* traitresse !

THESEE

Quelle nouvelle rage entre en vous maintenant ?
Pour quel nouveau desastre* allez-vous forcenant* ?
Dites, ma douce Amie, avez-vous receu ores*
Quelque nouvel ennuy*, que je poursuive* encores ?

PHEDRE

O credule Thesee, et par mon faux* rapport
Faict coupable du sang de ce pauvre homme mort !
Apprenez de ne croire aux plaintes sanguinaires,
Que vous font mechamment vos femmes adulteres.[542]
Hippolyte Hippolyte, helas ! je romps[543] le cours,[544]
Par une ardante* amour, de vos pudiques jours.
Pardonnez-moy, ma vie, et sous la sepulture
N'enfermez indigné cette[545] implacable* injure* :
Je suis vostre homicide, Hippolyte, je suis
Celle qui[546] vous enferme aux infernales nuits :
Mais de mon sang lascif je vay purger l'offense
Que j'ay commise à tort contre vostre innocence.
O Terre ! créve toy, créve toy, fends[547] ton sein,
Et m'englouti cruelle en un gouffre inhumain.
Et toy porte-trident[548] Neptune Roy des ondes,
Que n'as-tu dechaisné tes troupes vagabondes
Contre mon traistre[549] chef*, plustost que par un vœu
Faict d'un homme credule, occire* ton nepveu ?
Je suis seule coupable, et suis la malheureuse

542 *A2 Vers 2171-2172 :* sanguinaires/adultaires.
543 *A* romp
544 *A Vers aligné.*
545 *A* cet
546 *A2* Celle, qui
547 *A* fend
548 *A* Porte-trident
549 *A2* traitre

Qui t'ay faict despouiller* cette ame vertueuse.
Que pleust aux justes Dieux, que jamais du Soleil
Naissant je n'eusse veu le visage vermeil !
Ou si je l'eusse veu, qu'une rousse Lionne [f° 151 v°]
M'eust petite engloutie en sa gorge felonne*,
A fin que devoree en cet âge innocent
Je ne fusse aujourd'huy[550] ce beau corps
[meurtrissant* ![551]
O moy pire cent fois que ce Monstre mon frere,
Ce monstre Homme-toreau deshonneur de ma mere !
Thesé s'en peut* garder, mais de mon cœur malin*
Vous n'avez, Hippolyte, evité le venin.
Les bestes des forests, tant fussent-elles fieres*,
Les Sangliers, les Lions, les Ourses montagneres[552]
N'ont peu vous offenser*, et moy d'un parler feint
Irritant vostre pere, ay vostre jour* esteint.
Las ! où est ce beau front ?[553] où est ce beau visage,
Ces beaux yeux martyrans*, nostre commun
[dommage* ?[554]
Où est ce teint d'albastre, où est ce brave* port,[555]
Helas helas ! où sont ces beautez, nostre mort ?[556]
Ce n'est plus vous, mon cœur, ce n'est plus
[Hippolyte :
Las ! avecques sa vie est sa beauté destruite.
Or* recevez mes pleurs, et n'allez reboutant*
La chaste affection* de mon cœur repentant :

---

550 *AB* aujourdhuy *A2* aujourduy
551 *A* meurtrissant.
552 *A2* montagnieres
553 *AB* front,
554 *A2* dommage.
555 *A* port ? [*A2* port,]
556 *A2* mort.

Recevez mes soupirs, et souffrez que je touche
De ce dernier baiser à vostre tendre bouche.
Belle ame,[557] si encor vous habitez ce corps,[558]
Et que tout sentiment n'ayez tiré dehors,
S'il y demeure encor de vous quelque partie,
Si vous n'estes encor de luy toute partie,
Je vous prie, ombre[559] sainte, avec genous pliez,
Les bras croisez sur vous, mes fautes oubliez.
Je n'ay point de regret de ce que je trespasse,
Mais dequoy trespassant je n'ay pas vostre grace* :
La mort m'est agreable, et me plaist de mourir.
Las ! et que puis-je moins qu'ore* à la mort
[courir[560] [fº 152 rº][561]
Ayant perdu ma vie, et l'ayant, malheureuse,
Perdue par ma faute en ardeur* amoureuse ?
Le destin envieux et cruel n'a permis
Que nous puissions vivans nous embrasser* amis :
Las ! qu'il permette aumoins[562] que de nos ames
[vuides*[563]
Nos corps se puissent joindre* aux sepulchres
[humides.
Ne me refusez point, Hippolyte, je veux[564]
Amortir*[565] de mon sang mes impudiques feux.
Mes propos ne sont plus d'amoureuse destresse,
Je n'ay rien de lascif qui vostre ame reblesse* :

---

557 *AB* Ame
558 *A2 vers aligné.*
559 *A* Ombre [*A2* ombre]
560 *A Vers aligné.*
561 *foliotation non indiquée dans D.*
562 *A* au moins
563 *A2* vides
564 *A Vers aligné.*
565 *A* Esteindre

Oyez*-moy hardiment, je veux[566] vous requerir*
Pardon de mon mesfait, devant* que de mourir.
O la plus belle vie, et plus noble de celles
Qui pendent aux fuseaux des fatales Pucelles !
O digne, non de vivre en ce rond* vicieux,
Mais au ciel nouvel astre entre les demy-Dieux !
Las vous estes esteinte, ô belle et chere vie,
Et plustost qu'il ne faut vous nous estes ravie !
Comme une belle fleur, qui ne faisant encor
Qu'entr'ouvrir[567] à demy son odoreux* thresor,
Atteinte d'une gresle à bas tombe fanie*
Devant que d'estaller sa richesse espanie*.
Or* sus* flambante espee, or* sus* appreste toy,
Fidelle à ton seigneur, de te venger de moy :
Plonge toy, trempe-toy jusques à la pommelle*
Dans mon sang, le repas de mon ame bourrelle*.
Mon cœur, que trembles-tu ? quelle soudaine [horreur*,
Quelle horreur* frissonnant allentist* ta fureur* ?
Quelle affreuse Megere à mes yeux se presente ?
Quels serpens encordez*, quelle torche flambante ?
Quelle rive escumeuse, et quel fleuve grondant,
[f° 152 v°]
Quelle rouge fournaise horriblement* ardant* ?
Hà ce sont les Enfers, ce les sont, ils m'attendent,
Et pour me recevoir leurs cavernes ils fendent.
Adieu[568] Soleil luisant, Soleil luisant adieu,[569]
Adieu[570] triste Thesee, adieu funebre lieu :

566 *A* veu
567 *A* entrouvrir
568 *A* A dieu [*A2* Adieu]
569 *A2 vers non aligné.*
570 *A* A dieu [*A2* Adieu]

Il est temps de mourir, sus* que mon sang ondoye
Sur ce corps trespassé, courant d'une grand'playe.

CHŒUR

Faisons,[571] ô mes compagnes,
Retentir les montagnes,
Et les rochers secrets,
De nos regrets.

Que la mer, qui arrive
Vagueuse à nostre rive,
Face rider les flots
De nos sanglots.

Que les larmes roulantes
De nos faces dolentes*,
Des sablonneux ruisseaux
Enflent les eaux.

Et toy Soleil, lumiere
Du monde journaliere*,
Cache ton œil honteux
D'un ciel nuiteux*.

Nos fortunes funebres
Se plaisent aux tenebres,
Commodes* sont les nuits
A nos ennuis*.

Dequoy plus nostre vie
Sçauroit avoir envie [f° 153 r°]

571 *A2* Faison,

En ce funeste dueil*,
Que du cercueil ?

Ville Mopsopienne,
Ta grandeur ancienne
Sent du sort inhumain
La dure main.

Jupiter nostre pere
Jamais de main severe
Ne combla tant Cité
D'adversité.

Or* ces corps, dont la Parque
L'ame et la vie embarque,
Honorons[572] de nos pleurs
Au lieu de fleurs.

Les pleurs doivent sans cesse,
Tombant en pluye espesse,
Témoigner la langueur*
De nostre cœur.

Plombons*[573] nostre poitrine
D'une dextre* mutine*,
Et nous faisons[574] de coups
L'estomac* roux.

Que sçaurions-nous mieux faire,
Voyant le ciel contraire

572 *A2* Honoron
573 *A2* Plombon
574 *A2* faison

Ruer* tant de mechef*
Sur nostre chef* ?

THESEE

O Ciel ! ô Terre mere ! ô profonde caverne[575]
Des Démons ensoulfrez*[576], inevitable Averne !
O Rages ![577] ô Fureurs ! ô Dires, les esbats* [f° 153 v°]
Des coupables esprits, qui devalent* là bas !
Erebe, Phlegethon, et toy pleureux Cocyte,
Qui te traines errant* d'une bourbeuse suite.
Vous Serpens, vous Dragons, vous Pestes*, et vous
[tous
Implacables bourreaux de l'infernal courroux,
Navrez*, battez, bruslez mon ame criminelle,
De fer, de foüets sonnans, et de flamme eternelle.
J'ay mechant parricide*, aveuglé de fureur*,
Faict un mal, dont l'enfer auroit mesmes horreur*.
J'ay meurtry* mon enfant, mon cher enfant (ô
[blasme !)
Pour n'avoir pleu*, trop chaste, à ma mechante
[femme ![578]
O pere miserable ! ô pere malheureux !
O pere infortuné, chetif* et langoureux* !
Hé hé ! que fay-je au monde ? et que sous moy la
[terre
Ne se fend, et tout vif en ses flancs ne m'enserre ?
Peut bien le ciel encore, et ses hostes les Dieux,
Me souffrir regarder le Soleil radieux ?

575 *A Ce vers commence en retrait (nouvel alinéa).*
576 *A* ensouffrez
577 *A2* Raiges !
578 *A* femme.

Peut bien le Dieu tonnant, le grand Dieu qui nous
[lance
La foudre et les esclairs, me laisser sans vengence ?
Las ! que ne suis-je encore, où j'estois, aux
[enfers,[579]
Enfermé pieds et mains d'insupportables fers ?
Et pourquoy de Pluton m'as-tu recous*,[580] Alcide,
Pour rentrer plus coupable, au creux* Acherontide ?
Eac'ne te tourmente*, encores que je sois
Eschapé de ta geole, où vif je languissois*,
Je porte* mon martyre : et pour changer de place
Je n'ay changé mon dueil*, qui me suit à la trace.
Je suis comblé* d'angoisse*, et croy que tout le mal
Des esprits condamnez n'est pas au mien egal.
Puis je vay redescendre, attrainant* dans l'abysme*
Ma femme et mon enfant, devalez* par mon crime :
[f° 154 r°]
Je meine* ma maison*, que j'estois[581] tout exprés
Venu precipiter, pour trebucher* aprés.
Sus*, que tardes-tu donc ? une crainte couarde*
Te rend elle plus mol que ta femme paillarde* ?
Craindras-tu de t'ouvrir d'une dague* le flanc ?
Craindras-tu de vomir une mare de sang,
Où tu laves ta coulpe*, et l'obseque tu payes
Au[582] corps froid d'Hippolyte, et rechauffes ses
[playes ?
Non, tu ne dois mourir : non non tu ne dois pas
Expier ton forfait* par un simple trespas.
Mais si, tu dois mourir, à fin que tu endures

579 *A Vers aligné.*
580 *A* recours*,
581 *AB* j'estoy
582 *ABC* Du

Plustost sous les Enfers[583] tes miseres futures.
Non, tu ne dois mourir : car peut estre estant mort,
Ton beau pere Minos excuseroit ton tort,
Et sans peine et destresse irois de ton offence*
Boire en l'oublieux* fleuve une longue oubliance*.
Il vaut donc mieux survivre, il me vaut donques
[mieux
Que je vive en langueur* tant que voudront les
[Dieux.
Il vaut mieux que je vive, et repentant je pleure,
Je sanglotte et gemisse, et puis en fin je meure.
En quel roc caverneux, en quel antre* escarté
(Que ne dore jamais la celeste clarté[584])
Porteray*-je ma peine ? en quel desert sauvage
Useray-je l'ennuy* de mon sanglant veuvage ?
Je veux choisir un lieu commode* à mon tourment*,
Où le mortel* Hibou lamente* incessamment :
Où n'arrive personne, où tousjours l'hiver dure,
Où jamais le Printemps ne seme sa verdure :
Que tout y soit funebre, horrible* et furieux*,
Et que tousjours mon mal se presente à mes yeux.
Là pour sur moy venger, et sur le bleu Neptune,[585]
[f° 154 v°]
Mon fils par nous meurtry* d'une faute commune :
Diane, puisses-tu faire sortir dehors
De tes bois un Lion, qui derompe* mon corps,
Et mes membres moulus cuise dans ses entrailles,
Indignes d'autre tombe, et d'autres funerailles.
Or* adieu mon enfant, que bien tost puisses-tu

583 *AB* enfers
584 *A* clairté [*A2* clarté]
585 *A Ce vers commence en retrait (nouvel alinéa).*

Voir les champs Elysez, loyer* de ta vertu.
Que puisses-tu bien tost dedans l'onde oublieuse*
Ensevelir mon crime, et ta mort outrageuse*.
Adieu mon fils adieu, je m'en vay langoureux*
Consommer* quelque part mon âge* malheureux.

FIN DE LA TRAGEDIE D'HIPPOLYTE[586]

586 *Dans A, figure à la suite de la pièce un poème de Garnier, intitulé* Elegie à Nicolas de Ronsard, que nous donnons ci-après, à la suite de l'*Argument des actes.*

TEXTES RETRANCHÉS

Texte figurant dans les quatre premières éditions entre le « suget de ceste tragedie » et la liste des personnages (nous donnons le texte de *A* en signalant entre parenthèses les variantes de *B* et de *C*).

ARGUMENT DES ACTES

Au premier Acte est introduit en forme de prologue, l'Ombre d'Egee, lequel au retour de son fils du voyage de Crete, où il le pensoit avoir esté devoré du monstre Mi-taureau se precipita dedans la mer, qui à ceste cause fut appelee Egeane de son nom. Il predit les calamitez qui adviendront à son fils et à sa maison*. Hippolyte parle puis apres, qui raconte un sien songe, dont il est [*BC* se sent] espouvanté. Au second, Phedre se plaint de son tourment*. Sa Nourrice s'efforce de luy arracher ceste folle fantasie* de l'esprit : mais voyant qu'elle deliberoit* mourir pour guarir de ce [*BC* guarir ce] mal, change d'advis, et preferant sa vie à l'honneur, luy conseille de passer outre à ses desseins amoureux. Au troisiesme [*C* troisieme], la Nourrice aborde Hippolyte, et tasche de le divertir* de sa maniere de vivre, comme trop laborieuse et sauvage, et luy conseille de s'ébatre aux douceurs de l'amour. Hippolyte luy contredit, blasmant l'oysiveté et mollesse effeminee des villes : ce qu'elle voyant, le fait arraisonner* par Phedre mesme, qui aprés plusieurs involutions* et ambiguitez de propos se decouvre pleinement à luy, le priant d'avoir compassion de son ardeur*. Il deteste* une si monstreuse* affection*, puis la laisse, bien coleré*. Elle adonc s'advise* avec sa Nourrice, de l'accuser de l'avoir prise par force : appelle au secours les Citoyens, et leur en fait une faulse plainte. Au quatriesme, Thesee retourne des Enfers, qui oyant* ce tumulte* en sa maison* importune la Nourrice, puis sa femme, de luy en declarer* la cause : qui aprés plusieurs refus, comme contrainte, charge Hippolyte de luy avoir ravy son honneur. Dequoy luy extremement enflambé*, prie Neptune, qu'en luy gardant sa promesse (qui estoit de luy octroyer* l'effect de trois telles demandes qu'il luy voudroit faire) il face mourir son fils. La Nourrice se tue de regret. Au cinquieme et dernier, un des serviteurs d'Hippolyte raconte sa mort, pour laquelle Phedre depassionnément* attristee, par le remord de sa faute, se donne de l'espee dans le corps et meurt. Thesee fait de grands regrets sur le corps mort d'Hippolyte, et finist la Catastrophe*.

ELEGIE,
A NIC. DE RONSARD,
sieur de Roches, du Vivier, etc.[1]

DE ROCHES *mon amy, le Dieu porte-sagettes**,
Le petit Cyprinet se reloge dans moy :
Je ressen outragé dans mes veines secrettes,*
Plus aspre que jamais, mon amoureus émoy.

Une dame trop belle esprouvant la puissance
De ses yeux deceveurs, a pris ma liberté :
Elle me tient captif la cruelle, et ne pense
Que j'endure du mal en ma captivité.

DE ROCHES *que feray-je ? une fois j'ay envie*
De tousjours demeurer en la geolle où je suis :
Mon servage me plaist, et me plaisant, ma vie
Ne laisse pour tel bien de se combler d'ennuis.*

Ce fut un soir, alors que la charrette claire
Du Soleil redevale aux ondes d'Occident,*
Que je vey (de malheur) cette belle adversaire,
Qui me blessa dés l'heure en la trop regardant.

Ce n'estoit chose humaine, il sembloit de l'estoile,
Qui perce bien matin la noirceur qui la fuit :
Telle paroist l'Aurore, alors qu'elle devoile
Le ciel encourtiné d'une dormeuse nuit.*

1 Cette élégie ne figure que dans les éditions *A* et *A2* (1573).

Si tost que je l'eu veüe, aussi tost une flame
Descendüe en mes os, me pourcourut soudain,
Comme un air pestilent nous pourcourt, et entame
Le cœur mesme, aussi tost qu'il nous devalle au sein :*

Ou comme une étincelle en un caque de poudre,*
Ouvrage de Vulcan, n'a si tost allumé
Deux ou trois petits grains, que bruyant comme un foudre
Le feu a tout d'un coup le monceau consommé.*

Je me senty brusler, mais non pas du tout comme
Le feu brusle une poudre, aussi tost qu'il l'atteint :
Car le feu que je sen, peu à peu me consomme,*
Sans éteindre ma vie, et sans qu'il soit éteint.

Ja la Lune refait son douzieme voyage
Là haut dedans les cieux, et le flambant Soleil
Sur l'un et l'autre pole a baissé le visage,
Depuis que m'a la Belle ulceré de son œil.*

Et toutefois je suis, comme j'estois à l'heure,
Embrasé de ses yeux, sans que le feu mordant,
Hoste de mes roignons, diminue ou se meure,*
Qu'au contraire il devient de plus en plus ardant.*

Quelquefois, quand le sang de ma neufve jeunesse
Commença de bouillir plus que l'accoustumé,
Amour me fist servir une belle maistresse,
Dont j'eu le cœur en vain longuement allumé.

Je souspiray pour elle, et renflay de mes larmes
Tes roides flots, Garomne, à qui j'alloy, dolant,*
Pour tromper ma douleur, chanter maints tristes carmes,*
Me plaignant, écarté, de mon mal violant.

Quantefois au pendant d'une roche cavee*,*
Quantefois dans un antre, helas ! et quantefois*
Dans un val secretaire, ay-je l'herbe lavee,*
Et de mes durs regrets fait retentir les bois ?

Rien ne sonnoit qu'Agnette (Agnette estoit à l'heure
Le nom de ma maistresse) et les vers qu'Apollon
M'inspiroit agité de sa fureur meilleure,
Espandus dans le ciel, ne chantoyent que ce nom.

En fin voyant ma vie, à son regret, donnee
Par son rigoureux pere au pouvoir d'un mary,
Je laissay ma liesse au jaloux Hymenee,
Et triste abandonnay ce rivage chery.

Amour me laissa libre, et depuis ma poictrine
Plus chaude d'Apollon que de son feu absent,
Me fist, grave, entonner la misere Latine,
Et du chaste Hippolyt le trespas innocent.

Ja fondoit Cornelie en larmes conjugales,
Et de son grand Pompé les manes appaisoit,
Quand Amour au millieu des fureurs Martiales,
Vint rallumer le feu qui premier m'embrasoit.

Qu'il est d'estrange sorte ! apres que tant d'annees
Il m'a laissé delivre, il retourne leger,
Et m'enfonce plus fort ses fleches empanees,*
Que quand il vint en moy premierement loger.

Il est presque semblable à ces fiebvres tremblantes,
(Ennuyeuse langueur) qui laschant leurs efforts,
Sont au pauvre fiebvreux deux jours intermittentes :
Puis, la treve finie, elles rentrent au corps.

*Ne vistes-vous jamais retirer la marine**
D'un havre Oceanique ? et comme à certains temps,
Sur le sable desert elle revient mutine,
Et rebat les rochers de branles éclatans ?

Amour me fait ainsi : mais il est pire encore,[2]
Car contre mon attente, et sans crainte de luy,
Il me surprend d'aguet comme un pirate More,
Et surpris, sans raison m'enveloppe d'ennuy.*

Qu'avoy-je affaire d'estre en un nouveau service,
Apres avoir son joug porté si longuement ?
Faut-il qu'à tout jamais amoureux je languisse,
Et que d'un tourment j'entre en un second tourment ?

*Comme l'onde suit l'onde, et comme l'heure viste**
Suit l'heure qui decoule, et le jour suit le jour :
Ainsi mon amour suit d'une eternelle suitte,
Les ennuis regoustez d'une nouvelle amour.*

Mais Cupidon me dit, et ma constance ferme
Le jure saintement, que ce brasier nouveau
Vif m'ardra dans le cœur, sans limite et sans terme,*
Jusqu'à tant que la mort l'étouffe en mon tombeau.

C'est grand'peine d'aimer, mais la Dame que j'aime
Corrompt de tant de grace et de tant de bonté
L'amertume d'amour, que bien qu'il soit extréme
En douleur, si est-il du plaisir surmonté.

2 *A2* encore.

Comme il n'est herbe ou drogue au monde si amere,
Et le fust-elle plus que n'est encor le fiel,
Qu'à force de douceurs son goust on ne tempere,
En l'aromatisant et detrempant de miel.

Vrayment c'est un soucy, mais de telle nature,
Qu'il plaist sur toute chose, et qu'on n'aime rien tant
Que songer en sa peine, encor qu'elle soit dure,
Et que hors ce penser on ne vit point contant.

Ma Maistresse[3] *est humaine, et de bon œil regarde*
*La devôte amitié**, que je luy porte au cœur :*
Elle entend ma detresse, et piteuse prend garde*
Qu'en moy lon ne la puisse accuser de rigueur.

Las, et j'en suis plus mal ! tant plus elle est benigne,*
Tant plus cette douceur et cette privauté
M'engage miserable ! et tant plus je m'obstine
De consacrer ma vie à sa chaste beauté.

Ma Mignonne est ainsi qu'une belle prairie,
Au Printemps, quand Zephyr la bigarre de fleurs :
Riante y est l'herbette en cent couleurs fleurie,
Y est l'herbe émaillee en cent belles couleurs.

Encore il n'y a tant en une plaine verte
De diverses couleurs, qu'en elle de beautez :
Et le ciel, quand la nuict a la clairté[4] *couverte,*
Garni ne se voit tant de brillantes clairtez.[5]

3 *A2* Maitresse
4 *A2* clarté
5 *A2* clartez.

Permette Amour mon maistre, et les Graces pucelles
Que je l'aime tousjours, et qu'elle m'aime aussi :
Ou si m'aimer ne peut, que mes ardeurs cruelles*
Ne puissent offenser son courage* endurcy.*

Je ne souhaite point un Arsacide empire,
Les grandeurs de ce monde ardant je ne poursuis :*
Je n'abaye apres l'or : le seul bien où j'aspire,*
Est de tousjours complaire à celle à qui je suis.

Nec prece nec precio.

NOTES

DÉDICACE
A MESSEIGNEURS DE RAMBOUILLET

A Messeigneurs de Rambouillet : ils appartiennent à la famille des Angennes. Nicolas d'Angennes était le supérieur hiérarchique de Garnier, au présidial du Mans. Charles d'Angennes monta sur le siège épiscopal du diocèse du Mans en 1560, après la mort du cardinal Jean Du Bellay. Il avait participé au concile de Trente en 1563 et fut élevé à la pourpre en 1570. – Cette dédicace contient un éloge de la vertu, de la valeur militaire, bien en accord avec le caractère d'Hippolyte, et opposé à celui de Phèdre.

PIÈCES LIMINAIRES

SONNET DE RONSARD – vers 1 – *je prestay la main* : « je soutins, je prêtai secours » ; Ronsard avait en effet déjà consacré un sonnet liminaire à la première pièce de Garnier, *Porcie* (*cf.* éd. Jean-Claude Ternaux, p. 35) – vers 11 – Rémi Belleau (1528-1577) est né à Nogent-le-Rotrou, ville du Perche, située sur l'Huisne, et Garnier à la Ferté-Bernard, où passe la même rivière. Belleau faisait partie du groupe de la Pléiade et avait joué dans les pièces de Jodelle. L'Huisne, comme le Loir, qui arrose Vendôme, patrie de Ronsard, se jette dans la Sarthe, qui traverse la ville du Mans, où Garnier exerçait la charge de conseiller au présidial du Mans.

SONNET DE N.D.R. – Ces initiales sont celles de Nicolas de Ronsard, arrière-cousin du Vendômois. Dans les deux premières éditions d'*Hippolyte* (1573), Garnier avait ajouté une *Élégie* adressée à ce personnage. Voici ce que dit à ce sujet Raymond Lebègue (édition des *Poésies diverses* de Garnier, p. 305) :

> Garnier n'a jamais laissé réimprimer l'élégie, et pour le sonnet il a remplacé le nom de l'auteur par les initiales. Lieutenant criminel du Maine, il lui fallait désavouer une amitié compromettante : le 15 mai 1573, à l'instigation de cet arrière-cousin du poète vendômois, on assassinait sa belle-sœur. Il fut condamné à mort par contumace au début de 1574.

Voir aussi, sur Nicolas de Ronsard, l'article de Lucien Scheler, « Le crime de Nicolas de Ronsard », dans *B. H. R.*, III, 1943, p. 60-71.

Le poème de Nicolas de Ronsard déplore les guerres civiles, déjà dénoncées par Garnier dans *Porcie* : après la Saint-Barthélemy (1572) a éclaté la quatrième guerre de religion. – L'auteur du sonnet situe bien le style de Garnier dans sa juste perspective : tragique lié au style élevé, rhétorique puissante et véhémente, correspondant à l'expression de la *fureur* et de la *rage* ; il se révèle en outre sensible à la musicalité du *vers bien entonné* du poète.

POÈMES LATINS DE P. AMYUS (PIERRE AMY) – Pierre Amy, sieur du Pont, fut avec Garnier, de 1569 à 1574, conseiller au présidial du Maine. Il a consacré aux tragédies de son collègue de fréquents éloges en vers latins sous le nom de Petrus Amyus : voir notamment les pièces liminaires d'*Hippolyte* (1573), de *Cornélie* (1574), de *Marc-Antoine* (1578) et des *Juifves* (1583). Il était, comme Garnier, originaire du Maine. – Dans le premier poème, il félicite Garnier pour *Porcie* et pour *Hippolyte*. Il se réjouit que le poète ait une seconde fois ramené des Enfers le fils de Thésée. Une légende, rappelée par Ovide, *Métamorphoses*, XV, 533-546, voulait en effet qu'Esculape ou Apollon ait rendu la vie à Hippolyte et que Diane l'ait déifié en lui donnant le nom de Virbius. Il se montre sensible au caractère grandiose de la tragédie, au style élevé, sublime (*cothurni / Nescia magniloqui olim, expavit grande tonánsque / Dicendi genus)* et à la nouveauté des tragédies de Garnier, véritable restaurateur du genre. Il insiste sur le caractère moral de la tragédie : Garnier y fustige, selon lui, l'inceste, le crime, la ruse, incarnés par Phèdre. – Il promet par ailleurs à son collègue l'immortalité littéraire (*Te vetuit labor ille mori*). Nous proposons ci-après une traduction, aussi fidèle que possible, de ce poème, rédigé en hexamètres dactyliques :

> *Pierre Amy conseiller du roi au tribunal du Maine à Robert Garnier, au sujet de sa* Porcie *et de son* Hippolyte *:*
>
> *Après l'effondrement de la république fondée par ses ancêtres, ta Porcie, déterminée à suivre Brutus, s'étouffa en avalant des charbons ardents. Notre scène en est demeurée stupéfaite, car elle ignorait jusque là la grande voix du cothurne. Cette éloquence, grandiose et foudroyante, l'a frappée d'épouvante ; le souffle des mots a ébranlé nos concitoyens, qui sont de nouveau prêts à affronter la mort pour le salut commun. Toi, ton labeur t'a soustrait à la mort ; nous avions pressenti que nos Muses n'auraient plus grand-chose à envier à celles de l'antique Italie. À présent, voici que le fils de Thésée pour la seconde fois remonte de l'Averne, rappelé de ces rivages sur la barque de ta lyre, voici que s'annonce, plus grande que la précédente, la rivalité avec les muses grecques, qui ranime un art tombé en désuétude : nulle part ne s'était révélée une telle éloquence, abondante, grave,*

véhémente, sur la scène tragique, soit que tu marches sur les traces des anciens, rivalisant avec leurs mœurs, leur esprit, leurs brillantes œuvres, soit que soulevé d'indignation tu lances tes flammes contre la passion incestueuse, les désirs criminels et l'inouïe perfidie d'une marâtre habile à répandre la calomnie. Allons, Garnier, poursuis : nous, ainsi que nos compatriotes, nous te couvrirons des lauriers de l'immortalité : déjà l'on proclame que tu es le premier à avoir doté le théâtre français du cothurne sublime, alors que jadis notre scène ne connaissait guère que de médiocres comédies populaires.

Le second poème, composé en hendécasyllabes phaléciens, vers utilisé notamment par Catulle, évoque la joie des Muses, quittant leur séjour du mont Piérus pour préparer la représentation de la pièce, sous la conduite de la Muse de la tragédie, Melpomène. Les neuf Sœurs mènent ensuite Garnier en cortège à travers la ville et tressent pour lui neuf couronnes de laurier, attribut d'Apollon, le dieu de la poésie, et neuf couronnes de lierre, attribut de Bacchus-Dionysos, dieu du théâtre. Cette évocation n'est pas sans rappeler la cérémonie organisée par Ronsard et ses amis en l'honneur de Jodelle, auteur de la tragédie de *Cléopâtre*, en 1552, à Arcueil :

Du même auteur au même destinataire :

Jadis les lieux consacrés, les vallées reculées, les prairies bordées de petits ruisseaux ont retenti du chant des Muses, qu'accompagne le son de la flûte et de la lyre, loin des profanes soucis de la foule ignorante. Mais tandis que nous discourons en ville, que sans cesse nos clients nous soumettent leurs plaintes, que les grands sont en proie aux craintes et aux soucis et nos concitoyens aux querelles et à l'ambition, tes compagnes, Melpomène, quittent leur retraite du mont Piérus pour te suivre et présider, dans les bois sacrés, à des loisirs jusque là négligés : tu nous prépares à contempler sur scène les personnages d'Hippolyte et de la fille de Pasiphaé, connue pour sa criminelle passion. Cela n'est guère surprenant : ce lieu où s'écoule la douceur de tes vers, comme une rivière dans la fraîcheur d'une vallée, les charme autant que leur séjour habituel ; dans tes vers tu fais retentir l'impétueuse colère d'un monarque, tu mets en scène le piège tendu à un beau-fils par la ruse de sa marâtre. Les neuf Sœurs en font leurs délices, elles tombent sous le charme de ton œuvre, elles te conduisent en cortège dans une ville ignorante, et, pour récompenser ton savant génie, elles disposent sur ton front des lauriers, puis du lierre étincelant, dont elles tressent avec empressement à chaque fois neuf couronnes.

ODE IN HIPPOLYTUM – Cette pièce est de Pascal Robin du Faux, un ami de Garnier, qui habitait le Maine. Il écrivit deux recueils de vers et une tragédie perdue (*Arsinoé*). Le poème est bâti sur le schéma des odes pindariques, avec une strophe, une antistrophe et une épode. – *Strophe* : *Tiphys* est le pilote de la nef des Argonautes (Virgile, *Bucoliques*, IV, 34 et Ovide, *Héroïdes*, VI, 48) – Apollon avait ressuscité Hippolyte et l'avait ramené des Enfers, mais Jupiter, inflexible, le replongea dans l'Hadès et imposa au dieu-médecin une pénitence consistant à servir comme bouvier dans la demeure d'un mortel, Admète, roi de Phères, époux de la malheureuse Alceste. – *Antistrophe* : malgré le piège tendu par son amoureuse belle-mère, Hippolyte conservera la chasteté promise à sa protectrice Diane. – *Épode* : Garnier est l'héritier à la fois de l'audace et de la gravité qui valurent à Euripide la couronne des vainqueurs des jeux dramatiques et de l'éloquence manifestée par l'Espagnol Sénèque, qui a repris le sujet traité par l'illustre Athénien. – *Tenedum* : Ténédos, petite île située en face de Troie.

ACTE I

vers 1-142 – Ce monologue protatique n'est pas inspiré de la *Phaedra* de Sénèque, mais de deux autres expositions du tragique latin. En effet, on retrouve des réminiscences des premiers vers d'*Agamemnon* et de *Thyeste.* Dans la première de ces deux pièces, c'est l'ombre de Thyeste qui prononce les premiers vers et, dans la seconde, l'ombre de Tantale. Thyeste annonçait les malheurs qui allaient remplir la tragédie et s'abattre sur ses descendants, exactement comme le fait Égée dans la pièce de Garnier.

vers 1-8 – *Cf. Agamemnon,* vers 1 à 5 :

> *Opaca linquens Ditis inferni loca,*
> *adsum profundo Tartari emissus specu,*
> *incertus utras oderim sedes magis :*
> *fugio Thyestes inferos, superos fugo.*
> *Inhorret animus et pauor membra excutit (...)*

> « Quittant l'épais brouillard des rives infernales,
> Me voici, m'échappant du gouffre du Tartare,
> Sans savoir quel endroit je déteste le plus :
> Moi, Thyeste, je fuis ceux qui vivent en bas,
> Tandis que je fais fuir ceux qui vivent en haut.
> L'horreur emplit mon âme, l'effroi secoue mon corps. »

Charles Toutain a donné en 1557 l'adaptation suivante :

> De Pluton enfernal laissant les caves sombres,
> Je vien, Thieste, hors des Stigiennes ombres :
> Je m'enfuis des enfers, je recule les Dieus,
> Ignorant qui des deus m'est le plus odieus.
> D'horreur tressaut mon ame, et ma poitrine atteinte
> Pantoisement me bat, d'aprehensive crainte.
> (*Agamemnon*, v. 1-6, éd. Trevor Peach)

Cf. aussi *Thyeste*, vers 1 : *Quis me inferorum sede ab infausta extrahit (...) ?* « Qui m'arrache au manoir funeste des Enfers (...) ? »

vers 3 – Les *champs ombreux* : la périphrase semble être une transposition de la *tenebrosa palus* de l'*Énéide* (VI, 107) – *le flambeau du monde :* les Latins utilisaient volontiers l'image de la *Phoebi fax*. Félix Gaffiot renvoie à un passage poétique de Cicéron (*De Divinatione*, 1, 18).

vers 4 – *courant sa course ronde* : construction verbale avec objet interne. Le possessif et l'adjectif ajoutent à l'idée exprimée l'un une détermination, l'autre une caractérisation, ce qui fait que le groupe nominal complément n'est pas totalement pléonastique par rapport au verbe recteur.

vers 5 – *Ains* : « mais ». Encore fréquent au seizième siècle après phrase négative ; comparable à l'allemand *sondern*. – *une espoisse horreur :* le mot *horreur* s'applique souvent au seizième siècle au sentiment de crainte et de répulsion provoqué par l'obscurité (*cf.* vers 9). Voir Jean-Dominique Beaudin, « Un cas de latinisation interne... » – Noter l'hypallage et la métonymie contenues dans l'expression *un solitaire effroy*, l'adjectif ne pouvant en bonne logique caractériser le sentiment de crainte : la solitude n'en est que la cause.

vers 6-8 – *un air puant de soufre* : des émanations sulfureuses s'élevaient du lac Averne, lac des Enfers, formé par une crue du fleuve Achéron : voir Virgile, *Énéide*, livre VI, vers 107 : *tenebrosa palus Acheronte refuso*, et le développement de Lucrèce (*De Natura rerum*, VI, 737-838). Gillian Jondorf (*French Renaissance Tragedy*, éd. de 1990, p. 24) voit dans l'expression du poète français des réminiscences bibliques (*Apocalypse*, XIV, 10 et *Genèse*, XIX, 24). – *un furieux aboy / Du portier des Enfers, Cerbere à triple teste* : la fureur de Cerbère est à la mesure de la monstrueuse passion que Phèdre laissera paraître dans la suite de la pièce : le climat moral est défini dès la protase, qui donne à l'avance, comme dans les ouvertures de certains opéras, les thèmes dominants du drame. – Ce passage est marqué par l'influence de la poésie latine, qui avait souvent recours à des expressions analogues : Cerbère y était qualifié de *triceps, triformis, triplex, custos* ou *janitor Orci* (Quicherat, *Thesaurus*, s.v. *Cerberus*) ; Virgile évoquait (*Énéide*, VI, 417) *Cerberus ingens latratu trifauci*. – *Maint fantôme volant* : l'adjectif figure dans *Les Epithetes* de Maurice de La Porte.

vers 9-14 – Même paradoxe dans l'*Agamemnon*, vers 12-14 :

> *Libet reuerti. Nonne uel tristes lacus*
> *incolere satius, nonne custodem Stygis*
> *trigemina nigris colla iactantem iubis ?*
>
> « Ah ! je veux rebrousser chemin ! N'est-il pas préférable d'habiter même les sombres bords, et <de voir> le gardien du Styx agiter son triple cou à la noire crinière ? » (Traduction Léon Herrmann)

vers 9-10 – *l'horrible sejour de cet antre odieux* : adaptation probable des vers 10-11 du livre VI de l'*Énéide* de Virgile : *horrendaeque procul secreta Sibyllae, / Antrum immane, peti*, et allusion possible au vers 418 du même livre, où il est justement question de Cerbère, comme au vers 7 de notre pièce : *adverso recubans immanis in antro*. – *clairté* : l'emploi de la forme refaite sur l'adjectif *clair* nous paraît dicté par un souci de musicalité : on observe en effet une récurrence des sons [ẹ] et [ẹ] dans le vers.

vers 13 – Cecrops est, selon la légende, le premier roi de l'Attique. La *ville Cecropienne* est donc Athènes, appelée aussi *Cecropia* : *Cecropiam solitam esse dapem dare Minotauro* (Catulle, carmen 64, vers 79, cité par Quicherat, *Thesaurus*, s.v. *Cecropia*). – *Vous, mes belles tours* : indication pour un décor possible.

vers 14 – Lorsque Thésée, après avoir triomphé du Minotaure, revint de Crète, il oublia de hisser les voiles blanches de son navire, qui devaient signaler à son père sa victoire. Apercevant les voiles noires du vaisseau, Égée crut que son fils était mort, et il se noya, en se jetant de désespoir dans la mer, qu'on appela dès lors *mer Égée*. Voir encore les vers 65-72 – Chez Garnier, Égée se jette du haut d'une tour, et non d'un rocher, comme le mentionne Plutarque (*Vie de Thésée*, § 22) – *me precipitant* : « en me précipitant » : le seizième siècle connaît encore la possibilité du gérondif sans *en*. – La mort d'Égée est, dans la pièce de Garnier, interprétée comme une manifestation de la colère des dieux et un châtiment infligé par la divinité en réponse aux crimes de Thésée.

vers 15 – *Pallas* est Athéna, déesse de la guerre et protectrice d'Athènes. – *devoit* : aurait dû. – Pallas Athéna, selon Égée, a abandonné Athènes à son sort. Ainsi est posée la question de la Providence. Égée trouve une réponse aux vers 21-23 : le destin est plus fort que les dieux. – L'adjectif *belliqueuse* figure dans *Les Epithetes* de Maurice de La Porte, s.v. *Pallas*.

vers 16 – *mechef* : « malheur », mot à mot « ce qui se termine mal » : le préfixe *mé (mes-)* d'origine germanique, (francique **missi*) revêt un sens péjoratif et négatif. L'ancien français disait *meschief* ; le terme est dérivé de *meschever*, « échouer », « être malheureux », littéralement « mal accomplir ».

vers 17 – *alme* : nourricière, latinisme (*almus, a, um*) ou italianisme (*almo*). Le mot a été introduit par Rabelais en 1532. Les poètes de la Pléiade l'ont assez souvent utilisé. – *encombreux accidens* : le mot *accident* pouvant exprimer un événement imprévu, aussi bien heureux que malheureux, l'adjectif *encombreux* vient en préciser la nuance.

vers 19-20 – *proclive* (« favorable ») est un latinisme (*proclivus, a, um*). – L'*olive* désigne ici l'olivier, qu'Athéna avait offert aux Athéniens. Ce sens d'*olive* est encore attesté au XVIIe siècle : *cf.* le *jardin des olives* pour le *jardin des oliviers* (par exemple dans Bossuet, *Oraison funèbre d'Anne de Gonzague*).

vers 21-24 – Égée donne ici la prééminence au destin sur la providence. La force du destin, qui s'impose à Zeus même, est un concept courant dans l'Antiquité : *cf.* Eschyle, *Prométhée enchaîné*, vers 515-518, passage signalé par Marie-Madeleine Mouflard (III, p. 88) comme ayant peut-être inspiré Garnier ; le coryphée y proclame que Zeus ne peut échapper à sa destinée et que les Parques et les Érinyes gouvernent la nécessité.

vers 25-42 – Égée relie les malheurs de sa famille à ceux de la cité. Même dans une tragédie privée, Garnier ne néglige pas le point de vue politique.

vers 25 – *Je t'ay veu* : on observe le retour quasi obsessionnel du verbe *voir* tout au long du monologue d'Égée (*cf.*, plus loin, vers 28, 78, 81, 91, 97, 104, 117, 127). S'il a parfois, en totalité ou en partie, un sens intellectuel, il recouvre, la plupart du temps, un phénomène perceptif : l'action est donnée à *voir* à l'avance, ce qui revient à théâtraliser la rhétorique, à rendre plus présents les faits évoqués et à dissiper toute monotonie pouvant résulter de la longueur de ce prologue.

vers 29-54 – Pour les détails de la légende de Thésée et du Minotaure, se reporter à l'*Index nominum* (*Thésée, Ariadne, Minos, Égée*) et à la *Vie de Thésée* de Plutarque.

vers 30 – *cruelle* figure dans *Les Epithetes* de Maurice de La Porte, s.v. *mort*.

vers 32 – Le *logis Dedalique* désigne le labyrinthe de Crète ; Horace utilisait l'expression *opus Daedalus* (*Odes*, IV, 2, v. 2).

vers 34 – *Du monstre Mi-Taureau* : Virgile, aux vers 25-26 du livre VI de l'*Énéide*, parlait du *biformis Minotaurus*. Le Minotaure avait un corps d'être humain, mais une tête de taureau ; il était le fruit des amours de Pasiphaé, femme de Minos, et d'un taureau, que Poséidon avait envoyé au roi de Crète. Phèdre, fille de Minos et de Pasiphaé, est donc la demi-sœur de ce monstre.

vers 36 – Paradoxe rhétorique.

vers 37 – *Ravy d'entre mes bras* : apposition à *te* (vers suivant). – *le destin envieux* : *envieux* figure chez Maurice de La Porte, s.v. *destin*.

vers 39-40 – *ce poil gris qui s'allonge* : Égée désigne ainsi ses cheveux, qui se dressent d'horreur sur sa tête à la seule pensée du Minotaure.

vers 44 – *la mortelle fusee* : « vie, destin » ; allusion au fil de la destinée, enroulée, puis dévidée et enfin tranchée par les Parques.

vers 51 – *felonne* figure chez Maurice de La Porte, s.v. *rage*.

vers 55-57 – Sentence importante, contenant un lieu commun du genre tragique : la nature humaine cède à la démesure.

vers 59-60 – *Tu brigandes* : le mot est savoureux, si l'on se souvient que Thésée a commencé sa « carrière » de héros en délivrant l'Attique des brigands qui terrorisaient la région. – *ses deux plus cheres filles* : après avoir enlevé et abandonné Ariane, Thésée a ravi et épousé Phèdre.

vers 61-130 – Dans l'*Agamemnon* de Sénèque, l'ombre de Thyeste annonçait également les malheurs de la tragédie

(39 *sq.*). Mais le texte de Garnier est beaucoup plus prolixe.

vers 61-64 – La faute de Thésée est présentée par Égée comme la cause de la colère divine, qui va peser tragiquement sur la suite. Si le destin est plus puissant que les dieux sur les événements extérieurs à la cité, les dieux peuvent du moins intervenir pour réprimer les vices et les crimes des hommes. Ils ont donc le champ libre *a posteriori* dans le domaine moral. – Daniela Dalla Valle note qu'Égée attribue à son fils la première *hybris*, qui devra être punie. (*Il mito cristianizzato…*, p. 64-65).

vers 64 – *ailes noires* : les voiles deviennent ici les ailes de la mort par métaphore et déformation visionnaire (*cf.* plus loin, au vers 84, *les noires Sœurs*).

vers 65-72 – Sur cette légende, que Garnier relie très précisément à la vengeance divine, voir la note correspondant au vers 15. – Les *ailes noires* de la mort sont en relation avec *les voiles noirs* du vaisseau. – On notera l'emploi du masculin *voile* pour désigner le pavillon du bateau.

vers 68 – La forme *nauf*, employée pour *nef*, est provençale (*cf.* Rabelais, *Quart Livre*, passim).

vers 73-76 – Affirmation très nette de la Providence et de la justice divine, qui seront, dans la suite du drame, l'objet de réflexions diverses. – Pour les vers 73-74, Marie-Madeleine Mouflard (III, p. 87) indique une source possible : les vers 1339-1341 de l'*Hippolyte porte-couronne* d'Euripide :

> τοὺς γὰρ εὐσεβεῖς θεοί
> θνῄσκοντας οὐ χαίρουσι · τούς γε μὴν κακούς
> αὐτοῖς τέκνοισι καὶ δόμοις ἐξόλλυμεν.

> « Car à la mort des hommes pieux,
> Les dieux n'éprouvent pas de joie ;

Mais les méchants, nous les frappons,
Eux, leurs enfants, et leurs maisons. »

vers 77-122 – La faute de Thésée envers Pluton va peser comme une malédiction. Il faut relire ici les lignes écrites par Jean-Raymond Fanlo :

> Au premier acte, l'ombre d'Égée fait porter sur Thésée la double responsabilité de ce qui a eu lieu et de ce qui va avoir lieu. Il a provoqué la mort de son père en « pillant » les filles de Minos (v. 55-76), il va provoquer la passion de Phèdre et la mort de son fils pour sa participation à la tentative d'enlèvement de Proserpine (v. 77 *sq.*). Cette dernière idée ne figure pas dans la *Phaedra* de Sénèque, qui insiste surtout sur la vengeance de Vénus contre la famille de Phèdre. La transformation du modèle sénéquien est remarquable et significative. Il faut réviser l'opinion de Raymond Lebègue, pour qui « le politique ne tient aucune place » dans *Hippolyte.* Cette tragédie est un autre spectacle de la culpabilité royale. (« Figures de la souveraineté dans le théâtre de Garnier… », dans *Littératures,* n° 43, p. 63)

vers 77 – *Thesee, helas Thesee* : La répétition, sous forme d'épanode, est rangée par Fouquelin (*La Rhétorique française* dans les *Traités de poétique…*, p. 397-398) parmi les figures du *nombre* rhétorique, particulièrement fréquentes chez Garnier. – *Aujourd'huy le Soleil* : l'action se déroulera donc en un seul jour.

vers 80 – *ha* : graphie latinisante (*habet*). Le *h* a été d'abord utilisé comme signe distinctif d'homonymes. La lettre *h* permet d'identifier le verbe *avoir* et de le distinguer de *a* ou *à*, préposition. Même orthographe au vers 227. – *mortels* figure chez Maurice de La Porte, s.v. *encombres*.

vers 81-90 – Pirithoos est le fils d'Ixion, de la famille des Lapithes. Thésée et Pirithoos avaient promis de se donner mutuellement comme épouse une fille de

Zeus (voir Pierre Grimal, *Dictionnaire de la mythologie grecque et latine*, p. 377). Pirithoos aida Thésée à enlever Hélène et Thésée accompagna Pirithoos aux Enfers pour enlever la femme de Pluton, Proserpine. C'est à ce dernier épisode qu'Égée fait ici allusion. Pirithoos a été puni de son forfait par les Furies, mais Thésée a pu leur échapper et sortir de l'Achéron, grâce au secours d'*Alcide*, c'est-à-dire d'Hercule.

vers 84 – *Tu entrepris forcer* : beaucoup de verbes se construisent au seizième siècle avec l'infinitif seul, sans l'indice *de* : *cf.* Georges Gougenheim, *Grammaire du français du* XVIe *siècle*, p. 165-168.

vers 85-90 – *les noires Sœurs* : ce sont les *Sorores nigrae* de la poésie latine, les Erinyes ou Furies, déesses de la vengeance : elles châtient les criminels aux Enfers. Héraclès n'ayant pas réussi à ramener Pirithoos des Enfers, celui-ci y demeura et, selon certaines versions, fut dévoré par le chien Cerbère. – Le *creux Acherontide* désigne soit le gouffre des Enfers en général, soit la vallée du fleuve de l'Achéron ; l'adjectif *Acherontide* n'existe ni en grec ni en latin ; il est une création (d'après un procédé grec de dérivation) des poètes de la Pléiade, de Ronsard, plus précisément, d'après Marty-Laveaux. Cette suffixation en *-ide* (grec -ίδης) est fréquente avec des thèmes de noms propres de lieux ou de personnes, et elle marque la parenté, l'origine, la filiation. Signalons encore *Hectoride* (Ronsard), *Laërtide* (Ronsard), *Minoïde* (Baïf), *Peleide* / *Pelide* (Belleau ; Jodelle ; Ronsard), *Priamide* (Jodelle ; Ronsard), *Tantalide* (Baïf), cités également par Marty-Laveaux. De la même façon, *Alcide*, au vers 87, désigne Héraclès, fils adoptif d'Amphitryon, lui-même fils d'Alcée ; l'adjectif *genereux* figure dans *Les Epithetes* de Maurice de La Porte, s.v. *Alcide*.

vers 90 – Thésée s'est rendu complice d'un adultère, mais sa femme va le tromper à son tour.

vers 91-96 – La véritable punition de Thésée sera la fatalité qui va s'abattre sur sa famille et sur lui. Égée, en évoquant les châtiments qui attendent son fils aux Enfers, étend sa vision bien au-delà de l'action de la pièce.

vers 92 – *pour ton mal perpetré* : « à cause de l'accomplissement de ton crime » (tour *post Urbem conditam*).

vers 97-122 – La période, la gradation, les futurs prophétiques sont des marques du grand style. – La mythologie infernale donne la tonalité sombre, cruelle, de la pièce. Elle concrétise l'idée que le mal est châtié et que la transgression morale est un sacrilège que les dieux pardonnent difficilement.

vers 100 – *l'adultere mort de ta femme parjure* : le mot *adultere* est un adjectif épithète de *mort*. Il y a là une hypallage : l'adjectif, tout en se rapportant à *mort*, devrait en fait qualifier l'épouse. Il faut comprendre : « la mort, découlant de l'adultère commis par ta femme parjure ».

vers 102 – Transposition dans le domaine psychologique du tourment de Prométhée.

vers 106 – *ennuyeux* figure dans *Les Epithetes* de Maurice de La Porte, s. v. *tourment*.

vers 107-108 – Image poétique traditionnelle à l'époque de la Renaissance, peut-être ronsardienne (*cf.* Christine M. Hill et Mary G. Morrison, éd. d'*Hippolyte*, p. 28), mais qui acquiert dans le contexte plus de force tragique (le lierre est comme la chaîne du destin).

vers 109-116 – C'est en qualité de souverain du royaume des ombres pour Pluton, de juge des Enfers pour Minos, que l'un et l'autre peuvent commander aux Furies (les trois Érinyes, Alecto, Mégère et Tisiphone) de châtier Thésée. Ces dernières sont souvent évoquées dans les tragédies de Garnier (voir *Porcie*, 6, 31, 33, 43, 147, 1640, *Cornélie*, 332, 1528, 1736, 1837, *La Troade*, 550, 2217, 2468, 2218, *Antigone*, 162, 1194, 2596). – L'adjectif *severe* figure dans *Les Epithetes* de Maurice de La Porte, s.v. *Minos*, de même que *cruel* y est donné comme une des épithètes possibles de *Pluton*.

vers 117-122 – Ce tableau des supplices infligés aux criminels dans les Enfers se trouve déjà chez Sénèque (*Thyeste*, vers 1 à 20). – Sur les noms mythologiques énumérés par Égée dans ce passage, voir l'*Index nominum* à la fin du volume. La mention d'Ixion, au vers 118, est hautement symbolique, puisque ce Lapithe avait tenté de violer Héra : crime et sacrilège qui lui attirèrent la colère de Zeus ; or, le sacrilège dont Thésée se rendra coupable en aidant Pirithoos à ravir Proserpine est du même ordre. – Voici en quoi consistent les supplices, tous ordonnés par Zeus, auxquels il est fait allusion : Prométhée, ayant volé le feu à la forge d'Héphaïstos, fut châtié par Zeus qui l'enchaîna sur le Caucase, où un aigle lui dévorait le foie ; mais l'organe repoussait toujours et le supplice recommençait éternellement. – Ixion fut puni par Zeus de son ingratitude et de son crime : il fut attaché à une roue enflammée qui tournait sans cesse ; Zeus lui ayant fait goûter l'ambroisie qui rend immortel, Ixion ne pouvait espérer la fin de ses tourments – Tantale est *alteré* (voir *Odyssée*, XI, 582 *sq.*, et Maurice de La Porte, s.v. *Tantale*) : il souffrait d'une faim et d'une soif éternelles ; il était plongé dans l'eau, mais, à chaque fois qu'il tentait d'en boire, elle fuyait devant sa bouche ; une branche portant des fruits pendait au-dessus de sa tête, mais lorsqu'il voulait les cueillir, la branche remontait trop haut pour que son bras pût l'atteindre. – Le géant Titye (Tityos) fut foudroyé par

Zeus et, dans les Enfers, deux serpents ou, selon une autre version, deux aigles, lui dévoraient le foie, qui repoussait à chaque phase de la lune (ainsi s'explique l'expression du texte : *un remangé Titye*). – Le monstre Typhon fut écrasé par le mont Etna, que Zeus lança sur lui, et il vomit éternellement les flammes du volcan. – Le châtiment de Sisyphe est raconté dans le chant XI de l'*Odyssée* (593 *sq.*) : il devait rouler un rocher jusqu'à un sommet d'où il retombait sans cesse : son travail était donc toujours à recommencer. – Beaucoup de ces supplices sont évoqués par Virgile dans le livre VI de l'*Énéide*, 566 *sq.*

vers 121 – *aspre* est proposé par Maurice de La Porte, s.v. *tourment*.

vers 123-124 – *chere nourriture, soigneuse cure* : *cf.* Maurice de La Porte.

vers 125 – *Hippolyte* : le nom, que l'on attend depuis le début de la phrase, arrive en tête du vers. C'est celui du personnage principal : aussi est-il normal que se concentrent ici l'attention et l'émotion.

vers 127-130 – *cette Minoïde* : Phèdre, fille de Minos. Le choix de l'épithète n'est pas fortuit : Phèdre est la fille du juge des Enfers ; elle sera paradoxalement criminelle – *cette Phedre icy* : cette Phèdre-ci. *dont... sa* : pléonasme toléré au XVIe siècle.

vers 131 – *tempesteux* : *cf.* Baïf, cité par Marty-Laveaux, tome II, p. 140 : *foudre tempestueux*, et Maurice de La Porte, s.v. *orage*.

vers 132 – *le port Gnossien* : Gnosse (latin *Gnossus*, grec Κνωσός) est une ville de Crète, où se trouvait la résidence du roi Minos. L'adjectif latin qui correspond à *Gnossien* était *Gnossius*, fréquent dans la poésie latine.

vers 135 – *la mort violente* : *cf.* Maurice de La Porte.

vers 137-140 – Tout semble scellé et annoncé d'entrée de jeu : le spectateur prendra malgré tout intérêt à voir comment les personnages découvriront peu à peu et affronteront le *fatum*. On ne peut donc pas dire que l'action ne réserve aucune surprise. D'ailleurs le détail des faits n'est pas encore précisément évoqué.

vers 141-142 – Égée appelle Hippolyte à un raidissement tout stoïcien face au destin inévitable. – À la banale expression *la gloire de tes ans* Garnier substitue dans l'édition de 1585 *la gloire de ton sang*, indiquant ainsi l'intérêt que le personnage protatique prend au drame qui se joue et replaçant la tragédie dans la perspective d'une famille en proie à son destin et devant défendre son honneur. Comment ne pas penser à la monarchie française, luttant pour sa survie dans la période troublée des guerres civiles ? Garnier relie ses œuvres à l'actualité, et, même dans cette pièce consacrée à l'amour, les dimensions politiques n'en sont pas moins présentes.

vers 143-156 – Égée a disparu de la scène et Hippolyte fait son entrée, prononçant une solennelle prière au Soleil. Dans la Grèce ancienne, l'on dévoilait à la lumière du jour et l'on racontait au Soleil les songes inquiétants, afin d'en dissiper les présages et d'empêcher leur réalisation (*cf.* Sophocle, *Électre*, 424-425). Hélios et Phébus sont souvent confondus depuis Eschyle. Il faut en outre rappeler qu'Apollon est le frère d'Artémis, déesse préférée d'Hippolyte. Cette salutation produit un heureux effet théâtral, d'autant plus que la lumière contraste avec l'ombre de la scène précédente. Garnier, qui possède un sens aigu du spectacle, ne néglige rien de ce qui peut animer son drame. – Cette description est imitée de celle que l'on trouve dans l'*Hercules furens* de Sénèque (125-136) :

Iam rara micant sidera prono
languida mundo ; nox uicta uagos
contrahit ignes luce renata,
cogit nitidum Phosphoros agmen ;
signum celsi glaciale poli
septem stellis Arcades ursae
lucem uerso temone uocat.
Iam caeruleis euectus aquis
Titan summa prospicit Oeta ;
iam Cadmeis incluta Bacchis
aspersa die dumeta rubent
Phoebique fugit reditura soror.

« Déjà rares sont les astres qui scintillent ; ils pâlissent et déclinent au firmament ; la nuit vaincue rassemble ses flammes, car la lumière renaît ; Lucifer pousse devant lui la troupe étincelante ; le Signe glacial du pôle élevé (les Ourses d'Arcas aux sept étoiles) rappelle le jour après avoir retourné le timon <du Chariot>. Déjà, sorti des ondes azurées, le Soleil domine les sommets de l'Œta ; déjà les buissons familiers aux Bacchantes Cadméennes rougeoient, baignés de sa clarté et voici que la sœur de Phébus s'enfuit, mais non sans espoir de retour. » (Traduction Herrmann)

Garnier s'est également inspiré des quatre premiers vers de l'*Octavie* :

Iam uaga caelo sidera fulgens
Aurora fugat, surgit Titan
radiante coma mundoque diem
reddit clarum.

« Déjà l'Aurore éclatante chasse du ciel les étoiles errantes et voici que se lève le Soleil à la chevelure rayonnante, rendant au ciel la clarté du jour. » (Traduction Herrmann)

En mentionnant la fin de la nuit et le lever du soleil au début de la pièce, Garnier marque l'entrée dans une action qui doit durer une journée et s'achever avec le coucher du soleil (voir les vers 2273-2276) – La salutation d'Hippolyte à l'astre du jour est parallèle aux adieux que Phèdre lui adressera avant de mourir (vers 2257-2260) – La dénomination du soleil (*Phebus*) n'est pas due au hasard : dans tout ce passage où le poète insiste sur la luminosité, Garnier emploie un nom qui, étymologiquement, signifie « lumineux » : *cf.* le grec ancien Φοῖβος Ἀπόλλων. – Les deux personnages antagonistes de la pièce, Phèdre et Hippolyte, ont un rapport direct avec le Soleil : la première est la descendante de cette divinité et Hippolyte l'appelle *pere*. – L'invocation au soleil remplace la brève prière qu'Hippolyte et ses serviteurs adressaient à Artémis dans la pièce d'Euripide (v. 61-87). On verra, en revanche, un peu plus loin, à la fin du premier acte de la tragédie de Garnier, le chœur des chasseurs s'adresser à Diane (Artémis), fille de Latone.

vers 144 – *les flambeaux de la nuict* : la lune et les étoiles. – Les Latins usaient de l'expression *prima fax* (s.e. *noctis*), même en dehors de la poésie, pour désigner les premières heures de la nuit.

vers 147 – Garnier aime l'adjectif *sourcilleux* (« très élevé »), qu'il emploie pour caractériser les montagnes (voir par exemple *Antigone*, v. 145, et *Troade*, v. 1767), et qui figure d'ailleurs chez Maurice de La Porte.

vers 149 – *luisant* : épithète de nature, présente chez Maurice de La Porte.

vers 150 – *la nuict brunette* est une expression ronsardienne assez fréquente : *Et quand la nuict brunette a rangé les estoiles* (*Discours des misères de ce temps, Response aux injures,* 515, dans *O.C.*, II, p. 1056). L'adjectif composé *claire-brunette* figure dans *Les Epithetes* de Maurice de La Porte.

vers 151-156 – *Dieu perruquier* : Garnier emprunte l'expression au premier vers d'une ode de Ronsard, parue en 1550 et intitulée *A Phoebus, luy vouant ses cheveux*. (*O.C.*, t. I, p. 948-949). Le terme est donné par Marty-Laveaux (*Langue de la Pléiade*, I, p. 431) comme péjoratif ou humoristique ; Garnier en fait un tout autre usage. Notons que Sénèque parlait (voir la citation dans la note des vers 143-156) d'une *chevelure rayonnante* (*radiante coma*). – Hécube évoquera, dans *La Troade*, *Phebus crespelé* (vers 302). – Phébus est invoqué par Hippolyte parce qu'il se déplace sur un char tiré par des chevaux : le nom que porte le jeune homme ne signifie-t-il pas « qui dételle les chevaux » ? Au vers 156, en évoquant le char d'Apollon, Hippolyte songe aussi à ses propres chevaux – Aux vers 152-153, la reprise de *songes* est évitée dans la dernière édition.

vers 157-228 – Le récit du songe ne figure pas dans la pièce de Sénèque. Ce songe est la traduction imagée et symbolique des sombres prédictions d'Égée. Le combat contre le lion préfigure l'échec du héros face au monstre marin au cinquième acte. Voir aussi le songe de la reine dans *Les Perses* d'Eschyle (176-214).

vers 157 – *dormant* : gérondif sans *-ant*, tour fréquent au seizième siècle. Voir, en revanche, au vers 238, la construction, conservée en français moderne, avec *en* antéposé. – *j'erroy :* « je marchais » : le verbe provient non pas d'*errare* (« se tromper »), mais du bas latin *iterare* (« faire route, voyager »).

vers 160 – *espois*, épithète détachée, avec valeur adverbiale de complément de manière : ce trope est recommandé par Du Bellay dans sa *Deffence et Illustration de la langue françoyse* :

Uses… hardiment… des noms pour les adverbes, comme *ilz combattent obstinez*, pour *obstinéement*, *il vole leger*, pour *legerement…* (éd. Chamard, p. 160-161)

vers 161-166 – Garnier semble, selon Marie-Madeleine Mouflard (III, p. 23), s'inspirer ici, pour l'idée générale, d'un bref passage de l'*Hercules furens*, où un personnage (Thésée) décrivait non pas une forêt, mais l'entrée des Enfers :

Non caeca tenebris incipit primo uia ;
tenuis relictae lucis a tergo nitor
fulgorque dubius solis afflicti cadit
et ludit aciem : nocte sic mixta solet
praebere lumen primus aut serus dies. (668-672)

« L'entrée n'est pas plongée dans les seules ténèbres :
et le jour que l'on quitte jette un rai de lumière ;
les rayons incertains du soleil expirant
abusent le regard ; ainsi voit-on souvent, se mêlant à la nuit,
la lueur de l'aurore ou bien du crépuscule. »

vers 167-222 – Le songe d'Hippolyte emprunte certains éléments à l'*Orlando furioso* de l'Arioste (*cf.* Marie-Madeleine Mouflard, III, p. 214-215). La description du lion présente des affinités avec celle du loup dans le texte italien (chapitre XVIII) et la fuite des chiens rappelle celle des combattants au même chapitre. – Le songe ici décrit est prémonitoire (voir le combat du dernier acte). Sur ce passage, et pour une interprétation astrologique, se reporter à James Dauphiné, « Le songe d'Hippolyte… ».

vers 170 – *Cf. Phaedra*, 32-33 : *acres / (…) Molossos.*

vers 172 – *Lion* : diérèse. Ce lion *affreux* symbolise la passion dévorante de Phèdre.

vers 173 – Garnier améliore le texte en 1585, renonçant à la redondance des premières éditions pour une description plus précise. – *fort, espouventable* : *cf.* Maurice de La Porte.

vers 174 – *au Taure inhospitable* : le Taurus est une chaîne de montagnes d'Arménie très élevée (jusqu'à 2 000 ou 3 000 mètres selon les régions) et, de ce fait, difficilement accessible. On remarquera la correspondance entre ce terme géographique et le nom du Minotaure. En outre, le monstre marin du Ve acte sera, lui aussi, comparé à un taureau (vers 2028 et 2081). *Cf.*, à ce propos, Jean-Dominique Beaudin, « La monstruosité et l'horreur tragique… ».

vers 175 – *flamboyent* : imparfait de l'indicatif du verbe *flamber*. Prononcer [flãmbwẹ] ou [flãmbẹ].

vers 181 – *Mes chiens, bien que hardis* : *cf.* Maurice de La Porte.

vers 189-196 – Longue comparaison de type homérique ; mais, tandis que chez Homère l'armée en déroute serait comparée à une meute de chiens effrayés, ici Garnier renverse la perspective, et c'est le comparant qui appartient à l'ordre militaire.

vers 193-194 – Garnier évite en 1585 une répétition en remplaçant *faire* par *donner*. – La répétition du tour concessif *a beau* et l'expression *C'est en vain* soulignent le tragique de la situation.

vers 197 – À la fin de la tragédie, on verra de même Hippolyte empoigner un épieu. Le songe est donc prémonitoire. Il l'est, du reste, sur bien d'autres points, par exemple en ce qui concerne la fuite des chiens effrayés ou la chute finale d'Hippolyte.

vers 200 – *decoche* est plus original que *s'elance*, que donnaient les éditions précédentes.

vers 201 – *sa gueule beante* : *cf.* Maurice de La Porte.

vers 203 – *Hymette* : *cf.* Sénèque, *Phaedra*, 23 : *rupem dulcis Hymetti*.

vers 204 – *Au bord Thriasien* : *cf.* Sénèque, *Phaedra*, 5-6 : *Thriasiis / vallibus*.

vers 218 – *va deschirant* : périphrase à valeur progressive. Elle convient particulièrement à la description et s'intègre dans un système rhétorique, celui de l'horreur et du pathétique. Garnier adapte des constructions courantes à son esthétique de la tragédie.

vers 233-238 – *Cf.* à propos des songes et du topos du songe vain, le développement de Jean-Claude Ternaux dans *Calliope et Melpomène...*, dont voici un extrait qui concerne ces vers :

> Il arrive que le lieu commun soit formulé par le songeur lui-même. Alors, le soin de rejeter la vision dans le monde des chimères n'est plus dévolu à un personnage secondaire. C'est le héros tragique qui, dans un monologue, s'en charge. Ainsi, Hippolyte, après la *narratio*, tente de se rassurer. Au seuil de la tragédie, sur un rythme ternaire, la figure de la commoration (v. 237) vient conjurer le risque de vérité contenue dans le songe pour lui refuser le statut de symptôme du tragique. (...) Pour le spectateur, cette inutile formulation d'expressions toutes faites produit un effet d'ironie tragique. Le monstre qu'est le *grand Lion patu* (v. 200) aperçu en songe reviendra, sous une autre forme, à l'issue de la pièce (acte V) mettre à mort le héros. La formule stéréotypée, une fois encore, renforce le tragique. (p. 78 de la version dactylographiée)

Dans *Cornélie* (1574), Garnier mettra en scène une discussion sur la véracité des songes et des apparitions de fantômes (vers 717-744, Jean-Claude Ternaux, éd.).

vers 238 – *en dormant* : l'agent du gérondif n'est pas le même que celui du verbe principal, tour banni du français correct d'aujourd'hui, mais parfaitement toléré aux seizième et dix-septième siècles.

vers 239-250 – L'évocation de ce prodige ne figure pas dans la *Phaedra* de Sénèque. De tels présages sont fréquents dans le théâtre de Garnier (*Antigone*, 2480-2481, *Les Juifves*, 740). Les vers 239-240 rappellent la *Médée* de La Péruse : voir Marie-Madeleine Mouflard (III, p. 249) :

> (…) sus mon palais le hibou se lamante
> Et de son triste chant toute nuit m'espouvante ?
> (La Péruse, *Médée*, 575-576)

vers 249 – *une espesse nuë : cf.* Maurice de La Porte.
vers 257-258 – Noter la rime *à l'encontre* (édition B *alencontre*) / *malencontre*. La parenté morphologique n'a pas arrêté le poète ; elle semble bien au contraire délibérée, puisqu'elle souligne les efforts contradictoires du héros et du destin. Le vocabulaire employé et les ressources de la rime sont des expressions rhétoriques de l'agôn tragique.
vers 259-262 – Affirmation très nette de la puissance du destin.
vers 263-274 – Cette peinture très vive témoigne d'une esthétique de l'horreur et de la violence, fréquente chez Garnier. On notera l'isotopie de la couleur rouge (*feu* et *sang*). On trouvait, dans l'*Alexandre* de Jacques de La Taille, un sacrifice semblable (*cf.* Marie-Madeleine Mouflard, III, p. 260) :

> Après que sur l'autel l'hostie on décolla,
> Tout le sang rejaillit sur le roy çà et là ;
> On ne vit point le cœur au ventre de l'hostie,
> Bien y vit-on le foye à la dextre partie.

vers 275 – *O Dieux, ô Dieux du ciel* : Cette répétition solennelle renforce la théâtralisation et le pathétique.
vers 276 – *rigoureux* figure dans *Les Epithetes* de Maurice de La Porte, s.v. *courroux*.

vers 280 – *à secours* : noter la valeur finale de la préposition *à*.

vers 282-286 – Diane (Artémis), comme son frère jumeau Apollon, est née à Délos. Ils sont tous deux fils de Zeus et de Létô (Latone).

vers 285-380 – Chœur de huit strophes, comprenant chacune douze octosyllabes. Les rimes sont disposées de la façon suivante (nous marquons les rimes féminines d'un indice, sous forme d'apostrophe) : A'BBA'CD'D'-CE'FE'F : à un quatrain à rimes embrassées succède un autre quatrain à rimes également embrassées, mais où les rimes féminines ne se trouvent pas à la même place, puis un troisième quatrain à rimes croisées. Entre le dernier vers de chaque quatrain et le premier vers du suivant, on observe une alternance entre les rimes féminines et les rimes masculines. Cette structure offre à la fois symétrie et variété, d'où la double impression de rigueur et de souplesse. – Garnier s'est peut-être souvenu de la brève invocation à Artémis (Diane) qu'on trouve dans l'*Hippolyte* d'Euripide (*cf.* supra, note des vers 143-156), mais il imite surtout, et très librement, Sénèque (Monologue d'Hippolyte, *Phaedra*, 1-82). On retrouve les principaux éléments mais différemment ordonnés :

> Les thèmes : invocation à Diane, retour des chasseurs, sont disposés dans un ordre différent, les images et les descriptions sont autres ; des paysages du Maine remplacent ceux de l'Attique. (Marie-Madeleine Mouflard, III, p. 23)

vers 285-296 – Cette strophe, malgré son point final, constitue la protase d'un système hypothétique, dont l'apodose se situe dans la strophe suivante.

vers 285-288 – À propos des termes et des expressions *fille de Latone, de Dele, chasteté* : *cf.* Maurice de La Porte, s.v. *Diane – un troupeau* : la troupe des Nymphes, qui accompagnent Diane.

vers 289 – *les monts herissez de bois* : *cf.* Sénèque, *Phaedra*, 1-2 : *Ite, umbrosas cingite siluas / summaque montis iuga, Cecropii !*

vers 290 – *touffu* : à partir de 1580, Garnier préfère la forme correspondant à la prononciation « ouïste ».

vers 297-298 – *montagneuse... bocagere* : Marty-Laveaux (*La Langue de la Pléiade*, t. II, p. 91 et 132) signale que ces deux mots sont employés par Baïf. – *Aime-fontaines, porte-rets :* composés de style ronsardien, à l'imitation du grec. – Ces deux vers font, d'après Marie-Madeleine Mouflard (III, p. 280), écho à une strophe du carmen XXXIV (vers 9-12) de Catulle, poème consacré précisément à Diane chasseresse, nommée par le poète latin comme par Garnier *fille de Latone* :

Montium domina ut fores
Silvarumque virentium
Saltuumque reconditorum
Amniumque sonantium.

« pour que tu règnes sur les montagnes, les vertes forêts, les bocages mystérieux et les rivières sonores. » (Traduction G. Lafaye)

Diane règne donc sur les montagnes, les forêts, les bocages, les rivières, autant d'évocations qu'on retrouve chez Garnier (*montagneuse, bocagere, aime-fonteines* et, au vers 299, *en tes forests*). En outre, dans la strophe suivante, Catulle, comme Garnier le fera au vers 375, assimile Diane à la Lune.

vers 302 – Le terme de *chasseresse* est fréquent dans la poésie de la Pléiade (voir plusieurs exemples dans Marty-Laveaux, t. II, p. 116).

vers 307 – *branches vertes* : *cf.* Maurice de La Porte.

vers 309-320 – Hippolyte présente son mode de vie comme actif et sain. Homme d'action, il forme contraste avec Phèdre, femme de passion, malade et sans volonté.

vers 310 – *la faim avare de l'or* : souvenir de Virgile (*Énéide*, III, 57) : *auri sacra fames*.

vers 315-316 *branchu* : plusieurs exemples figurent dans Marty-Laveaux (*La Langue de la Pléiade*, t. II, p. 168) ; *sanglier furieux* : l'adjectif figure dans *Les Epithetes* de Maurice de La Porte, s.v. *sanglier.*

vers 319 – L'épithète *obscure* figure dans *Les Epithetes* de Maurice de La Porte, s.v. *forest.*

vers 321-332 – Toute cette strophe contient un vocabulaire cynégétique assez précis : Garnier suit le précepte de Ronsard sur l'utilisation des termes techniques (*Abbregé de l'Art poétique françoys*, éd. Pléiade, t. II, p. 1177).

vers 341 – *biche peureuse* : *cf.* Maurice de La Porte (de même, plus loin, au vers 1001, *biche sauvage*).

vers 333-360 – Hippolyte, si peu sensible à l'amour, contemple en spectateur les élans des animaux. La violence de l'instinct préfigure la « fureur » amoureuse de Phèdre. Le « forcènement » est une passion tragique essentielle. – Au vers 360, le sanglier *à l'horrible hure* peut passer pour un symbole de l'amour criminel et monstrueux de Phèdre. L'adjectif *horrible* figure chez Maurice de La Porte, s.v. *hure.*

Vers 361 – *fidele* : *cf.* Maurice de La Porte.

vers 374-375 – *les forests* : complément d'objet direct de *vas quittant.* – *Nuict brune, belle Lune* : *cf.* Maurice de La Porte. – *Pour reluire au ciel, belle Lune* : l'assimilation de Diane à la Lune est chose courante dans l'Antiquité, de même que son frère Apollon personnifie le Soleil. Garnier, ainsi que nous l'avons signalé plus haut, s'inspire probablement de Catulle (XXXIV, v. 15-16 : *notho es / Dicta lumine Luna*).

vers 379 – *allegre joye* : *cf. Les Epithetes* de Maurice de La Porte.

ACTE II

vers 381-874 – Très longue scène, beaucoup plus longue que celle qui lui correspond chez Sénèque (85-273) ; selon son habitude, Garnier amplifie et ajoute quantité de détails. La tirade initiale de Phèdre dans la pièce de Sénèque occupait les vers 85 à 128. Garnier laisse de côté les vers 103-128 de la pièce latine, pour y substituer huit vers pathétiques (459-466). Il a aussi puisé son inspiration dans la dixième *Héroïde* d'Ovide. Jean-Claude Ternaux (dans Emmanuel Buron, 2000, p. 95-96) a montré comment Garnier a transformé les données fournies par le poète élégiaque latin :

> Dans cette ouverture de l'acte, elle fait sien le *lamento* qu'Ariane fait entendre dans la dixième des *Héroïdes*, avec quelques différences d'importance toutefois. Exilée comme elle, elle exprime sa nostalgie pour son cher séjour (v. 389), la Crète au « front orné de cent fameuses villes » (II, 384), la « mere des Dieux » (v. 381 ; Jupiter y a séjourné enfant). Mais la situation est inverse dans la mesure où Ariane regrette un sort que, désespérée, sa sœur lui envie. Dans une sorte d'échelle des malheurs, celui d'Ariane est moins horrible que le sien et donc enviable. De plus, l'union qu'elle a contractée avec Thésée est légitime, alors que celle de sa sœur relève de la trahison. Mais toutes deux se rejoignent dans le désir de mort formulé sur le mode élégiaque.

Les figures de répétition, rangées par Fouquelin dans la catégorie du nombre (*op. cit.*, p. 379 *sq.*), fréquentes dans ce passage, contribuent à l'expression du pathétique.

vers 381-396 – Amplification des vers 85-92 de la *Phaedra* :

O magna uasti Creta dominatrix freti
cuius per omne litus innumerae rates
tenuere pontum, quicquid Assyria tenus
tellure Nerea peruium rostris secas,
cur me in penates obsidem invuisos datam
hostique nuptam degere aetatem in malis
lacrimisque cogis ? Profugus en coniux abest
praestatque nuptae quam solet Theseus fidem.

« O grande Crète, reine des vastes flots,
Dont les navires sans nombre sur toute rive
occupent la mer, jusqu'à la terre d'Assyrie,
toi qui sillonnes les chemins de Nérée,
pourquoi m'as-tu livrée en otage à une odieuse maison,
pourquoi m'as-tu mariée à mon ennemi, me contraignant
à vivre dans les maux et les pleurs ? Voici que mon mari volage est parti.
Thésée manifeste à son épouse son habituel sens de la fidélité. »

vers 381-385 – *Crete mere des dieux...Demeure de Saturne* : La Crète n'était pas à proprement parler la patrie de Saturne, qui demeurait en Italie, mais Zeus, fils de Saturne, est né en Crète. – L'invocation à la Crète se comprend si l'on songe aux origines de Phèdre : Minos, son père, était roi de cette île et Phèdre se nomme elle-même *Cressa puella*, fille de Crète, dans les *Héroïdes* d'Ovide (IV, 2).

vers 382 – *naissant* : « en naissant », « lors de sa naissance » – *le grand moteur des cieux* : il s'agit de Jupiter (Zeus), fils de Saturne (le Titan Cronos) et de Rhéa : il gouverne le cours du temps et des saisons. D'après Hésiode, Rhéa l'a mis secrètement au monde en l'île de Crète, parce que son époux voulait le dévorer, sachant que le destin avait décidé que son fils le détrônerait un jour.

vers 384-388 – L'activité maritime des Crétois était intense. Ce tableau de la Crète est celui d'une heureuse et riche civilisation. – *cent fameuses villes* : la Crète était connue pour ses constructions architecturales nombreuses (villes, palais), datant en particulier du IIe millénaire avant J.-C., par exemple les palais de la première période : Cnossos, Phaestos, Mallia.

vers 394 – *adultere* est ici un verbe au présent de l'indicatif, dont le sujet est *qui*, représentant *un espoux desloyal*, c'est-à-dire Thésée.

vers 397-430 – Ce passage est de l'invention de Garnier ; les vers 415-430 contiennent toutefois quelques souvenirs d'Ovide (*Héroïdes*, X, vers 80-96).

vers 403 – L'image de l'âme emprisonnée dans le corps et qui s'en libère par la mort est traditionnelle dans la poésie de la Pléiade et dans le théâtre de Garnier.

vers 407 – *tombe obscure* : *cf.* Maurice de La Porte, s.v. *tombe.*

vers 412 – *vie* : prononcer le *e* final devant la consonne placée à l'initiale du mot suivant.

vers 415 – Le personnage se nomme lui-même, afin que le public puisse l'identifier. Preuve supplémentaire que Garnier songeait à la représentation en écrivant.

vers 420 – *Phoques vagabondes* : le mot est féminin, conformément à son genre étymologique : grec ἡ φώκη, latin *phoca.* – Sur cette évocation des phoques, empruntée aux plaintes d'Ariane dans la dixième *Héroïde*, Jean-Claude Ternaux écrit (dans Emmanuel Buron, 2000, p. 96) :

> Chez Ovide (X, 84-88), le personnage passe en revue « mille façons » de mettre fin à sa vie, au nombre desquelles figure la

mort donnée par des animaux sauvages, lions fauves (*fuluos leones*, v. 85), tigres féroces (*saeuas tigridas*, v. 86) et phoques énormes (*magnas phocas*, v. 87). On retrouve les « Lions Naxeans » (v. 426) chez Garnier, dans le même contexte, et les phoques, qui ne laissent pas de surprendre un lecteur moderne. Leur mention s'intègre non pas à un souhait, comme chez sa sœur, mais à un regret, celui de ne pas être morte (…)

vers 421-468 – *indiscret* (421), *malheureux* (461), *insensee* (468) figurent dans *Les Epithetes* de Maurice de La Porte s.v. *amour*.

vers 424-426 – Ariane fut abandonnée par Thésée à l'île de Naxos. En ne nommant pas tout de suite ce lieu, en le qualifiant de *sauvage*, et en ne permettant de l'identifier qu'indirectement par l'évocation de bêtes féroces (*lions Naxeans),* Phèdre fait ressortir le tragique de la situation et provoque un sentiment de pitié pour sa sœur, à laquelle elle s'identifie. – La graphie *Ariadna* avec *d* est héritée du grec et du latin.

vers 431 – À partir de ce vers, Garnier reprend l'imitation de la tirade de Phèdre chez Sénèque.

vers 431-444 – *Cf. Phaedra*, 91-98, où l'on retrouve à l'égard de l'époux volage la même ironie :

(…) Profugus en coniux abest
praestatque nuptae quam solet Theseus fidem.
Fortis per altas inuii retro lacus
uadit tenebras miles audacis proci,
solio ut reuulsam regis inferni abstrahat ;
pergit furoris socius, haud illum timor
pudorque tenuit : -stupra et illicitos toros
Acheronte in imo quaerit Hippolyti pater.

« Voici que mon époux infidèle est absent ;
Thésée, comme toujours, donne à son épouse des marques de fidélité !

> Dans les profondes ténèbres du lac dont nul ne revient,
> il avance, en brave soldat d'un amant effronté,
> prêt à arracher du trône la femme du roi des Enfers ;
> il va, complice d'une furieuse passion, sans que ni crainte
> ni pudeur l'aient retenu : l'adultère, les amours coupables,
> c'est jusqu'au fond de l'Achéron que le père d'Hippolyte va
> les chercher ! »

vers 445-448 – Mouvement rhétorique semblable à celui de la *Phaedra* (99) : *Sed maior alius incubat maestae dolor.*

vers 445 – *infernaux palus* : latinisme (*palus, -udis*) : « marécages, étangs des Enfers » ; *cf.* Virgile, *Énéide*, VI, 414. On trouve des occurrences de ce terme chez Du Bellay et dans d'autres passages de Garnier. Déjà Villon parlait des *infernaux palus*.

vers 448 – Sur la périphrase *va remplissant*, et sur ses diverses valeurs, grammaticale, sémantique, rhétorique et dramatique, voir la note du vers 218.

vers 449-458 – La Phèdre de Sénèque souffrait de maux semblables (100-103). Mais Garnier exploite largement le thème de la brûlure de l'amour. La comparaison mythologique des vers 455-458 était très discrète chez le poète latin, qui usait d'un tour concis : *qualis Aetneao vapor exundat antro* (102-103). Elle donne lieu à une amplification chez Garnier. Les héros de cette pièce se trouvent en effet par leur naissance étroitement liés aux dieux. Sénèque, lui, ne parlait ni des Cyclopes, ni du courroux de Jupiter : *alitur et crescit malum / et ardet intus qualis Aetnaeo uapor / exundat antro* (101-103). Garnier développe, à l'aide de détails pittoresques, cette comparaison avec la fournaise de l'Etna, qui sera reprise et à son tour amplifiée plus loin (vers 727-772). Voir Jean-Dominique Beaudin, « La poésie vulcanique de Robert Garnier… ». – vers 450 – *Le somme Lethean* : Le

Léthé, conformément à son étymologie grecque, est le fleuve de l'oubli ; Phèdre cherche à enfouir ses chagrins dans le sommeil, mais sans succès.

vers 459-466 – Ces vers offrent un bon exemple du nombre oratoire, tel que le décrit Fouquelin (*La Rhétorique française*, p. 379 *sq.*).

vers 462-466 – Phèdre déplore la fatalité en termes généraux ; chez Sénèque, elle la rattachait à une malédiction héritée de celle qui avait pesé sur sa mère : *Fatale miserae matris agnosco malum* [113]. – *j'aime... j'enrage follement* : gradation qui souligne le caractère quasi bestial de la passion de Phèdre.

vers 467-492 – Garnier s'inspire de Sénèque (129-177), qu'il suit très librement, s'attachant plus à l'esprit qu'à la lettre, malgré quelques emprunts précis (*monstre<monstra* au vers 174 de la *Phaedra*) ; la tirade de la *nutrix* est abrégée, l'imitation se limitant au début et à la fin de la tirade (*Phaedra*, 129-137 et 165-177) ; une bonne part de l'argumentation est modifiée ; c'est l'image du monstre d'amour, du serpent à écraser, et le parallèle entre ce dernier et les monstres combattus par Thésée qui forment l'essentiel du texte ; en cela Garnier s'écarte nettement de la tragédie romaine correspondante. – Aux vers 469-476, l'assimilation de l'amour à un monstre parcourt toute la pièce. La nourrice invite Phèdre à combattre sa propre monstruosité, à l'exemple de Thésée combattant les monstres. – Les vers 469-472 font écho aux vers 275-277 d'*Hercule sur l'Oeta*, eux aussi prononcés par une nourrice : *(...) Pectoris sani parum / aestus, alumna, comprime et flammas doma ; / frena dolorem. Coniugem ostende Herculis.* – Les vers 483-484 contiennent un souvenir implicite du serpent de la *Genèse*, qui a entraîné l'humanité dans sa chute en faisant commettre aux premiers hommes

une faute. Garnier infléchit discrètement la comparaison dans un sens chrétien. Le vice symbolisé par le serpent est intérieur au cœur de l'homme. La christianisation de l'image transparaît plus loin (vers 488) dans l'emploi d'un terme théologique : la *malice* (le mal) correspond à la *malitia* des chrétiens : Albert Blaise, dans son *Dictionnaire des auteurs latins chrétiens*, donne en effet les sens suivants : 1) méchanceté ; 2) mal moral ; 3) méchanceté du diable, avec des exemples pour ce dernier sens qui nous semblent bien éclairer notre passage et qui sont empruntés à Tertullien, *Paen.*, 7, *Apol.*, 22 (*malitia spiritalis*) et à Saint-Augustin, *Nupt.*, 2, 16, 31 (*malitia diaboli*).

vers 469 – *race de Jupiter* : « descendance de Jupiter ». Minos, père de Phèdre, était fils de Zeus et d'Europe.

vers 485-499 – Il est encore temps pour Phèdre de résister à sa mortelle passion. Du point de vue dramatique, une incertitude pèse donc. La nourrice avertit la reine que celle-ci reste maîtresse de son destin. Phèdre refuse sa culpabilité et se soumet à l'amour comme à une fatalité. Ce passage est important, car il pose le problème de la responsabilité et de la volonté humaines. Selon la nourrice, l'homme n'est pas *prédestiné* au mal. On reconnaîtra sans peine dans ces quelques vers un écho, certes très affaibli, des querelles entre catholiques et calvinistes. Garnier ne franchit d'ailleurs pas les limites de la morale et de la psychologie courantes, mais la réflexion ainsi ébauchée ne nous paraît pas dépourvue de liens avec les enjeux théologiques du temps. – Les vers 485-492 correspondent aux vers 132-135 de la *Phaedra*. Chez Sénèque, la nourrice donne les mêmes conseils que la nourrice de la pièce de Garnier, mais ce dernier scinde en deux la tirade pour intercaler, dans les vers 493-519, un dialogue incisif.

vers 492-700 – Marie-Madeleine Mouflard (III, p. 24-25) évoque à propos de ce passage la Déjanire de *l'Hercule sur l'Oeta* : « Déjanire, révoltée de se voir préférer Iole, veut se venger de sa rivale et tuer son mari ; la nourrice essaie de la raisonner et de la consoler, mais elle ne veut rien entendre et se plaint de l'infidélité de son mari (255-450) ; telle est sans doute l'origine du thème, longuement développé, de l'infidélité de Thésée. Mais, alors que l'honnête Déjanire se désespère d'avoir cessé de plaire à son époux, Phèdre veut voir dans la faute de son mari une excuse à sa passion ».

vers 492 – *Cil* : archaïsme pour *celui*.

vers 493-682 – Développement en très grande partie original, propre à Garnier.

vers 500-518 : Stichomythie intéressante : outre qu'elle donne une vivacité soudaine au dialogue théâtral, elle permet à Garnier d'évoquer de manière frappante une des problématiques centrales de la pièce : l'impiété de Phèdre, qui, selon la nourrice, invoque les dieux lors même qu'ils réprouvent son attitude.

vers 503-504 – *Non* n'est pas une véritable négation de ce qui précède ; l'adverbe renforce la gradation qui va suivre. Il s'agit de la figure appelée traditionnellement *correction* (voir Fontanier, *Les Figures du discours*, p. 366-367 : *La* correction *est une figure par laquelle on rétracte en quelque sorte ce qu'on vient de dire à dessein, pour y substituer quelque chose de plus fort, de plus tranchant, ou de plus convenable*). – Au vers 503, le terme *execrable* appartient au vocabulaire religieux et signifie « maudit ».

vers 505 – *O puissante Venus* : l'adjectif *puissante* figure dans *Les Epithetes* de Maurice de La Porte, s.v. *Venus*.

vers 509-518 : Répliques stichomythiques, reposant sur des antithèses ou des glissements sémantiques.

vers 511 – Chez Euripide, c'est la nourrice qui, pour apaiser Phèdre, rappelait cela à la reine (*Hippolyte*, vers 451-458). Chez Garnier, c'est la reine qui cherche des excuses à sa passion dans le comportement des dieux.

vers 515-537 – Cette discussion est l'écho d'une problématique qui hante tout le seizième siècle : l'adultère est-il justifié ? Sa condamnation n'est-elle pas l'expression de la tyrannie des maris sur leurs femmes ? Voir sur ce point Lucien Febvre, *Amour sacré et amour profane*, p. 302 *sq.*, et Screech, *Rabelais et le mariage*. – *brutale rage* (516), *ombreuses forests* (524), *pierreuses montagnes* (524) sont des expressions courantes : *cf.* Maurice de La Porte.

vers 519-534 – Phèdre développe ici la proposition selon laquelle « la fornication paraît clairement ne contenir en soi aucune malice, et être mauvaise parce qu'elle est interdite », proposition qui sera condamnée au siècle suivant par le pape Innocent XI.

vers 542 – Le réfléchi *soy* peut s'employer au seizième siècle pour renvoyer à un sujet déterminé.

vers 543-550 – Jusqu'où vont les devoirs de l'amitié et le respect des promesses ? Débat traditionnel, dont Cicéron se faisait déjà l'écho dans le *De Officiis* (livre III, chap. xxv).

vers 555-558 – Rappel du rapt de Corè (Proserpine ou Perséphone), fille de Déméter, par Pluton (voir l'*Hymne homérique à Déméter*). – Lebègue note (éd. citée, p. 260) : « Ni Sénèque, ni Euripide n'ont mentionné cet argument. »

vers 561 – Le *grand Tirynthien* : Héraclès, qui fut aux ordres d'Eurysthée, roi de Tirynthe.

vers 563 – *tant de braves conquestes* : l'adjectif est courant, appliqué au substantif *conqueste* : *cf.* Maurice de La Porte.

vers 569-570 *Mais* remplace, en 1585, *quoy ?* plus rhétorique qu'argumentatif. – *Démons* : divinités formant les armées de Pluton. Le mot est pris ici dans le sens grec de *daimôn*, signifiant « divinité ». Dans le *Banquet* de Platon (202-203), Diotime fait de l'amour un démon, employant le terme dans un sens un peu différent (être intermédiaire entre les dieux et les hommes). Dans son hymne consacré aux *daimons*, Ronsard reprend cette idée des démons créatures intermédiaires entre Dieu et les hommes, en distinguant entre eux les bons, ceux qui viennent de l'air, et les mauvais, qui n'apportent aux hommes que des fléaux. La croyance à ces esprits était chose courante au XVIe siècle. – *Dieux... debonnaires* : *cf.* Maurice de La Porte, s.v. *Dieu*.

vers 573-582 – Amplification du passage correspondant de Sénèque (219-224). Le thème général est le même : à Phèdre qui affirme que Thésée ne peut remonter des Enfers, que personne n'en est jamais revenu, la nourrice répond que Thésée saura bien trouver la sortie du royaume de Pluton (allusion, sans doute, aux capacités légendaires du héros, qui, jeune homme, avait trouvé l'issue du labyrinthe) :

PHAEDRA

(...) reditusque nullos metuo : non umquam amplius
conuexa tetigit supera qui mersus semel
adiit silentem nocte perpetua domum.

NUTRIX

Ne crede Diti. Clauserit regnum licet
canisque diras Stygius obseruet fores :
solus negatas inueniet Theseus uias.

« PHÈDRE

Je ne crains nullement le retour de Thésée : on ne peut jamais plus

remonter au sommet dès que l'on a plongé
au silencieux manoir de l'éternelle nuit.

LA NOURRICE

Ne fais pas confiance à Pluton. Même s'il ferme les frontières de son royaume,
même si le chien du Styx garde leurs terrifiantes barrières,
seul Thésée, malgré l'interdit, trouvera le moyen d'en sortir. »

Garnier fera dire au chœur dans *Cornélie* (1574) :

» Personne, que la Mort inevitable domte,
» En ce monde laissé des Enfers ne remonte (739-740)

vers 577-579 – *le palle sejour* : la poésie latine utilise souvent *pallens* ou *pallidus* pour caractériser les demeures infernales : Quicherat cite dans son *Thesaurus*, p. 777, Virgile (*Pallentes umbras Erebi*), Silus Italicus (*pallentia regna*), Horace (*pallida mors*), Stace (*Umbriferaeque gemuit sulcator pallidus*). Le *sejour* et, plus loin, la *salle profonde* correspondent aux mots *domus*, *aula*, *sedes* : *cf. domus inferna, Plutonica, Stygia ; aeterna domo* (Sénèque, *Phaedra*, 1241) ; *Plutonis aula, domus, sedes imae Erebi ; profunda vorago.* Le vers de Virgile *Pallentes umbras Erebi noctemque profundam* (*Énéide*, IV, 26) synthétiserait assez bien l'ensemble des images qu'on retrouve dans le passage de Garnier.

vers 583-589 – Ces sept vers ont été ajoutés par Garnier, qui reprend, sous forme poétique, le thème de l'infidélité de Thésée, déjà précédemment évoqué.

vers 590-644 – Cette longue tirade ne possède aucun équivalent dans la pièce de Sénèque. Elle expose des arguments que les théologiens développaient à l'époque en faveur de la fidélité conjugale, quelle que soit l'inconduite du conjoint. S'y ajoute un plaidoyer pour la providence, plus prompte à guérir avec amour qu'à châtier. L'idée de la miséricorde divine se trouve également exprimée dans le *De Beneficiis* de Sénèque (*cf.* Marie-Madeleine Mouflard, III, p. 24-25).

vers 606 – *le luisant Phebus* est l'équivalent du *Phoibos Apollôn* des Grecs.

vers 612-613 – *grappes vinotieres* : Maurice de La Porte donne *vineuses*. – *L'Hyver glacé* : l'épithète est courante : *cf.* Maurice de La Porte.

vers 623-628 – Les Géants, fils de la Terre (Gaia) et du sang d'Ouranos, blessé par Cronos, voulurent venger les Titans, eux-mêmes fils d'Ouranos et de Gaia (*cf. Titanienne race*, vers 624), enfermés par Zeus dans le Tartare. Le maître des dieux, lançant la foudre, fracassa l'Olympe et renversa Pélion du sommet d'Ossa, écrasant les géants. L'un d'eux, Encelade, fut assommé par Athéna, qui lança sur lui la Sicile, d'où la dénomination de *freres Etneans* (vers 624). Parmi eux, figurait Cronos, père de Zeus. Voir les *Métamorphoses* d'Ovide (I, vers 151-162), la *Théogonie* d'Hésiode (vers 183 et suivants) et l'*Ode à Michel de L'Hospital* de Ronsard. D'une façon générale, ce thème est courant dans la poésie de la Pléiade ainsi que chez les tragiques de la même époque. – Le *champ Phlegrean* : les Champs Phlégréens, plaine de Macédoine, où les Géants ont attaqué les dieux.

vers 639 – *bruyans* : l'adjectif figure dans l'ouvrage de Maurice de La Porte, s.v. *foudres*, où il est précisé que ce nom peut être employé indifféremment aux deux genres.

vers 646-647 – Le *h* de *ha* est latinisant (*habet*). Voir plus haut la note correspondant au vers 80.

vers 649-666 – Garnier s'inspire de Sénèque, qui énumère les amours d'Hercule dans son *Hercule sur l'Oeta* (363-377) ; cette source a été relevée par Raymond Lebègue (Édition d'*Hippolyte*, p. 251), par Marie-Madeleine Mouflard (III, p. 25) et par Silvio Ferrari (Édition d'*Hippolyte*, p. 89) ; ce dernier y voit aussi un écho de *De Beneficiis* du même Sénèque.

vers 649 – Hélène était fille de Zeus et de Léda, ou, selon une autre tradition, fille de Tyndare, roi de Sparte, et de Léda. Cette dernière était fille de Thestios, roi d'Étolie – L'épithète *Ledeanne* n'existe ni en latin ni en grec : Garnier utilise le suffixe *-ean* / *-eane* à l'imitation de ses maîtres de la Pléiade. Ce suffixe était usuellement ajouté à des thèmes appartenant à l'onomastique. (voir Marty-Laveaux, *La Langue de la Pléiade*, II, p. 65-66 et, plus bas dans le texte, au vers 657, l'adjectif *Naxean*).

vers 651 – *Hippolyte* est ici une apostrophe – *ta mere :* il s'agit de l'Amazone Antiope (voir la note des vers 664-665).

vers 656 – Voir la note du vers 34. – *abominable* figure chez Maurice de La Porte.

vers 660 – *sa legere inconstance* : *cf.* Maurice de La Porte.

vers 664-665 – Antiope était la reine des Amazones ; certains en font la mère d'Hippolyte (voir Plutarque, *Vie de Thésée*, chapitre XXXVI) ; d'autres l'appellent Hippolytè (*id.*, chap. XXXIV). Elle fut mariée un temps à Thésée, qui la répudia pour épouser Phèdre : ce fut la cause de la guerre que les Amazones livrèrent au héros parjure. Elles furent vaincues par Thésée et, selon Plutarque (*op. cit.*, chap. XXIV), Hippolyté (Antiope) trouva la mort dans le combat, tuée par Thésée lui-même, ce que rappelle Euripide, et ce que Garnier évoque sans nommer explicitement le meurtrier.

vers 667-668 – Le lieu commun est peut-être inspiré des plaintes d'Ariane délaissée par Thésée dans le carmen 64 de Catulle, vers 143-148 :

Nunc iam nulla uiro iuranti femina credat,
Nulla uiri speret sermones esse fidelis ;
Quis dum aliquid cupiens animus praegestit aspici,
Nil metuunt iurare, nihil promittere parcunt ;
Sed simul ac cupidae mentis satiata libido est,
Dicta nihil metuere, nihil periuria curant.

« Nulle femme ne doit plus ajouter foi aux serments d'un homme,
aucune ne doit espérer entendre des paroles sincères ;
tant que les hommes désirent ardemment obtenir quelque faveur,
ils ne craignent pas de jurer, ne sont pas avares de promesses ;
mais dès qu'ils sont parvenus à leurs fins,
ils ne craignent pas de se parjurer sans l'ombre d'un scrupule. »

Cf. aussi, l'Arioste *Orlando furioso*, X, ott. 6-8.

vers 683-690 – L'idée générale développée dans cette réplique figure déjà dans la tragédie de Sénèque. Elle se trouve ici amplifiée autour d'une image filée d'ordre militaire, avec des éléments très précis, tels que ceux qu'on lit aux vers 685-686. – Le vers 684 est emprunté à Ovide, *Héroïdes*, IV, 70 : *Acer in extremis ossibus haesit amor.*

vers 691-726 – La tirade suit très librement Sénèque (*Ph.*, 129-177). Ce dernier insistait davantage sur le conflit de l'honneur et de la passion, alors que Garnier met au premier plan le combat de l'amour et de la raison ; la nourrice chez Garnier se montre ferme dans ses propos sans marquer aucune retenue à l'égard de sa maîtresse, alors que celle de Sénèque, tout en manifestant autant de sévérité, prend quelques précautions oratoires et marque un certain respect : *Nec me fugit, quam durus et veri insolens / ad recta flecti regius nolit tumor.*

vers 699-702 – *cf.* Sénèque, *Ph.*, 130-132 :

nefanda casto pectore exturba ocius
extingue flammas neue te dirae spei

praebe obsequentem

« Chasse au plus tôt de ton cœur chaste ces désirs interdits,
éteins ces flammes, ne te laisse pas attirer par de funestes espérances. »

vers 703-712 – Topos rhétorique, de style sénéquien, auquel Garnier aura souvent recours. – Les Scythes, les Gètes et les Sarmates sont fréquemment associés par Garnier dans les mêmes énumérations, et les épithètes qui les caractérisent insistent en général sur leur sauvagerie légendaire, leur ignorance de la morale humaine et de la civilisation, leur inaptitude à s'établir en un lieu fixe – On retrouve aussi l'idée de la transgression du *nefas*, si souvent abordée par Sénèque dans son théâtre : voir Florence Dupont, *Les Monstres de Sénèque*, et les vers 165-170 de la *Phaedra :*

Compesce amoris impii flammas, precor,
nefasque quod non ulla tellus barbara
commisit umquam, non uagus campis Geta
nec inhospitalis Taurus aut sparsus Scythes ;
expelle facinus mente castifica horridum
memorque matris metue concubitus nouos.

« Étouffe les flammes de cet amour sacrilège, je t'en prie,
ne commets pas un tel crime, que même les Barbares d'aucun pays
n'ont jamais commis, ni les Gètes qui errent dans les plaines,
ni les Taures rebelles à l'hospitalité, ni les Scythes épars ;
veille sur ta chasteté, chasse la pensée de cet horrible forfait,
songe à ta mère, garde-toi des unions contre nature. »

vers 706-707 – Les Scythes sont traditionnellement dénommés *cruels* (*cf.* Maurice de La Porte). De même, l'adjectif *neigeux* est souvent appliqué au Caucase : voir *ibidem*, folio 49, s.v. *Caucase* : « C'est une montagne de

Scythie qui est de longue estendue, et si haute qu'elle est tousjours blanche de neiges. »

vers 708 – Le Phase est un fleuve de Colchide, région d'Asie Mineure où se trouvait la Toison d'or.

vers 715-726 – Même ironie que chez Sénèque (vers 173-177) ; Garnier, conformément à son habitude, amplifie, mais reprend parfois littéralement son modèle (*Les monstres trop longtemps en vostre maison cessent*) :

> *Perge et nefandis uerte naturam ignibus.* –
> cur monstra cessant *? Aula cur fratris uacat ?*
> *Prodigia totiens orbis insueta audiet,*
> *natura totiens legibus cedet suis,*
> *quotiens amabit Cressa ?*

> « Continue, laisse ta passion transgresser les lois sacrées de la nature !
> Pourquoi cesser d'enfanter des monstres et laisser vide la maison de ton frère ?
> L'univers doit-il apprendre des prodiges inouïs,
> la nature abdiquer ses propres lois,
> à chaque fois qu'une Crétoise tombera amoureuse ? »

vers 722 – *O saincte Paphienne* : à Paphos, ville de l'île de Chypre, se trouvait un temple consacré à Aphrodite (*cf. Hymne homérique à Aphrodite,* vers 58 à 62, passage emprunté au chant VIII de l'*Odyssée*). La déesse, née des flots, fut portée par les zéphyrs à Cythère, puis à Chypre.

vers 727-810 – Ces deux longues répliques constituent une amplification du dialogue de la tragédie de Sénèque (vers 177-217). Garnier a notamment ajouté l'assimilation de l'amour à un serpent et la comparaison homérique des vers 743-757. L'image de la tempête pour désigner la passion est usuelle dans l'Antiquité tant païenne que chrétienne. – L'amplification est une manifestation de la *copia*, qui prend ici la forme de la description ornementale. Là où Sénèque recherchait la *vis maxima* dans la sobriété et le style véhément, Garnier l'atteint par des chemins différents, notamment par le style abondant. Il accorde à la comparaison avec Vulcain une attention privilégiée, plus importante que chez Sénèque (*cf.* Jean-Dominique Beaudin, « La poésie vulcanique de Robert Garnier … »). – A propos de l'utilisation de la comparaison homérique dans la tragédie, voir Jean-Claude Ternaux, *Calliope et Melpomène…*, p. 203-204 de la version dactylographiée, et, notamment, outre la citation que nous reproduisons plus loin à la note des vers 2069-2088, les lignes suivantes :

> Cette présence des comparaisons a pour conséquence d'en souligner l'aspect littéraire. Elles sont surtout des éléments qui interdisent la *mimesis* d'action. La tragédie humaniste ne cherche en rien l'illusion réaliste. Bien plus, elle s'affirme comme discours, conférant au texte sa primauté. Sur l'*eschaffaut,* les acteurs sont autant de récitants de morceaux épiques. Ainsi s'abolit la distinction entre la tragédie et l'épopée, la seconde venant caractériser la première d'une façon très importante.

vers 732 – *forçante rage* : Maurice de La Porte donne *forcenee*, s.v. *rage.*

vers 743-754 – Jean-Claude Ternaux (« La comparaison dans *Hippolyte…* », p. 67) a proposé une fine analyse de la comparaison maritime contenue dans ces vers. Il montre, entre autres choses, que le lieu de la mer, *locus amoenus* dans l'éloge de la Crète situé au début du deuxième acte, est ici « inversé en un *locus terribilis* : le paysage marin devient un lieu dangereux, celui du naufrage, variante de la chute qu'impose toute tragédie. »

vers 739 – Sur la graphie *ha*, voir la note du vers 80.

vers 769-770 – rime *feu* / *peu* : prononcer [fü] / [pü].

vers 773-780 – Ce portrait traditionnel de l'amour est rapproché par Raymond Lebègue (éd. citée p. 254) de ces quelques vers de l'*Octavie* du pseudo-Sénèque :

Volucrem esse amorem fingit immitem deum
mortalis error, armat et telis manus
arcuque sacras, instruit saeua face
genitumque credit Venere, Vulcano satum (557-560)

« L'image de l'Amour dieu ailé et cruel
est une erreur des mortels : on se représente ses divines mains armées
d'un arc, de flèches et d'une torche impitoyable ;
on le croit né de Vénus et de la semence de Vulcain. »

vers 775 – *comme oiseau* : au seizième siècle, l'article est très souvent omis dans les comparaisons : le comparant se réfère à un concept général.

vers 776-778 – Sur la graphie *ha*, voir la note du vers 80.

vers 777 – *Il ha tousjours les yeux aveuglez d'un bandeau* : sur la représentation de l'Amour aveugle à l'époque de la Renaissance, se reporter à Erwin Panofsky, *Essais d'iconologie*, chapitre IV, p. 151-185. *Cf.* aussi la description de Properce, *Élégies*, III, vers 12-23.

vers 787-792 – Amplification des vers 195-197 de la *Phaedra* :

Deum esse amorem turpis et uitio fauens
finxit libido, quoque liberior foret
titulum furori numinis falsi addidit.

« Le dieu Amour, voilà ce que, flatteur de son vice,
le désir coupable a inventé ; afin d'être plus libre,
il a affublé sa fureur des faux atours de la divinité. »

vers 787-788 – *coupable* : l'adjectif possède une valeur concessive implicite : « bien qu'étant coupable » (voir aussi la note des vers 945-951 et 1250). – *menteuse fable* : chez Maurice de La Porte : *menteresse, mésongere* (sic).

vers 793-810 – Ce passage sentencieux amplifie les vers 204-215 de la *Phaedra*. L'idée contenue au vers 810, ajoutée par Garnier, est un *topos* de la poésie ancienne, que l'on rencontre par exemple chez Horace : *crescentem sequitur cura pecuniam / maiorumque fames* (*Odes*, III, XVI, v. 17-18).

vers 802 – *desir dereglé* : *cf.* Maurice de La Porte.

vers 810 – Sur *ha*, voir note du vers 80 ; *cil* est une forme médiévale : cet archaïsme est bien adapté à un passage sentencieux. – Pour l'idée, rapprocher de Sénèque, *Lettres à Lucilius*, 119, § 6 : *Qui multum habet, plus cupit.*

vers 811-828 – Voir *Phaedra*, 230-241 (Garnier ajoute une triple évocation : les *sangliers les plus pernicieux*, avec un superlatif hyperbolique ; les *enfers* ; enfin les bornes de la course solaire) :

NVTRIX

Exosus omne feminae nomen fugit,
immitis annos caelibi uitae dicat,
conubia uitat : genus Amazonium scias.

PHAEDRA

Hunc in niuosi collis haerentem iugis
et aspera agili saxa calcantem pede
sequi per alta nemora, per montes placet.
[...] Per ipsa maria si fugiet, sequar.

« LA NOURRICE

Il fuit avec exécration tout le sexe féminin, il voue farouchement sa vie au célibat ; il évite l'amour : rappelle-toi qu'il est de la race des Amazones.

PHÈDRE

C'est lui que je veux suivre sur les cimes neigeuses des monts qu'il hante, sur les âpres rochers qu'il foule d'un pied agile, à travers les bois profonds et les montagnes. [...] Je le suivrai, s'il fuit, même à travers les mers. » (Traduction Léon Herrmann)

vers 814-823 – Hippolyte est le fils de Thésée et d'une Amazone, dont l'identité varie selon les auteurs : Mélanippé, Antiopé ou Hippolyté. – *ombreuses* : cette épithète de nature figure chez Maurice de La Porte, s.v. *forest*. – On y trouve aussi les adjectifs *aigu* et *sauvage*, s.v. *rocher*.

vers 815-818 – Phèdre reprendra la même idée, amplifiée, devant Hippolyte (vers 1353-1358).

vers 833-842 – Imitation très fidèle de Sénèque (246-249).

vers 839 – *ma vie* : prononcer le *e* devant consonne.

vers 843 – *Cf.* Sénèque, 250 : *Non omnis animo cessit ingenuo pudor.*

vers 850-854 – *Cf.* Sénèque, 258-261 – *Decreta mors est : quaeritur fati genus (...)*.

vers 855-856 – Réplique plus théâtrale chez Garnier, où la nourrice appelle au secours les domestiques, que chez Sénèque, où le personnage disait simplement : *Siste furibundum impetum.*

vers 869-870 – La nourrice détourne au profit de la situation particulière de sa maîtresse et en faveur de l'adultère une sentence qui contient une vérité générale, valable pour toute époque et dans divers domaines.

vers 871-874 – *Cf. Phaedra*, 271-273 :

Temptemus animum tristem et intractabilem.
Meus iste labor est aggredi iuuenem ferum
mentemque saeuam flectere immitis uiri.

« Attaquons ce cœur austère et indomptable.
Je me charge d'aborder ce farouche jeune homme,
et de fléchir son esprit sauvage et insensible. »

vers 875-976 – Ce chœur sur la puissance de l'amour est assez librement imité de celui qui occupe chez Sénèque les vers 274 à 356. Il comporte dix-sept sizains d'octosyllabes ; les rimes obéissent au schéma suivant : AAB'CCB', les rimes A et C étant masculines et la rime B'féminine. Dans les vers 941-964, il développe les exploits d'Héraclès (*Alcide*) et, surtout, son asservissement à Omphale, thèmes traités plus rapidement par Sénèque. Marie-Madeleine Mouflard (III, p. 87) n'a pas tort de déceler ici également quelques discrets souvenirs d'un chœur de l'*Hippolyte* d'Euripide (525-564) déplorant les dangers que répand Eros et évoquant la passion d'Héraclès pour Iole. – C'est dans les vers 941-964 que se trouvent résumés la vie et les exploits d'Hercule : sont mentionnés le sanglier d'Érymanthe, le lion de Némée (nommé *Cleonean*, parce que la ville de Cléônes, ou Cléônai, est proche du vallon de Némée, en Argolide), le tyran Busiris, le roi Eurypyle, le géant Antée, l'hydre de Lerne, Omphale, aux pieds de laquelle Hercule consentit à filer la laine : on ne peut s'empêcher de l'opposer sur ce point à Hippolyte, rebelle à l'amour et refusant de servir une femme.

vers 879 et 899 – Les adjectifs *inhumain* et *malitieux* qualifiant l'amour figurent dans *Les Epithetes* de Maurice de La Porte, s.v. *Amour*.

vers 905-910 – Allusion au supplice de Tantale.

vers 945 et 951 – Les adjectifs *desfaict* et *abbatu* ont une valeur circonstancielle implicite et signifient réciproquement : « s'il l'avait anéanti, une fois anéanti » et « une fois abattu ». Ce procédé est assez fréquent chez Garnier (*cf.* note du vers 787).

vers 965-970 – Le Soleil (Hélios) avait révélé à Vulcain (Héphaïstos), époux de Vénus (Aphrodite), les amours illicites de celle-ci avec Mars (Arès). Aussi la déesse se vengea-t-elle de cette offense en inspirant à Pasiphaé, la fille du Soleil, un désir contre nature : la jeune fille s'éprit en effet d'un taureau, avec lequel elle s'accoupla, en prenant place à l'intérieur d'une génisse fabriquée par Dédale. Le taureau, trompé par les apparences, rendit Pasiphaé mère d'un monstre mi-homme, mi-taureau, le fameux Minotaure. Tel est l'*abominable amour* du vers 970, qui continue à peser sur la lignée et la destinée de la misérable Phèdre et qui est à l'origine de l'incestueux désir qui la tourmente. C'est la réponse que l'on peut donner à la question angoissée du chœur aux vers 971-976. Cet *abominable amour* est le libre calque de l'expression virgilienne *Veneris monumenta nefandae* (*Énéide*, VI, 26).

vers 967 – *N'avous* : « n'avez-vous ».

ACTE III

vers 977-1064 – On notera dans ce long passage l'emploi fréquent de l'anaphore, figure de répétition qui contribue ici à l'expression du lyrisme pathétique (*Cf.* Fouquelin, *op. cit.*, p. 388 *sq.*)

vers 977-980 – Les *Vierges infernales* sont ici les Parques, qui enroulent, dévident et coupent *le fil* des destinées humaines. Les Parques ou Moires sont au nombre de trois : Clotho, qui tient le fuseau et préside à la naissance, Lachésis, qui distribue les lots du destin, tourne le fuseau et dévide le fil, et Atropos, qui le coupe au moment de la mort. – L'image de la mort qui *jette hors* du corps *l'esprit* est un lieu commun de la poésie de la Renaissance, maintes fois présent chez Ronsard et Garnier. – Au vers 978, la construction du verbe *filer*, avec objet direct de la personne, est plus expressive et plus forte que le tour habituel *filer ma destinée.*

vers 981-982 – Phèdre est descendante du Soleil. Ce bref cri de désespoir forme un contraste avec la fervente prière au Soleil faite par Hippolyte au premier acte.

vers 985-992 – Chez Sénèque, c'était le chœur qui, plus loin dans la pièce, faisait l'éloge de la beauté d'Hippolyte (795-808) :

Vexent hanc faciem frigora parcius,
haec solem facies rarius appetat :
lucebit Pario marmore clarius.
Quam grata est facies torua uiriliter
et pondus ueteris triste supercili !
Phoebo colla licet splendida compares :
illum caesaries nescia colligi
perfundens umeros ornat et integit ;
te frons hirta decet, te breuior coma
nulla lege iacens ; tu licet asperos
pugnacesque deos uiribus audeas
et uasti spatio uincere corporis :
aequas Herculeos nam iuuenis toros
Martis belligeri pectore latior.

« Si le froid attaquait un peu moins ton visage
et si tu l'exposais moins souvent au soleil,
il resplendirait plus qu'un marbre de Paros :
que de beauté virile en ce port si farouche,
quelle mâle assurance sur ce sévère front !
Ton cou rayonne autant que celui de Phébus,
qui laisse ses cheveux en pleine liberté
flotter sur ses épaules, afin de les orner,
cependant que les tiens, hirsutes et plus courts, envahissent ton front,
sans aucune contrainte ; ose affronter les dieux
robustes et puissants, ose triompher d'eux

avec tes propres forces et ton ample stature;
tu es jeune, et pourtant tes muscles sont déjà pareils à ceux d'Hercule;
ta poitrine est plus large que celle du dieu Mars, qui mène les combats. »

Garnier a sans doute jugé plus naturel de placer l'éloge dans la bouche de la reine amoureuse. – La description d'Hippolyte est très différente chez le poète latin et chez le poète français. Garnier dresse d'Hippolyte un portrait qui rappelle le style pétrarquisant. Il le présente comme s'il s'agissait d'une œuvre d'art (*cf.* les termes comme *voûtes*, *composé*, empruntés au lexique de l'architecture), mais il remplace le marbre (*marmore* dans le texte de Sénèque) par l'ébène, ne mentionne pas les cheveux (*coma*), met l'accent sur le maintien, la taille, la démarche, la prestance, la majesté, là où Sénèque privilégiait l'aspect viril, hirsute, sauvage, voire violent du héros. Chez Garnier, c'est Phèdre qui parle du jeune homme et le portrait se trouve influencé par la passion qu'elle ressent. – Sur le pétrarquisme de ce passage, consulter Olivier Millet (1994 et 1998) et Jean-Claude Ternaux (dans Emmanuel Buron, 2000) : ce dernier préfère parler de *ronsardisme* et propose des rapprochements avec les *Amours* du poète vendômois, ainsi qu'avec l'*Olive* de Du Bellay (*op. cit.*, p. 90-91). – L'éloge de la beauté d'Hippolyte inspire à Jean Pommier la remarque suivante : « La Phèdre française semble ne plus voir, sur le visage de celui qu'elle aime, la rudesse scythe. »

vers 993 – *O venimeux Amour* : reprise *in absentia* de la métaphore du serpent dont la nourrice se servait, aux vers 477 *sq.*, pour désigner l'amour; l'adjectif épithète figure chez Maurice de La Porte.

vers 1001-1006 – Comparaison empruntée à Virgile, *Énéide*, IV, 68-73 :

> *Vritur infelix Dido totaque uagatur*
> *urbe furens, qualis coniecta cerva sagitta,*
> *quam procul incautam nemora inter Cresia fixit*
> *pastor agens telis liquitque volatile ferrum*
> *nescius ; illa fuga siluas saltusque peragrat*
> *Dictaeos ; haeret lateri letalis harundo.*

Voir aussi Ronsard, *Comme un chevreuil…*, *O.C.*, I, p. 54. – Jean-Claude Ternaux commente ainsi cette comparaison dans *Calliope et Melpomène…* :

> La comparaison a ici une fonction d'annonce. En reprenant l'image de la blessure d'amour, Garnier indique la mort prochaine du personnage. (…) L'amour de Phèdre pour son beau-fils apparaît comme une mise à mort. Non seulement la comparaison indique le malheur futur de la femme de Thésée, mais elle rappelle son malheur passé. L'adjectif *Cressien* met en lumière la condition d'exilée du personnage féminin. Le référent importe peu : Pline remarquait que l'île de Crète était dépourvue de biches et de cerfs. Ce qui est essentiel, c'est ici d'indiquer la condition d'étrangère de Phèdre. Privée des siens comme Médée, elle n'est rien dans son nouveau pays et dépend entièrement de son royal époux. Son amour coupable aura pour conséquence de la placer en contradiction avec son statut d'épouse. Désormais, à ses propres yeux, elle n'est plus la jeune fille crétoise soumise à l'autorité de son père, elle n'est plus la fidèle épouse de Thésée. Si le sentiment qui l'habite n'est pas payé de retour, elle n'a plus qu'à mourir. (p. 244 de la version dactylographiée)

vers 1006 – *la mortelle sagette* : expression courante, figurant chez Maurice de La Porte.

vers 1015-1016 – Dans *Phaedra* (780-784), le chœur évoque les Naïades licencieuses, qui s'éprennent dans les bois des beaux garçons, et les Dryades lascives, qui leur tendent des pièges.

vers 1017-1020 – La *pucelle Cynthienne* est Artémis, née sur le mont Cynthe à Délos (voir *Hymne homérique à Apollon*) et à laquelle Hippolyte rend un culte fervent. Artémis fut assimilée à la Lune, qui tomba amoureuse du berger Endymion, pendant que celui-ci dormait d'un sommeil éternel, qui lui permit de rester toujours jeune. – Selon une autre version de la légende, la Lune (Sélénè) s'éprit d'Endymion avant que celui-ci s'endormît : voir la brève évocation d'Ovide (*Héroïdes*, XV, 87). – L'Aurore, femme de Tithon, s'éprit de Céphale et l'enleva. Dans la IVe *Héroïde* d'Ovide, Phèdre évoque les amours de Céphale et de l'Aurore (vers 93 *sq.*).

vers 1028 – *Sanglier* : synérèse.

vers 1030 – *herbeuses plaines* : *cf.* Maurice de La Porte.

vers 1034 – *honneste crasse* : celle-ci s'oppose implicitement à la luxure.

vers 1037-1039 – Voir Ovide, *Héroïdes*, IV, 85-86 : *Tu modo duritiam siluis depone iugosis.*

vers 1046 – Lorsque Vénus naquit des flots, elle fut transportée par les Zéphyrs à Cythère, île située en mer de Crète.

vers 1047 *sq.* – Phèdre s'adresse à Hippolyte absent. C'est une préfiguration de la scène de l'aveu.

vers 1048 – *pour vous trop aimer* : sens causal.

vers 1049-1050 – *Roine / idoine* : *oi* de prononce [wę].

vers 1057-1058 – La *fournaise* rappelle le parallèle que Phèdre établissait entre sa passion et celle de Vulcain (vers 763 *sq.*). *Cf.* sur ce point notre article, déjà cité, « La poésie vulcanique de Robert Garnier ».

vers 1063 – *amoureux baiser* : expression courante, qui figure dans *Les Epithetes* de Maurice de La Porte.

vers 1065-1124 – Chez Sénèque, la nourrice tenait au chœur un discours assez proche (360-386). Selon son habitude, Garnier amplifie la source. La description que fait le personnage des attitudes de Phèdre sont autant d'indications scéniques. Nous avons déjà souligné l'importance que Garnier accorde au spectacle. – Cette Phèdre languissante fait dire à Jean Pommier (« Histoire littéraire d'un couple tragique », p. 366) que « ce qui caractérise l'héroïne de Garnier, c'est une profonde lassitude, une sorte de neurasthénie : elle est vraiment "assouvie" de vivre, assouvie du monde. »

vers 1065-1072 – Réflexions générales ajoutées par Garnier. Sénèque se contentait de faire dire à la nourrice : *Spes nulla tantum posse leniri malum / finisque flammis nullus insanis erit* (*Ph.* 360-361) – *soulfre, boüillir* : la métaphore du volcan est de nouveau sous-jacente.

vers 1072 – *peust :* imparfait du subjonctif.

vers 1073 – Sénèque (*Ph.* 362) : *Torretur aestu* ; le vers de Garnier est plus pathétique et contient un impératif orientant le regard du spectateur.

vers 1075-1076 – Légère rupture de construction : on attendrait le premier *ores* en début de vers, ce qui serait impossible du point de vue métrique.

vers 1076-1077 – Sénèque : *quamuis tegatur, proditur uultu furor ; / erumpit oculis ignis* (*Ph.* 363-364). – *Le feu lui sort des yeux* : préfiguration du monstre marin qui tuera Hippolyte :

> Ses yeux estinceloyent, *le feu de ses naseaux*
> *Sortoit* en respirant comme de deux fourneaux
> (vers 2033-2034)

vers 1081-1083 – Sénèque : *attolli iubet / iterumque poni corpus* (*Ph.* 370-371).

vers 1089-1090 – Sénèque : *Nulla iam cereris subit / cura aut salutis* (*Ph.* 373-374).

vers 1095-1096 – Lebègue établit un rapprochement avec la Bradamante de l'*Orlando furioso*, XXXII, ott. 13 (éd. d'*Hippolyte*, p. 263).

vers 1103-1106 – Amplification poétique et pathétique de Sénèque : *nunc se quieti reddit et, somni immemor, / noctem querelis ducit* (*Ph.* 369-370).

vers 1108 – *en se levant* : « quand elle se lève ». L'agent du gérondif n'est pas le même que le sujet du verbe principal, tour admis aux XVIe et XVIIe siècles.

vers 1111-1122 – Le portrait de Phèdre contraste avec celui d'Hippolyte (*cf.* plus haut, vers 985-992). Dans les vers 1113-1122, Garnier suit le mouvement du passage de Sénèque (*Ph.* 379-383), mais en précisant la description :

> *Et qui ferebant signa Phoebae facis*
> *oculi nihil gentile nec patrium micant.*
> *Lacrimae cadunt per ora et assiduo genae*
> *rore irrigantur, qualiter Tauri iugis*
> *tepido madescunt imbre percussae niues.*

> «Et ses yeux éclairés du flambeau de Phébus
> N'ont plus rien des rayons de son divin ancêtre.
> Le long de son visage se répandent les pleurs ; et sans cesse ses joues
> Sont baignées de rosée : c'est ainsi qu'échappées des crêtes du Taurus,
> Les neiges réchauffées par le choc de la pluie s'écoulent en fondant. »

vers 1123-1124 – Sénèque faisait entrer Phèdre étendue sur un lit et les portes du palais s'ouvraient découvrant un lieu magnifiquement décoré ; Garnier supprime ces éléments ostentatoires : le personnage, debout, avance avec un geste pathétique.

vers 1125-1126 – *peine si douloureuse, douleur si outrageuse* : épithètes de nature, présentes dans le recueil de Maurice de La Porte.

vers 1128 – *dans moy* : « en moy » : la préposition *dans* n'est pas rare devant le pronom personnel dans la seconde moitié du XVIe siècle.

vers 1130 – *Humble* peut aussi bien se rapporter à *priere* qu'à un *vous* sujet, non exprimé, du verbe *sollicitez*.

vers 1131-1150 – Chez Sénèque, c'était la nourrice qui adressait à Diane cette prière (406-422). Ici c'est Phèdre qui prononce cette invocation, ce qui est à la fois plus naturel et plus émouvant.

vers 1132 – *Diane à triple forme, invoquee en trois noms… Hecate Triviane* : Hécate est une déesse que l'on a d'abord apparentée à Artémis-Diane et à la Lune ; peu à peu, elle devint la déesse de la magie, des spectres et des frayeurs nocturnes. Elle est invoquée sous trois noms : le sien et ceux d'Artémis-Diane et de la Lune. La même déesse est donc célébrée sous trois figures différentes : la Lune au ciel, Artémis sur la terre et Hécate aux Enfers. Diane favorise Hippolyte, qui lui voue un culte ardent et fidèle. Il importe donc pour Phèdre de la fléchir. *Cf.* Sénèque (*Ph.,* 406-415) :

Regina nemorum, sola quae montes colis
et una solis montibus coleris dea,
conuerte tristes ominum in melius minas.
O magna siluas inter et lucos dea
clarumque caeli sidus et noctis decus,
cuius relucet mundus alterna uice,
Hecate triformis, en ades coeptis fauens.
Animum rigentem tristis Hippolyti doma :
det facilis aures ; mitiga pectus ferum :
amare discat, mutuos ignes ferat. (…)

« Reine des bois, qui seule habites les montagnes,
toi, la seule adorée sur les monts solitaires,
donne un tour plus heureux à ce que nous annoncent
les funestes présages. O puissante déesse,
qui règnes aux forêts et aux bois consacrés,
astre brillant du ciel, ornement de la nuit,
dont l'univers reluit lorsque ton heure vient,
Hécate,viens ici, déesse aux trois visages,
daigne favoriser ce que j'ai commencé.
Apprivoise le cœur du sévère Hippolyte,
dompte sa dureté ; qu'il prête à mon amour
une docile oreille et une âme adoucie ;
qu'il apprenne à aimer, éprouvant à son tour,
en même temps que moi, tous les feux dont je brûle. »

Garnier reprendra l'invocation à Hécate dans son *Antigone* (vers 2520 : *Nous invoquons Hécate en trois noms reclamee*). Il s'est peut-être aussi souvenu d'Horace, *Odes*, III, 22 (*Montium custos nemorumque virgo... diva triformis*).

vers 1149 – *l'obscur d'une ennuyeuse nuë* : la substantivation de l'adjectif est recommandée par Du Bellay. On retrouve une construction semblable aux vers 1165 et 1183.

vers 1159-1188 – Garnier suit la tirade de la nourrice dans la *Phaedra* (435-468).

vers 1160 – *La grace des bons Dieux* : « grâce aux bons dieux » (construction absolue).

vers 1165-1166 – Portrait sensiblement différent de celui que Phèdre faisait du jeune homme dans les vers 985-992. La nourrice insiste sur sa physionomie sauvage. Pour un peu, elle en ferait un monstre.

vers 1166-1172 – *Cf.* Sénèque, 440-443 :

Quem fata cogunt, ille cum venia est miser ;
at, si quis ultro se malis offert uolens
seque ipse torquet, perdere est dignus bona
quis nescit uti

« Un être malheureux que force le destin
Mérite le pardon ; mais celui qui se livre
Au crime de plein gré et forge sa souffrance
Est indigne des biens dont il ne sait jouir. »

vers 1173 – Sénèque : *aetate fruere* (446).

vers 1175 – Sénèque : *mentem relaxa* (444) ; *Tristem iuuentam solue ; nunc cursus rape…* (449).

vers 1179 – Sénèque : *Nunc facile pectus, grata nunc iuueni Venus* (447).

vers 1186 – Sénèque : *curas Bacchus exoneret graues* (445). *Bacchus* : « le vin ».

vers 1190 – *bourbeux Acheron :* même expression dans *La Troade*, au vers 1738. – *de Pluton le partage :* allusion au *triplex regnum* : Jupiter possède le ciel, Neptune la mer, Pluton les Enfers. Voir Homère, *Odyssée*, XI, *Iliade*, XV, 187 *sq.*, Platon, *Gorgias*, 523 a, Ovide, *Métamorphoses*, V, 368.

vers 1197-1240 – Éloge de la vie solitaire dans les bois, inspiré des vers 483 *sq.* de la *Phaedra* ; le mouvement rhétorique est similaire dans les deux pièces : une partie de la tirade (1209-1222) présente, sous forme négative, les inconvénients auxquels échappe la vie silvestre, une autre partie, introduite par un terme adversatif, en évoque les bienfaits sous forme positive (vers 1223-1232). Parmi les *topoi* qui ont pu aussi influencer Garnier, rappelons le *Beatus ille* de la deuxième *Épode* d'Horace, l'*aurea mediocritas* du même poète (Odes, I, 10, 5) et le *O fortunatos nimium, sua si bona norint, / Agricolas !* des *Géorgiques* de Virgile (II, 458-459).

vers 1235 – *fruits savoureux* : *cf.* Maurice de La Porte.

vers 1243-1250 – Le rôle providentiel accordé ici à Jupiter ne figure pas dans la pièce de Sénèque. Le maître de l'Olympe est, à certains égards, plus proche de celui de la Bible, qui transmet aux hommes son pouvoir créateur, enjoint aux hommes de procréer : *Crescite et multiplicamini* (*Genèse*, I, 28). Toutefois, dans le texte de Garnier, la nécessité de la reproduction est liée à la présence de la mort universelle, ce qui n'apparaissait pas dans le passage de la *Genèse*, qui insiste plutôt sur la domination de l'homme sur les animaux.

vers 1250 – *morts* : « quand nous serons morts » : encore un exemple d'adjectif à valeur temporelle implicite (voir notes des vers 787, 945 et 951).

vers 1251-1258 – Ce passage semble être inspiré par le *De Natura rerum* de Lucrèce (invocation à Vénus, livre I, vers 18-21) :

Denique per maria, ac montes, fluviosque rapaces,
Frondiferasque domos avium, camposque virentes,
Omnibus incutiens blandum per pectora amorem,
Efficis ut cupide generatim sæcla propagent.

« Enfin dans les mers, sur les montagnes, au sein des fleuves impétueux, sous les feuillages qu'habitent les oiseaux, parmi les herbes des prairies, jetant dans tous les cœurs les doux traits de l'amour, tu inspires à tous les êtres l'ardeur de perpétuer leur espèce. » (Traduction Henri Clouard)

Chez Euripide, la nourrice rappelait à Phèdre le rôle créateur de Cypris, mais de manière plus discrète :

Φοιτᾷ δ'ἀν' αἰθέρ, ἔστι δ'ἐν θαλασσίῳ
κλύδωνι Κύπρις, πάντα δ'ἐκ ταύτης ἔφυ ·
ἥδ' ἐστιν ἡ σπείρουσα καὶ διδοῦσ' ἔρον,
οὗ πάντες ἐσμὲν οἱ κατὰ χθόν' ἔκγονοι.

« Elle hante les hauteurs du ciel, elle est dans le flot des mers, Cypris, et tout naît d'elle. C'est elle qui sème la vie et donne l'amour, à qui tous nous devons la naissance sur terre. » (*Hippolyte*, v. 447-450, traduction Louis Méridier)

En revanche, Garnier ne retient pas du discours de la nourrice grecque l'idée que l'orgueilleux qui méprise l'amour est puni par Aphrodite (*Hippolyte porte-couronne*, v. 445-446).

vers 1263-1286 – La misogynie d'Hippolyte, pour violente qu'elle soit, n'atteint pas la force qu'elle revêt chez Sénèque ou, encore davantage, chez Euripide (*Hippolyte*, vers 616-668). Toutefois, l'exemple choisi (Médée), le vocabulaire de la haine à connotations religieuses (*deteste, horreur*), le mouvement et les figures (notamment l'adynaton) sont très proches de la pièce latine (*Phaedra*, 559-573) :

(…) *dux malorum femina : haec scelerum artifex*
obsedit animos, huius infestis stupris
fumant tot urbes, bella tot gentes gerunt
et uersa ab imo regna tot populos premunt. (…)
Detestor omnis, horreo, fugio, execror.
Sit ratio, sit natura, sit dirus furor :
odisse placuit. Ignibus iunges aquas
et amica ratibus ante promittet uada
incerta Syrtis, ante ab extremo sinu
Hesperia Tethys lucidum attollet diem
et ora damnis blanda praebebunt lupi,
quam uictus animum feminae mitem geram.

« Femme ! reine des maux, ouvrière des crimes !
Elle assiège les cœurs : sous les coups ravageurs de sa lubricité
qu'on a vu de cités que le feu a détruites !
Combien de nations ont dû livrer bataille !
Des royaumes entiers ont été renversés, leurs peuples écrasés !
(…)
Toutes je les maudis, elles me font horreur,
je les fuis ; que ce soit l'effet de la raison,
de ma nature, ou bien d'une noire folie,
tel est mon bon plaisir : ma haine est déclarée.
Et l'on devra d'abord unir de l'eau au feu,
il faudra que la Syrte aux bas-fonds périlleux

> garantissent aux nefs des ondes amicales,
> il faudra que d'abord Téthys fasse lever
> au bout de l'Hespérie un lumineux soleil,
> les loups devront d'abord, en s'approchant des daims,
> leur tendre le museau devenu caressant,
> avant que je ne sois vaincu par une femme,
> contraint de lui offrir un cœur soumis et tendre. »

Chez Euripide, la haine d'Hippolyte pour les femmes éclate en termes encore plus virulents que dans les drames de ses successeurs, Sénèque et Garnier. Il faut dire que la colère du jeune homme s'y manifestait après la scène où la nourrice venait de lui faire part des sentiments de la reine à son égard. Le poète grec concevait donc le personnage un peu différemment, puisque la violence de sa misogynie semblait plutôt affaire de circonstances.

vers 1272 – Dans l'édition de 1585, Garnier remplace *Encores en leur fleur* par *Encore en leur grandeur*, ce qui évite la présence dans le même vers de deux termes de même radical, *fleur* et *fleuriroyent*.

vers 1273 – Hippolyte, en parlant d'*actes infâmes*, songe sans doute d'abord à la terrible vengeance de Médée : celle-ci, on le sait, tua ses enfants pour se venger de l'infidélité de son époux, Jason. Mais il peut aussi avoir des raisons personnelles de détester Médée, belle-mère de Thésée, puisqu'elle avait vainement tenté de faire assassiner le fils d'Égée par son propre père. À l'insu d'Hippolyte, s'esquisse implicitement un parallèle entre la fureur des deux belles-mères, la fureur de Médée provenant de sa jalousie, celle de Phèdre de sa passion amoureuse.

vers 1281-1286 – Adynaton inspiré de Sénèque (voir note des vers 1263-1286) : là où Sénèque évoquait les daims et les loups, Garnier parle des pigeons et de l'aigle. L'*Hesperia* devient *la mer Espagnole* : Garnier francise le nom géographique. – *la mer escumeuse, une nuict tenebreuse, esclave miserable* : ces expressions figurent dans *Les Epithetes* de Maurice de La Porte.

vers 1287-1288 – Lieu commun déjà développé par Sénèque (574-577).

vers 1291-1298 – passage imité de Sénèque :

> *Vt dura cautes undique intractabilis*
> *resistit undis et lacessentes aquas*
> *longe remittit, uerba sic spernit mea.* (*Phaedra*, 580-582)

> « Comme un dur rocher inaccessible de toute part résiste aux flots et repousse bien loin les vagues qui le harcèlent, ainsi il rejette mes conseils. »
> (Traduction Herrmann)

vers 1292 – *caverneux* est une épithète courante de *rocher* : *cf.* Maurice de La Porte.

vers 1309-1312 – *Cf.* Sénèque, *Phaedra*, 589-590 :

> *Quis me dolori reddit atque aestus graues*
> *reponit animo ? Quam bene excideram mihi !*

> « Qui donc me rend à ma douleur et ramène dans mon âme ses cruelles flammes ? Combien il m'était doux d'être sans connaissance ! » (Traduction Herrmann)

Mais Garnier augmente le lyrisme pathétique grâce aux répétitions.

vers 1313-1314 – Garnier prête à la nourrice les propos que Sénèque plaçait dans la bouche d'Hippolyte : *Cur dulce munus redditae lucis fugis ?* (*Ph.*, 591).

vers 1315-1332. – Chez Sénèque, c'est Phèdre elle-même qui s'exhortait ainsi :

> *Aude, anime, tempta, perage mandatum tuum.*
> *Intrepida constent uerba : qui timide rogat*

docet negare. Magna pars sceleris mei
olim peracta est ; serus est nobis pudor :
amauimus nefanda. Si coepta exsequor,
forsan iugali crimen abscondam face :
honesta quaedam scelera successus facit ; (592-598)

« Aie de l'audace, mon âme, fais une tentative ; accomplis toi-même la mission <que tu avais confiée à autrui>. Parlons avec une fermeté intrépide : une demande timorée invite au refus. D'ailleurs le plus fort de mon crime est depuis longtemps consommé et il est trop tard pour avoir honte puisque j'ai brûlé de cet amour illicite. Si je réussis dans mon entreprise, peut-être pourrai-je voiler ma faute sous un hymen légitime : il y a des crimes dont le succès sauve l'honneur du coupable. » (Traduction Herrmann)

vers 1334-1522 – Garnier suit assez fidèlement les vers 599 à 735 de la tragédie de Sénèque.

vers 1353-1358 – L'imagination de Phèdre se déploie dans un espace à quatre dimensions (l'eau, le feu, les sommets des montagnes, le fond de la terre), ce qui n'est pas sans rappeler la cosmologie des quatre éléments (*cf.* Lambert Wierenga, 1970) ; l'image commune est celle de la profondeur.

vers 1361-1368 – Cette mise en scène du couronnement d'Hippolyte, absente de la tragédie latine, montre une fois de plus combien Garnier songe aux effets visuels et spectaculaires. – La Phèdre de Sénèque se contentait de dire de manière abstraite : *Manda recipe sceptra, me famulam accipe* (617).

vers 1369-1370 – Hippolyte invoque Neptune en faveur de son père, attitude inverse de celle de Thésée au quatrième acte, qui demandera au même Neptune la mort de son fils. Il y a là, de la part du dramaturge, une sorte d'ironie tragique.

vers 1384-1390 – vers prononcés en aparté. – *O esperance vaine* (vers 1386) : *cf.* Maurice de La Porte.

vers 1395-1407 – Ce très vif dialogue est imité des vers 637-645 de la *Phaedra*.

vers 1400 – *desseche mes os* : la correction qu'apporte Garnier dans la dernière édition lui permet d'ôter le verbe *ardre*, dans un passage où se trouvent déjà de nombreux termes évoquant la brûlure et les flammes ; en outre, le verbe *dessécher* apporte une précision supplémentaire et introduit une image d'un autre ordre.

vers 1402 – *une cuisante flamme* : *cf.* Maurice de La Porte.

vers 1408-1439 – *Cf.* la déclaration de Phèdre aux vers 646-671 de la *Phaedra*.

vers 1408-1422 – La description de la beauté de Thésée jeune tourne à l'éloge de la beauté présente d'Hippolyte. On peut relever l'ambiguïté du démonstratif *ce* au vers 1419, anaphorique s'il s'agit du teint de Thésée, déictique si Phèdre, tout en parlant du père, désigne en fait du geste le fils. Tout le passage est sans doute accompagné de gestes expressifs de la part de Phèdre. Nouvel exemple du sens théâtral de Garnier.

vers 1415 – *ses cheveux crespelez* : Maurice de La Porte donne *crespez* et *crespelus* parmi les épithètes possibles de *cheveux*.

vers 1421 – Diane est présentée par Phèdre, qui veut plaire à Hippolyte, comme symbole de la beauté, au lieu de Vénus : c'est en effet Diane que révère avant tout Hippolyte, qui n'a pas les mêmes critères de jugement que Pâris.

vers 1427-1428 – *ô ma chere sœur, à cette heure luisant* : allusion à la constellation appelée Ariane. – *astre plaisant* : Garnier remplace en 1585 l'adjectif de nature *luisant*.

vers 1431-1432 – Jusque-là, une ambiguïté, même fort légère, subsistait encore dans le discours de Phèdre. Elle pouvait en rester à une déclaration d'amour vague, convenant aussi bien à Thésée qu'à un autre. Mais ces deux vers mettent les choses au clair. Notons au passage que Phèdre craint la confrontation directe avec Hippolyte : elle ne s'adresse pas à lui à la deuxième personne. – Au vers 1432, le *grand monstre de Gnide (Cnide)* désigne le Minotaure. Garnier commet sans doute une erreur sur le lieu : Cnide est une ville de Carie ; c'est *Gnosse* (ou *Cnosse*) que l'on attend. *Cf.* Raymond Lebègue (éd. citée, p. 257) : « Garnier a-t-il confondu les deux mots, qui commencent par les mêmes lettres ? »

vers 1433-1439 – Il faut imaginer un geste de répulsion de la part d'Hippolyte. Phèdre recourt alors à la rhétorique de l'émotion (le *movere*, l'appel à la pitié). Il y a donc des étapes dans cette tirade, en fonction des fluctuations de l'âme de chacun des personnages. Dans les éditions de 1573, le vers 1433 était aligné ; à partir de 1580, le dramaturge le fait commencer en retrait, modelant son texte sur le mouvement de la scène : Hippolyte, furieux, ne répond pas, se montrant insensible ; Phèdre change alors de langage. C'est ce que révèle l'introduction du nouvel alinéa. Garnier écrit et corrige en homme de théâtre.

vers 1439-1468 – Même mouvement chez Sénèque (vers 671-697). Hippolyte s'adressait à Jupiter à l'aide de la périphrase *Magne regnator deum*.

vers 1439-1440 – On avait tendance à supprimer parfois le *r* final dans la prononciation, d'où la rime en [é] : *Jupiter / escouter*.

vers 1449-1454 – Le soleil avait reculé d'horreur lorsqu'Atrée avait fait manger à son frère Thyeste ses propres enfants. Aux yeux d'Hippolyte, Phèdre a donc commis un crime au moins aussi grave.

vers 1455-1456 – Jupiter, fils de Saturne, est dit *pere* des dieux et des hommes, ce qui est une manière d'affirmer sa souveraineté sur l'ensemble de l'univers, divin et humain ; et puisqu'il habite l'Olympe, dont il est le roi, c'est de là qu'il frappe de son *foudre*, justement appelé *Olympien*. – *pere des dieux* et *Saturnien* figurent parmi les qualificatifs de Jupiter dans *Les Epithetes* de Maurice de La Porte.

vers 1468 – *un Taureau mugissant* : *cf.* Maurice de La Porte.

vers 1469-1474 – La Phèdre de Sénèque évoquait aussi le destin s'acharnant sur sa famille (*Et ipsa nostrae fata cognosco domus*), mais elle ne nommait pas Vénus.

vers 1475-1492 – *Cf.* Sénèque (vers 704-718). – Chez Racine, c'est Phèdre qui tire l'épée d'Hippolyte et qui demande à celui-ci de la frapper ; Hippolyte ne lance aucune imprécation, mais s'enfuit, confus.

vers 1488 – *une ondeuse mer* : Maurice de La Porte propose *ondoiante*.

vers 1493-1522 – Mouvement identique aux vers 719-735 de la pièce de Sénèque.

vers 1505 – Faire l'élision du *e* dans *le*.

vers 1523-1610 – Long chœur de onze strophes de huit octosyllabes chacune. La disposition des rimes obéit au schéma suivant : A'A'(rime féminine) BB (rime masculine), C'DC'D (C'rime féminine et D rime masculine) : deux fois deux rimes plates, puis un second quatrain en rimes croisées. – Garnier n'imite pas ici directement Sénèque, même s'il utilise quelques souvenirs des chœurs de ses diverses tragédies ; on relève çà et là des réminiscences des poètes latins.

vers 1524 – *Cf.* Ovide, *Métamorphoses*, IV, 754 : *bellica virgo*. – Maurice de La Porte propose, parmi les qualificatifs de la déesse Pallas, *vierge, belliqueuse, deesse des guerriers, scavante-guerriere*.

vers 1539-1544 – Garnier se souvient probablement des vers 579-590 de la *Medea* de Sénèque (*cf.* Lebègue, éd. citée, p. 266) :

Nulla uis flammae tumidive uenti
tanta, nec teli metuenda torti,
quanta, cum conjux uiduata taedis
ardet et odit ;
non ubi hibernos nebulosus imbres
Auster aduexit properatque torrens
Hister et iunctos uetat esse pontes
ac uagus errat ;
non ubi impellit Rhodanus profundum,
aut ubi in riuos niuibus solutis
sole iam forti medioque uere
tabuit Haemus.

« Nulle force, ni celle de la flamme, ni celle d'un vent furieux n'est si grande, <nulle menace>, pas même celle du trait brandi, n'est si redoutable que <celles d'> d'une épouse répudiée brûlante des feux d'une jalouse haine.

Moins violent est le nuageux Auster lorsqu'il apporte avec lui les averses hivernales, moins violent est l'Ister quand il se précipite tumultueusement en disjoignant les ponts et en débordant à l'aventure, moins violent le Rhône quand il refoule la mer, ou l'Hémus quand il se fond en torrents à la débâcle des neiges, alors que le soleil est déjà chaud vers le milieu du printemps. » (Traduction Léon Herrmann)

vers 1553 – *horrible rage* : *cf.* Maurice de La Porte.

vers 1555-1562 – La Ménade se comporte frénétiquement, comme frappée de folie : aussi semble-t-elle *troublée.* Les Anciens rattachaient le mot Μαινάς à μαίνεσθαι « s'emporter ou s'agiter sans retenue » (voir Magnien-Lacroix, *Dictionnaire grec-français*, p. 1088, et Pierre Chantraine, *Dictionnaire étymologique de la langue grecque*, p. 658) – Rapprocher ce passage de celui d'Horace, *Odes*, II, 19, vers 5-8 :

Euhoe, recenti mens trepidat metu
plenoque Bacchi pectore turbidum
laetatur. Euhoe, parce Liber,
parce, graui metuende thyrso.

« Évoé ! mon cœur est tremblant d'une crainte récente et, dans ma poitrine qu'emplit Bacchus, il est secoué d'un trouble joyeux. Évoé ! épargne-moi, épargne-moi, Liber, qui te fais craindre par les coups de ton thyrse. »
(Traduction François Villeneuve)

vers 1559 – *Cf.* Horace, *Odes*, III, 3, vers 13 : *Bacche Pater*, et l'*Antigone* de Garnier : *Escoute pere, ô bon Denys* (443).

vers 1561-1562 – L'*Orgie* (masculin) désigne comme le latin *orgium* et le grec *orgion* les cérémonies à mystères, notamment celles de Bacchus. – *Cythere* ne désigne pas ici l'île, mais le mont Cithéron, en Béotie, qui était consacré à Bacchus.

vers 1582 – La Gétulie était une région du nord-ouest de l'Afrique.

vers 1587-1597 – À propos du rapprochement de Phèdre avec Sthénobée (ou Sthénébée), épouse de Prétus (ou Prœtus), amoureuse de son beau-fils Bellérophon, et avec Hippolyte, femme du roi de Magnésie Acaste, laquelle avait faussement accusé Pélée auprès de son mari, parce qu'elle n'avait pas réussi à le séduire, voir Horace, *Odes*, III, 7, et Juvénal, *Satire* X ; Euripide lui-même avait donné une tragédie, aujourd'hui perdue, intitulée *Sthénébée*, dont il nous reste des fragments, en particulier celui-ci où Bellérophon s'en prend à Sthénébée et à sa nourrice :

(…) depuis que je suis arrivé sous son toit (…) elle me tente par des propos persuasifs (…) Car sans cesse cette nourrice, préposée à ses messages et qui cherche à nous unir, me chante le même refrain (…) Mais moi, par respect pour les lois et pour le Zeus des suppliants, par estime aussi pour Proetos

> (…) je n'ai jamais consenti à accepter ses propositions (…) je déteste une passion dangereuse, funeste aux mortels. De fait, il y a deux sortes d'amour que nourrit la terre : l'un, notre pire ennemi, conduit à l'Hadès, tandis que l'autre mène à la tempérance et à la vertu. (Traduction François Jouan et Herman Van Looy, p. 23-24)

vers 1599 – *Amazonide* : voir *Index nominum* s.v. *Hippolyte* et Maurice de la Porte, s.v. *Hippolyte* également.

vers 1606 – *au besoing* : « dans le danger » (*cf.* Garnier, *Antigone*, vers 1628-1629).

ACTE IV

vers 1611-1658 – Garnier amplifie légèrement la tirade initiale de la tragédie de Sénèque (835-863), notamment par la mention du Styx et de Cerbère ; les effets musicaux, particulièrement réussis, témoignent du caractère poétique de la tragédie humaniste ; le mouvement rhétorique, sans tomber dans la grandiloquence, ne manque pas d'ampleur : le poète donne ainsi au personnage de Thésée une majesté, une autorité et une présence scénique remarquables. Le dialogue qui suit se trouve lui aussi allongé par rapport au texte de Sénèque.

vers 1611 – *Cf.* Sénèque, *Phaedra*, vers 835 : *Tandem profugi noctis aeternae plagam.*

vers 1612 – *la triste horreur* : le terme d'*horror* est absent du texte sénéquien correspondant. Sur cette notion d'*horreur*, à connotation religieuse, voir Jean-Dominique Beaudin, « La monstruosité et l'horreur tragique… » et « Un cas de latinisation interne du lexique… ». – L'adjectif *triste* pour qualifier *l'horreur* est donné par Maurice de La Porte.

vers 1615-1618 – Thésée est donc resté l'espace de quatre printemps aux Enfers (au moins trois ans et quatre au plus). – Selon la tradition, Thésée réalisa un « synœcisme », c'est-à-dire qu'il rassembla tous les bourgs de l'Attique, dont Éleusis, en une seule cité, autour de la ville principale, Athènes – *Cerès* est l'équivalent latin de la déesse Déméter, qui veille aux moissons. Elle fait ressurgir les produits de la terre à chaque printemps, lorsque sa fille Proserpine, épouse de Pluton, remonte des Enfers pour y passer auprès d'elle la belle saison, puis la terre cesse de nouveau de produire pendant l'hiver, Déméter étant triste de voir sa fille redescendre au royaume infernal. Un pacte a été en effet conclu entre Pluton et Déméter : l'épouse du dieu des Enfers demeure une moitié de l'année chez son mari, l'autre chez sa mère. Ce mythe est développé dans le célèbre *Hymne homérique à Déméter.* On peut goûter l'heureux parallèle implicite entre la remontée de Thésée et celle de Proserpine.

vers 1619-1622 – *le Royaume noir* : Sénèque (836) évoquait la voûte obscure de la prison des mânes : *uastoque manes carcere umbrantem polum.* – *ce triste manoir* : dès 1580, cette personnification remplace l'expression abstraite des éditions de 1573 *un tel manoir.* – vers 1620 : Hercule avait obtenu des dieux le retour sur terre de Thésée, mais non celui de Pirithoos. On connaît également la légende d'Alceste, femme d'Admète, ramenée de chez Hadès par le même héros, ainsi que la tragédie simple et émouvante qu'Euripide a tirée de cet épisode mythologique. – *Sans Hercule qui m'osta de ce triste manoir* : *Malorum finis Alcides fuit* (*Phaedra*, 843). – vers 1621 : *Tirant le chien portier de sa caverne creuse* : le chien Cerbère, qui garde la porte des Enfers. *Cf.* Virgile : *ingens ianitor antro / aeternum latrans* (*Énéide*, VI, 400-401), et Sénèque : *qui cum reuulsum Tartaro abstraheret canem* (*Phaedra*, vers 844). – *caverne creuse* (*Phaedra*, vers 844) : pour l'épithète, voir Maurice de La Porte.

vers 1623-1626 – Garnier amplifie un peu le texte de Sénèque (*Phaedra*, vers 846-847) : *Sed fessa uirtus robore antiquo caret / trepidantque gressus.* Il accentue la description physique, insistant sur la démarche tremblante de Thésée, nouvelle preuve d'une écriture qui se veut résolument théâtrale.

vers 1629 – Ce paradoxe rhétorique ne se trouve pas dans le passage correspondant de Sénèque.

1630 – *Alcide à la force supréme* : la *force* d'Hercule est bien connue, et l'adjectif *fort* est un de ceux qui figurent dans *Les Epithetes* de Maurice de La Porte (s.v. *Alcide*), mais Garnier emploie une formule plus originale, qui, en outre, satisfait aux exigences de la rime. – *Alcide* : Hercule, descendant d'Alcée, est très souvent nommé ainsi dans la poésie grecque et latine ; l'apposition joue ici le rôle d'une épithète homérique et renoue avec le sens étymologique d'*Alcide* et d'*Alcée* (*cf. alkè*, la force).

vers 1631-1639 – Garnier, contrairement à Sénèque, a entrecoupé la tirade de Thésée : les inquiétudes du roi au sujet des soupirs et des cris entendus en paraissent d'autant plus naturelles. Ces interrogations multiples rendent sensible l'émotion de Thésée et dynamisent la scène. On retrouvera le procédé plus loin à plusieurs reprises (1659-1664 ; 1729-1732 ; 1735-1741 ; 1743-1772). Ces préoccupations dramatiques se manifestent encore dans la correction apportée au vers 1639 à partir de la troisième édition : Garnier renonce à une banalité semi-abstraite pour souligner le jeu scénique : *quel tumulte entendé-je entre vous ?* remplace *quel malheur nostre maison assaut ?*

vers 1639 – *entendé-je* : forme interrogative analogique de celle des verbes du premier groupe (type *chanté-je*).

vers 1644-1646 – Garnier suit de près les vers 854-857 de la *Phaedra* :

NUTRIX

Tenet obstinatum Phaedra consilium necis
fletusque nostros spernit ac morti imminet.

THESEUS

Quae causa leti ? Reduce cur moritur uiro ?

NUTRIX

Haec ipsa letum causa maturum attulit.

« NOURRICE

Phèdre veut s'en tenir au dessein de mourir,
Et, méprisant mes pleurs, veut hâter son trépas.

THESÉE

Pourquoi vouloir périr quand son époux revient ?

NOURRICE

Telle est bien la raison qui la pousse au trépas. »

vers 1651 – *rage* est plus expressif que *misere*, qui se trouve dans les éditions de 1573. Le mot est à double sens pour le spectateur, non pour Thésée, bien sûr.

vers 1652 – *triste langueur* : voir Maurice de La Porte.

vers 1653-1658 – Paraphrase de Sénèque (*Ph.*, 858-863).

vers 1659-1742 – Le modèle de ce passage se trouve encore chez Sénèque (864-902). Toutefois Garnier développe certains échanges auxquels il donne une forte vivacité (*cf.* en particulier les vers 1681-1694).

vers 1659 – *chere compagne* : voir Maurice de La Porte, s.v. *compagnon.*
vers 1663 – *chaude* figure chez Maurice de La Porte, s.v. *fureur.*
vers 1665-1670 – Injonctions pathétiques et spectaculaires (*mains jointes, acier luisant*).
vers 1677-1678 – Thésée fait preuve d'une tendresse plus marquée vis-à-vis de sa femme chez Garnier que chez Sénèque. Chateaubriand eût peut-être été satisfait de vérifier là le bien-fondé de l'une des thèses qu'il développe dans le *Génie du christianisme.*
vers 1685-1686 – *ceste tristesse teuë / ceste tristesse sceuë :* latinisme (tour *Sicilia amissa*).
vers 1692-1694 – *Cf.* Racine :

> Mourons. De tant d'horreurs qu'un trépas me délivre.
> Est-ce un malheur si grand que de cesser de vivre ?
> La mort aux malheureux ne cause point d'effroi.
> (*Phèdre et Hippolyte*, vers 857-859).

vers 1695 – *vous donniez la mort* : « vous vous donniez la mort » (le pronom personnel sujet n'est pas exprimé).
vers 1704 – *mourant* : « en mourant » (gérondif sans *en*).
vers 1705-1711 – Mouvement très animé, semblable à celui qu'on lit chez Sénèque (*Ph.,* 882-885) :

> THESEUS
> *Silere pergit. Verbere ac uinclis anus*
> *adstricta prodet quicquid haec fari abnuit.*
> *Vincite ferro. Verberum uis extrahat*
> *secreta mentis.*
>
> PHÆDRA
> *Ipsa iam fabor, mane.*
>
> « THÉSÉE
> Elle se tait toujours : que les coups et les chaînes

obligent cette vieille à briser le silence !
Mettez-la dans les fers. Que la force des coups
arrache le secret que son âme recèle !

PHÈDRE

Arrête ! Sans tarder je dirai tout moi-même. »

Dans les civilisations antiques, la torture était licite quand il s'agissait des esclaves.

vers 1715-1726 – La prière de Phèdre est impie et sacrilège : elle prend les dieux à témoin qu'elle dit la vérité, alors qu'elle ment à Thésée. Elle condamne elle-même à son insu son attitude de *feintise* au vers 1716.

vers 1715-1717 – *O Gouverneur du ciel* : Sénèque : *pro gubernator poli*. – *alme Soleil* : Soleil nourricier, bienfaisant. (Voir Maurice de La Porte)

vers 1720 – *nuax* est l'équivalent de *nuaus* ; *x* était primitivement une graphie médiévale pour *us*.

vers 1722 – *Mort cruelle* : voir Maurice de La Porte.

vers 1729-1743 – Ces quelques échanges témoignent du sens théâtral de l'auteur : vives interrogations, phrases et vers coupés, rôle des objets, mouvements scéniques, injonctions pressantes, brièveté soudaine des répliques, vocabulaire affectif très prononcé.

vers 1735-1740 – Le crime imputé comporte plus de gravité s'il a été commis à l'aide d'une arme qui porte les marques des ancêtres de la maison royale. Garnier utilise judicieusement cet objet pour renforcer la tension dramatique. – Comme le fait remarquer Raymond Lebègue (éd. d'*Hippolyte*, p. 266), Garnier remplace l'ivoire de la tragédie romaine « par les ornements d'une épée du XVIe siècle ».

vers 1742 – Synérèse dans *poudriere*.

vers 1743-1848 – Phèdre vient de sortir précipitamment,

se refusant à en dire davantage. Thésée, resté seul, donne libre cours à sa rage, dans un monologue de style grandiose et épique, assez librement imité des vers 903-958 de la pièce de Sénèque. Comme chez le poète latin, Thésée invoque Neptune à la fin de son discours et lui demande justice. Mais le personnage de Sénèque s'adressait pour commencer à la Piété, alors que Garnier a placé dès le début une apostrophe au dieu des mers. D'autre part, Garnier n'a pas retenu les invectives contre les Amazones (*cf.*, sur ce point, Raymond Lebègue, éd. citée, p. 267) – Dans les vers 1785-1792, le roi doute, comme le fera Hécube dans *La Troade*, de la Providence.

vers 1751 et 1766 – *ce devorant feu, magestez hautes* : les épithètes figurent chez Maurice de La Porte.

vers 1779 – Ce n'est plus, comme au deuxième acte, l'amour qui est assimilé à un serpent, mais Hippolyte lui-même qui devient ainsi implicitement une figure diabolique, une incarnation du mal.

vers 1785-1792 – La providence punira Thésée pour ce blasphème. Neptune le prendra au mot, lorsque le roi l'invoquera, et il le forcera finalement au repentir.

vers 1787 – *affaire* est masculin à l'époque de Garnier (*Cf.* Gougenheim, *Grammaire*, p. 42).

vers 1797 : *Ce triste forestier, ce chasseur solitaire* : l'adjectif *forestier* figure dans *Les Epithetes de Maurice de La Porte*, s.v. *chasseur.*

vers 1803 *sq.* – *Cf.* Sénèque, vers 929 *sq.*

vers 1806 – L'*Hyperboree* désigne les régions nordiques ou le pôle ; *cf.* Du Bellay, *Regrets*, VIII, vers 13-14 :

> Mais des Hyperborez les eternels hyvers
> Ne portent que le froid, la neige, & la bruine.

vers 1809 – Diérèse dans *fuir.*

vers 1820 – Synérèse dans *sanglier*. – *sanglier escumeux* : l'épithète figure chez Maurice de La Porte.

vers 1822 – Le participe passé *prins* est une création du moyen français ; l'ancien français, comme le français moderne, ne connaissait que *pris*. Cette forme à nasale existe encore au XVIIe siècle.

vers 1827-1848 – Neptune exaucera Thésée, mais afin de le châtier.

vers 1835-1837 – *et de cerveau rassis* : on appréciera l'ironie involontaire de ces mots : Thésée agit trop hâtivement et sans avoir pris soin de réfléchir posément ; il est loin d'avoir le jugement serein. Il ne fait sa demande que sous l'emprise d'une colère incontrôlée. – *Je n'entreprendroy* : forme de conditionnel présent.

vers 1841-1842 – Sénèque évoque aussi Minos, mais non pas Rhadamante, autre juge des Enfers.

vers 1848 – Cette image grandiose et prémonitoire de l'événement qui formera la catastrophe du dernier acte était déjà présente chez Sénèque ; ce dernier, toutefois, ne parlait pas à proprement parler de *troupeaux monstreux*, mais d'un *vulgus aequoreum*.

> *effunde pontum, uulgus aequoreum cie*
> *fluctusque ab imo tumidus Oceano uoca.* (957-958).

L'image des moutons de la mer, peut-être elle aussi empruntée à Virgile, se retrouvera plus tard dans *Les Contemplations* de Victor Hugo (*La laine des moutons sinistres de la mer*, dans le poème *Pasteurs et troupeaux*). – Garnier a pu être influencé par un autre passage de la pièce de Sénèque, qui évoquait, quoique dans un contexte différent, les monstres marins ; c'est Thésée lui-même qui, après la mort de son fils, ayant découvert son innocence, appelait sur sa propre personne le châtiment des dieux :

> *Nunc adeste, saeua ponti monstra, nunc uastum tume*
> *ultimo quodcumque Proteus aequoreum abscondit sinu,*
> *meque ouantem scelere tanto rapite in altos gurgites* (1204-1206)
>
> « Paraissez à présent, cruels monstres des mers, qu'à présent aussi se gonfle monstrueusement tout ce que Protée cache d'animaux marins dans le fond de ses abîmes ; ravissez dans les gouffres profonds des eaux cet être qui se félicitait d'un tel crime… » (Traduction Herrmann)

vers 1849-1898 – La nourrice est restée seule en scène ; ce monologue ne figurait pas dans la pièce de Sénèque.

vers 1852 – *chaste* est l'une des épithètes d'Hippolyte recensées par Maurice de La Porte.

vers 1863-1878 – Lieu commun du genre tragique, celui de la fortune qui abat d'un seul coup, en un jour, un être ou une famille, notamment de sang royal. Garnier fera, à la suite de Sophocle, parler dans des termes semblables le messager à la fin de son *Antigone :*

> Comme Fortune escroule, esbranle et bouleverse
> Les affaires humains poussez à la renverse !
> » Comme elle brouille tout, et de nous se jouant
> » Va sans dessus dessous toute chose rouant !
> » Sur les fresles grandeurs superbe elle se roule,
> » Puis soudain les releve en retournant sa boule,
> » Et si nul des mortels ne prevoit son destin.
> Voila le vieil Creon si heureux ce matin,
> Malheureux à cette heure. Il estoit sans attente,
> Sans espoir eleu Roy d'une ville puissante.
> Il a nos ennemis presentement chassez,
> Que Polynice avoit contre nous amassez :
> Ores le malencontre en sa maison devale,
> Qui ce nouveau bonheur de tristesses esgale.
> (vers 2416-2429)

vers 1869-1890 – Ces trois invocations de la nourrice, aux rois, à la famille royale, à elle-même, et cela en l'absence des deux premiers interlocuteurs, dynamisent le monologue, le rendent plus théâtral ; les épithètes choisies (*lugubre, pauvre vieillotte*) accroissent le pathétique du discours.

vers 1882 – *ton cœur, ton cher cœur* : ces expressions désignent Hippolyte.

vers 1891-1898 – Les *filles de la Nuict* : les Furies : voir Hésiode (*Théogonie*, 217), qui les appelle les *Kères*. – L'*Orque* (latin *Orcus*) est l'équivalent de Pluton (l'Hadès grec) ou désigne, comme ici, une région des Enfers, voire les Enfers eux-mêmes. – Voir, sur ces vers, Florence Dobby-Poirson, *Le Pathétique…*, p. 488 :

> Dans ce passage qui ne doit rien à Sénèque, la conscience coupable du personnage s'exprime par le muet langage du corps, que le discours traduit à l'intention du spectateur. En même temps cette souffrance préfigure le châtiment infernal, car son esprit troublé par le remords confond dans une même impression douloureuse le réel et les fantasmes. Il est alors difficile de discerner la frontière entre le physique et le mental, entre ce qui relève du symptôme ou de l'hallucination. Les images corporelles traduisent ainsi, du même coup, les tortures de la conscience qui se sent envahir par la folie.

vers 1897 – Synérèse dans *meurtriere*.

vers 1899-1964 – Chœur original, qui n'est pas tiré de Sénèque, et qui est formé de onze strophes de six octosyllabes chacune, avec des rimes ainsi disposées : AAB'CCB', la rime B' seule étant féminine. À un distique à rimes plates succède un quatrain à rimes embrassées. – Marie-Madeleine Mouflard (III, p. 87) voit avec justesse dans les deux premières strophes sur la clairvoyance des dieux un souvenir d'une idée plus grecque que latine, empruntée sans doute à deux passages de Sophocle, où l'on affirme que, devant les dieux au regard perçant, les hommes n'ont point de secrets (*Œdipe Roi*, 497-498 et *Œdipe à Colonne*, 1536-1537). – Raymond Lebègue fait remarquer qu'« au XVIe siècle, protestants et catholiques ont abondamment discuté sur les vœux, en particulier sur celui de Jephté », que, « selon Garnier, il ne faut pas satisfaire un vœu injuste et meurtrier » et qu'« Euripide et Sénèque passent sous silence ce problème moral. » (éd. citée, p. 267). – De son côté, Winifred Newton observe que Garnier « a suggéré que Neptune, dieu tout-puissant, pourrait refuser d'accomplir le vœu de Thésée » et ajoute : « Cette idée, esquissée dans le prologue par Égée, et dont la nourrice souhaite la réalisation, forme le sujet du chœur du quatrième acte, après le discours de Thésée ; Phèdre n'en fait mention qu'après la mort d'Hippolyte. » (*Le Thème de Phèdre et d'Hippolyte...*, p. 28)

vers 1911 – *Porte-trident* désigne Neptune (*tridentifer* et *tridentiger* sont employés par des poètes comme Ovide : *cf. Métamorphoses*, VIII, 595, XI, 202).

vers 1923-1946 – Voir Cicéron, *De Officiis*, l. III, ch. 25 : « On ne doit pas tenir les promesses dont l'exécution serait dommageable pour ceux même envers qui l'on s'est engagé. [...] Que dire de [la promesse] dont Thésée réclama l'accomplissement à Neptune ? [...] Il y a [...] quelquefois des promesses qu'il ne faut pas tenir [...] Il y a ainsi bien des cas où une action qui paraît être en elle-même conforme à la morale cesse de l'être en raison des circonstances » (Traduction Appuhn).

vers 1935 – *folle erreur* : épithète couramment associée à *erreur* : voir Maurice de La Porte.

vers 1944 – *meurtrier* : synérèse.

vers 1953-1958 – Énumération classique, tant chez les poètes latins que dans le théâtre de Garnier ou dans l'école de la Pléiade, d'animaux sauvages, avec leurs épithètes traditionnelles. Il était déjà question au vers 1582 d'*un serpent Getulin* (africain). La Gétulie est située au nord-ouest de l'Afrique et l'Hyrcanie en Asie, près de la mer Caspienne.

ACTE V

vers 1965-2160 – Garnier emprunte la matière de ce passage essentiellement aux vers 991-1122 de la *Phaedra*.

vers 1965-1972 – Même ton chez Sénèque : mais Garnier a séparé par une réflexion de Thésée les paroles du messager :

> *O sors acerba et dura, famulatus grauis,*
> *cur me ad nefandum nuntium casus uocas ?* (991-992)
>
> « O sort amer et dur, ô triste servitude, pourquoi m'appelles-tu à être le messager d'un si affreux malheur ? » (Traduction Herrmann)

vers 1965 – *ô malheureux sort* : voir Maurice de La Porte ; de même pour *Fortune cruelle* au vers 1971.

vers 1983 – *fort blesme* est une addition de Garnier ; Sénèque se contentait d'évoquer l'exil d'Hippolyte : *Vt profugus urbem* (1000).

vers 1983-2150 – Garnier a animé le récit du messager par un certain nombre de procédés stylistiques : emploi des présentatifs, du présent de narration, du rythme périodique, des verbes de mouvement, personnification des éléments naturels, et il laisse le personnage exprimer les sentiments des spectateurs de la scène décrite, y compris les siens.

vers 1985 – *Il monte dans le char* : cette précision ne figure pas chez Sénèque.

vers 1987 – *Les chevaux sonne-pieds* : *cf.* Sénèque (1002) : *sonipedes*. Le poète latin reprend le même composé au vers 1082 de sa tragédie. – Lebègue (éd. citée, p. 268) rappelle que « dans la préface de sa traduction de l'*Énéide*, Du Bellay avait recommandé *pié-sonnant.* »

vers 1988 – *la plaine salée : sal* désigne la mer chez Virgile : *Énéide*, I, 173. Le mot *plaine* semble transposer *aequor*, qui signifie souvent chez les poètes latins « la plaine de la mer », ce qui est à peu près l'équivalent de la « route liquide » d'Homère. On connaît par ailleurs le rapport étroit qui existe en grec entre ἡ ἅλς, la mer et ὁ ἅλς, le sel ; les expressions homériques et poétiques πόντος ἁλός, ἁλός πέλαγος, ἅλς πελαγία (*Iliade*, XXI, 59 ; *Odyssée*, V, 335, etc.) sont peut-être aussi à l'origine de l'image que l'on trouve chez Garnier.

vers 1992 – *Detestant coleré sa luxure mechante :* « prenant les dieux à témoin de la luxure de la cité » (évoquée au vers précédent), ce qui est une métonymie pour désigner le vice coupable de Phèdre. Ce n'est pas la première fois dans la pièce qu'Hippolyte fait de la ville le lieu du vice (voir vers 1197-1198).

vers 1993-1994 – Euripide faisait dire au héros : αἴσθοιτο δ' ἡμᾶς ὡς ἀτιμάζει πατήρ « ah ! si mon père pouvait comprendre combien il me fait injure ! » (vers 1192).

vers 1999-2020 – Imité des vers 1007-1016 de Sénèque :

cum subito uastum tumuit ex alto mare
creuitque in astra. Nullus inspirat salo
uentus, quieti nulla pars caeli strepit
placidumque pelagus propria tempestas agit.
Non tantus Auster Sicula disturbat freta
nec tam furens Ionius exsurgit sinus
regnante Coro, saxa cum fluctu tremunt
et cana summum spuma Leucaten ferit.
Consurgit ingens pontus in uastum aggerem
tumidumque monstro pelagus terras ruit.

« (…) soudain, du large, un vaste bouillonnement vint gonfler la mer et l'élever vers les cieux. Nul vent <pourtant> ne souffle sur la mer, aucun coin du ciel serein ne mugit et c'est une tempête particulière à l'océan qui agite ses flots paisibles. L'Auster ne trouble pas autant le détroit Sicilien, la mer Ionienne ne soulève pas autant son onde furieuse quand règne le Corus, quand les vagues font trembler les rochers et quand de blancs flocons d'écume frappent le sommet de Leucate. La mer immense se gonfle en un mont prodigieux et, grosse d'un monstre, jette son flot à l'assaut des terres. » (Traduction Léon Herrmann)

vers 2003 – La forme pronominale renforce la personnification des éléments.

vers 2005 – *le froid Boree* : l'adjectif est fréquemment associé au nom de ce vent, voir Maurice de La Porte.

vers 2011-2020 – Voir Euripide, *Hippolyte*, 1210-1216, et Marie-Madeleine Mouflard, III, p. 88.

vers 2019 – *un monstre si horrible* : l'épithète est attendue, voir Maurice de La Porte.

vers 2027 – Garnier prend l'heureuse initiative de couper le long récit par cette question dramatique.

vers 2028-2040 – Garnier suit Sénèque, 1035-1048, en apportant quelques modifications : il dote le monstre de cornes, remplace les algues par la mousse, précise que le dos de la bête est *doublement* épineux, supprime la comparaison avec le chef d'un troupeau et avec un animal marin. Sur la description du monstre, *cf.* Jean-Dominique Beaudin, « La monstruosité… », dans *Littératures*, n° 43, p. 55 :

> Le poète insiste sur les couleurs, notamment sur le poil vert qui orne le front, et sur l'étrangeté des cornes aux diverses couleurs. Il procède comme un peintre qui voudrait faire ressortir un assemblage incohérent de couleurs disparates. Le monstre se signale par son caractère hétéroclite, il ne présente ni unité ni harmonie. Mais trois points frappent plus que tous les autres : la laideur de son dos, *doublement espineux*, et de son postérieur, constellé d'écailles pierreuses ; sa taille démesurée, surnaturelle ; la force qui l'anime et se manifeste par le feu sortant de ses narines. La flamme, qui rappelle celle qui s'échappait des naseaux du Minotaure, est le symbole de la passion dévorante et criminelle de Phèdre.

vers 2041-2048 – Même frayeur des hommes et des animaux chez Sénèque :

> *Tremuere terrae, fugit attonitum pecus*
> *passim per agros, nec suos pastor sequi*
> *meminit iuuencos ; omnis e saltu fera*
> *diffugit, omnis frigido exsanguis metu*
> *uenator horret.* (1050-1054)

> « La terre est tremblante, le bétail épouvanté s'enfuit au hasard dans les champs et le pâtre ne songe plus à suivre ses propres taureaux ; tous les fauves s'enfuient des bois et tous les chasseurs, saisis d'horreur, sentent tout leur sang se glacer d'effroi. » (Traduction Herrmann)

vers 2047 – *Sans doute des sangliers :* « sans crainte des sangliers » – Prononcer *sangliers* en respectant la synérèse.

vers 2049-2055 – Tout en suivant Sénèque, Garnier abrège le passage de son modèle (1054-1067) et le condense, le rendant ainsi plus dramatique ; d'autre part, chez

Sénèque, Hippolyte ne saisissait pas d'épieu. – Le discours d'Hippolyte, rapporté aux vers 2052-2054, va droit au cœur de Thésée. – Ses propos soulignent son échec tragique : il ne réussira pas à égaler son père puisqu'il ne triomphera pas du monstre.

vers 2051 – *haute* et *grave* sont deux adjectifs qui conviennent bien à la description d'un héros de tragédie.

vers 2052-2054 – *Cf. Phaedra*, 1067 : *mihi paternus uincere est tauros labor.*

vers 2061-2088 – Ces longues comparaisons ne figurent pas chez Sénèque.

vers 2061 – *Ce Taureau furieux* : Garnier reprend les épithètes traditionnelles des animaux ; *cf.* plus loin : *chevaux ardans* (2116), *chiens… hurlans* (2137).

vers 2063 – *L'espoir du laboureur :* souvenir possible du sonnet 14 des *Antiquitez de Rome* de Du Bellay. Mais les deux poètes ont pu aussi puiser à une source commune : Ovide, *Métamorphoses,* VIII, où l'on voit un sanglier monstrueux ravager les champs :

> *is modo crescentes segetes proculcat in herba,*
> *nunc matura metit fleturi vota coloni*
> *et Cererem in spicis intercipit : area frustra*
> *et frustra exspectant promissas horrea messes.* (290-293)
>
> « Tantôt au moment de leur croissance, il piétine les blés en herbe, tantôt, quand ils sont mûrs, il fauche avec eux l'espoir du paysan, réduit aux pleurs, et arrête à l'épi les dons de Cérès. Vainement l'aire, vainement la grange attendent les moissons promises. » (Traduction Joseph Chamonard, Garnier, 1966)

La description du sanglier dans un autre passage du même livre d'Ovide semble avoir également fourni à Sénèque et à Garnier des éléments pour la peinture du monstre marin :

sanguine et igne micant oculi, riget horrida cervix,
et setae similes rigidis hastilibus horrent :
[stantque velut vallum, velut alta hastilia setae.]
fervida cum rauco latos stridore per armos
spuma fluit, dentes aequantur dentibus Indis,
fulmen ab ore venit, frondes afflatibus ardent. (284-289)

« Le sang et le feu font étinceler ses yeux ; il porte haut sa nuque aux poils durs, et ses soies se hérissent raides comme des piquets, [et ses soies se tiennent droites comme des pieux, comme de hauts piquets]. Il pousse de rauques grognements, tandis que, brûlante, sur son large poitrail, coule l'écume. Ses dents sont aussi longues que les défenses des bêtes de l'Inde. La foudre sort de sa hure, et le feuillage, à son souffle, se dessèche. » (Traduction Joseph Chamonard, Garnier, 1966)

vers 2065-2066 – *Cf.* Euripide, *Hippolyte*, 1228-1229, cité par Marie-Madeleine Mouflard, III, p. 88, προυφαίνετο ἐς τὸ πρόσθεν, ὥστ᾽ ἀναστρέφειν,/ταῦ ρος, φόβῳ τέτρωρον ἐκμαίνων ὄχον : « apparaissant à l'avant, le taureau faisait faire volte-face au quadrige affolé de terreur » (traduction Louis Méridier).

vers 2069-2088 – Comparaison homérique, caractéristique de l'épopée, mais aussi de la tragédie du seizième siècle, ce qui fait dire à Jean-Claude Ternaux :

(…) l'utilisation des comparaisons homériques, qui sont autant de marques épiques, contribue à donner aux récits des tragédies la couleur poétique, et en particulier donc la couleur épique, qui caractérise la tragédie humaniste. (…) Aucune tragédie antique grecque, aucune tragédie latine ne comportent autant de comparaisons homériques [que la tragédie humaniste], aucune tragédie classique non plus. Marque de fabrique de l'épopée, la comparaison homérique resurgit au XVIe siècle dans le grand genre (*La Franciade* de Ronsard par exemple) et, de façon significative, au théâtre. Il s'agit là d'un indice supplémentaire qui tend à prouver que l'épopée vient en quelque sorte se réincarner dans la tragédie.

(*Calliope et Melpomène...*, p. 203-204 de la version dactylographiée)

vers 2089-2100 – Ces douze vers développent la comparaison que Sénèque établissait entre Hippolyte conduisant son attelage effrayé et un pilote dirigeant son navire au milieu d'une mer déchaînée (1072 *sq.*). On remarquera l'élément commun à la mer et aux chevaux : l'*escume* (vers 2098).

vers 2091 – *comme un sçavant Pilote* : voir Euripide (vers 1221) : ὥστε ναυβατής ἀνήρ « comme un matelot », emprunt signalé par Marie-Madeleine Mouflard, III, p. 88.

vers 2101-2128 – Le récit de la mort d'Hippolyte suit dans ses grandes lignes celui de Sénèque (1080-1104). Garnier amplifie légèrement les données fournies par le modèle et leur ajoute notamment les éléments contenus dans les vers 2105-2106 et 2121-2128.

vers 2103 – *Voicy venir le monstre* : Sénèque se montrait ici plus précis : *toto obuius/incurrit ore corniger ponti horridus*.

vers 2110 – *Tire vers luy la bride* : Marie-Madeleine Mouflard (III, p. 88) rapproche cet hémistiche du vers 1220 de la pièce d'Euripide : ἥρπασ᾽ ἡνίας χεροῖν, « (il) saisit les rênes à deux mains » (traduction Louis Méridier).

vers 2122 – *un sep tortu* : Maurice de La Porte donne *tortu* et *tortueus*, parmi les épithètes possibles de *cep de vigne*.

vers 2129-2150 – Imitation libre des vers 1105-1114 de Sénèque ; Garnier intensifie la douleur des serviteurs et des compagnons du héros, tandis que Sénèque développait davantage le contraste entre la beauté du jeune homme encore vivant et la laideur de son cadavre.

vers 2135-2136 – Emprunt probable à Euripide (1246), signalé par Marie-Madeleine Mouflard (III, p. 88) : βραχὺν δὴ βίοτον ἐμπνέων ἔτι, « ayant encore un faible souffle de vie » (traduction Méridier).

vers 2155-2156 – *Cf.* Sénèque, 1122 : *Quod interemi non, quod amisi fleo.* Après avoir traduit : « Je pleure non parce que je l'ai tué, mais parce que je l'ai perdu », Léon Herrmann commente pertinemment ce vers (édition de *Phaedra*, p. 220) :

> Ce vers peut prendre, grâce à la prononciation de l'acteur, et par le simple déplacement de la ponctuation, le sens diamétralement opposé de « Je pleure parce que je l'ai tué, et non parce que je l'ai perdu. »

C'est bien de cette façon que Garnier a interprété le texte.

vers 2157-2160 – Réflexions ajoutées par Garnier. Un des procédés qui font le plus ressortir le tragique consiste à souligner le caractère inéluctable d'une situation consécutive à l'acte commis par celui-là même qui en est le responsable et qui s'en afflige inutilement, comme dans l'*Antigone* de Garnier :

> Trop tard vous cognoissez vostre incurable offense,
> Vaines y sont les pleurs, vaine la repentance,
> Pour neant vous jettez ces lamentables cris.
> De ce qui est ja faict le conseil en est pris.
> Dieu mesme ne sçauroit, bien que tout il modere,
> Faire qu'un œuvre faict soit encores à faire. (2640-2645)
>
> Laissez-là ces regrets, cet inutile dueil,
> Et faites que leurs corps on enferme au cercueil. (2714-2715)

vers 2161-2260 – Garnier supprime un chœur placé par Sénèque après le récit du *nuntius* et avant l'aveu de Phèdre ; il passe directement à la scène où la reine s'accuse et disculpe son beau-fils, ce qui correspond aux vers 1156-1200 de la *Phaedra*. Le poète français imite librement, amplifie et modifie le texte fourni par le dramaturge latin.

vers 2161-2162 – Thème tragique par excellence que celui de la reine accablée de malheurs, vivant exemple du contraste entre la puissance suprême et le malheur extrême.

vers 2169-2172 – Phèdre était chez Sénèque beaucoup plus virulente :

> *O dure Theseu semper, o numquam ad tuos*
> *tuto reuerse : gnatus et genitor nece*
> *reditus tuos luere ; peruertis domum*
> *amore semper coniugum aut odio nocens.* (1164-1167)

> « O Thésée toujours barbare, ô toi qui ne rentras jamais auprès des tiens sans causer leur malheur, ton fils et ton père ont tous deux expié ton retour par leur mort et tu perds ta maison à laquelle tu es toujours aussi funeste, que tu aimes tes épouses ou que tu les haïsses. » (Traduction Herrmann)

vers 2173-2180 – Phèdre, chez Sénèque, consentait également à expier son forfait, mais ne songeait nullement, comme elle le fait ici, à demander pardon à Hippolyte.

vers 2181-2182 – *Cf. La Troade* de Garnier, où Hécube, apprenant la mort de son fils Polydore, souhaite que les Enfers l'engloutissent (vers 2215-2220). – L'héroïne de Sénèque ne demandait pas à la Terre de l'engloutir, mais elle désirait suivre Hippolyte jusqu'au Tartare :

> *et te per undas perque Tartareos lacus,*
> *per Styga, per amnes igneos amens sequar.* (1179-1180)

> « (…) ainsi je te suivrai à travers le Styx, à travers les flammes de feu, éperdument. » (Traduction Léon Herrmann)

Chez Garnier, Phèdre, la réprouvée, ne saurait suivre Hippolyte, le saint, le justifié. Thésée espérera bientôt que son fils accédera aux Champs Élysées, et non au Styx ou au Tartare.

vers 2183-2186 – Ces vers correspondent au début de la tirade chez Sénèque, dont le *dominator freti* devient, sous la plume du poète français, *porte-trident Neptune Roy des ondes :*

> *Me, me, profundi saeue dominator freti,*
> *inuade et in me monstra caerulei maris*
> *emitte, quicquid intimo Tethys sinu*
> *extrema gestat, quicquid Oceanus uagis*
> *complexus undis ultimo fluctu tegit.* (1159-1163)

> « C'est moi, moi, cruel maître de la terre profonde, qu'il faut attaquer ; et c'est contre moi qu'il faut lancer les monstres des flots azurés, ceux que porte Thétys au plus profond de ses abîmes les plus lointains, et ceux que l'océan aux ondes errantes enveloppe et recèle dans ses flots éloignés. » (Traduction Herrmann)

vers 2186 – *ton nepveu* : Neptune est l'arrière-grand-oncle par alliance d'Hippolyte : ce dernier est en effet le beau-fils de Phèdre, fille de Minos, lui-même fils de Jupiter, lequel était le frère de Neptune.

vers 2191-2192 – *qu'une rousse Lionne / M'eust petite engloutie* : *cf.* le souhait final de Thésée (2375 *sq.*) et le songe d'Hippolyte (171 *sq.*). Ce thème du lion est propre à Garnier : il n'apparaît pas dans la *Phaedra.*

vers 2195-2196 – *ce Monstre mon frere / Ce monstre Homme-toreau* : le Minotaure était le demi-frère de Phèdre, puisqu'il était aussi fils de Pasiphaé et d'un taureau blanc, envoyé par Poséidon pour satisfaire la vengeance d'Aphrodite : Pasiphaé avait en effet, comme le fera plus tard Hippolyte, méprisé le culte de la déesse. – La Phèdre sénéquienne ne se déclarait pas plus monstrueuse que le monstre crétois. Garnier infléchit avec bonheur le sens du texte qu'il imite.

vers 2200 – *Sangliers* : synérèse – *Lions* : diérèse.
vers 2203-2208 – La beauté d'Hippolyte est de nouveau présentée comme celle d'une œuvre d'art. – Amplification des vers 1173-1174 de la tragédie antique :

> *(...) Heu me, quo tuus fugit decor*
> *oculique nostrum sidus ? Exanimis jaces ?*
>
> « Hélas, où a fui ta beauté, où sont tes yeux, mes astres ? Gis-tu donc inanimé ? »
> (Traduction Herrmann)

vers 2209-2212 – Phèdre offre à Hippolyte ses pleurs et ses soupirs et lui donne un baiser sur la bouche, alors que chez Sénèque elle lui présentait une touffe de ses cheveux pour apaiser ses *ombres*, c'est-à-dire ses mânes :

> *Placemus umbras : capitis exuuias cape*
> *laceraeque frontis accipe abscissam comam.* (1181-1182)
>
> « Apaisons tes mânes : reçois ces cheveux coupés à mon front meurtri, ces dépouilles de ma tête. » (Traduction Herrmann)

vers 2213-2234 – Cette nouvelle demande de pardon ne figure pas dans la pièce antique.
vers 2217 – *ombre sainte* : Phèdre rend hommage à la sainteté d'Hippolyte. C'est une sorte de « canonisation », qui, à nos yeux, confirme l'orientation religieuse, chrétienne, de la pièce (voir notre *Introduction*, IV).
vers 2220 – *je n'ay pas vostre grace* : « je n'ai pas pu entendre de votre bouche votre pardon ».
vers 2223-2224 – *Ayant perdu ma vie* : « ayant perdu ce qui faisait ma raison de vivre (c'est-à-dire Hippolyte) ». – Au vers 2224, prononcer le *e* final de *Perdue* devant un mot à initiale consonantique.
vers 2227 – *aumoins* : Garnier a coutume d'écrire cet adverbe

en un seul mot (*cf. Antigone*, 1001) – *vivans* : noter l'accord en nombre du participe présent avec le mot auquel il se trouve apposé.

vers 2235-2244 – Nouvel éloge lyrique d'Hippolyte, qui ne figure pas chez Sénèque.

vers 2236 – Allusion aux Parques, filant les destinées des humains.

vers 2238 – *nouvel astre* : les hommes illustres pouvaient, dans la mythologie, devenir à leur mort des astres ou des constellations. Hippolyte devient une étoile sous le nom de Virbius. (Ovide, *Métamorphoses*, XV, 544 ; *Fastes*, VI, 76).

vers 2241-2244 – *belle fleur* : l'épithète est courante (voir Maurice de La Porte). – *espanie* : *cf.* Ronsard, *O.C.*, tome I, p. 270 (*fleurs epanies*).

vers 2245-2260 – Garnier s'écarte de Sénèque en ajoutant l'apostrophe à l'épée, les hésitations tremblantes de la reine, la vision de la Mégère et l'adieu au soleil. – Dans tout ce passage figurent des épithètes traditionnelles, ou approchantes, que signale Maurice de La Porte : *flambante espee* (vers 2245 ; *flamboiante* chez La Porte), *torche flambante* (2252 ; encore *flamboiante* chez La Porte), *rouge fournaise horriblement ardant* (*ardant* est ici le participe présent du verbe *ardre*), *rive escumeuse* (2253), *Soleil luisant* (2257).

vers 2249-2250 – Garnier donne à *horror* son sens physique étymologique : « mouvement de répulsion, accompagné d'un frisson de crainte ». – Voir Maurice de La Porte : *horreur frissonnant*.

vers 2260 – *une grand'playe* : influence possible d'un vers de Ronsard (*Hynne de la Mort*, vers 344), d'après Christine M. Hill et Mary G. Morrison, éd. citée, p. 27.

vers 2261-2308 – Sénèque laissait ici parler Thésée ; Garnier repousse sa longue plainte et permet ainsi au chœur d'exprimer sa douleur. Ce chœur, véritable chant funèbre, est bref et formé de strophes légères et de vers courts ; il est original, car il n'emprunte à celui de Sénèque (du reste placé ailleurs dans la pièce, entre le récit du messager et la confession de Phèdre) que l'idée générale des caprices de la Fortune. Il comporte douze quatrains, formés de trois hexasyllabes et d'un tétrasyllabe (schéma des rimes : A'A'BB). Selon Lebègue (éd. citée, p. 261), le poète a dû emprunter cette structure métrique « à l'ode de Ronsard *De l'élection de son sépulcre* ». Ces strophes se signalent par leur grande simplicité (lexique, syntaxe, versification) ; le dernier vers, très court, donne l'impression que la strophe se brise soudain sous l'effet de l'émotion.

vers 2285 – Athènes et l'Attique ont d'abord porté le nom de *Mopsopie*, les habitants étant les *Mopsopiens*. Garnier emprunte cette dénomination au vers 1276 de la *Phaedra*. Mais Sénèque évoquait des lamentations : *Mopsopia claris tota lamentis sonet.* La strophe de Garnier met l'accent sur la dureté du sort et sur le contraste entre la grandeur passée et l'affliction présente. De plus, chez le poète latin, le vers se situe à la fin de la pièce et c'est Thésée, non le chœur, qui le prononce.

vers 2289-2292 *Jupiter nostre pere* : dans l'Antiquité Jupiter était couramment appelé *père des dieux et des hommes* ; mais ici les Athéniennes le nomment ainsi parce que la déesse protectrice d'Athènes, Pallas Athéna, était la fille de Zeus (Jupiter). – La référence aux malheurs de la cité montre une fois de plus que Garnier, au-delà de la tragédie privée, songe au drame « national », puisque la mort d'un prince touche le peuple entier (voir, plus loin, les vers 2305-2309), idée qu'Euripide faisait exprimer au chœur à la fin de sa pièce, aux vers 1462-1466, dont nous avons placé la traduction en exergue à la tête de notre édition. Garnier est très attaché à la monarchie française (voir son *Hymne à la Monarchie*).

vers 2309-2384 – Thésée, ici comme dans la pièce de Sénèque, exprime ses regrets d'avoir causé la mort de son fils. Le poète latin avait ajouté un petit dialogue entre le roi et le chœur, que Garnier n'a pas cru bon de conserver.

vers 2309-2322 – Garnier développe amplement les vers 1201-1203 de la *Phaedra*. S'il ne mentionne pas les monstres marins des trois vers qui suivent chez Sénèque, c'est qu'il l'a déjà fait plus haut (vers 1848). Il peint ici avec complaisance les horreurs des Enfers, thème courant de son théâtre.

vers 2309-2310 – *profonde* : figure chez Maurice de La Porte, s.v. *caverne*. – Le lac Averne, formé des eaux qui s'échappent de l'Achéron, marque l'entrée des Enfers – *Des Démons ensoulfrez* : Garnier fait allusion aux émanations sulfureuses qui s'élevaient de ce lieu (*cf.* Virgile, *Énéide*, VI, 118 et 126).

vers 2311 – Les *Rages* et les *Fureurs* sont des personnifications de violents sentiments ; Virgile a montré la voie à Garnier. – Les *Dires* sont, chez les Latins, *l'équivalent des* Furies (*Dirae*).

vers 2319-2320 – Thésée s'est rendu coupable du crime suprême, le *scelus nefandum*, qui inspire l'*horreur*, sentiment de répulsion face à l'impiété ou à l'indicible. – *Parricide* signifie au seizième siècle aussi bien « qui tue son père » que « qui tue son fils ». Tout en rappelant ce double sens, Olivier Millet (« De l'erreur au péché... », p. 65-66) voit ici un lapsus significatif de la part du roi :

> (...) à aucun moment du dénouement, Thésée ne reconnaît le principal motif de son châtiment, qui avait été mis en

avant par l'ombre dans la scène protatique, la mort d'Égée lui-même, c'est-à-dire le meurtre de son père. Dans la scène ultime, deux lapsus trahissent cependant dans toute sa profondeur la culpabilité de Thésée, et allègent simultanément cette culpabilité par l'issue d'un aveu indirect. D'une part, il s'accuse d'être « parricide » (v. 2318) ; mais c'est, par une métonymie fréquente au XVIe siècle, non au sujet de la mort de son père Égée (qu'il continue d'« ignorer »), mais à propos de la mort, qu'il a provoquée, de son fils Hippolyte, meurtre ainsi posé comme équivalent de celui du père. D'autre part, s'il refuse d'aller aux Enfers, c'est pour ne pas avoir à y rencontrer Minos, qu'il avait outragé dans son expédition de Crète et qui était devenu, par son mariage avec Phèdre, son « beau-pere » (v. 2356). Ainsi Hippolyte, le « fils par nous meurtry d'une faute commune » (v. 2374) a payé pour le meurtre du Père, motif démultiplié dans la pièce et qui signale l'insistance, mythologique et familiale, du fantasme ; ce motif souligne du même coup le caractère substitutif et expiatoire de la mort d'Hippolyte. Cet innocent a été chargé de porter le poids du crime irrémissible énoncé de manière obsédante.

vers 2322 – *Pour n'avoir pleu, trop chaste à ma mechante femme* : « parce qu'il a refusé, par chasteté, de complaire à ma méchante femme, pour avoir refusé les avances de celle-ci ». Le ton est ironique.

vers 2329 – *Le Dieu tonnant* : Jupiter.

vers 2333-2334 – Sénèque : *Donator atrae lucis, Alcide, tuum / Diti remitte munus.* – *recous* signifie « secouru ».

vers 2355-2362 – La mort d'Hippolyte, innocent, acceptée par Neptune contre toute justice apparente, prend tout son sens dès lors qu'elle punit Thésée et l'oblige à expier son crime (à rapprocher des paroles du prophète dans *Les Juifves*, vers 2113-2124).

vers 2358 – *l'oublieux fleuve* : référence implicite au Léthé, fleuve de l'oubli (c'est le sens étymologique du nom en grec), situé dans les Enfers.

vers 2363-2378 – Ces lugubres souhaits sont ajoutés par Garnier.

vers 2363-2364 – L'ombre, symbole de la victoire de la mort et du destin funeste, va clore une pièce qui s'ouvrait sur le spectre d'Égée s'échappant des ténèbres infernales : Garnier marque ainsi la cohérence du drame. – En souhaitant se retirer dans un lieu écarté où jamais ne luisent les rayons du soleil, Thésée cherche sur terre un endroit semblable aux Enfers. Cette évocation rappelle les vers 14-19 du chant XI de l'*Odyssée*, décrivant le pays des morts, celui des « Kimmériens » :

> (...) où les Kimmériens ont leur pays et ville. Ce peuple vit couvert de nuées et de brumes, que jamais n'ont percées les rayons du Soleil, ni durant sa montée vers les astres du ciel, ni quand, du firmament, il revient à la terre : sur ces infortunés, pèse une nuit de mort.
> (Traduction Victor Bérard)

vers 2376-2377 – *Diane... Lion* : diérèses. – L'évocation du lion fait écho à celui du songe d'Hippolyte au début de la tragédie.

vers 2379-2384 – Cet adieu remplace les préparatifs du bûcher funéraire qui terminaient la tragédie latine. – *l'onde oublieuse* : il s'agit de nouveau, comme au vers 2381, de l'eau du fleuve d'oubli dans les Enfers, le Léthé. Si Phèdre et Thésée peuvent craindre le châtiment infernal, Hippolyte, selon son père, mérite de rejoindre les héros vertueux aux Champs Élysées. – Au vers 2382, *outrageuse* fait partie de la liste des épithètes de *mort* dans le recueil de La Porte.

BIBLIOGRAPHIE

ÉDITIONS

ROBERT GARNIER

Éditions parues du vivant de l'auteur

Hippolyte, tragedie de Rob. Garnier, conseiller du Roy au siege Presidial et Senechaussee du Maine. A Messeigneurs de Rambouillet. A Paris, De l'Imprimerie de Robert Estienne. M.D.LXXIII. Avec privilege.

Hippolyte, tragedie de Rob. Garnier, conseiller du Roy au siege Presidial et Senechaussee du Maine. A Messeigneurs de Rambouillet. A Paris, De l'Imprimerie de Robert Estienne. M.D.LXXIII. Avec privilege. [autre tirage, avec des variantes]

Les Tragedies de Robert Garnier, conseiller du Roy, et de Monseigneur frere unique de sa Majesté, lieutenant general Criminel au siege Presidial et Senechaussee du Mayne. A Paris. Par Mamert Patisson Imprimeur du Roy, au logis de Robert Estienne, 1580. Avec privilege.

Les Tragedies de Robert Garnier, conseiller du Roy, et de Monseigneur frere unique de sa Majesté, lieutenant general Criminel au siege Presidial et Senechaussee du Mayne. A Paris. Par Mamert Patisson Imprimeur du Roy, au logis de Robert Estienne, 1582. Avec privilege.

Les Tragedies de Robert Garnier, conseiller du Roy, Lieutenant general Criminel au siege Presidial et Senechaussee du

Maine ; au Roy de France et de Polongne, à Paris. Par Mamert Patisson Imprimeur du Roy, chez Robert Estienne, 1585. Avec privilege.

Les Tragedies de Robert Garnier, conseiller du Roy, Lieutenant general Criminel au siege Presidial et Senechaussee du Maine ; au Roy de France et de Polongne. A Tholose (Toulouse), par Pierre Jagourt, 1588.

Principales éditions parues depuis 1882

– Éditions réunissant toutes les pièces

GARNIER, Robert, *Les Tragédies*, éditées par Wendelin Fœrster, Heilbronn, Verlag von Gebr. Henninger, 1882-1883, 4 vol., réédition Genève, Slatkine, 1970.

GARNIER, Robert, *Œuvres complètes*, éditées par L. Pinvert, Paris, Garnier, 1923, 2 vol.

Œuvres complètes de Robert Garnier, éditées par Raymond Lebègue, Paris, Les Belles Lettres, 1949-1974, 4 vol. [cette édition comprend le théâtre et les poèmes de l'auteur, dont *l'Hymne à la Monarchie*].

GARNIER, Robert, *Théâtre complet*, en cours de publication, dir. Jean-Dominique Beaudin, Paris, Champion puis Classiques Garnier.

– Éditions séparées d'*Hippolyte*

GARNIER, Robert, *Two tragedies* Hippolyte *and* Marc Antoine, edited by Christine M. Hill and Mary G. Morrison, The Athlone Press of the University of London, 1975.

Gli « Hippolytes » senechiani del teatro francese, éd. D. Dalla Valle, Turin, Albert Meynier, 1986.

GARNIER, Robert, *Hippolyte,* édité par Silvio Ferrari, dans « La Tagédie à l'époque d'Henri II et de Charles IX, première série, vol. 5 », Florence, Olschki et Paris, PUF, 1993.

AUTRES AUTEURS
(DE L'ANTIQUITÉ AU XVIIe SIÈCLE)

ARISTOTE, *Poétique,* traduite par Michel Magnien, Le Livre de Poche classique, Paris, Librairie Générale Française, 1990.

CATULLE, *Poésies*, éd. Georges Lafaye, huitième tirage, Paris, Les Belles Lettres, 1970.

CICÉRON, *Les Devoirs*, traduction Ch. Appuhn, Paris, Garnier-Flammarion, 1967.

CICÉRON, *Tusculanes*, éd. Georges Fohlen et Jules Humbert, Paris, Les Belles Lettres, 1970 (quatrième tirage de l'édition de 1931).

DU BELLAY, *La Deffence et Illustration de la Langue Françoise*, éd. H. Chamard, Paris, Didier, 1948, rééd. 1970.

DU BELLAY, *Les Regrets*, éd. J. Joliffe et M.A. Screech, Genève, Droz, 3e édition, 1979.

ESCHYLE, *Théâtre*, éd. Emile Chambry, Paris, Garnier, 1956.

EURIPIDE, *Hippolyte*, éd. Louis Méridier, Paris, Les Belles Lettres, 1927.

EURIPIDE, *Fragments (Sthénébée, Chrysippos)*, éd. François Jouan et Herman Van Looy, Paris, Les Belles Lettres, 2002.

FOUQUELIN, Antoine, *La Rhétorique française*, (1555), éd. Francis Goyet, dans *Traités de poétique et de rhétorique de la Renaissance*, Le Livre de Poche classique, 1990.

GRÉVIN, Jacques, *Brief discours pour l'intelligence de ce théâtre,* 1561, dans *Cesar*, éd. Jeffrey Foster, Paris, A.G. Nizet, 1974.

HÉSIODE, *Théogonie,* éd. Paul Mazon, Paris, Les Belles Lettres, 1928.

HOMÈRE, *Iliade*, éd. Paul Mazon, Paris, Les Belles Lettres, 1937-1938.

HOMÈRE, *Odyssée*, éd. Victor Bérard, Paris, Les Belles Lettres, 1959.

HORACE, *Œuvres*, éd. F. Plessis et P. Lejay, Paris, Hachette, 1911.

HORACE, *Odes*, traduction François Villeneuve, Paris, Les Belles Lettres, 1997.

Hymnes homériques, éd. Jean Humbert, Paris, Les Belles Lettres, cinquième tirage, 1967.

La Pinelière, *Hippolyte*, 1635, dans *Gli « Hippolytes » senechiani del teatro francese*, éd. D. Dalla Valle, Turin, Albert Meynier, 1986.

La Porte, Maurice, *Les Epithetes. Livre non seulement utile à ceux qui font profession de la poesie, mais fort propre aussi pour illustrer toute autre composition françoise,* 1571.

La Taille, Jean de, *De l'Art de la Tragedie, Saül le furieux, La Famine ou les Gabeonites*, édition critique par Elliott Forsyth, Paris, Librairie Marcel Didier, 1968.

Laudin d'Aigaliers, *L'Art poétique françois*, 1597 ; éd. Joseph Dedieu, Toulouse, 1909, et Slatkine reprints, 1969. [Sur la tragédie, voir les p. 154-167].

Lucrèce, *De Natura rerum*, éd. Henri Clouard, Paris, Garnier, 2e éd., 1939.

Ovide, *Métamorphoses*, éd. Frank Justus Miller, revue par G.P. Goold, Cambridge, Massachusetts, Harvard University Press et Londres, William Heinemann LTD, 2 vol., troisième édition, 1977.

Ovide, *Métamorphoses*, traduction Joseph Chamonard, Paris, Garnier, 1966.

Platon, *Le Banquet*, éd. Léon Robin, Paris, Les Belles Lettres, 1929-1970.

Platon, *Gorgias*, éd. Alfred Croiset-Louis Bodin, Paris, Les Belles Lettres, 1927-1967.

Plutarque, *Vie de Thésée*, éd. Robert Flacelière, Paris, Les Belles Lettres, 1964.

Racine, *Phèdre et Hippolyte*, éd. Georges Forestier, dans *Œuvres complètes*, tome I, Paris, Gallimard, Pléiade, 1999.

Ronsard, *Œuvres complètes*, éditées par Jean Céard, Daniel Ménager et Michel Simonin, Paris, Gallimard, Bibliothèque de la Pléiade, 1994, 2 vol.

Scaliger, *Poetices libri septem,* Genève, 1561.

Sénèque, *Lettres à Lucilius*, éd. François Préchac et Henri Noblot, tome V, Paris, Les Belles Lettres, 1964.

SÉNÈQUE, *Tragédies,* éd. Léon Herrmann, Paris, Les Belles Lettres, 1928-1982, 2 vol.

SOPHOCLE, *Théâtre complet,* éd. R. Pignarre, Paris, Garnier, 1947, 2 vol.

TOUTAIN, Charles, *La Tragédie d'Agamemnon*, 1557, éd. Trevor Peach, University of Exeter, 1988.

VAUQUELIN DE LA FRESNAYE, J., *L'Art poétique,* 1605 ; éd. G. Pellissier, Paris, Garnier, 1885, et Genève, Slatkine reprints, 1970.

VIRGILE, *Enéide,* éd. A. Bellessort, Paris, Les Belles Lettres, 1925.

DICTIONNAIRES, GRAMMAIRES, LEXIQUES, TRAITÉS DE RHÉTORIQUE

BAILLY, Anatole, *Dictionnaire grec-français*, Paris, Hachette.

BEAUMARCHAIS, Jean-Pierre de, COUTY, Daniel, REY, Alain, *Dictionnaire des littératures de langue française*, Paris, Bordas, 1987, 4 vol., republié ensuite sous le titre *Dictionnaire des écrivains de langue française*, Larousse, 1992, 2 vol. – [Voir, entre autres articles, ceux de Marie-Madeleine Fontaine sur « Jodelle », de Frank Lestringant sur « Garnier », de Michel Simonin sur « Grévin ».]

BLAISE, Albert, *Dictionnaire des auteurs latins chrétiens*, Strasbourg, 1954.

CHANTRAINE, Pierre, *Dictionnaire étymologique de la langue grecque*, t. III, Paris, Klincksieck, 1975.

FONTANIER, *Les Figures du discours*, Paris, Flammarion, 1977 [Première édition complète : Paris, De Maire-Nyon, 1830].

GAFFIOT, Félix, *Dictionnaire latin-français*, Paris, Hachette, 1934.

GOUGENHEIM, Georges, *Grammaire de la langue française du XVIe siècle*, Paris, Picard, nouvelle édition, 1974.

GREIMAS, Algirdas, Julien, *Dictionnaire d'ancien français*, Paris, Larousse, 1968.

GREIMAS, Algirdas, Julien, *Dictionnaire du moyen français*, Paris, Larousse, 1992.

GRIMAL, Pierre, *Dictionnaire de la mythologie grecque et latine*, Paris, PUF, 1969.

HUGUET, Edmond, *Dictionnaire de la langue française du XVIe siècle*, Paris, Champion, puis Didier, 7 vol., 1925-1967.

MAGNIEN, Victor, LACROIX, Maurice, *Dictionnaire grec-français*, avec la collaboration de Raymond Salesses, Paris, Belin, 1969.

MARTY-LAVEAUX, Charles, *La Langue de la Pléiade*, 1896-1898, 2 vol., Slatkine reprints, 1966.

QUICHERAT, Louis-Marie, *Thesaurus poeticus*, Paris, Hachette, 1878.

Traités de poétique et de rhétorique de la Renaissance, éd. Francis Goyet, Le Livre de Poche classique, 1990.

ÉTUDES

GÉNÉRALITÉS

BALMAS, Enea, POSSENTI, E., SABA, G., *Il tema della Fortuna nella letteratura francese e italiana del Rinascimento. Studi in memoria di Enzo Giudici*, Firenze, Olschki, 1990.

BIET, Christian, *La Tragédie*, Paris, A. Colin, coll. « Cursus », 1997.

BURON, Emmanuel, « La Renaissance de la tragédie ou le spectacle de la parole. Vue et parole dans les tragédies d'Etienne Jodelle », dans *L'Inscription du regard. Moyen-Âge-Renaissance*, Fontenay-aux-Roses, éd. de l'E.N.S., 1995, p. 127-168.

CAMPANGNE, Hervé, *Mythologie et rhétorique aux XVe et XVIe siècles en France,* Paris, Champion, 1996.

CHARLTON, H.B., *Senecan tradition in Renaissance tragedy,* Manchester, 1946.

CHARPENTIER, Françoise, *Pour une lecture de la tragédie humaniste (Jodelle, Garnier, Montchrestien)*, Saint-Étienne, Publications de l'Université de Saint-Étienne, 1979.

CHARPENTIER, Françoise, « Invention d'une dramaturgie : Jodelle, La Péruse », dans *Littératures*, n° 22, Presses Universitaires du Mirail-Toulouse, printemps 1990, p. 7-22.

CHARPENTIER, Françoise, « Naissance de la tragédie poétique en France : Jodelle, La Péruse », dans *Nascita della tragedia di poesia nei paesi europei*, dir. M. Chiabò-F. Doglio, Vicenza, 17-20 mai 1990. [Article repris dans *Par ta colère nous sommes consumés*, dir. Marie-Madeleine Fragonard, Orléans, Paradigme, 1998, p. 73-85.]

CHIABO, M., Doglio, F., éd., *Nascita della Tragedia di Poesia nei Paesi Europei*, Centro Studi sul Theatro medioevale e rinascimentale, Roma, 1991.

CHRISTODOULOU, Kyriaki, *Ronsard et la Grèce, Actes du colloque d'Athènes et de Delphes, 4-7 octobre 1985*, Paris, Nizet, 1988.

COUPRIE, Alain, *Lire la tragédie*, Paris, Dunod, 1994.

CUSHMAN, K.L., *The Evolution of dramatic rhetoric in France*, Thèse Indiana University, 1968.

DALLA VALLE, Daniela, *Il mito cristianisato :* Phedra/Ipolito *e* Edipo *nel teatro francese del Seicento*, Berne, 2006, Peter Lang.

DASSONVILLE, Michel, « Une tragédie lyrique ? Pourquoi pas ? », dans *Saggi e ricerche sul theatro francese del Cinquecento*, Florence, Olschki, 1985.

DECHARME, Paul, *Euripide et l'esprit de son théâtre*, Paris, Garnier, 1893.

DELCOURT, Marie, *Etude sur les traductions des tragiques grecs et latins*, Bruxelles, Lamertin, 1925.

DELMAS, Christian, *La Tragédie de l'âge classique (1553-1770)*, Paris, Seuil, 1994.

DEMERSON, Guy, *La Mythologie classique dans l'œuvre lyrique de la Pléiade*, Genève, Droz, 1972.

Dramaturgies de l'ombre, colloque Paris IV-Paris VII, 27-30 mars 2002, organisé par le CLAM et le GRAL,

dir. Françoise Lavocat et François Lecercle, Rennes, Presses Universitaires de Rennes, coll. Interférences, 2005.
DUPONT, Florence, *Le Théâtre latin,* Paris, A. Colin, 1988.
DUPONT, Florence, *Les Monstres de Sénèque*, Paris, Belin, 1997.
FAGUET, Emile, *Essai sur la tragédie française au XVIe siècle,* Paris, Hachette, 1883.
FEBVRE, Lucien, *Amour sacré et amour profane, autour de l'*Heptaméron, Paris, Gallimard, 1971.
FEDERICI, C., *Réalisme et dramaturgie. Etude de quatre écrivains : Garnier, Hardy, Rotrou, Corneille*, Paris, Nizet, 1974.
FESTUGIÈRE, André-Jean, *De l'Essence de la tragédie grecque*, Paris, Aubier-Montaigne, 1969.
FONTAINE, Marie-Madeleine, article « Jodelle » du *Dictionnaire des littératures de langue française*, dir. Beaumarchais (Jean-Pierre de), Couty (Daniel), Rey (Alain), Paris, Bordas, 1987, 4 vol.
FORESTIER, Georges, « Devoir et passion dans la tragédie française : de Chimène à Phèdre », dans *Liber amicorum. Mélanges sur la littérature antique et moderne à la mémoire de Jean-Pierre Néraudeau*, textes réunis par F. Lestringant, B. Néraudeau, D. Porte et J.-C. Ternaux, Paris, Champion, 2005, p. 233-251.
FORSYTH, Elliott, *La Tragédie française de Jodelle à Corneille (1553-1640) : le thème de la vengeance*), Paris, Nizet, 1962.
FRAGONARD, Marie-Madeleine, « La Renaissance ou l'apparition du *théâtre à texte* », dans Viala (Alain) dir., *Le Théâtre en France des origines à nos jours*, Paris, PUF, « Collection Premier Cycle », 1997.
GAROFALO, E., « La Teoria della sentenza nel teatro francese dalla tragedia umanista a Pierre Corneille », dans *Annali della Fac. di Magistero dell'Univ. di Cagliari,* XIX, 1, 1996, p. 95-125.
GETHNER, Perry, « The didactic chorus in French Humanist Tragedy », dans *Classical and Modern Literature,* III (1982-1983), p. 139-149.
GORDON, A.L., *Ronsard et la rhétorique*, Genève, Droz, 1970.
GRIFFITHS, Richard, « The Influence of formulary rhetoric upon

French Renaissance tragedy », *The Modern Language Review*, 1964, p. 201-208.

HERRMANN, Léon, *Le théâtre de Sénèque*, Paris, Les Belles Lettres, 1924.

HOWE, Alan, « The Dilemma Monologue in Pre-Cornelian French Tragedy (1550-1610) », dans *En marge du classicisme. Essays on the French Theater from the Renaissance to the Enlightenment*, éd. A. Howwe et R. Waller, Liverpool University Press, 1987, p. 27-63.

JACQUOT, Jean, et alii, *Les Tragédies de Sénèque et le théâtre de la Renaissance*, C.N.R.S., 1964 [rééd. 1973].

JONDORF, Gillian, *Robert Garnier and the themes of political tragedy in the sixteenth century*, Cambridge University Press, 1969.

JONDORF, Gillian, *French Renaissance Tragedy : The Dramatic Word*, Cambridge University Press, 1990 ; rééd. 2006.

JUNG, Marc-René, *Hercule dans la littérature du XVIe siècle*, Genève, Droz, 1966.

KNIGHT, Roy, C., *Racine et la Grèce*, Paris, Nizet, 1951, rééd. 1974.

HUBERT, Marie-Claude, *Les Grandes théories du théâtre*, Paris, A. Colin, coll. U, 1998.

LANSON, Gustave, « Études sur les origines de la tragédie classique », dans *Revue d'Histoire Littéraire de la France*, vol. X, Paris, Armand Colin, 1903, p. 177-231 et 413-436.

LANSON, Gustave, *Esquisse d'une histoire de la tragédie française*, New-York, 1920 ; nouvelle édition, Paris, 1927, rééd. 1954.

LARTHOMAS, Pierre, *Le Langage dramatique*, Paris, Armand Colin, 1972.

LAZARD, Madeleine, *Le Théâtre en France au XVIe siècle*, P.U.F., 1980.

LEBÈGUE, Raymond, *La Tragédie française de la Renaissance*, Bruxelles, Office de Publicité, 1944, 2e édition, Paris, S.E.D.E.S., 1954.

LEBÈGUE, Raymond, « Répertoire d'une troupe française à la fin du XVIe siècle », dans *Revue d'histoire du théâtre*, 1948.

LEBÈGUE, Raymond, « La représentation des tragédies au seizième siècle », dans *Mélanges Chamard*, Paris, Nizet, 1951, p. 199-204.

LEBLANC, Paulette, *Les Ecrits théoriques et critiques des années 1540-1561 sur la tragédie*, Paris, Nizet, 1972.

MARTINEZ, C., « Fantômes, oracles et malédictions, figures du temps tragique », dans *Le Temps et la durée dans la littérature au Moyen Âge et à la Renaissance*, Paris, Nizet, 1986, p. 139-151.

MAZOUER, Charles, « Les mythes antiques dans la tragédie française du XVIe siècle », dans *L'imaginaire du changement en France au XVIe siècle*, éd. Claude-Gilbert Dubois, Presses Universitaires de Bordeaux, 1984, tome I, p. 132-161.

MAZOUER, Charles, « Vingt ans de recherches sur le théâtre du XVIe siècle : première partie : le théâtre sérieux », dans *Nouvelle Revue du Seizième siècle*, 1998, n° 16/2, p. 301-325. [Mise au point bibliographique]

MAZOUER, Charles, *Le Théâtre français de la Renaissance*, Paris, Champion, 2002.

MILLET, Olivier, « De l'erreur au péché : la culpabilité dans la tragédie humaniste du XVIe siècle », dans *La Culpabilité dans la littérature française,* Travaux de Littérature, VIII, Adirel éd., diffusion Klincksieck, 1995, p. 57-73.

MILLET, Olivier, « L'ombre dans la tragédie française (1550-1640), ou l'enfer sur la terre », dans *Tourments, doutes et ruptures dans l'Europe des XVIe et XVIIe siècles*, Paris, Champion, 1995, p. 163-177.

MILLET, Olivier, « La tragédie humaniste de la Renaissance (1550-1580) et le sacré », dans *Le Théâtre et le sacré*, Paris, Klincksieck, 1996, p. 69-94.

MILLET, Olivier, « La représentation du corps souffrant dans la tragédie humaniste et baroque (1550-1630) » dans *Par ta colère nous sommes consumés. J. de La Taille auteur tragique*, Marie-Madeleine Fragonard éd., Orléans, Paradigme, 1998.

MILLET, Olivier, « *Les premiers traicts* de la théorie moderne de la tragédie d'après les commentaires humanistes de l'*Art poétique* d'Horace (1550-1554) », dans *Études françaises*, 44/2, 2008, p. 11-31.

MIOTTI, Mariangela, « La definizione di *tragedia* in alcuni dizionari francesi del Cinquecento », dans *Parcours et rencontres. Mélanges de langue, d'histoire et de littérature françaises offerts à Enea Balmas*, t. I, Paris, Klincksieck, 1993, p. 489-507.

MOREL, Jacques, *La Tragédie,* Paris, A. Colin, coll. U, 2e éd., 1964.

MOREL, Jacques, *Littérature française, La Renaissance, III,* p. 137-167, Paris, Arthaud, 1973.

MOREL, Jacques, *Agréables mensonges, Essais sur le théâtre français du XVIIe siècle* (recueil d'articles publiés précédemment à des dates diverses), Paris, Klincksieck, 1991.

PANOFSKY, Erwin, *Essais d'iconologie ; les thèmes humanistes dans l'art de la Renaissance,* Gallimard, 1967 (traduction des *Studies in Iconology,* Oxford University Press, 1939).

Panorama du théâtre antique, Cahiers du G.I.T.A., Université P. Valéry-Montpellier III, n° 9, 1996.

Par ta colère nous sommes consumés, Fragonard (Marie-Madeleine) dir., Orléans, Paradigme, 1998. [Contributions de Marie-Madeleine Fragonard, Françoise Charpentier, C. Zeppa de Nolva, Olivier Millet, Alain Michel, Raymond Lebègue, Marguerite Soulié, Pierre-Louis Vaillancourt, Paul Ricœur, Frank Lestringant]

PRAT, Marie-Hélène, *Les Mots du corps. Un imaginaire lexical dans* Les Tragiques *d'Agrippa d'Aubigné,* Genève, Droz, 1996.

RIGAL, Eugène, *Le Théâtre français avant la période classique,* Paris, 1901.

RIGAL, Eugène, *De Jodelle à Molière,* Paris, Hachette, 1911.

ROMILLY, Jacqueline de, *Le Temps dans la tragédie grecque,* Paris, Vrin, 1971, 2e éd.

ROMILLY, Jacqueline de, *La Crainte et l'angoisse dans le théâtre d'Eschyle,* Paris, Les Belles Lettres, 1971.

ROMILLY, Jacqueline de, *L'Évolution du pathétique d'Eschyle à Euripide,* Paris, Les Belles Lettres, 1980.

SAKHAROFF, M., *Le Héros, sa liberté et son efficacité de Garnier à Rotrou,* Paris, Nizet, 1967.

SCHERER, Jacques, *La Dramaturgie classique en France,* Paris, Nizet, 1950.

SCREECH, Michael, *Rabelais et le mariage,* traduit de l'anglais par Ann Bridge, dans *Etudes rabelaisiennes*, n° 28, Genève, Droz, 1992.

SIMONIN, Michel, article « Grévin » du *Dictionnaire des littératures de langue française*, Beaumarchais (Jean-Pierre de), Couty (Daniel), Rey (Alain) dir., Paris, Bordas, 1987, 4 vol.

STEINER, George, *The Death of tragedy*, 1961, traduit en français sous le titre *La Mort de la tragédie*, Paris, Seuil, 1965, repris par Gallimard, « Folio/Essais », 1993.

STONE, Donald, *French humanist tragedy. A reassessment*, Manchester University Press, 1974.

STREET, J.S., *French Renaissance Tragedy from Bèze to Corneille : dramatic forms and their purposes in the early modern theatre,* Cambridge University Press, 1983.

TERNAUX, Jean-Claude, « De Virgile à Jodelle : *Didon se sacrifiant* », dans *l'Épopée et ses modèles de la Renaissance aux lumières*, Frank Greiner et Jean-Claude Ternaux éd., Paris, Honoré Champion, 2002, p. 113-126.

TERNAUX, Jean-Claude, *Calliope et Melpomène, Poésie épique et poésie dramatique à la Renaissance*, travail d'habilitation, 2004, non publié.

TERNAUX, Jean-Claude, *Le Théâtre au XVIe siècle, entre tradition et modernité*, non publié.

TIN, Louis-Georges, « Épopée et tragédie en France, au tournant du XVIe et du XVIIe siècle », dans *l'Epopée et ses modèles de la Renaissance aux lumières*, Frank Greiner et Jean-Claude Ternaux éd., Paris, Champion, 2002, p. 127-138.

TRUCHET, Jacques, *La Tragédie classique en France*, Paris, P.U.F., 1975, 3e éd. 1997.

VIALA, Alain, dir., *Le Théâtre en France des origines à nos jours*, Paris, PUF, « Collection Premier Cycle », 1997. [Voir notamment la troisième partie, rédigée par Marie-Madeleine Fragonard, intitulée « La Renaissance ou l'apparition du *théâtre à texte* »]

SUR ROBERT GARNIER EN GÉNÉRAL
ET SUR *HIPPOLYTE* EN PARTICULIER

AUCLAIR, Valérie, « Théâtre et rhétorique : un point de vue iconographique », dans *Lectures de Robert Garnier*, E. Buron dir., Rennes, 2000, p. 31-41.

BAILBÉ, Jacques, « Ronsard et Robert Garnier », dans *Ronsard et la Grèce, 1585-1985, Actes du colloque d'Athènes et de Delphes, 4-7 octobre 1985*, présentés par Kyriaki Christodoulou, Publications de l'Union scientifique franco-hellénique, série Recherches, n° 3, Paris, Nizet, 1988, p. 263-275.

BARSAN, V.C., *Garnier and Seneca*, Urbana, University of Illinois Press, 1965.

BEAUDIN, Jean-Dominique, « Un cas de latinisation interne du lexique français à la Renaissance : *horreur* et *horrible* dans les tragédies de Robert Garnier », dans *L'Information Grammaticale*, n° 75, octobre 1997, p. 33-35.

BEAUDIN, Jean-Dominique, « Connaissance de l'étymologie et poétique : l'enrichissement de la langue littéraire par réactivation sémantique et remotivation étymologique : l'emploi du mot *trespas* dans trois tragédies de Robert Garnier », dans *Lexique et cognition*, Paris, Presses de l'Université de Paris-Sorbonne, septembre 1998, p. 95-108.

BEAUDIN, Jean-Dominique, « Les formes de la beauté scénique dans le théâtre de Robert Garnier » dans *Nouvelle Revue du Seizième siècle*, n° 18/2, Paris-Genève, Droz, 2000, p. 93-104.

BEAUDIN, Jean-Dominique, *Introduction à la dramaturgie de Robert Garnier dans* Hippolyte *et* Les Juifves, Paris, SEDES, 2000.

BEAUDIN, Jean-Dominique, « La monstruosité et l'horreur tragique dans l'*Hippolyte* de Robert Garnier », dans *Littératures*, n° 43, Toulouse, Presses Universitaires du Mirail, automne 2000, p. 47-57.

BEAUDIN, Jean-Dominique, « La poésie *vulcanique* de Robert Garnier : la forge de Vulcain dans la tragédie d'*Hippolyte* (1573) », dans *Figurations du volcan à la Renaissance*, Dominique Bertrand éd., Paris, Champion, 2001, p. 295-312.

BERNAGE, Siméon, *Étude sur Robert Garnier*, Paris, Delalain frères, 1880.

BURON, Emmanuel, « La dramaturgie d'*Hippolyte* et des *Juifves* », dans *Lectures de Robert Garnier*, Rennes, 2000, p. 53-69.

BUZON, Christine de, « Morale et passions, pudeur et impudeur dans *Hippolyte* », dans *Lectures de Robert Garnier*, E. Buron dir., Rennes, 2000, p. 97-111.

CHARDON, Henri, *R. Garnier : sa vie, ses poésies inédites*, R.H. Archives, 1905, rééd. Genève, Slatkine, 1970.

DALLA VALLE, Daniela, « Ripresa, spostamento, creazione di cori tragici : Seneca, Garnier, Prévost », dans *Studi francesi*, 129, septembre-décembre 1999, p. 485-495.

DALLA VALLE, Daniela, « Ombres et Furies dans les tragédies italiennes et françaises du XVIe siècle consacrées à Phèdre et Hippolyte », dans *Dramaturgies de l'ombre*, colloque Paris IV-Paris VII, 27-30 mars 2002, organisé par le CLAM et le GRAL, dir. Françoise Lavocat et François Lecercle, Rennes, Presses Universitaires de Rennes, coll. Interférences, 2005, p. 69-84.

DAUPHINÉ, James, « Le songe d'Hippolyte dans l'*Hippolyte* de Robert Garnier », dans *Le Songe à la Renaissance*, Françoise Charpentier éd., Université de Saint-Etienne, 1990, p. 191-197.

DAVIS, Peter, « Rewriting Seneca. Garnier's *Hippolyte* », dans *Classical and Modern Literature*, XVII, 1996-1997, p. 263-318.

DOBBY-POIRSON, Florence, « Le récit de théâtre dans *Hippolyte* et *Les Juifves* », dans *Lectures de Robert Garnier*, E. Buron dir., Rennes, 2000, p. 43-51.

DOBBY-POIRSON, Florence, *Le Pathétique dans le théâtre de Robert Garnier*, Paris, Champion, 2006.

EMELINA, D., « La mort dans les tragédies de R. Garnier », *Mélanges Jean Larmat*, Annales de la Faculté des Lettres et Sciences Humaines de Nice, n° 39, 1982, et Paris, Les Belles Lettres, 1983, p. 321-334.

FANLO, Jean-Raymond, « Figures de la souveraineté dans le théâtre de Garnier : *Hippolyte* et *Les Juives* », dans *Littératures*, n° 43, Presses Universitaires du Mirail, Toulouse, automne 2000, p. 59-69.

FERRARI, Silvio, « Les chœurs d'Hippolyte », dans *Tragedia e sentimento del tragico nella letteratura francese del Cinquecento*, Studi di Letteratura Francese, vol. 232-XVIII, Firenze, Leo Olschki editore, 1990, p. 83-97.

FRANCIS, Claude, *Les Métamorphoses de Phèdre dans la littérature française*, Québec, Editions du Pélican, 1967.

FRICK, Dora, *R. Garnier als barocker Dichter*, Zurich, 1951.

GAINES, J.F., « Tragic moment and dramatic action in Garnier's *Hippolyte* », dans *Romanic Review*, janvier 1986, p. 25-33.

GIRAUD, Yves, « Remarques sur le personnage de Phèdre chez Garnier », dans *Retours du mythe. Vingt études pour Maurice Delcroix*, réunies et publiées par Christian Berg, Walter Geerts, Paul Pelckmans, Bruno Tritsmans, Amsterdam-Atlanta, GA, Rodopi, 1996, p. 31-38.

GOHIN, Ferdinand, « Le Lyrisme dans les tragédies de Garnier », dans *La Muse française*, 1925, p. 120-131.

GRAS, Maurice, *Robert Garnier, son art et sa méthode*, Travaux d'Humanisme et Renaissance, Genève, Droz, 1965.

HAASE, Alfons, *Zur Syntax R. Garniers*, Thèse, Heilbronn, 1885.

HOLYOAKE, John, *A Critical Study of the Tragedies of Robert Garnier (1545-1590)*, American University Studies, Series II Romance Languages and Literature, vol. 57, Peter Lang [New York, Bern, Frankfurt am Main, Paris]-Peter Lang Publishing, Inc., New York, 1987.

JENSEN, Arthur, *Syntaktische Studien zu R. Garnier*, Thèse, Halle, 1885.

JONDORF, Gillian, *Garnier and the techniques of political tragedy*, Cambridge, 1964-1965.

JONDORF, Gillian, *Robert Garnier and the themes of political tragedy in the sixteenth century*, Cambridge University Press, 1969.

KAHNT, Paul, *Gedankenkreis den sentenzen in Jodelles und Garniers Tragödien und Senecas Einfluss auf denselten*, Thèse, Marburg, 1885.

KÖRNER, P., *Der Versbau Robert Garniers,* Berlin, C. Vogt, 1894.

LEBÈGUE, Raymond, « Notes sur le vocabulaire de Garnier », dans *Le Français Moderne*, vol. XVII, 1949, p. 165-181.

LEBÈGUE, Raymond, « R. Garnier », dans *Revue des Cours et Conférences*, 1931-1932. (Le dernier des cinq articles a été réimprimé au tome I des *Études sur le théâtre français*, Paris, Nizet, 1977).

LEBÈGUE, Raymond, « Tradition et nouveauté dans le théâtre de Robert Garnier », dans *Actes du colloque Renaissance-Classicisme du Maine*, Paris, Nizet, 1975, p. 283-289.

LEBÈGUE, Raymond, « Robert Garnier et les problèmes de Phèdre », dans *Literatur und Spiritualitat*, Munich, 1978.

Lectures de Robert Garnier : Hippolyte, Les Juifves, réunion de textes, Buron (Emmanuel) dir., Presses Universitaires de Rennes, 2000 : Emmanuel Buron (avant-propos, p. 9-10, introduction, p. 11-29 et « La dramaturgie d'*Hippolyte* et des *Juifves* », p. 53-69), Valérie Auclair (« théâtre et rhétorique : un point de vue iconographique », p. 31-41), Florence Poirson (« Le récit de théâtre dans *Hippolyte* et *Les Juifves* », p. 43-51), entretien avec Bérangère Bonvoisin et Jean-Yves Dubois sur la mise en scène *d'Hippolyte* par Antoine Vitez (« Barbare et précieux », p. 71-82), entretien, paru dans le *journal de* Chaillot le 5 avril 1982, de Georges Banu avec Claude Lemaire, décorateur d'Antoine Vitez pour *Hippolyte* de Garnier et *Orfeo* de Monterverdi (p. 83-85), Jean-Claude Ternaux (« Le travail de l'imitation dans *Hippolyte* de Robert Garnier : Virgile, Ovide, Pétrarque », p. 87-96), Christine de Buzon (« Morale et passions, pudeur et impudeur dans *Hippolyte* », p. 97-111), Charles Mazouer (« La théologie de Garnier dans *Hippolyte* et *Les Juifves* : du destin à la Providence », p. 113-125), bibliographie (p. 127-135).

LESTRINGANT, Frank, article « Garnier » du *Dictionnaire des littératures de langue française*, Beaumarchais (Jean-Pierre de), Couty (Daniel), Rey (Alain) dir., Paris, Bordas, 1987, 4 vol.

LESTRINGANT, Frank, « Pour une lecture politique du théâtre de

Robert Garnier : le commentaire d'André Thevet en 1584 », dans *Parcours et rencontres, Mélanges de langue, d'histoire et de littérature françaises offerts à Enea Balmas*, Paris, Klincksieck, 1993, tome 1, p. 405-422.

MARTIN-ULRICH, Claudie, « Discours furieux, discours douloureux. Le cas de Phèdre dans l'*Hippolyte* de Garnier », dans *OP.CIT.*, n° 15, novembre 2000, p. 53-61.

MAZOUER, Charles, « Les mythes antiques dans la tragédie française du XVIe siècle », dans *L'Imaginaire du changement en France au XVIe siècle*, éd. Claude Dubois, Presses Universitaires de Bordeaux, 1984, p. 132-161.

MAZOUER, Charles, « La vision tragique de Robert Garnier dans *Hippolyte, La Troade* et *Antigone* », dans *Tragedia e sentimento del tragico nella letteratura francese del Cinquecento*, Studi di Letteratura Francese, vol. 232-XVIII, Firenze, Leo Olschki editore, 1990, p. 72-82.

MAZOUER, Charles, « La théologie de Garnier dans *Hippolyte* et *Les Juifves* : du destin à la Providence », dans *Lectures de Robert Garnier*, E. Buron dir., Rennes, 2000, p. 113-125.

MILLET, Olivier, « De l'erreur au péché : la culpabilité dans la tragédie humaniste du XVIe siècle », dans *La Culpabilité dans la littérature française,* Travaux de Littérature, VIII, ADIREL éd., diffusion Klincksieck, 1995, p. 57-73.

MILLET, Olivier, « Faire parler les morts : l'ombre protatique comme prosopopée dans les tragédies françaises de la Renaissance », dans *Dramaturgies de l'ombre*, colloque Paris IV-Paris VII, 27-30 mars 2002, organisé par le CLAM et le GRAL, dir. Françoise Lavocat et François Lecercle, Rennes, Presses Universitaires de Rennes, coll. Interférences, 2005, p. 85-100.

MOUFLARD, Marie-Madeleine, *Robert Garnier, 1545-1590*, La Ferté-Bernard, Bellanger, et La Roche-sur-Yon, Imprimerie Centrale de l'Ouest, 3 vol. : *La Vie,* 1961, *L'Œuvre,* 1963, *Les Sources,* 1964.

MOURGUES, Odette de, *l'*Hippolyte *de Garnier et l'*Hippolytus *de Sénèque,* Londres, Methuen et Co. 1968, p. 191-202.

MYSING, Oscar, *R. Garnier und die antike Tragedie,* Thèse, Leipzig, 1891.

NEWTON, Winifred, *Le Thème de Phèdre et d'Hippolyte dans la littérature française,* Paris, Librairie E. Droz, 1939 [Les pages 21 à 34 sont consacrées à l'*Hippolyte* de Garnier].

POMMIER, Jean, « Histoire littéraire d'un couple tragique », dans *Aspects de Racine,* Paris, Nizet, 1954 [Les pages 364-373 sont consacrées à Garnier].

RAEDER, H., *Die Tropen und Figuren bei R. Garnier,* Wansbeck, 1886.

RECH, J., *Die Sentenzen und lehrhaften Stellen in den Tragödien des R. Garnier,* Thèse, Strasbourg, 1891.

SCHELER, Lucien, « Le crime de Nicolas de Ronsard », dans *B. H. R.*, III, 1943, p. 60-71.

TERNAUX, Jean-Claude, « La comparaison dans *Hippolyte :* le dessein parénétique de Robert Garnier », dans *OP.CIT.*, n° 15, Publications de l'Université de Pau (P.U.P.), novembre 2000, p. 63-72.

TERNAUX, Jean-Claude, « Le travail de l'imitation dans *Hippolyte* de Robert Garnier : Virgile, Ovide, Pétrarque », dans *Lectures de Robert Garnier*, Emmanuel Buron dir., Rennes, 2000, p. 87-96.

INDEX VERBORUM

Les astériques que nous avons placés dans le texte de Garnier renvoient à ce glossaire. Les chiffres correspondent aux numéros des vers. Nous n'avons pas jugé indispensable d'indiquer systématiquement, pour chaque terme, toutes les occurrences possibles.

abayer : désirer fortement, 430 *(se construit avec les prépositions* à *ou* après*)*.

abjecter (s') : s'abaisser, 536.

aboi : *voir* aboy.

abominable : qu'il faut repousser comme un sinistre et mortel présage ; qui fait horreur aux dieux comme aux humains, 934 ; *en parlant d'un monstre*, 656 ; *en parlant d'un amour inhabituel et monstrueux,* 806, 970, *Suget de ceste tragedie* ; rejeté par les Dieux, 1850 ; *avoir le cœur abominable :* nourrir des desseins monstrueux, être affligé de vices contraires à la nature et sacrilèges aux yeux des dieux, 1802.

aboy : aboiement, 6 ; mugissement de la tempête, 1756.

abuser : tromper, échapper *à quelqu'un* par ruse, 348.

abysme : gouffre des Enfers, 2341.

abysmé : englouti, 134 ; anéanti, précipité dans le gouffre infernal, 1748.

abysmer : engloutir, 1447.

accident : hasard, événement, *souvent fâcheux ou fatal*, 17, 283, 498, 1246, 2150.

accorte : habile, rusée, 1821.

accourcir : abréger, 44.

accravanter : écraser, pulvériser, 1537.

acculer (s') : *s'acculer en arriere* : reculer, 2058.

adeuler (s') : se lamenter, exprimer sa douleur, 184.

adoulouree : en proie à la douleur, 427.

1 – adultere : *adjectif,* découlant de l'adultère, *ou* après avoir commis l'adultère, *employé dans une hypallage : l'adultere mort de ta femme parjure* : *voir le vers* 100 et la note correspondante.

2 – adultere : troisième personne

du singulier du présent de l'indicatif du verbe *adulterer (voir ce mot).*

adulterer : commettre un adultère, 394.

advanture : *voir* avanture.

adviser : décider, 851 ; *adviser quelqu'un de* : l'inciter à, l'inviter à, 1317 ; *s'adviser avec* : décider en accord avec, *Argument des actes* ; *adviser à* : examiner, considérer, 1765.

affection : faculté de ressentir, d'éprouver des sentiments, 918, 1072 ; sentiment, 2210 ; *en particulier* amour, *Argument des actes,* 534.

1 – affoler : devenir fou, 969 ; être impatient, 1729.

2 – affoler : torturer, 1070 ; *faire affoler* : causer de la douleur, 1388.

âge : vie, 2384.

aigrement : douloureusement, avec une souffrance aiguë, 887.

ainçois : mais, au contraire, 633.

ains : avant ; *ains que* : avant que, 587, 1895 ; mais, *après membre de phrase négatif,* 5, 67, 903, 1116.

allentir : ralentir, 2250.

alme : nourricier (latin *almus, a, um*) ; protecteur, 17, 1717.

amitié : amour, 672, 676, 1008 ; *annexe II.*

amortir : éteindre, faire disparaître, 450, 281, 2230.

amuser (s') : s'occuper, passer son temps, 1225.

angoisse : douleur physique et morale, qui provoque la crainte et une impression d'étouffement, 984 ; douleur insurmontable, 2339.

angoisseux : qui fait souffrir, 1690 ; douloureux, 2126.

animer : inciter, 1750.

animeux : irrité et acharné, 1819.

antre : grotte, caverne, 168, 2363 ; *en parlant des demeures infernales,* 9, 10.

aperché : perché, 244.

appalli : devenu pâle, 1112.

appallir : rendre pâle *(le visage),* 1156.

appareiller (s') : s'accorder, *s'appareiller à* : s'accorder avec, *Dédicace.*

appendre : suspendre, 303.

appetit : désir, 532, 788, 796, 1206.

apprit (= asprit) : troisième personne du singulier du passé simple de l'indicatif du verbe *asprir :* exciter, provoquer (une douleur, un tourment), 920.

ard : présent de l'indicatif de ardre.

ardant, -e : brûlant, 937, 1355, 1441, 1763, 1891 ; violent, 1557 ; *amour ardante :* amour passionné et dévorant, 2174 ; emporté, *à propos d'un cheval qui s'emballe,* 2116 ; *participe présent de* ardre *:* brûlant, 2254 ; *au figuré,* impatient, 1573.

ardemment : en brûlant intensément, 1054.
ardent, -e : *voir* ardant, -e.
ardeur : sensualité brutale, concupiscence sexuelle, luxure, 438, 1465 ; amour violent, *Argument des actes*, 699, 1936, 2224 ; flamme amoureuse, 800, 1142, 1880 ; chaleur de la fièvre, 1086.
ardre : brûler, 114, 700, 266, *variante du vers* 1400, 1763.
arene : sable, 2087.
areneuse : sablonneuse, 2004.
armet : casque léger protégeant la tête, le visage et le cou, 761.
arraisonner : adresser la parole à, *Argument des actes.*
arrest : stabilité, appui, 1864.
arrester : prononcer un arrêt, décider définitivement, 139.
artificieux : rusé, *pris en mauvaise part, avec toutes sortes de connotations défavorables :* hypocrite, vicieux, malhonnête, démoniaque, 1909.
aspre : douloureux, 447.
assaut : présent de l'indicatif du verbe *assaillir*, 924, *variante du vers* 1639.
attrainer : attirer, entraîner, 2341.
aucun, -aucune : quelqu'un, quelqu'une : *s'il en treuve aucune* : s'il en trouve quelqu'une, 663 ; *prise d'aucun* : prise par quelqu'un, 1520.
aucunesfois : parfois, 1119.
aussi : *accompagné d'une négation :* non plus ; *et ne le dois aussi* : et je ne le dois pas non plus, 645.
authrice : responsable, coupable, 1609.
autresfois : encore plus ; *cent et cent autresfois :* cent fois plus encore, 12.
avancer : prendre les devants, prévenir *(un mal)*, 1497 ; *s'avancer de + infinitif :* se hâter trop de, entreprendre prématurément de, 1943.
avantage : supériorité, privilège ; *rien ne vous est pourtant octroyé d'avantage* : aucun droit particulier ne vous est pour autant accordé, 596.
avanture : *d'avanture :* par hasard, 169 ; malheureusement, 2055, 2134 ; parfois, 357.
avare : avide, 1204 ; cupide, 310.
aviser : apercevoir, 181.
avous : *voir* n'avous.

bailler : donner, 344, 902, 1938.
bastiment : architecture, 54.
bavoler : voler bas, *ou simplement* voler, voltiger (Godefroy), 249.
benin, benigne : bon, bienfaisant, 525 ; favorable, bienveillant, 264, 1061, *Elegie.*
bening : *voir* benin.
besoin, besoing : danger, 1314, 1606.
beste : estre beste : se conduire comme une bête, 491.
blandissant : caressant, flatteur, séduisant, 486.

bondir : rebondir, 2119.
bouler : faire rouler, 213.
bourgeois : habitant d'une ville, citadin, 1204.
bourreler : torturer, 1060.
bourrelle : *féminin de* bourreau, 111, 2248.
bourrellement : à la manière d'un bourreau, cruellement, 975.
boursouffler : enfler, faire gonfler, *en soufflant violemment*, 2008.
bouter : pousser, chasser, 351.
boutis : *substantif masculin pluriel*, terrain où les bêtes noires ont fouillé avec leur museau, trace, sillon (Godefroy, VIII, p. 361) ; *faire ses boutis (en parlant d'un sanglier) :* creuser le sol, fouiller la terre, 359.
boutonner : parsemer *(métaphore désignant les traces des grêlons tombés sur le sol)*, 2075.
boyaux : intestins, ventre, 2124.
branchu : qui porte des bois sur la tête, *en parlant d'un cerf*, 315.
brandes : bruyères, 324.
brandon : torche, tison, 1068, 1142.
brasser : tramer, 687 ; ourdir, édifier malicieusement et sournoisement, 1470, 1567. *Cf.* Godefroy, VIII, 363, s.v. *bracier.*
brave : beau et majestueux, 2205 ; important, magnifique, 387 ; puissant, 1267, 1962 ; *au sens moderne de* brave, 1623, 209.
brief : bref, 257.
bruit : rumeur, opinion, 867, 869, 1733.
cache : cachette, 1916.
capital : très grave ; *crime capital* : grave accusation, qui peut mener à la peine de mort, 1856.
caque : baril, *Elegie.*
carme : chant, vers, poème, *Elegie.*
carriere : route parcourue, trajet, 372, 607, course, 2108.
cas : événement, 722 ; affaire importante, 1343.
casse : *adjectif,* cassé (*voix casse* : voix brisée, *variante du vers* 184).
catastrophe : péripétie finale de la tragédie, *Argument des actes.*
caut, -e : rusé, 367, 484, 1821.
cauteleux, -euse : précautionneux (Lebègue), qui trompe par ruse, 47.
cavé : creux, creusé, 1031, *Elegie.*
ceinturer : entourer, encercler, 160.
ce pendant : *voir* pendant.
cesser : ne plus exister, être absent, 719.
chaloir : importer, 1091, 1640, 1660, 1788.
charmer : ensorceler, *variante du vers* 162.
chaut : *présent de l'indicatif de* chaloir.
chef : tête, 62, 134, 1215, 1453, 1510, 1528, 1806, 2185.
cheoir : tomber, 62, 76, 392, 2113.
chere : visage, mine, physionomie, *variante de l'édition A, dans un passage compris entre les vers* 1650 *et* 1651.

chetif, -ive : malheureux, 653, 905, 1386, 1823, 1850, 2324 (*et variante de l'édition A, située entre les vers* 28 *et* 29).
chetiver : rendre malheureux, 1163.
cheut, -e : tombé, *participe passé de* cheoir, *employé comme adjectif*, 1758.
cil : celui, 492, 810.
cœur : courage, 1624, 1819 ; personne aimée, 1037, 1882.
col : cou, 26, 835, 854, 950, 1020, 2019, 2029, 2037.
coleré : en proie à la colère, *Argument des actes*, 1992.
colerer (se) : se mettre en colère, 744 ; rugir de colère, avec violence et aggressivité, 2080.
colleré : *voir* coleré.
combien que : bien que, 1363.
comblé : rempli, 2339.
commode : *construit avec la préposition* à, qui se livre facilement et de bon gré à, ouvert à, 1176 ; bienfaisant, 2279 ; propice, convenable, 2367.
confort : réconfort, 1091.
connoistre : reconnaître, 226.
consommer : consumer, 1167, 1399, 1433, *variante du vers* 1802, 2384, *Elegie*.
constamment : avec constance, avec fermeté et courage, 493.
constance : fermeté, 1753.
constant : qui agit avec fermeté, 862.
contenance : attitude, maintien, 1798.
content : qui sait borner ses désirs, 1200.
cordage : corde, lien, chaîne, *en parlant des liens de l'amour*, 731, 1259.
corsaire : ravisseur, 650.
couard, -e : lâche, 2345.
coüardement : lâchement, 1316.
coudre : coudrier, 1231.
coulpe : faute, 2349.
coupeau : sommet, 816, 1119.
courage : cœur, *Sonnet* de N.D.R., 186, 444, 824, 1289, 1777, *Elegie*.
courir : poursuivre, 1773.
coustau : coteau, 1027, 1492.
coûtau : *comme* coustau.
coy : tranquille, 1105.
crespe : *adjectif*, ridé, 834.
creux : *substantif*, grotte, caverne, 457, 1847 ; gouffre, 88, 2334 ; vallon, 158, 171, 319.
crime : accusation, 1856.
crimineux, -euse : criminel, 1545.
crineux : qui possède une crinière, 2037.
croiser : dévier, prendre un chemin transversal ou imprévu, 346.
cuider : penser, 1071, 1932 ; s'imaginer ; vouloir, 208 ; espérer vainement, 728.
cure : préoccupation, soin, 1785 ; objet de soin, être cher, 124, 1157 ; souci, tourment, 892.

dague : poignard, 852, 1939, 2347.
dard : arme de jet, flèche, 1460.
darder : lancer, précipiter, 1441,

1544 ; *se darder :* s'élancer, se précipiter, 1356.

debatre : combattre, *Sonnet* de N.D.R.

debile : faible, 884.

debonnaire : bon, favorable, 603 ; généreux, magnanime, 1373.

debonnaireté : bonté, *Dédicace, variante des éditions ABC.*

deceler : révéler, 1395 ; dévoiler, dénoncer, 968.

decevable : trompeur, 1385.

deceveur : trompeur, 234.

decevoir : tromper, 678, 1929.

decharmer : *decharmer les yeux* : faire disparaître une image trompeuse, le sortilège d'un rêve, 152.

dechasser : chasser, 245.

declarer : expliquer, *Argument des actes.*

decocher : s'élancer, 200 ; lancer *une flèche*, 955, 1003 ; frapper *d'un trait*, 1814.

deconfort : ce qui ôte la force ou le courage (*cf.* Godefroy, IX, 324, s.v. *desconfort*), désespoir, chagrin, 1643.

defaillir : manquer, 1108, 1255.

défaire (se) : se donner la mort, 1640.

defaudront : *futur de* defaillir.

defaut : *présent de l'indicatif de* defaillir.

deformé : à la mine défaite et enlaidie, 2142.

deliberer : décider, *Argument des actes.*

demeure : retard : *faire longue demeure :* s'attarder, 1658 ; *rompre toute demeure :* ne plus perdre de temps, ne pas rester immobile, 2104.

demon : divinité protectrice, qu'on ne peut identifier ni nommer avec précision *(sens grec du terme)*, 128 ; divinité auxiliaire de Pluton, 569 ; divinité infernale et effrayante, 1736.

depassionnément : violemment, avec une intense passion, *Argument des actes.*

dependant : *participe présent de* dependre : *voir* despendre.

deplorer : se lamenter sur le sort de, 12.

derechef : de nouveau, 580, 1473.

derompre : déchirer, déchiqueter, 2376.

desarmer : dépouiller, 748.

desastre : malheur, 1966, 1978, 2166 ; mauvais sort, *dû à une conjonction défavorable des astres*, 98, 283.

desolé, -ee : abandonné, 395 ; livré à l'abandon ou à la tristesse, 1631 ; désespéré, 1881 ; dépeuplé, 1849.

despendre : dépenser, 356, 1844 ; gaspiller, 1041.

1 – despit : *substantif*, humiliation, chagrin douloureux, mêlé de haine ou de colère, 1652.

2 – despit, -e : *adjectif*, irrité ; *estre despit à :* être irrité contre, 1029 ; douloureux, insupportable, 1482.

despouiller : dévêtir, 2188.
despouilles : récoltes, 611.
dessur : *adverbe employé comme préposition au sens de* sur, 62, 268, 614, 733, 1538, 1609, 1780, 1781, 2147.
destourné : hors de portée, 1815.
detestable : haïssable, surtout aux yeux des dieux, 439, 1463, 2163.
detester : haïr en prenant les dieux à témoin, *Suget de ceste Tragedie, Argument des actes* ; considérer comme sacrilège, 508 ; haïr fortement, en éprouvant de la répulsion, 1277 ; maudire, 1992.
detrister : consoler, 1186.
devalé : descendu, 2342.
devaler : descendre, *Suget de ceste Tragedie*, 573, 1396, 2312, *Elegie*.
devaller : *voir* devaler.
devant : avant ; *devant que* : avant que, 892, 1090, 2234.
devers : en direction de, 1527.
deviser : parler ; deviser à : converser avec, 1308.
devôt : dévoué, *A Messeigneurs de Rambouillet, Sonnet* de NDR.
devotion : dévouement, *A Messeigneurs de Rambouillet*.
dextre : main, 1642, 2302.
diffamer : donner mauvaise réputation à, 693.
disposer : mettre à la disposition de, 618.
distraire (se) : se retirer, se dégager, 728.
divertir : détourner, *Argument des actes*.
dolant : *voir* dolent.
dolent, -e : en proie à la douleur, 436, 1081, 1828, 2138, 2155 ; qui exprime la douleur, 2270.
dommage : malheur fatal, 2204.
domter : maîtriser, surmonter, 2150.
dont : ce dont, *Suget de ceste Tragedie*.
double : hypocrite, menteur, 1795.
doute : crainte, 2047.
douter : redouter, *A Messeigneurs de Rambouillet*.
drageon : petite balle (Greimas) ; petite balle de plomb (Huguet) ; dragée (*employé métaphoriquement pour désigner des* grêlons), 2073.
dresser : diriger, 1124, 1155.
dueil : douleur, 429, 1681, 2338 ; souffrance provenant de l'absence ou de la mort d'un être cher, 2283.

ebené : qui a la couleur noire de l'ébène, *à propos des sourcils*, 988.
écarmoucher (s') : se combattre, 2088.
échauffer : répandre le sang encore chaud d'un animal dans un sacrifice : *échauffer les autels*, 256.
efforcer (s') : déployer toutes ses forces, 720, 1077, 2108 ; rassembler son courage, 1334 ;

se faire violence, 485 ; faire tout son possible, 1328, 1393.
effort : force, 749, 1471, 2097 ; tension, 2134 ; forte résistance, 138, 689, 1696 ; assaut, 570 ; agitation du corps, 1557.
elourdé : étourdi, assommé, 227.
embrasser : entourer de ses bras, 1020, 1436, 1477, 2226.
empané : *voir empenné.*
empenné : ailé, 775.
empire : pouvoir, 1667.
emporter : remporter *une victoire*, acquérir *de la gloire*, 475.
enamouré : épris, 724.
encombre : embarras causé par ce qui fait obstacle (Godefroy, IX, 454), *d'où* piège, obstacle, 567 ; malheur, 80, 444, 1633 ; événement troublant ou funeste, 154.
encombreux : malheureux, funeste, hostile, 17.
encordé : attaché comme avec une corde, 2252.
encourtiné : garni d'une tenture, *Elegie.*
enflambé : enflammé, *Argument des actes*, 1588, 2068.
engainer : remettre au fourreau, 1507.
enhorter : encourager, 191.
enlustrer : illuminer, faire briller de couleurs vives, 1718.
ennoüer (s') : s'emmêler, *Suget de ceste tragedie.*
ennui : cruelle douleur, 101, 1307 ; chagrin, tourment, 235, 398, 1191, 1347, 1376, 1612, 2168, 2366 ; malheur, 1918.
ennuy : *voir* ennui.
ennuyeux : vivement douloureux, 106, 428.
enorme : qui sort de la norme, monstrueux, 718, 1465, 2027.
enquenoüillé, -ee : enroulé autour d'une quenouille, 961.
enseigne : signe, preuve, 1511.
ensemblément : ensemble, *Suget de ceste Tragedie, variante* A, 267.
ensoulfré : rempli de soufre, 766, 1543, 2310.
entamé, -ee : coupé, égorgé, 265 ; gravé, ciselé, 1738.
entonner (s') : s'infiltrer, s'introduire, 772 (*mot à mot* se mettre dans un tonneau : *cf.* Godefroy, IX, 483).
entorce : *adjectif féminin*, tordue, recourbée, 2079.
époinçonner : aiguillonner, exciter, 333.
errans : nomades, 706.
erre : marche, allure ; *aller grand erre* : se déplacer à vive allure, 355.
1 errer : marcher, 425, 1619, 2083 ; se déplacer, 2314 ; cheminer, voyager, 157.
2 errer : se tromper, 869.
és : en les, dans les, aux, 392.
esbahissement : étonnement, *A Messeigneurs de Rambouillet (variante A).*
esbat : plaisir, 442, 510, 714 ; agrément, réjouissance, *A Messeigneurs de Rambouillet* ; loisir, 158 ; jeu, 318.

esbatre : réjouir, 1162 ; *s'esbatre :* se réjouir, s'amuser, 586 ; *esbatu* : satisfait, 1328.
eschet : *présent de l'indicatif de* escheoir *; emploi impersonnel, il eschet :* il arrive, 497.
esclairer : reluire d'éclairs, 2070.
esclandre : malheur, 1886.
escouler : s'écouler, 1122.
esgaré : placé à l'écart, solitaire, 1491.
esmouvoir : ébranler, 1723.
esmoy : inquiétude, chagrin, 66, 390, 401, 1683, 1703, 2154.
espandre : répandre, 971, 984.
espandu : dispersé, 2043.
espani, -ie : épanoui, 2244.
espargner (s') : ménager ses efforts, 713.
espars : répandu, dispersé, 1950.
esperdu : égaré, bouleversé, 185, 224, 747, 1314 ; complètement affolé, 2104.
espoindre : faire vivement souffrir, 999.
espois : nombreux, 1218.
esprouver : essayer, 255.
essuyer : apaiser ; *essuyer l'esmoy* : apaiser l'inquiétude, 66.
establé : rentré à l'étable, à l'écurie, 370.
estoffer (s') : s'enrichir, 717.
estoilé : luisant, au regard brillant (Lebègue), 1417.
estomach : poitrine, 198, 208, 215, 771, 834, 2035, 2144, 2304 ; cœur, 455, 2050 ; ventre, 2123.
estonné : stupéfait, *Sonnet* de N.D.R.
estonner : frapper fortement, paralyser, 252.
estrange : étranger, 587.
estranger : original, étrange, 798.
estude : soin, 1210.
et : hé ! 1049, 1493, 2153.
etherean : situé dans l'éther *(partie la plus haute de l'air)*, 625.
etheré : noble, pur, 2127.
evertuer (s') : faire de grands efforts, 1938, 2095.
execrable : maudit, 111 ; condamné par les dieux, 503.

faict : acte répréhensible, faute, 554, 566, 694.
faillir : défaillir, périr, 1244.
fallace : *substantif féminin,* tromperie, mensonge, 1793.
fameux : glorieux, 384 ; célèbre, 1955.
fani, -ie : fané, 2243.
fantasie : imagination, *d'où* dessein fantasque, projet insensé, *Argument des actes*.
faudroit : *conditionnel de* faillir.
faulsaire : hypocrite, parjure, 673.
faulse : menteuse, calomniatrice, 1579.
faux : hypocrite, menteur, 1579 ; calomnieux, mensonger, 1860, 1883, 2169.
feindre : imaginer, 583 ; *se feindre* : tarder, hésiter, suspendre son geste, 636.
feint : hypocrite, dissimulé, 1795.
felonne : perfide, cruelle, 51 ; sauvagement cruelle, 2192.
ferir : frapper, 1592.

ferut : *passé simple de* ferir.
feste : faîte, 627.
1 – fier (se) : se confier, 1347.
2 – fier : sauvage, féroce, 476, 2199 ; noble, redoutable, 963.
filace : fil, 961.
filer : dérouler le fil de la destinée, tuer *(à propos des Parques)*, 978.
fillâtre : beau-fils, *Suget de ceste Tragedie.*
flambe : flamme, 266.
forçant, -e : fou, qui a perdu le contrôle de son esprit, 732.
1 – forcenant, -e : fou, insensé, 339.
2 – forcenant : *gérondif ou participe présent de* forcener, *voir ce verbe.*
forcené : fou, 1075, 1937.
forcener : se comporter comme quelqu'un qui a perdu la raison, 112, 802, 1563, 1861, 2084, 2166.
forcer : *transitif*, entrer par effraction dans : *forcer le ciel,* 625 ; violer, 1503, 1521.
forestier, -iere : qui hante les forêts, 1130, 1797.
1 – forfaict : participe passé de *forfaire.*
2 – forfaict : mauvaise action, péché, 278 ; crime, 504, 1478, 1584, 1781, 2352.
forfaire : commettre un acte répréhensible, un péché, 1459.
forfait : *comme* 2 – forfaict.
forpaisant : *participe présent de* forpaistre.
forpaistre (se) : paître à l'écart, loin du gîte, 347.
fors que : sauf, 913, 1106.
fort : abri, refuge, 349 ; bauge, 1822.
fortune : sort, 141, 1867, 1869 ; bonheur, prospérité, 794.
foy : serment de fidélité, 393, 595 ; fidélité, 866.
fraischeurs : endroits frais ; *aux faischeurs*, au frais, 359.
franc : libre, 1211.
fraude : tromperie, ruse, 1266, 1993.
frauder : tromper, 368.
fuitif : qui fuit, qui s'écoule, 906.
fureur : colère folle, *Suget de ceste Tragedie*, 1460 ; colère aveugle, 2319 ; ressentiment, 1663 ; folie, 1279 ; violente folie, 2061 ; folle passion, *Sonnet* de N.D.R., 740, 755, 922, 1078, 1564 ; désespoir incontrôlé, 2250 ; déchaînement *des éléments, de la mer*, 2016.
furieux : fou, 919 ; violent, 2371 ; d'une folle violence, 2061 ; d'une violence irréfléchie, 2084 ; follement passionné, 714.
fusee : cours de la vie, de la destinée, filée par le fuseau des Parques, 44.

gage : preuve, 1508.
gaignage : pâturage, 324.
garrot : flèche, 1003.
gaules : *substantif féminin pluriel*, brancard de fortune, fait de quatre planches ou de troncs d'arbres assemblés, 2148.

genereux : bien né, noble, *A Messeigneurs de Rambouillet* ; courageux, 87.
generosité : noblesse, courage, *A Messeigneurs de Rambouillet.*
geniteur : père, 1423, 1743, 1829.
geniture : fils, 35, 99.
gens : domestiques ou membres de la suite d'un roi, 1741 ; soldats, hommes de troupe, subordonnés, *par rapport à un chef militaire*, 189.
germaine : sœur, 1429.
gesne : torture, 79, 1898.
gesner : torturer, 122, 446, 920 ; tourmenter, 1207.
glaireux : visqueux, gluant, 2122.
glorieux : insolent, orgueilleux, hautain, 1791.
grace : pardon, 2220.
graveleux : rocailleux, caillouteux, 1232.
gréve : jambière métallique, partie d'une armure destinée à protéger la jambe, 762.
grief, -griefve : lourd, pénible, 1854.
guarir : guérir, 842.
guarison : guérison, 408, 481, 842, 895, 912.

hardes : débris abandonnés dans le repaire d'un animal, 326.
hasard, hazard : danger, 31 ; malheur imprévu, 494, 495, 497.
heberger : loger, 174.
heur : bonheur, 56, 938, 986, 1483.
heure : *à la mauvaise heure* : de manière inopportune et funeste, 83 ; pour le malheur *de quelqu'un*, 415 ; *et à l'heure et à l'heure* : sur-le-champ, 2103.
hocher : secouer, 1236.
honneste : honorable, 1034 ; vertueux, 1181 ; conforme à la morale, 1361.
honnestement : honorablement, 1161.
honnir : déshonorer, 1768.
honny : *participe passé de* honnir.
honorable : chargé d'honneurs, puissant, 1206.
horreur : monstruosité, 2020 ; endroit dont l'atmosphère lugubre est susceptible d'inspirer la crainte religieuse, lieu obscur et effrayant, 120 ; atmosphère froide, ténébreuse et inquiétante, 5, 1612 ; objet ou phénomène qui donne des frissons de crainte, 152, 443, 2249, 2250 ; acte coupable et monstrueux, 1440 ; *avoir en horreur* : éprouver un mouvement de recul ou de répulsion *devant quelque chose ou quelqu'un*, 1278, *ou* considérer comme impie, sacrilège, 1776.
horrible : qui provoque une crainte religieuse, 9 ; monstrueux, 179, 360, 2019 ; d'une monstruosité inhumaine et inimaginable, 2371 ; moralement monstrueux, 806, 1553, 1762 ; *proche du sens moderne*, 1691.

horriblement : de manière mystérieuse, obscure, inquiétante et propre à créer un sentiment de répulsion, 1617 ; de manière monstrueuse, 2254.
hors : dehors, 980.
hostie : victime, 273.
hucher : crier, appeler, 110.
hûler : hurler, 1556.
humeur : liquide, humidité, 1116, 1400.

icelle : celle-ci, *Suget de ceste Tragedie.*
ici/icy : *deuxième élément du démonstratif composé, placé après le substantif déterminé, au sens du français moderne* -ci : *cette Phedre icy* : cette Phèdre-ci, 129 ; *ce peuple ici* : ce peuple-ci, 1368.
idoine : qui convient, capable, 1050.
imbecile : sans force morale, 691 ; affaibli, 1109.
impatience : refus de la souffrance, impossibilité de la supporter, 1517.
imperieux, -euse : qui crée *ou* permet d'obtenir le pouvoir, l'autorité, 343.
implacable : qu'on ne peut apaiser, 2176.
impliquer (s') : s'emmêler, s'encastrer, *Suget de ceste Tragedie (variante).*
inconstant, -e : agité, qui adopte des attitudes contradictoires, qui ne peut rester en place, 1082.
incontinant : aussitôt, 2083.
incredible : incroyable, 2020.
indiscret, -ete/-ette : qui manque de discernement, de sagesse, imprudent, 421, 670.
individu, -ue : indivisible, *A Messeigneurs de Rambouillet.*
infect : infecté, 483 ; souillé, 709 ; empoisonneur, 1779.
infet : *voir* infect.
inflechible : inflexible, insensible, 811.
inhospitable : inhospitalier, 174.
injure : outrage, 1782, 1522 ; tort, dommage, 1497 ; injustice, 1928, 2176.
insensé : qui ne sent rien, 1755.
insigne : remarquable, 471.
involution : détour, digression, *Argument des actes.*
ire : colère, 1942, 1947.
ireux : irrité, 1441.

ja : déjà, 62, 143, 145, 147, 215, 1535 ; *renforce* desja *dans* ja desja, 117.
joindre : accompagner, 1568 ; rejoindre, 2085 ; *se joindre* : s'unir.
journalier : éphémère, qui ne vit qu'un seul jour, 1188 ; diurne *ou* quotidien, 2274.

lairra : laissera, 698.
lairrez : laisserez, 1009, 1010.
laisser : *construit avec* de *et l'infinitif :* négliger de,

1241 ; *ne pas laisser de (suivi de l'infinitif) :* ne pas omettre de, 617 ; ne pas manquer de, 641.
lambruche : vigne sauvage, 168.
lamenter : se plaindre, 240, 1092, 2368 ; plaindre *quelqu'un*, 2142.
langoureux : souffrant, 678, 980, 2383.
langueur : maladie très affaiblissante, état profondément dépressif, 103, 405, 890, 1012, 1064, 1652, 2299, 2324.
languir : être gravement et durablement affaibli et malade, 469 ; souffrir, 2336, 2360.
larmoyable : qui inspire de la tristesse, digne d'être déploré, 154.
larron : voleur, 930, 1822.
lasche : lent, 607.
liaces : courroies, liens, rênes, *Suget de ceste Tragedie.*
licol : lacet, 853.
lieu : gîte, abri, 351 ; *en son lieu* : à sa place, 1707.
lignage : desendance, famille, 1745, 1778.
limas : *nom masculin,* limace, 2121.
limonnier : cheval placé entre les brancards d'un char (Greimas), 1984, 2146.
lors : alors, 634.
loyer : salaire, récompense, 655, 2380.
luitter : lutter, 2086.
magnanime : qui fait preuve de grandeur d'âme, de courage et de générosité, *A Messeigneurs de Rambouillet*, 1665.
maintenant : *maintenant... maintenant* : tantôt... tantôt, 739-740.
maison : famille, *Argument des actes*, 95, 1159, 1631, 1849, 1850, 1879, 2343 ; ensemble des personnes habitant sous un même toit, *variante du vers* 1639.
maistriser : prendre possession de, exercer le pouvoir sur, 28 ; se rendre maître de, 23, 1937 ; s'emparer de, dominer, 2095.
malefice : méfait, faute, crime, 2152.
malencontre : *substantif féminin au Moyen Age, tantôt féminin, tantôt masculin au* XVI*e siècle, généralement masculin chez Garnier, littéralement* ce qui se rencontre mal, ce qui vient à contretemps (Godefroy, X, 111), *d'où* malheur, 258.
malheurer : rendre malheureux, 1969.
malice : méchanceté, ruse perfide, vice, 1266, 1607, 1857.
malicieux : malfaisant, 899.
malin, maligne : méchant, vicieux, perfide, 1910, 2197.
manoir : demeure, 1620.
marine : mer, *Elegie.*
marinier : marin, 2012.
marry : triste, 1680.
martyrant : qui torture, 2204.
massacré, -ee : assassiné, 664.

mechant : mauvais, funeste, 21, 1992.
mechef : malheur, 16, 61, 1530, 1966.
mediocrité : juste milieu, sagesse, 57.
mener : entraîner, 2343.
merveillable : miraculeux, prodigieux, 722.
merveilleux : prodigieux, surnaturel, monstrueux, 718.
meslé : emmêlé, *en parlant de la chevelure,* 1511.
meurtrir : tuer, 566, 2194, 2321.
meurtry : tué, mis à mort, 127, 2374.
meut : *troisième personne du singulier du présent de l'indicatif de* mouvoir ; *voir ce mot.*
mocquer : narguer, 355.
moitte : humide, 2016.
molossien : molosse, 170.
monstreux, -euse : monstrueux, *Argument des actes*, 48, 1767, 1848, 2039.
mont : à mont : en haut, 1628 ; vers le haut, 2097.
morceler : déchirer, découper en morceaux, 1894.
mortel : qui annnonce la mort, 2368.
moteur : celui qui met en mouvement, 382.
mouvoir : *à+infinitif :* pousser à, 1671.
multiplier : se multiplier, 951.
mutin : hostile, résistant, 22 ; agité, 2002 ; violent, déchaîné, 133, 2302.
mutiner : soulever, lancer à l'assaut, 1847.

naguiere/n'aguieres : naguère, 1741, 1865.
nauf : *fém.,* navire, 68.
n'avous : n'avez-vous, 967.
navrer : blesser, 885, 2317.
nef : *fém.*, vaisseau, 133, 743, 753.
nerveux, -euse : musclé, 177.
neveu : descendant, *A Messeigneurs de Rambouillet.*
notable : visible, manifeste, 1381.
nourri : élevé, *Suget de ceste Tragedie.*
nourriçon : enfant, *Sonnet* de NDR ; enfant *par rapport à la nourrice qui l'a allaité*, 849.
nourrir : produire, développer, *A Mes-seigneurs de Rambouillet.*
nourriture : production, éducation, *A Messeigneurs de Rambouillet* ; enfant *par rapport aux parents*, progéniture, 123, 1158.
nuax : nuages, 1720.
nuiteux : obscurci par la nuit, nocturne, 2276.

obliger : lier moralement, 1923.
occire : tuer, 99, 2186.
octroyer : accorder, *Argument des actes*, 596, 1826.
odoreux : odoriférant, 2242.
offense : tort, 1518 ; faute grave *dont on se trouve être la victime*, 1726, *ou le coupable*, 2357.
offenser : blesser, 1062, 1090, 2201, *en brûlant,* 769 ; heurter

violemment, 1650 ; arracher *les cheveux*, 1518 ; commettre une faute à l'égard de quelqu'un, 1925.
office : rôle, 1177.
oit : *présent de l'indicatif de* ouïr.
olive : olivier, 20.
oncque : jamais, 1240.
oppresse : écrasement, destruction, 1529.
or : maintenant, à présent, 123, 2149, 2222 ; *suivi d'un impératif, vive exhortation ou mouvement affectif et prend le sens de* donc, 713, 1367, 1427, 2211, 2293 ; *or sus + impératif :* allons, courage ! 1259, 2245 ; *or adieu* : adieu donc, 2379.
oraison : prière, 1151.
ordinaire : accoutumé, 604.
ordonnance : ordre, 262 ; obligation imposée, loi, 31, 520.
ore/ores : maintenant, 661, 1161, 1315, 1321, 1326, 1827 ; alors, 88 ; *ore(s)...ore(s)* : tantôt... tantôt, 315-316, 346-349, 737, 797-798, 1075 1076, 1083 ; *ores que + indicatif :* maintenant que, 1941 ; *ores que + subjonctif :* bien que, lors même que, *A Messeigneurs de Rambouillet*, 245, 761.
orgie : *nom masculin dans le texte de Garnier,* célébration par le Ménades (Bacchantes) des mystères de Dionysos (Bacchus), 1562.
orgueillir (s') : s'enorgueillir, 793.
oubliance : oubli, 2357.
oublieux, -euse : qui procure l'oubli, 1104 ; *à propos du Léthé, fleuve infernal*, 2358, 2381.
ouïr : entendre, *Argument des actes*, 1151, 2233.
outrage : violence, *Suget de ceste tragedie*, 1882.
outragé : gravement offensé, meurtri, 110 ; endommagé, frappé, 1758.
outrager : blesser, maltraiter, déchirer, 1517 ; *s'outrager* : se blesser, se déchirer, 2072.
outrageux : terrible, *Sonnet* de NDR ; violent, 570, 2382 ; malfaisant, qui blesse grièvement, 1069, 1126.
oyant : *participe présent de* ouïr.
oyez : *impératif de* ouïr.

paillard : débauché, 1442, 2346.
pantelant : haletant et tremblant d'émotion, 2060.
panteler : haleter, 1059 ; trembler fortement *sous le coup de l'émotion*, 2060 ; tressaillir, sursauter : *le cœur me pantele* : mon cœur bat à tout rompre, 1389.
parricide : *a deux sens possibles au* XVIe *siècle :* qui a tué son père ; qui a tué son enfant (c'est le sens au vers 2319 ; *voir la note correspondante*).
part : *quelque part du ciel que + subjonctif :* en quelqu'endroit du ciel que, 1427.

partage : domaine réservé, patrimoine, territoire obtenu par un pacte, 1190.

passer : surpasser, dépasser, 293.

passetemps : plaisirs de l'amour, 1176.

passion : sentiment irraisonné, non maîtrisé, maladie de l'âme, 692, 917, 919, 1071, 1305 ; souffrance, 448, 1192, 1310, 1840 ; *les deux sens paraissent réunis au vers* 512.

pastis : pâturage, 358.

patience : aptitude à supporter la souffrance ; *prendre patience* : supporter *les maux*, 1513, 2159.

patron : modèle, 602.

patu : aux fortes pattes, 200.

peine : *à grand' peine que* : bien peu s'en faut que, 1320.

pendant : *ce pendant* : pendant ce temps, *Suget de ceste Tragedie* ; *ce pendant que* : pendant que, tant que, 1174.

pensement : pensée, 228.

pernicieux : nuisible, féroce, 818.

perruque : chevelure, 779.

perruquier : chevelu, 151.

peste : fléau, 934, 935, 994 ; *personnification des fléaux :* les Pestes, *divinités infernales malfaisantes*, 2315.

peu : participe passé de *pouvoir*, 770, 1276.

peut (=put) *passé simple de* pouvoir, *prononcé [pü], comme en français moderne*, 2197.

piteusement : en éprouvant de la pitié, 2137.

piteux : miséricordieux, compatissant, 1482, *Elegie* ; pitoyable, objet de compassion *(sans idée péjorative)*, 2150.

pitoyable : *construit avec* à, compatissant à l'égard de, 1666.

place : place-forte, citadelle, 688.

plaire : obéir, complaire, 2322 : *pour n'avoir pleu* : parce qu'il a refusé d'obéir, parce qu'il n'a pas marqué de complaisance (*ironique*).

planier, -ere : plat, 1877.

pleu : *participe passé, voir* plaire.

plomber : frapper violemment, au risque de blesser, 2141.

plus : davantage *(valeur temporelle)*, *Suget de ceste Tragedie.*

Plustost… que : avant que, 908.

poil : cheveux, 39.

poindre : piquer, faire souffrir, 723.

pointe : piqûre, douleur, 800, 840.

pollu, -ue : souillé, 1486.

pommelle : pommeau *d'une épée*, 1737, 2247.

populaire : peuple, 867, 869, 1733.

porter : supporter, subir, 520, 1895, 2337, 2365.

possible : peut-être, 1271, 1329.

poudre : poussière, cendre, 24.

poudriere : endroit (chemin ou plaine) poussiéreux, 1742.

pourchasser : rechercher, 592.

pourmener (se) : se promener, 2002.

poursuivi : pourchassé, traqué, 938 ; réclamé, 2154.
poursuivre : lutter contre, 2168.
pourtant : pour autant, 596, 630.
pourtrait : portrait, 734.
premier que : avant que, 2085.
presagir : présager, 2071, *variante du vers* 232.
pressé : oppressé, 1840.
preux : valeureux, 959.
prevenir : devancer, 1494.
prins : pris, 1822.
priser : donner du prix à, avoir de l'estime pour, 539.
prisons : barrières qui retiennent prisonnier, clôture, 403.
privé : domestique, 525.
proclif, -ive : favorable, propice, 19.
prodige : acte monstrueux, contre nature, 504, 725.
province : royaume, 1206.
prudent : sage, prévoyant, 1497.
pudicité : pudeur, 1519.

quantefois : combien de fois, *Elegie*.
queste : recherche, chasse, 314.
qui : *neutre*, ce qui, 1649.
quitter : *quitter à :* abandonner à, 1451.

race : descendance, lignée, *A Messeigneurs de Rambouillet*, 469, 624, 1249, 1450 ; famille, 717, 1469, 1746.
rallier (se) : se réunir, 192.
rasseurer (se) : se raffermir, 187.
rassis : serein, assuré, 1800 ; sage, lucide, 1835.
ravager : piller, détruire, 112.
reblesser : blesser de nouveau, 2232.
reboucher : s'émousser, 1608.
rebouter : repousser, 2209.
recacher : faire de nouveau disparaître, 144.
receler : dérober aux regards, 1025.
recherra : retombera (*futur de* recheoir), 1609.
reclus : écarté, inaccessible, 1080.
recourbé : voûté, penché, 835 ; qui forme des volutes, de grosses vagues, 2024.
recous (*variante* recours) : secouru, 2333.
redevaler : redescendre, *Elegie*.
refuir : fuir sans cesse, 1313.
rehausser : remonter *au visage*, 1085.
relant, -e : qui exhale une odeur nauséabonde, 1842.
remangé : mangé sans cesse, 119.
remascher : tourner et retourner sans cesse dans son esprit, 1663.
remparé : fortifié *comme par des remparts*, 386
rencourager : redonner courage à, 186.
renfrongné : recroquevillé, 458.
renoüé : replié sur soi, entortillé, 113.
requereur : demandeur, 1320.
requerir : demander, 2233.
retors, retorce : tordu, replié, 1416, 1894.
revoquer : *litt.* rappeler, *d'où* abolir *un ordre*, *une loi*, 262.

ribler : voler (Greimas), se déchaîner (Lebègue), 112.
rivager : placé sur un rivage, 1296.
roignon : rein, 701, Elégie.
rond : terre, globe terrestre, 2237.
roüer : faire rouler, faire tourner, 2067.
ruer : précipiter, 1456, 2307.
ruine : chute, 1873.

sablon : sable, 1458, 1808.
sabouler : secouer, *variante du vers* 213.
sacquer : faire violemment sortir, arracher, 1708.
sagette : flèche, 1006, *Elegie.*
sain, saine : en bonne santé, 1157.
satellite : garde du corps, *Suget de ceste tragedie.*
scadron : escadron, troupe, régiment, 190.
secretaire : qui garde le secret des confidences qu'on peut lui faire, *Elegie.*
seigneurie : domination, pouvoir, 940.
seigneurier : commander à, dominer, 746.
sejour : demeure, 577, 987, 1611 ; lieu de séjour, patrie, 389, 434.
semblant : image, apparence, 237.
sepulcralier : *au sens propre*, qui s'approche des cadavres *(en parlant des oiseaux), d'où les connotations figurées* : funeste, qui laisse présager la mort, 244.
serf, -ve : esclave, 1008.
si : *adverbe d'affirmation, si fait* : si, assurément, il en est bien ainsi, 411 ; *et si* : et ainsi, et dans ces conditions, et donc, 1154 ; *si est-ce que* : pourtant, toujours est-il que, *A Messeigneurs de Rambouillet.*
simple : innocent, 1858.
singulier : le plus remarquable, le meilleur, *Suget de ceste tragedie*
sinon : *sinon que :* ne… que, 1256.
sociable : qui vit en paix et en bons termes, en bonne société avec, compagnon, 1285.
soing : préoccupation, 1787 ; objet de prédilection pour la pensée, personne chérie, 1668.
soleillé : semblable au soleil, brillant, éclatant, 1113.
somme : sommeil, 162, 1104.
sommeilleux : qui apporte le sommeil, 1136 ; qui sommeille, en repos, calme, 2001.
souci : soin, 1378, 1534 ; objet d'un soin particulier ; personne chère, aimée, 1039.
soudain : *adjectif*, rapide, qui échappe facilement, 366.
soudart : soldat *(sans idée péjorative)*, 1951.
soulé : rassasié, 661.
souloir : avoir l'habitude, 963, 1115.
soupirer : *emploi transitif,* se plaindre de, 1714 ; *soupirer à la mort* : pousser le dernier soupir, 1884.

sourciller : *sourciller le front* : froncer les sourcils, 204.
sourcilleux : très élevé, *en parlant d'une montagne ou d'un rocher*, 147, 2018.
subjection : soumission, oppression, 533.
subjugé : soumis, *variante de l'édition A placée entre les vers 28 et 29.*
sueux : en sueur, 771.
superbe : orgueilleux, 628.
surmonter : dominer, 1394 ; *se laisser surmonter à* : se laisser séduire, tromper par, 1920.
sus : allons ! 844, 847, 1308, 1730, 1897, 2345 ; *or sus* : allons donc ! 1259, 2245.

taille : taillis, 290.
tandis : *adv.*, pendant ce temps, 357
tempesté : battu de la tempête, 2010.
temple : tempe, 305, 1442.
terreux, -euse : terrestre, 1865.
testifier : témoigner, attester, *A Messeigneurs de Rambouillet.*
testu : pourvu d'une ou de plusieurs têtes, 950.
thyrse : bâton entouré de pampre et de lierre et surmonté d'une pomme de pin, appartenant à Dionysos et aux Bacchantes. Le dieu s'en servait pour terrasser ses adversaires, 1560.
tige : *nom masculin,* descendance, descendante, 1114.
tort : tordu, découpé, 385.
tortir : tordre, enrouler, 960.
tortis : détours, 1031.
tortu : tordu, 2122.
tost : vite, 1729.
tourment : torture, 106, 107, 219, 444, 888, 921 ; cause de torture morale, 894, 1433.
tourmenter : torturer, 230, 900, 1407, 2335 ; *se tourmenter* : s'infliger une peine infinie, 581.
trac : trace, 2122.
train : allure, 2094.
trainacer : traîner longuement, sur une longue distance, 213.
traistrement : traîtreusement, 1796.
trancher : *trancher la vie à quelqu'un* : trancher le fil de sa destinée, 1188.
travailler : tourmenter, faire souffrir, 153 ; souffrir, 678 ; travailler péniblement, 766 ; se travailler : se donner du mal, s'obliger à de pénibles efforts, 581, 728 ; déployer d'infinis efforts, 2101, 2102.
travaux : souffrances, tortures, 449.
trebucher : tomber, s'écrouler, 1873.
triste : sévère, austère, rigoureusement chaste et vertueux, 1797.
tumulte : agitation bruyante, *Argument des actes*, 1639.

ulceré : blessé, *Elegie.*

vague : qui comporte du vide, vaste, 1720.

veautrer : abattre, faire rouler à terre, 2063.

venaison : gibier, chair de grand gibier 380.

vergongneux : honteux, 1451.

vermeiller : vermiller, chercher des vers en fouillant, *à propos d'un sanglier,* 358.

viande : nourriture, 38, 1090.

viandis : repas, pâture, 323.

vieillard : *adjectif,* vieux, 123.

vinotier : qui donne du vin, 612.

viste : *adjectif,* rapide, 365, *Elegie.*

vœu : prière, offrande aux dieux, 259, 253.

voire : *adverbe d'affirmation,* oui, vraiment, 773, 1408.

voirment : vraiment, 1351.

volontaire : libre, 527.

vueil : volonté, 45.

1 – vuide : *adjectif,* vide, 1253 ; privé, 1163.

2 – vuide : *adjectif substantivé (selon les préceptes de la Pléiade) :* vide, *en parlant des espaces aériens,* 523.

vuider (se) : se vider, 2123.

INDEX NOMINUM

Cet index contient les noms de personnes et de lieux, ainsi que les adjectifs qui leur correspondent. Nous n'indiquons pas toujours systématiquement toutes les occurrences.

Acaste : roi de Magnésie, presqu'île de Thessalie, 1597.

Acheron : fleuve des Enfers, 1, 1190.

Acherontide : *adj.*, de l'Achéron, fleuve des Enfers ; *le creux Acherontide :* le gouffre infernal, 88, 2334.

Afrique : 1954.

Alcide : d'après le grec Ἀλκείδης, désigne, ici comme dans la poésie gréco-latine, Héraclès (Hercule). Alcée, roi de Tirynthe, était en effet le père d'Amphitryon, lui-même père adoptif d'Hercule, 87, 941, 1630, 2333.

Alecton : Alecto, l'une des Furies, 110.

Amazonide : fils d'une Amazone ; désigne Hippolyte au vers 1599.

Amazonien : qui est de la famille ou qui possède les mœurs des Amazones. Terme appliqué à Hippolyte, fils de l'Amazone Antiope, 814.

Amour : Cupidon, ou Éros, fils de Vénus, 333, 461, 470, 477, 486, 723, 729, 741, 770, 773, 813, 898, 927, 953, 993, 1287, 1289, 1294, 1297.

Antee : géant, fils de Poséidon et de Gaia, demeurant en Afrique du Nord. Il forçait les passants à lutter contre lui, les tuait et ornait le temple dédié à son père avec les dépouilles de ses victimes. Mais il fut étouffé par Hercule, 949.

Antiope : reine des Amazones, mère d'Hippolyte ; on l'appelle aussi *Hippolytè*, 665 (ne pas la confondre avec une autre Antiope, aimée de Zeus et mère de deux jumeaux, Amphion et Zéthos). Elle fut tuée au combat par Thésée, mais contrairement à ses devanciers, Euripide et Sénèque, Garnier passe sous silence cet épisode, ou du moins ne l'évoque qu'à mots couverts.

Apollin : Apollon, dieu du soleil, 1420.

Aquilon : vent du nord, 1548.

Ariadne : Ariane, fille de Minos et de Pasiphaé, sœur de Phèdre. Elle fournit à Thésée le fil lui permettant de sortir du Labyrinthe. Le jeune homme avait promis de l'épouser, mais il l'abandonna sur l'île de Naxos, 53, 424, 425, 653, 1424.

Athenes : 29.

Athenien : *adj.*, d'Athènes, 1364 ; *nom, Suget de ceste tragedie.*

Aurore : considérée comme une divinité, épouse de Tithon, fils de Laomédon, roi de Troie, 1021.

Averne : lac d'Italie, près de Naples, que l'on disait formé par des eaux débordant de l'Achéron, et d'où s'élevaient des émanations sulfureuses. Il était considéré comme l'entrée des Enfers, 2310.

Bacchus : Dionysos, dieu du vin, de l'ivresse, 1186, 2074.

Bellerophon : fils de Neptune, victorieux de la Chimère, 1590.

Boree : vent du nord-nord-ouest ou du nord *(Cf. Bailly, p. 368)* ; *personnifié*, 1805, 2005.

Busire : Busiris, tyran d'Égypte, tué par Hercule, 949.

Caucase : chaîne de montagnes, située entre la mer Noire et la mer Caspienne, 707.

Cecropienne : épithète d'Athènes. Cécrops était le premier roi de cette cité. *Ville Cecropienne*, 13.

Cephale : fils de Déion et petit-fils d'Éole, amant de l'Aurore, 1022.

Cerbere : chien à triple tête, portier des Enfers, 7.

Cerés : Déméter, déesse des moissons, 1616.

Charon : batelier des Enfers, 584.

Cleonean : *adj.*, de Cléônes, ou Cléônai, ville d'Argolide. L'épithète est appliquée au lion de Némée au vers 948, les deux villes étant proches l'une de l'autre.

Cocyte : fleuve des Enfers, glacial, qui reçoit l'Achéron, et forme avec lui le marais du Styx. Il est littéralement « la rivière des gémissements » et est constitué des pleurs que répandent les méchants et les criminels,1009, 2313.

Cressien : de Crète, 1002. Crete : *Suget de ceste Tragedie*, 381, 724, 1424.

Cretique : de Crète – latin *Creticus*, 1414.

Cupidon : fils de Vénus, dieu de l'amour, 914, 1045, 1067.

Cyclopes : monstres ayant un seul œil, au milieu du front, fabriquant la foudre de Jupiter dans la forge de Vulcain, située dans les cavernes de l'Etna en Sicile, 456.

Cynthiennne : épithète de Diane-Artémis, née sur le mont Cynthe à Délos, 1017.

Cyprine : Cypris, *désigne* Vénus (Aphrodite), déesse de l'amour et de la beauté, mère du dieu Amour (Eros). Vénus fut après sa naissance portée à Cythère, puis à Chypre, d'où son surnom, 781.

1 – Cythere : île située entre le sud de la Grèce et la Crète, où Vénus-Aphrodite fut transportée après sa naissance par les Zéphyrs, avant d'être installée à Chypre, 1046.

2 – Cythere : le Cithéron, mont de Béotie, consacré à Bacchus-Dionysos, 1561.

Dedalique : *adj.*, de Dédale, l'architecte du Labyrinthe ; *le logis Dedalique, la maison Dedalique :* le Labyrinthe, 32, 1413.

Dele : Délos, île grecque, qui vit naître Artémis, Apollon et Aphrodite, 286.

Delien, -enne : *adj.,* de Délos, *épithète d'Artémis, née dans l'île de Délos,* 282 (Le terme figure dans *Les Epithetes* de Maurice de La Porte, s.v. *Diane*).

Diane : Artémis, déesse de la chasse, fille de Zeus et de Létô, sœur d'Apollon, 371, 2375, et symbole de la beauté selon Phèdre voulant plaire à Hippolyte, 1421, de la chasteté, 288 et 1479 ; assimilée à Hécate, 1132. Elle est qualifiée de *fille de Latone* (285) de *vierge*, de *forestiere* (1130) de *chasseresse* (1137). Toutes ces épithètes figurent dans le recueil de Maurice de La Porte. Les auteurs grecs surnomment Artémis « chasseresse, champêtre, sauvage ».

Dires : Furies (latin *Dirae*), 2311.

Eac'*ou* Eaque : fils de Zeus et d'une nymphe nommée Egine, 2335. Il est considéré comme le plus pieux de tous les Grecs. Sa renommée lui donne le droit de siéger aux Enfers. Selon Platon (*Gorgias*, 524), il juge les âmes venues d'Europe, tandis que Rhadamante juge celles qui viennent d'Asie et que Minos juge en dernier ressort les unes et les autres en cas de doute de l'un des deux premiers juges. – Socrate, dans l'*Apologie* de Platon (41a), ajoute un quatrième juge, Triptolème (voir Cicéron, traduisant ce passage dans les *Tusculanes*, I, XLI, 98 : *... ad eos venire, qui uere iudices appellentur, Minoem, Rhadamantum, Aeacum, Triptolemum...*).

Egee : roi d'Athènes, père de

Thésée, *Suget de ceste tragedie*, 72.

Eleusis : ville d'Attique, qui, d'après la tradition, fut par Thésée réunie à sa voisine Athènes, 1615.

Elysez : *Champs Elysez :* séjour, dans les Enfers, des âmes vertueuses, héros et sages, après la mort, 2380.

Endymion : berger aimé de la Lune (Sélénè, assimilée à Diane-Artémis). Plongé dans un sommeil éternel, il reste toujours jeune, 1018.

Eolien : d'Eole, le dieu des vents ; *creux Eolien :* caverne d'Eole, 1847.

Erebe : les ténèbres infernales, 2313.

Erymanthean : d'Erymanthe, montagne située aux confins de l'Arcadie, de l'Achaïe et de l'Elide, où vivait un redoutable sanglier, qui fut tué par Héraclès, 947.

Espagnole : l'adjectif caractérise, au vers 1284, la mer où le soleil se couche.

Etnean : *adj.*, de l'Etna, mont volcanique de Sicile. Le *creux Etnean :* la caverne des Cyclopes, 457. Les *freres Etneans :* les Géants, fils de la Terre, conçus pour venger les Titans, leurs frères : les uns et les autres furent vaincus par les Olympiens, 624.

Eurypyle : roi de l'île de Cos, fils de Poséidon, tué par Héraclès, 949.

Furies : Erinyes, déesses de la vengeance et des châtiments infligés aux criminels dans les Enfers, 95.

Gange : fleuve de l'Inde, 1487.

Garamante : territoire des Garamantes, peuple établi en Afrique, au sud de la Numidie et au nord du Sahara, 1807.

Getes : peuple installé sur les bords du Danube, 705.

Getulin : de Gétulie, région du nord-ouest de l'Afrique, 1582.

Gnide : Cnide, ville de Carie, probablement confondue avec Cnossos au vers 1432.

Gnossien : Cnossien, de Cnossos, ville de Crète, 132.

Hecate : déesse que l'on a d'abord apparentée à Artémis et à la Lune. Peu à peu, elle devint la déesse de la magie, des spectres et des frayeurs nocturnes. Elle est dite *Triviane*, c'est-à-dire déesse des carrefours, d'après le latin *Trivia*, 1137.

Helene : fille de Tyndare, roi de Sparte, et de Léda (*cf. Helene Ledeanne* au vers 649). D'abord mariée à Ménélas, frère d'Agamemnon, puis à Pâris, fils de Priam, le roi de Troie.

Hercule : Héraclès, fils de Zeus et d'Alcmène (épouse d'Amphitryon, général thébain). Il réussit à arracher Thésée des Enfers, mais non Pirithoos, 1620.

Hippolyte : fils de Thésée et d'une Amazone (le nom de cette dernière varie selon les auteurs : Mélanippé, Antiopé, Hippolyté), *Suget de ceste tragedie*, 135, 464, 465, 651, 999, 1007, 1010, 1019, 1047, 1139, 1306, 1348, 1408, 1434, 1481, 1483, 1830, 1852, 1967, 1979, 2049, 2089, 2107, 2173, 2177, 2198, 2207, 2229, 2350.

Hydre : monstre à sept têtes, que combattit Hercule, 950.

Hymette : montagne de l'Attique, au miel très apprécié, 203.

Hyperboree : région de l'extrême nord, 1806.

Hyrcanique : *adj.*, d'Hyrcanie, région de la Perse, au sud de la mer Caspienne. Ses tigres étaient célèbres, 1956.

Ixion : roi des Lapithes, originaire de Thessalie, père de Centauros, lui-même père des Centaures, et de Pirithoos, qui perpétue la race des Lapithes. Après son mariage avec Dia, fille du roi Déionée, il assassina son beau-père, afin de ne pas lui donner les cadeaux qu'il lui avait promis en échange de la main de sa fille. Il devint fou à cause de son crime. Personne ne voulant le purifier, Zeus prit pitié de lui et consentit à la fois à le laver de son crime et à le délivrer de sa folie. Ixion ne manifesta aucune gratitude à l'égard de Zeus, puisqu'il tenta de faire violence à l'épouse du roi des dieux, Héra. Zeus lui envoya un nuage ressemblant à la déesse et Ixion osa commettre le sacrilège de s'unir à ce simulacre. Le maître de l'Olympe l'attacha à une roue enflammée qui tournait sans cesse et volait dans les airs, 118.

Jupin : *autre nom de* Jupiter *(voir ce nom)*, 263, 458, 1544.

Jupiter : Zeus, dieu du ciel, de la lumière, de la foudre et du tonnerre, de la justice, maître des dieux et des hommes, 22, 23, 169, 760, 929, 1243, 1369, 1439, 2042. – Voir aussi *Jupin*.

Latone : Létô, mère d'Apollon et de Diane-Artémis, 285.

Ledean, -anne : *voir* Helene.

Lethean : *adj.*, du Léthé, le fleuve de l'oubli dans les Enfers, 450.

Leucate : promontoire de l'île de Leucade, située en mer

Ionienne, à proximité de l'Acarnanie, 2009.

Magnesien : de Magnésie, région située en Thessalie, épithète d'Acaste, roi de ce pays, au vers 1597.

Mars : dieu romain de la guerre, Arès chez les Grecs ; le mot désigne souvent la guerre elle-même ; 706, 761.

Medee : fille du roi de Colchide, Æétès, épouse de Jason. Par jalousie et pour punir son mari, elle tua les enfants qu'elle lui avait donnés. Elle est connue comme magicienne et comme empoisonneuse. Belle-mère de Thésée, elle tenta vainement de faire assassiner le fils d'Égée par son propre père, 1273.

Megere : l'une des trois Furies, 111, 2251.

Menade : bacchante, femme du cortège de Bacchus-Dionysos, 1555.

Minerve : nom romain d'Athéna, déesse de la guerre, 1533.

Minoïde : descendant (e) de Minos, désigne au vers 127 Phèdre, fille du roi de Crète Minos, devenu juge des Enfers, 127.

Minos : roi de Crète, puis juge des Enfers, père de Phèdre, *Suget de ceste tragedie*, 58, 109, 1426, 2356.

Mopsopienne : *adjectif, ville Mopsopienne :* Athènes, dite parfois *Mopsopie*, ancien nom de la ville ou de l'Attique, dont les habitants étaient primitivement les *Mopsopiens*, 2285.

More (= Maure) : habitant de Mauritanie, *Sonnet de Ronsard* (*Mauritania* désignait, en latin, la partie occidentale de l'Afrique).

Naxean : *adj.*, de l'île de Naxos, 426, 657.

Neptune *ou* Neptun : Poséidon, dieu de la mer, *Suget de ceste tragedie*, 1369, 1744, 1823, 1920, 1941, 2183, 2373.

Nort : vent du Nord, 1548, 2005, 2006.

Nymphes : déesses habitant les bois, les fontaines, les cours d'eau, 1016.

Olympien : de l'Olympe ; le *foudre Olympien :* le foudre de Jupiter, souverain de l'Olympe, 1456.

Orque : autre nom de Pluton, qui sert souvent à nommer les Enfers, comme au vers 1897.

Osse : Ossa, montagne de Thessalie, séjour des centaures, 628.

Pallas : autre nom d'Athéna (Minerve), déesse de la guerre, de la sagesse, de l'intelligence, protectrice d'Athènes et de l'Attique, 15, 1524.

Paphien, -enne : de Paphos, ville de l'île de Chypre,

où se trouvait un temple d'Aphrodite, nommée *saincte Paphienne* au vers 722.

Parque : divinité de la destinée et de la mort, 2293. Les Parques ou Moires sont au nombre de trois : Clotho, qui tient le fuseau et préside à la naissance, Lachésis, qui distribue les lots du destin, tourne le fuseau et dévide le fil, et Atropos, qui le coupe au moment de la mort.

Pasiphe : Pasiphaé, femme de Minos et mère de Phèdre. Accouplée à un taureau, elle enfanta le Minotaure, 969.

Pelé : Pélée, fils d'Eaque et d'Endéis, époux de Thétis, déesse marine, père d'Achille et roi de Phthie. Durant son séjour à la cour d'Acaste, à Iolcos, il fut faussement accusé de tentative de viol par la femme d'Acaste, Astydamie, qui était tombée amoureuse de lui. Le chœur établit un parallèle entre sa mésaventure et celle d'Hippolyte au vers 1596.

Pelion : montagne de Thessalie, 628.

Phase : fleuve de Colchide, 708.

Phebus : Apollon, dieu de la lumière et du soleil, fils de Jupiter et de Latone, 142, 606, 968, 1095. Il est mentionné comme ancêtre de Phèdre, 1114.

Phedre : fille de Minos et de Pasiphaé, épouse de Thésée, belle-mère d'Hippolyte, *Suget de ceste tragedie*, 129, 415, 1011, 1159, 1299, 1640, 1654, 1851.

Phlegethon : fleuve infernal roulant des flammes, 2313. On le nomme parfois, par redondance, *Pyriphlégéthon*.

Phlegrean : *adj., le champ Phlegrean* : plaine de Macédoine, qui fut le théâtre de la lutte entre les Géants et les Dieux, 626.

Pirithois : Pirithoos, fils d'Ixion et de Dia. Il est comme son père, de la race des Lapithes. Il est aussi le demi-frère des Centaures. Il se lie d'amitié avec Thésée. Les deux héros se portent mutuellement secours. Pirithoos aide Thésée à enlever Hélène et Thésée accompagne son ami aux Enfers pour participer à l'enlèvement de Perséphone. *Suget de ceste tragedie*, 85, 439, 551, 830.

Pluton : Hadès, dieu des Enfers, *Suget de ceste Tragedie*, 93, 109, 121, 440, 555, 556, 558, 559, 568, 1190, 1372, 1842, 2333.

Plutonien : *adj.*, de Pluton, 82.

Plutonique : *adj.*, de Pluton, 1358.

Porte-trident : épithète employée comme nom propre, pour désigner Neptune.

Prœte : Prétus (ou Prœtus), époux de Sthénobée, 1587.

Promethee : Titan, fils de Japet, protecteur de l'humanité, qui, pour avoir dérobé le feu et l'avoir donné aux hommes, est cloué à un rocher par Zeus et condamné à subir un horrible supplice sans fin, puisqu'un vautour lui dévore le foie, qui repousse sans cesse, 118, 930.

Proserpine : Perséphone, fille de Déméter, épouse de Pluton, *Suget de ceste tragedie.*

Pucelles : *fatales Pucelles :* les Parques, 2236.

Rhadamante : l'un des trois juges des Enfers, avec Minos et Eaque, 1841. – D'après Platon, *Gorgias,* 524, il juge les âmes venues d'Asie.

Sarmate : peuple scythe,venu d'Asie centrale, 707, 1805.

Saturne : nom d'un très ancien dieu romain, assimilé au dieu grec Cronos, fils d'Ouranos, le Ciel, et de Gaia, la Terre. Il est le père de nombreux dieux, et des plus importants, tels que Jupiter, Junon, Pluton, Neptune, 385.

Saturnien : de Saturne ; *pere Saturnien :* désigne Jupiter, fils de Saturne et père des dieux et des hommes, 1455.

Scythe : habitant de la Scythie, pays situé au Nord-Est de l'Europe et au Nord-Ouest de l'Asie. Les Scythes étaient considérés par les Anciens comme des barbares, rustres, sauvages, voire cruels, 706 ; *Sonnet de Ronsard.*

Sisyphe : fils d'Eole. Il dénonça Zeus pour le rapt d'Egine. Le maître des dieux lui infligea un châtiment, consistant à rouler un rocher jusqu'à un sommet d'où il retombait sans cesse. Son travail était donc toujours à recommencer, 120.

Sœurs : Furies, ou Erynies, déesses qui, aux Enfers, infligeaient des châtiments aux criminels ; *les noires Sœurs*, 85.

Sthenobee : Sthénobée (ou Sthénébée), épouse de Prétus (ou Prœtus), amoureuse de son beau-fils Bellérophon, 1590.

Stygieux, -euse : *adj.*, du Styx, fleuve infernal, 573, 1622, 1735.

Styx : fleuve des Enfers, 936.

Tantale : fils de Zeus et de Ploutô (fille de Cronos, selon les uns, d'Atlas, selon les autres). Il fut puni pour avoir dérobé le nectar et l'ambroisie et il subit aux Enfers le châtiment d'une faim et d'une soif éternelles, 119.

Taure : Taurus, chaîne de montagnes d'Arménie, très élevée (jusqu'à 2000 ou

3000 mètres selon les régions), 174, 1120.

Terre mere : la Terre Mère, divinité de la fécondité universelle, 2309.

Thesee : (*variante* Thesé) héros de l'Attique, roi légendaire d'Athènes. La tradition situe son existence entre la jeunesse d'Héraclès et la guerre de Troie. Fils d'Égée, lui-même roi d'Athènes, il s'illustra d'abord en combattant les monstres et les brigands qui infestaient l'Attique. Il se rendit célèbre ensuite en triomphant du Minotaure de Crète, qui vivait enfermé dans le Labyrinthe. Après avoir tué le monstre, il put trouver la sortie grâce au fil que lui avait confié Ariane. Celle-ci avait fait promettre à Thésée de l'épouser et de l'emmener à Athènes, en échange du service rendu. Mais lors d'une escale à Naxos, le jeune homme y abandonna sa fiancée et épousa ensuite Phèdre, sœur d'Ariane. Plus tard, il remporta la victoire dans la bataille qu'il dut livrer aux Amazones, qui avaient envahi l'Attique. Ami du Lapithe Pirithoos, il participa au combat des Lapithes contre les Centaures. Il consentit à accompagner son ami aux Enfers pour l'aider à ravir Perséphone, épouse d'Hadès, *Suget de ceste Tragedie*, 35, 43, 62, 77, 431, 472, 473, 549, 552, 561, 642, 829, 1364, 1407, 1410, 1665, 1851, 1941, 2169, 2258.

Thriasien : *adj.* (*cf.* latin *Thriasius*), de Thrie, bourg situé en Attique, 204.

Tigre : fleuve de Mésopotamie, 1487.

Tirynthien : *adj.*, de Tirynthe, cité d'Argolide. Employé comme nom pour désigner Héraclès, qui resta longtemps au service d'Eurysthée, roi de Tirynthe, 561.

Tisiphone : l'une des trois Furies, les deux autres étant Mégère et Alecto, 111.

Titanien, -ienne : *adj.*, de Titan, 624. Les Titans, fils d'Ouranos et de Gaia, furent détrônés par Zeus. La *race Titanienne* dont il est question au vers 624 est celle des Géants conçus par Gaia, la Terre, pour venger les Titans

Tithonienne : *adj.*, de Tithon. Terme appliqué à la déesse Aurore, qui était l'épouse de Tithon, fils de Laomédon, roi de Troie, 1021.

Titye : (Tityos). Géant, fils de Zeus et d'Elara. Héra, jalouse de Létô, déchaîna le géant contre sa rivale. Zeus le foudroya, puis le précipita aux Enfers, où deux serpents (ou deux aigles) lui dévoraient le foie, qui renaissait sans cesse à chaque phase de la lune. Son supplice resssemble à celui de Prométhée, 119.

Triviane : surnom d'Hécate, signifiant « aux trois voies », d'après le latin *Trivia.* Elle est donc la déesse des carrefours, souvent assimilée à Diane, 1137.

Typhon *ou* Typhée : monstre intermédiaire entre l'homme et le fauve, fils de Gaia (la Terre) et du Tartare. Ses bras étendus couvraient le monde, de l'orient à l'occident, et ses doigts, au nombre de cent à chaque main, étaient des têtes de dragons. Le bas de son corps était entouré de serpents. Il portait des ailes, et des flammes sortaient de ses yeux. Il combattit Zeus après la guerre des dieux et des géants. Il fut poursuivi par le maître de l'Olympe, sur qui il lança les montagnes de Thrace. Zeus, à l'aide de sa foudre, les faisait retomber sur son adversaire, qu'il finit par écraser sous le mont Etna, projeté contre lui. Depuis, Typhon vomit éternellement les flammes du volcan, 120.

Venus : (Aphrodite), déesse de la beauté et de l'amour, 505, 965, 1046, 1470.

Vulcan : (Vulcain), dieu du feu et des forgerons, qui fabrique la foudre de Jupiter, 765.

LA TROADE

INTRODUCTION

La première édition de *La Troade*, cinquième tragédie de Robert Garnier, paraît en 1579, c'est-à-dire un an après *Marc-Antoine* et un an avant *Antigone*. Raymond Lebègue signale que la pièce a été très probablement représentée en 1581, sous le titre de *Polydore*, par des collégiens ambulants à Saint-Maixent.[1] Marie-Madeleine Mouflard[2] place le début de la rédaction de l'œuvre vers 1574-1575. C'est sans doute à cette époque que Garnier fit lire quelques extraits de ce qu'il avait déjà composé à Renaud de Beaune, alors évêque de Mende, ainsi qu'en témoigne la dédicace :

> Je vous ay presenté, Monseigneur, un eschantillon de ceste Tragedie, n'estant encore demy ébauchee (…)

Pour la deuxième fois, le poète choisit un thème de la mythologie grecque, de laquelle il s'était inspiré dans *Hippolyte*, six ans auparavant, en 1573. Mais, fait sans précédent dans sa carrière, il emprunte autant à Euripide qu'à Sénèque. Si l'auteur des *Troades* fournit la matière du début du premier acte, de tout le deuxième acte, de deux passages du troisième acte et de la presque totalité du quatrième acte, *Les Troyennes* et l'*Hécube* d'Euripide inspirent le reste de la pièce. *Les Troyennes* sont à l'origine du dialogue entre Talthybie, Hécube et Cassandre, ainsi que du chœur final,

1 Édition de *La Troade*, p. 251.

2 *Robert Garnier*, tome I, chapitre XV et tome II, p. 40.

au premier acte, tandis qu'*Hécube* offre à Garnier de quoi nourrir l'essentiel du troisième acte et le cinquième. C'est donc sur le procédé de la contamination que repose l'action de ce drame. Ce qui en fait l'unité, c'est l'accumulation tragique des malheurs qui s'abattent sur les Troyens (défaite, captivité, morts d'Astyanax, de Polyxène et de Polydore) et qui provoquent des situations de plus en plus pathétiques. Le personnage central, Hécube, occupe la scène pendant la plus grande partie du spectacle et il devient la figure exemplaire du malheur. La vengeance des captives sur la personne de Polymestor, meurtrier de Polydore, clôt la tragédie en donnant au spectateur le sentiment d'un châtiment mérité, quoique l'assassinat des enfants innocents du coupable soit ressenti comme un acte de cruauté aussi injustifié que les meurtres d'Astyanax et de Polyxène, commis par les Grecs.

Car l'œuvre possède une valeur morale évidente. Les Troyens, bien que vaincus, inspirent la sympathie : d'abord, la Fortune pourrait tout aussi bien atteindre les Grecs[3], et Agamemnon, en le soulignant, place la clémence du vainqueur parmi les devoirs éminents des monarques humains et généreux ; ensuite, selon Cassandre, la guerre des Troyens était juste, puisque les sujets de Priam défendaient leur cité ; enfin, les habitants d'Ilion sont victimes de la perfidie, de la ruse, de la déloyauté : le stratagème du cheval de bois y est fermement condamné, de même que la félonie cupide et criminelle de Polymestor : Agamemnon reconnaîtra que ce dernier méritait d'être puni. On voit dès lors la portée de la tragédie : sont dénoncées la cruauté et l'avidité, trop fréquentes dans la période sanglante au cours de laquelle fut composée *La Troade*. La destruction de Troie par l'ennemi

3 Voir la mise en garde d'Andromaque à Ulysse, visant à le fléchir : *Et d'autant que les Dieux vous elevent bien haut, / Soyez benin à ceux que le malheur assaut : / Estimant que du sort la main est variable, / Qui vous peut, comme à nous, estre un jour dommageable.* (1019-1022)

et le supplice d'Astyanax rappellent les atrocités commises dans les guerres de Religion. E. Forsyth établit un lien avec le comportement de certains chefs militaires :

> Garnier va viser directement les tyranneaux de la guerre qui, tel le baron des Adrets, n'hésitaient pas, en saccageant une ville capturée, à massacrer ses habitants ou à précipiter du haut d'une tour, pour satisfaire leur rancune ou pour venger quelque tort commis par l'adversaire, une cinquantaine de personnes innocentes. (*La Tragédie française de Jodelle à Corneille – 1553-1640 – Le thème de la vengeance*, p. 206-207)

La dédicace est adressée à Renaud de Beaune, évêque de Mende en 1579, archevêque de Bourges en 1585, lors de la dernière édition publiée du vivant de Garnier : le prélat devait, quelques années plus tard, se montrer partisan de la réconciliation nationale et se donner pour but, à la mort d'Henri III, de rallier le haut clergé à l'héritier protestant de la couronne, Henri de Navarre, tout en pressant ce dernier de se convertir définitivement au catholicisme. Le poète indique nettement le lien entre son sujet et la situation quotidienne des Français de son temps :

> Je sçay qu'il n'est genre de Poëmes moins agreable que cestuy-cy, qui ne represente que les malheurs lamentables des Princes, avec les saccagemens des peuples. Mais aussi les passions de tels sujets nous sont ja si ordinaires, que les exemples anciens nous devront doresnavant servir de consolation en nos particuliers et domestiques encombres.

Au milieu des atrocités permanentes des guerres civiles, « l'idée de respecter l'adversaire finit par se frayer lentement un chemin dans les consciences »[4]. Ainsi peut s'expliquer

---

4 M. Pernot, *Les Guerres de religion*, p. 318. L'auteur explique aussi (p. 92) que la Saint-Barthélemy « a renforcé dans leur conviction ceux qui plaçaient

l'appel à la retenue et à la clémence que Garnier lance par la voix d'Agamemnon. La scène qui l'oppose à Pyrrhus, partisan du sacrifice de Polyxène, confronte deux tempéraments princiers : l'Agamemnon de Garnier, proche de celui de Sénèque, est modéré, patriote sans barbarie et sans fanatisme, « juste et clément… idéalisé, [représenté] dans l'exercice de ses deux fonctions royales : le commandement et la justice. Le discours par lequel il exprime… son refus manifeste toutes les vertus royales : clémence, modestie, horreur du sang versé. »[5] ; au contraire, Pyrrhus, que Virgile avait présenté comme sanguinaire et odieux, fait preuve de mépris, d'insolence, de cruauté en face d'Agamemnon ; toutefois, en présence des captives, il leur parle avec respect et ne se montre pas insensible à leur douleur. M.-M. Mouflard, pour résoudre la contradiction entre ses deux attitudes successives, propose l'explication psychologique suivante :

> Les vertus royales peuvent s'éveiller en lui devant le malheur d'une reine et son attitude devant Hécube peut être une forme de regret. Sa cruauté envers Priam, son insubordination seraient des défauts de jeunesse et, de ce point de vue, Pyrrhe pourrait rappeler les deux responsables de la Saint Barthélémy : Charles IX, et Henri III, qui regrettait la part qu'il y avait prise. (*op. cit.*, tome II, p. 224)

Sur le plan politique, un débat est esquissé au deuxième acte, celui de la raison d'État, lorsqu'elle entre en conflit avec la pitié et l'humanité. Ulysse, le diplomate, et

---

le souci de l'État au-dessus des querelles religieuses et qu'on appelle, pour cette raison, les *politiques*. » On assiste, dans les années où Garnier compose sa pièce à une « décomposition de l'État monarchique » (*id.*, p. 93-96). Or, dans *La Troade*, les Troyennes rêvent, après leur défaite, d'assister un jour à la reconstitution de leur pays. Le message est destiné aux Français, nous le verrons plus loin.

5 M.-M. Mouflard, *op. cit.*, tome II, p. 223.

Andromaque, la mère, opposent leurs arguments. La justice publique n'est pas toujours compatible avec la justice privée. La raison d'État l'emportera, mais Garnier ne cache pas son émotion devant la cruauté qui consiste à assassiner un enfant innocent. La sympathie marquée pour les vaincus tout au long du drame est assez significative. Même approbation, de sa part, pour la tendresse familiale (amour conjugal, filial, maternel) et pour les liens du sang : il en tire d'ailleurs de poignants effets. Hécube et Andromaque incarnent la fidélité à l'époux défunt et la grandeur de l'instinct maternel. Ajoutons que pour les contemporains de Catherine de Médicis, Hécube est aussi « la reine-mère et la régente. »[6]

Mais la portée de la pièce est encore à envisager d'un autre point de vue : au seizième siècle, un mythe[7] a connu une large fortune, celui des origines troyennes du peuple français. Dès le quinzième siècle, ressurgit la vieille légende[8] d'une possible installation en Gaule par des Troyens, conduits par Francion (ou encore Francus), qui n'était autre qu'Astyanax sous un nom nouveau. Au début du siècle suivant, Jean Lemaire de Belges affirme, dans les *Illustrations de la Gaule et singularitez de Troie*, que les Germains et les Gaulois ont

---

6 M.-M. Mouflard, *op. cit.*, t. II, p. 227.

7 Cette légende fut un certain temps considérée comme de l'histoire véritable. Toutefois, à l'époque de Ronsard et de Garnier, elle semble loin de faire l'unanimité : « Depuis longtemps, il est vrai, les historiens sérieux rivalisaient de sévérité à son égard. » (*Notice sur la Franciade*, in *Œuvres complètes de Ronsard*, Bibl. de la Pléiade, Paris, Gallimard, 1993, tome I, p. 1606)

8 D'après Claude-Gilbert Dubois, *Celtes et Gaulois au* XVIe *siècle*, p. 23, note 1, c'est le succès d'un roman du XIIe siècle, *le Roman de Troie*, de Benoît de Sainte-Maure, qui « constitue la base littéraire de cette orientation. » Mais, précise-t-il, « la légende des origines troyennes des Francs est de toute manière antérieure au roman. » Une chronique mérovingienne était à la source de la légende d'un Francus ancêtre des rois de France et fondateur de la nation française.

une commune origine troyenne, que la noblesse d'Ilion a occupé l'Europe après la chute de Troie et que Francus, fils du valeureux Hector, prince du sang, héritier du roi Priam, est devenu roi de Gaule, avant de s'installer également en Pannonie. Claude-Gilbert Dubois, dans son livre intitulé *Celtes et Gaulois au* XVIe *siècle*, a bien mis en lumière la portée nationaliste du mythe des sources troyennes de la France, qui trouve son plein épanouissement à partir du moment où

> la France est assez développée pour se libérer de la tutelle spirituelle de ses ancêtres, les Grecs et les Romains, et revendiquer sa propre culture. (p. 41) (...) La Gaule apparaît (...) non comme un pays des songes ou des songe-creux, mais comme un des éléments importants de l'histoire réelle de l'humanité. (...) L'histoire de la Gaule se révèle avoir essentiellement des fondements d'ordre psychologique et répondre aux aspirations profondes de la conscience ou de l'inconscient national (...) C'est pourquoi nous avons assimilé ces études à des fragments de mythologie nationaliste plutôt qu'à des recherches historiques. La quête des origines de la France et la rencontre des Gaulois rejoignent le rêve mégalomaniaque d'un retour au pays doré, la découverte d'un « vieux titre d'honneur » oublié (...) c'est une manière d'exprimer symboliquement des revendications qui appartiennent à un temps précis, et des aspirations en relation directe avec l'actualité historique et politique. (...) On peut relever l'importance attachée à la manie aristocratique des généalogies. Se fonder en histoire revient à se fonder en droit. (*op. cit.*, p. 17-18)

Or, ce souci de la filiation par le sang, surtout quand il s'agit du sang royal, se manifeste clairement dans *La Troade* : c'est le sentiment d'appartenir à un rang princier qui donne à Cassandre, à Polyxène et même au tout petit Astyanax le courage d'affronter la mort. Le fils d'Hector a déjà en lui toute la bravoure qui pourrait faire de lui le digne héritier de son père et de son grand-père :

Ainsi ce jeune enfant coléré de se voir
Entre ses ennemis, sujet à leur pouvoir,
Monstroit dessur le front le despit de son ame :
De ses deux yeux sortoit une brillante flame
D'outrageuse rancœur, et la ferocité
De son pere luisoit en son front irrité. (1907-1912)

Le lien de la pièce avec l'idéologie nationaliste du temps ne surprend pas si l'on songe que Garnier a toujours éprouvé la nécessité de lier son théâtre aux préoccupations politiques contemporaines :

> Un Robert Garnier projette (les) problèmes contemporains dans un cadre historique distant, où se reconnaît à chaque instant la marque des temps présents. (Cl.-G. Dubois, *op. cit.*, p. 98)

Ronsard, dans les *Quatre premiers livres de la Franciade*, imagine une Gaule déserte peuplée par des Troyens exilés après la chute de leur ville : leur chef est Francus, c'est-à-dire Astyanax, fils d'Hector et d'Andromaque, ayant, par l'intervention miraculeuse de Jupiter, échappé à la mort : le dieu l'a dérobé aux Grecs et lui a substitué un double :

(…) tout soudain voici
Pyrrhe venir, qui ravit tout ainsi
L'image feint hors des bras de la mere,
Qu'un loup le fan d'une biche legere.
Il le porta sur le haut d'une tour,
D'où le rouant et tournant de maint tour
En tourbillons, d'un bras armé le rue
Pied contre-mont au travers de la rue.
Ainsi tomba par tranҫons decoupé
Le vain abus dont le Grec fut trompé :
Car Francus vit et maugré toute envie
De ses poumons va respirant la vie
Dedans Buthrote, en ces champs où la vois
Vit prophetique és chesnes Dodonois,

Pres Helenin et sa mere Andromache
Qui sans honneur par les tourbes le cache. (I, 131-146).

On relève dans *La Troade* des allusions à cette fable des origines troyennes. Garnier parle ouvertement, dans la dédicace, de *nos ancestres Troyens*. Le devin Helenos, fils de Priam, qui jouait un rôle important dans l'épopée ronsardienne, semble pressentir, chez Garnier, le salut miraculeux d'Astyanax :

Plusieurs se sont sauvez d'une mort poursuivie,
Se feignans estre morts, bien qu'ils fussent en vie. (701-702)

Or, aucune des sources de Garnier ne met en scène le personnage d'Hélénos : ni Euripide, ni Sénèque n'ont songé à ce frère jumeau de Cassandre. Chez le tragique latin, c'est un vieillard anonyme qui tient le rôle : Garnier le remplace par le devin troyen, ce qui n'a pas manqué d'intriguer la critique. Cette substitution paraît pourtant cohérente et révélatrice, puisqu'en introduisant Hélénos, le poète se situe délibérément dans le sillage de *La Franciade*. Il opère une sorte de fusion entre une tradition antique imposée et une tradition française nationale librement adoptée.

Astyanax, à plusieurs reprises, apparaîtra comme l'espoir de la race troyenne, comme celui qui pourrait un jour relever Ilion de ses cendres. C'est ce qu'Hector révèle à Andromaque, quand il lui apparaît en songe :

Levez-vous vistement, ma chere ame, et cachez
Nostre petit enfant, hastez-vous, depeschez,
Destournez quelque part *l'espoir de nostre race*. (655-657)

Andromaque se berce alors d'illusions :

O mon fils engendré d'un pere genereux,
L'unique reconfort des Troyens malheureux,

> *Le germe d'une race antique et venerable,*
> Qu'à vostre geniteur vous estes bien semblable ! (...)
> O mon fils, mon cher fils, verray-je point le jour
> Que, reparant l'honneur de ce natal sejour,
> Vous redressez les tours et les palais antiques
> Du flambant Ilion, les Pergames Troïques ?
> Verray-je point le temps que nos peuples espars
> Vous r'assemblez, leur Roy, dedans nouveaux rempars,
> *Que la gloire et le nom ressusciter je voye*
> Par vos armes, mon fils, *d'une nouvelle Troye* ? (663 *sq.*)

Les propos tenus doivent être interprétés comme un appel voilé : Troie (traduisons « La France », descendance de Pergame) peut et doit renaître ; c'est du moins ce que souhaite le poète ; la France est en ruines à cause des guerres civiles, mais les Français peuvent la ressusciter. Tel est, semble-t-il, le message souterrain de la pièce et l'auteur paraît le déclarer presque ouvertement à la fin de la dédicace : si les descendants des Troyens ont pu bâtir la monarchie française sur les ruines de l'empire romain, pourquoi les Français n'auraient-ils pas la force de faire revivre cette même monarchie à partir de la désolation présente ? Garnier formule le vœu d'*une nouvelle* France, image de la *nouvelle Troye* rêvée par l'épouse du défunt Hector :

> (...) toutefois du reste de si miserables et dernieres ruines s'est peu bastir, apres le decez de l'orgueilleux Empire Romain, ceste tres-florissante Monarchie.

Ainsi s'éclaire le paradoxe soutenu par Cassandre (vers 374-424) : bien que vaincus, les Troyens sont supérieurs aux Grecs. Il faut comprendre : malgré tous leurs échecs et leurs malheurs, les Français peuvent prétendre se relever et occuper la première place.

Garnier, sans aller jusqu'à évoquer explicitement la substitution merveilleuse que Ronsard proposait, laisse toutefois planer un doute sur l'identification du corps d'Astyanax, que le messager déclare méconnaissable, ce qui ouvre la voie à une interprétation conforme à la tradition française de la légende, ou, pour le moins, maintient le spectateur dans l'indécision :

> Son corps est tout froissé, tout moulu, écaché (…)
> Si qu'il ne semble plus qu'une difforme masse
> Confuse de tout poinct, sans trait d'humaine face
> Ny d'humaine figure, et puis le sang, qui l'oint,
> Fait qu'en levant un membre *on ne le cognoist point.* (1939 *sq.*)

Et Hector, apparaissant en songe à Andromaque, lui laisse espérer la revanche de Troie :

> Levez-vous vistement, ma chere ame, et cachez
> Nostre petit enfant, hastez-vous, depeschez,
> *Destournez quelque part l'espoir de nostre race.* (655-657)

Le titre de la tragédie, *La Troade*, et non pas *Les Troyennes*, comme on était en droit de s'y attendre, n'est-il d'ailleurs pas un hommage direct rendu à l'épopée ronsardienne, *La Franciade*, publiée sept ans auparavant ? On peut voir aussi dans l'emploi du suffixe *-ade* un souvenir de la *Galliade* de Guy Le Fèvre de La Boderie, parue en 1578, donc un an avant notre pièce. L'auteur de cet ouvrage explique ainsi le titre choisi :

> J'emprunte l'étymologie, et deduction de Galliade du verbe Hebrieu Galal, qui signifie Reployer et retourner ; et pourtant j'ay divisé et distingué l'Œuvre entier en cinq Cercles au reply desquels j'ay mis peine d'encercler brevement l'origine, progrez et perfection qu'ont acquis les bonnes lettres au cours des siècles, presque par tout le rond de la terre, et nommément en nostre Gaule.

Gl.-G. Dubois, citant ce passage, le commente ainsi :

> L'archéologie d'un mot (...) permet (à Le Fèvre de La Boderie) de remonter aux origines des temps et d'écouter le chant épique que le tournoiement des cercles de l'histoire fait entendre à ses oreilles d'initié. (...) (Il fonde) une mythologie de l'Empire universel des Gaulois. (...) Le terme de *Galliade* est lui-même ambigu, et évoque une épopée de la Gaule (...) La Gaule a été la première demeure des arts : ainsi se justifie le rayonnement culturel de la France moderne. La première demeure est aussi la dernière (...) Par conséquent, la France apparaît comme la légataire universelle de tout le savoir mondial : non seulement la science y a trouvé son premier lieu d'élection, mais, y revenant après un long voyage, elle apporte avec elle l'expérience des siècles et des pays étrangers. (*op. cit.*, p. 85)

Si l'on pense que l'année même où *La Troade* voit le jour (1579), Étienne Faradel publie un *De Gallorum Imperio*, « somme et par conséquent témoignage neutre sur le contenu et la matière du mythe celtique dans la deuxième moitié du siècle »[9], on se rend aisément compte que Garnier compose son drame dans une période où l'on s'intéresse de près aux origines prétendument celtiques du royaume de France et de la culture française.

Le goût de la Renaissance pour la poésie homérique et la littérature qui en est issue explique aussi le choix que Garnier a fait du thème de la guerre de Troie : nombreuses sont à cette époque les éditions et les traductions d'Homère et d'Euripide. L'*Hécube* fut traduite en français par Guillaume Bochetel (1550) et en latin par Érasme (1524) ;[10] Gasparus Stiblinus publia à Bâle (1562) une édition gréco-latine d'Euripide. Jacques Millet avait consacré, au milieu du

9 *Cf.* Cl.-G. Dubois, *op. cit.*, p. 90.

10 Henri Estienne publie en 1567 des *Tragoediae selectae* en deux volumes : dans le premier, se trouve, parmi d'autres traductions de pièces grecques en vers latins, celle d'Érasme.

siècle précédent, en 1454, un drame à la *Destruction de Troie*, long mystère qui eut un immense succès. On trouve dans la pièce de Garnier de multiples allusions à des épisodes de l'*Iliade*.[11]

Une autre raison a pu influencer Garnier dans le choix de son sujet : le personnage d'Hécube n'était pas sans rapport avec Catherine de Médicis. Comme la veuve de Priam, la reine avait vu son époux Henri II périr accidentellement et elle avait perdu deux fils (François II et Charles IX) et deux filles (la reine d'Espagne et la duchesse de Lorraine). Les contemporains devaient sentir le parallèle lorsqu'à la fin de la pièce, la reine de Troie récapitule ses deuils (voir notamment les vers 2623-2624 et 2641 *sq.*).

Garnier a discerné dans le personnage le modèle du malheur accompli et le symbole de la mort d'un peuple. Dès le début, la reine souligne la valeur emblématique de sa destinée : étroitement associée à la chute de la ville dont elle était la souveraine, elle s'adresse à qui voudra contempler l'incendie de Troie et en tirer des conclusions sur le caractère éphémère de la gloire :

> Quiconque au fresle bien des Royaumes se fonde,
> Et qui dans un palais, superbe, commandant,
> Le desastre ne craint sur sa teste pendant :
> Qui credule se donne à la Fortune feinte,
> Qui des volages dieux, des dieux legers n'a crainte,
> Me vienne voir chetive, ô Troye ! et vienne voir
> En cendres la grandeur que tu soulois avoir :
> Nous vienne voir, ô Troye ! ô Troye ! et qu'il contemple
> L'instable changement du monde, *à nostre exemple.* (1-10)

Le malheur troyen atteint, de ce point de vue, une limite indépassable :

---

11 Consulter les notes placées à la suite du texte de la pièce.

> *Jamais* le sort muable à mortels ne s'est tant
> Qu'à nous peuple Troyen, fait cognoistre inconstant :
> Fait cognoistre le flux des fortunes humaines,
> Et comme de nos mains elles coulent soudaines (11-14)

La leçon tirée des événements est empruntée à la sagesse antique, mais elle doit aussi beaucoup à la philosophie des Écritures saintes :

> Verti me ad aliud, et vidi sub sole
> Nec velocium esse cursum,
> Nec fortium bellum,
> Nec sapientium panem,
> Nec doctorum divitias,
> Nec artificum gratiam ;
> *Sed tempus casumque in omnibus.*
> *Nescit homo finem suum ;*
> Sed sicut pisces capiuntur hamo,
> Et sicut aves laqueo comprehenduntur,
> *Sic capiuntur homines in tempore malo,*
> *Cum eius extemplo supervenerit.* (*Ecclésiaste*, IX, 11-12)

Si le paroxysme de la douleur semble atteint dès le monologue protatique, il sera constamment dépassé : le drame repose donc sur un paradoxe. Cassandre, promise à la virginité sacrée, sera soumise à son vainqueur, Agamemnon, et devra cesser de servir Apollon, pour devenir la concubine du roi de Mycènes et d'Argos. La veuve de Priam verra encore périr deux de ses enfants, sa fille Polyxène et son fils Polydore. Elle devra entendre le pénible récit de la mort de son petit-fils Astyanax, le fils d'Hector et d'Andromaque. C'est lorsqu'elle pense être parvenue au plus haut degré de l'infortune (au IVe acte, après la mort de Polyxène) qu'elle reçoit la nouvelle de la mort du petit Polydore. Garnier joue de l'effet de surprise. La longue série des événements funestes semblait close : là réside le tragique de *La Troade*, autant que dans le contraste entre la grandeur passée et l'anéantissement présent. Le destin semble refuser de mettre un terme à sa cruauté et s'acharne sur les captives. C'est aux lamentations et aux imprécations les plus violentes que succède la nouvelle du dernier meurtre :

> Ma fille est immolee, Astyanax est mort :
> La guerre est achevee, où est-ce, helas où est-ce
> Que je dois employer ce reste de vieillesse ?
> Qui doy-je lamenter ? sera-ce mon espoux,
> Ma fille, mon païs, Astyanax, ou vous,
> Ou moy, ou tous ensemble ? ô Parque, je t'appelle (…)
> Or vous, Grecs frauduleux (…)
> Puisse pour nous venger de vos lasches parjures,
> Neptun vous travailler d'horribles avantures (…) (2166 *sq.*)

Lorsque le chœur annonce la mort de Polydore, on assiste à un crescendo rhétorique : la fureur d'Hécube ne connaît plus de limites et elle l'exprime avec une emphase sénéquienne :

> O Phlegethon, Erebe, Acheron tristes fleuves,
> O larvales maisons de toute joye veufves !
> O monstres des Enfers ! ô Megere, Alecton,
> Dires, Rages, Horreurs, ministres de Pluton,
> A ceste heure à ceste heure ouvrez vostre caverne
> Et m'engouffrez vivante au plus creux de l'Averne. (2215-2220).

Ainsi la rhétorique (en particulier celle de l'accumulation et de l'hyperbole) traduit-elle les sentiments des personnages et la cruauté du destin. La tragédie atteint là son ἀκμή.[12] Devant cette situation sans issue, il ne reste plus

12 Jean de La Taille écrivait dans son *Art de la Tragedie* (1572) : « [Le] vray subject [de la tragédie] ne traicte que de piteuses ruines des grands Seigneurs, que des inconstances de Fortune, que bannissementz, guerres, pestes, famines, captivitez, execrables cruautez des Tyrans. » (éd. E. Forsyth, p. 3-4)

aux captives que les lamentations ou l'espoir chimérique d'une revanche.

L'importance des plaintes funèbres donne à cette tragédie sa tonalité incantatoire et élégiaque. La première source du pathétique réside dans le rappel des événements passés : par exemple, l'évocation par Hécube de la mort de Priam (75-106), largement développée par rapport au modèle fourni par Sénèque. Garnier a ajouté une invocation à la Parque ; il amplifie l'idée brièvement exposée par le poète latin : le roi défunt a été privé de funérailles. Le passage commence par la répétition de *j'ay veu*, procédé lié à la figure de l'hypotypose, fréquente dans les récits propres à soulever l'émotion. La répétition scande le discours élégiaque, et lui donne sa musicalité :

> Las ! *Je l'ay veu* meurtrir, Dieux ! ce penser m'affole,
> Et dedans le gosier m'arreste la parole.
> *J'ay veu, j'ay veu* chetive, au saint autel des Dieux,
> Le jeune Pelean occire furieux
> Le monarque d'Asie, et sa mortelle espee
> Dedans le tiede sang de sa gorge trempee.
> *En vain* de Jupiter l'image il embrassa,
> Et pour avoir secours sa voix il addressa :
> *En vain* palle et tremblante aux piés de ce Pelide
> J'opposay ma poitrine à son glaive homicide,
> *Pour recevoir* le coup de sa barbare main,
> *Pour recevoir* l'effort de son glaive inhumain. (...)
> Mourant *je l'embrassay, j'embrassay mon espoux*,
> M'arrachant les cheveux, me martellant de coups. (...)
> *Il ne me fut permis* de faire un plus long dueil,
> *Il ne me fut permis* de le mettre au cercueil,
> *Il ne me fut permis* de clorre ses paupieres,
> Et de dire sur luy les paroles dernieres... (73 *sq.*)

Hécube recourt à la même figure lorsqu'elle fait cesser les plaintes de ses compagnes :

Cessez, filles, *cessez* vos langoureuses plaintes,
Estouffez les soupirs de vos ames contraintes,
Laissez laissez vos pleurs, vos gemissables pleurs,
Laissez vos tristes chants, et les tournez ailleurs.
Le destin de Priam ne semble lamentable,
Le destin de Priam ne luy est miserable,
Priam est bien-heureux, qui bornant son ennuy,
Vieil a veu trebucher son royaume avec luy. (257-265)

Garnier exploite à fond toutes les ressources de la versification, notamment dans les déplorations du chœur. La variété des mètres et des systèmes strophiques montre à quel point le poète soignait ses parties lyriques. Les captives expriment leur désespoir en soulignant la continuité de leurs malheurs. Le rythme léger de l'heptasyllabe et la fluidité de la phrase rendent la grâce des mouvements :

Nous ne sommes pas nouvelles
A lamenter nos malheurs,
Nous avons continuelles
Depuis espandu des pleurs,
Que la navire Troyenne,
Arbre à Cybele sacré,
Pour nostre mal eut ancré
Sur la rive Amycleanne. (125-132)

La reine invite les Troyennes à chanter leurs regrets en les accompagnant de gestes émouvants et spectaculaires[13] :

Sus donc, compagnes fideles
De nos malheurs, déliez
Déliez les tresses belles
De vos cheveux deliez :
Qu'à val vostre col d'ivoire

13 On se trouve en présence de préoccupations semblables lorsqu'Andromaque multiplie les gestes de supplication à l'égard d'Ulysse, en y faisant ouvertement participer son fils (vers 1037 *sq.*)

> Ils tombent esparpillez,
> Et larmoyant les souillez
> Dedans ceste poudre noire. (157-164)

Et les descriptions qui suivent donnent, comme tout ce qui précède, de nettes indications scéniques :

> Nos perruques destachees
> De leurs cordons, vont mouvant
> Sur nostre dos espanchees,
> Comme ondes au gré du vent :
> Nous allons leur blonde soye
> Et nos fronts deshonnorant
> De cendres, le demeurant
> De nostre defuncte Troye. (181-188)

Le lyrisme élégiaque se traduit par des formes souvent originales. Le chœur intercalaire qui sépare le deuxième acte du troisième est bâti sur une alternance strophique (un septain d'octosyllabes, suivi d'un septain d'heptasyllabes) et rappelle, *mutatis mutandis*, l'alternance métrique qui caractérise le distique élégiaque latin. Un autre type d'alternance se situe à la fin du troisième acte. Renonçant cette fois-ci à la forme strophique, Garnier fait parler le chœur en vers à rimes croisées, où alternent un alexandrin à rime féminine et un hexasyllabe à rime masculine : on peut encore penser au distique élégiaque, encore que Garnier imite ici une ode d'Horace, fondée sur la combinaison alternée d'un glyconique avec un asclépiade mineur. Ce caractère élégiaque de la tragédie humaniste a été maintes fois souligné. Il n'efface pourtant pas le tragique, il le met plutôt en valeur. Les dangers de la navigation exposés dans le chœur dont nous venons de parler symbolisent les vicissitudes de la destinée d'Ilion. Les légendes passées illustrent les pièges de la mer, les ravages causés par l'amour, l'ambition, le goût de la conquête et de la guerre, en somme par les passions destructrices. Le premier qui conçut le dessein de tenter l'aventure sur mer fut mal inspiré, car il déclencha ainsi toutes sortes de maux :

> L'ame fut de celuy mechantement hardie,
> Hardie à nostre mal,
> Qui vogua le premier sur la mer assourdie
> Et son flot inegal. (1745-1748).

C'est d'abord l'appât du gain qui le pousse à braver l'incertitude des flots. Les hommes auraient d'ailleurs dû respecter la séparation entre la terre et la mer, opérée par Jupiter. Mais l'*avarice* les a amenés à quitter le domaine qui leur avait été assigné par le père des dieux et des hommes. Si ces derniers s'étaient contentés de labourer la terre au lieu de se risquer sur une mer perfide, leur destinée eût été moins funeste (vers 1773-1784). Or, c'est par mer que Pâris a amené Hélène, transportant sur son navire une terrible force de destruction, le feu de la passion amoureuse et adultère, responsable de la guerre et qui deviendra la flamme funeste de l'incendie de Troie :

> Puis nostre beau Paris de voiles et de rames
> Fendit l'onde à son tour :
> Mais au lieu de toison *il apporta les flames*
> *D'une adultere amour.*
> La Grece repassa la mer acheminee,
> *Apportant le brandon*
> *Qui vient d'enflamber Troye, et l'ardeur obstinee*
> *Du feu de Cupidon.* (1797-1804)

Les méditations lyriques mettent donc en évidence la leçon tragique du drame. Il en est une autre, amplement développée dans l'ensemble de la pièce, c'est la condamnation de toute déloyauté. Pâris et Hélène ont commis un adultère, fatal aux deux peuples, et surtout aux Troyens. Hélène aurait cent fois plus que l'innocente Polyxène mérité la mort (1563-1570). L'armée grecque n'est pas non plus exempte de perfidie : la ruse du cheval de bois en témoigne. Polymestor a non seulement manqué à sa parole, mais s'est montré d'une sauvagerie sanguinaire en faisant tuer le petit Polydore. Aussi Hécube pense-t-elle que la vengeance est légitime, et, pour y parvenir, elle aura elle-même recours à la ruse. Les malheurs qui attendent les Grecs seront leur punition, et Cassandre se laisse aller à imaginer que, parce qu'elle les prédit, elle en est elle-même la cause :

> Consolez-vous, Madame : Helene l'adultere
> N'a tant à nostre race apporté de misere,
> De meurtres et d'horreurs en si grande foison,
> Que *j'en iray combler* d'Atride la maison.
> *Esgorger je feray* le prince de Mycenes
> Dans son propre palais, et ressentir les peines
> De mon vieil geniteur, que les sanglantes mains
> Des Grecs ont massacré dans ses Penates saints.
> *Esgorger je feray* (j'en saute d'allegresse)
> Le grand Agamemnon, monarque de la Grece,
> Par sa femme impudique, et l'homicide dol
> Du fils Thyestean, son adultere mol.
> *Je seray vengeresse* et du sang de mes freres,
> Et du sang de Priam, contre leurs adversaires. (321-334)

Polymestor, lui, sera châtié directement, par Hécube et ses compagnes. Le thème de la vengeance permet à Garnier de dévoiler le cycle infernal des actes de violence et des représailles. Il vise en cela la fureur des guerres civiles. L'action repose sur ce processus indéfiniment renouvelé. Hécube se trouve au centre de cette dialectique de la violence et de la vengeance, de la défaite et de la dignité retrouvée.

Voilà pourquoi elle ouvre et clôt la pièce : jusqu'au terme, elle aura symbolisé à la fois le désastre et l'honneur de son peuple ; elle reprend en fin de compte l'initiative de la revanche ; celle-ci n'est, il est vrai, qu'ébauchée, mais elle connaîtra des prolongements historiques, conformément aux imprécations prémonitoires qu'elle lance aux Grecs au quatrième acte et qui préfigurent les guerres médiques, au cours desquelles les armées orientales envahiront le territoire des anciens ennemis de Troie :

> Qu'il vienne quelque Roy, qui les peuples d'Asie
> Face marcher un jour dans la Grece saisie,
> Fourmillant plus espais pour revanger nos torts,
> Que ne sont les espics aux Gargariques bords,
> Les fueilles aux forests, l'arene qui poudroye
> Sur le bord Libyen où le Soleil blondoye.
> Que vos Citez de feux il destruise et de sang,
> Et nos calamitez sentiez à vostre rang :
> Bref, que si tost qu'aurez esloigné ceste rade
> Vous souffriez comme nous des maux une Iliade. (2203-2212)

On comprend ainsi pourquoi Garnier fait d'Hécube le personnage principal. Elle incarne le tragique et le pathétique, ainsi que la force de réaction au destin. Nous avons vu que le drame ne porte pourtant comme titre ni son nom, ni celui des Troyennes, mais qu'il s'intitule *La Troade*, écho probable de *La Franciade* et de l'*Iliade*. Garnier, indépendamment des préoccupations de propagande nationale, marque ici également le caractère collectif de la tragédie, ainsi que ses liens avec l'épopée. C'est que la perspective temporelle dépasse les limites de l'action qui se joue et que l'avenir, autant que le passé, s'y trouvent évoqués. C'est l'ensemble des relations entre Grecs et Troyens[14] qui

14 Le mot *Troade* désigne aussi la région de Troie.

forme l'arrière-plan scénique : d'où les espoirs de revanche si souvent rêvés par les captives, d'où l'importance des personnages défunts dans le drame, qui continuent à agir sur les vivants (l'Ombre d'Achille, les fantômes de Priam et d'Hector), d'où l'interrogation finale sur le rôle de la Providence qui semble tarder à intervenir (2661-2666).

Hécube assure également l'unité d'une œuvre très chargée (2666 vers), où Garnier combine des sources variées. Son rôle est aussi important que le sera celui de l'héroïne de l'*Antigone* (1580). On verra Antigone prendre de plus en plus de poids au fur et à mesure que l'action progressera, mais elle périra au quatrième acte, tandis qu'Hécube occupe du début à la fin de la pièce une place primordiale, même si elle demeure impuissante à conjurer les coups du sort. Elle reste sur la scène tout au long de la tragédie ; elle est toutefois probablement absente au deuxième acte, où elle ne prononce aucune réplique. En revanche, au premier acte, près de la moitié du texte lui est réservé. Euripide, dans *Hécube* et les *Troyennes*, « avait particulièrement étudié la dégradation que produit la condition d'esclave… Garnier, sous l'influence des Stoïciens, met en relief les divers moyens de refuser la déchéance et de subir l'esclavage sans être diminué. »[15]

Une reine déchue, frappée par la perte d'un époux et de la plupart de ses enfants, offrait, nous l'avons dit, un spectacle pathétique de choix. On sait que les personnages des tragédies françaises de la Renaissance ne sont pas des *caractères* comme le seront ceux de la tragédie classique. Ce sont des types, et Hécube est ici le type de la souveraine qui a tout perdu et qui pourtant va perdre toujours davantage, paradoxe tragique déjà mis en évidence. L'action ne peut

15 M.-M. Mouflard, *op. cit.*, t. II, p. 226-227.

donc reposer sur le conflit des passions. Commencée non seulement *in medias res*, mais encore le plus près possible d'une catastrophe qui ne fera que confirmer impitoyablement, et en l'aggravant, le tragique de départ, elle progresse à partir d'une incertitude et d'une crainte initiales : quel sort le vainqueur réservera-t-il aux captives et à leurs enfants ? Toute la pièce se déroule dans une atmosphère croissante d'angoisse. La seule arrivée du messager des Grecs provoque l'inquiétude et la terreur, qui se manifestent par des réactions physiques intenses et spectaculaires, par de multiples interrogations, ainsi que par un rythme haletant et saccadé, d'une forte intensité dramatique :

LE CHŒUR
Mais voicy le Heraut de l'armee Argolique,
Il nous est envoyé pour quelque chose inique,
Je tremble, et le frisson me glace tout le corps.

HECUBE
Il nous faut, volontiers, laisser ces tristes bords.

LE CHŒUR
Adieu terre Troyenne.

HECUBE
A moy ce dur message,
Quel qu'il soit, appartient, il vient pour mon dommage.
Heraut, *quel infortune encore nous assaut ?*
Nostre malheur extreme a-til quelque defaut ?
Veut-on sacrifier ? veut-on de nous captives
Faire couler le sang sur ces moiteuses rives ?
Vos vaisseaux sont-ils pleins ? ne les peut-on charger,
Regorgeant de butin, de nos corps sans danger ?
Dy, Heraut, je te pry. (273-285)

La scène, très animée, apporte une première réponse : le sort de Cassandre est connu. Les répliques se font alors courtes et vives. Le destin d'Hécube reste en suspens. À la fin de la scène, Cassandre est brutalement emmenée, ce qui donne lieu à de pathétiques adieux (vers 425-444).

La crainte ne laisse que rarement place à l'espoir, bien ténu, ce qu'Andromaque exprime, en deux vers noblement frappés, et qui témoignent de son désespoir devant l'inéluctable :

> Las ! je tremble de crainte, et n'espere aucun bien.
> » O grand malheur de craindre et de n'esperer rien ! (635-636)

C'est à la suite d'un songe que la veuve d'Hector, toute tremblante à l'idée que les ennemis pourraient assassiner son fils, décide de cacher l'enfant dans le tombeau de son époux. L'arrivée d'Ulysse fait renaître l'appréhension :

> HELEN
> Retirez-vous soudain, voicy venir Ulysse :
> Il ourdist contre nous quelque enorme malice.
> ANDROMACHE
> Que la terre ne s'ouvre, et l'Enfer ne se fend
> Pour enclorre en son sein le corps de mon enfant !
> Sus Hector leve toy, fay separer la terre
> Dessous Astyanax, puis soudain la resserre.
> Voicy nostre ennemi, le Troïque flambeau :
> Dieux, chassez telle horreur bien loin de ce tombeau. (741-748)

Cette scène, où Ulysse tente de savoir où se trouve Astyanax, est l'une des mieux réussies. Son mouvement dramatique est remarquable. Ulysse dévoile peu à peu ce qu'Andromaque craignait tant d'apprendre : Astyanax doit périr, car les Grecs redoutent que, devenu adulte, il ne songe à relever Troie de ses ruines et qu'Ilion restaurée n'en vienne à les menacer. Andromaque feint d'ignorer ce qu'est devenu son fils. Ulysse pressent qu'il s'agit d'une ruse : expert en ce domaine, il ne se laisse pas abuser. Il menace Andromaque des pires tortures. Celle-ci affirme qu'elle ne dira de toute façon rien de plus. Ulysse, sur le point de se retirer, se ravise soudain. Ce revirement permet à la scène de se poursuivre et l'attente y devient insoutenable. Ulysse fait semblant de croire Andromaque et, pour l'éprouver, lui annonce la mort qui aurait été infligée au petit Astyanax, s'il avait été capturé : il aurait été précipité du sommet d'une tour. La mère se trouble alors et Ulysse comprend qu'elle craint encore et que, par conséquent, son fils est encore en vie. Ordonnant aux soldats de le chercher activement, il fait un instant croire à la mère que l'enfant est découvert : Andromaque tremble de plus en plus. L'épreuve est concluante pour l'inquisiteur. Ce passage témoigne du sens dramatique de l'auteur, qui ménage l'attente du spectateur et fait monter l'inquiétude :

ULYSSE

Employons toute ruse, et ne portons le blasme
D'avoir esté trompez des fraudes d'une femme.
Voyons sa contenance : elle pleure, gemist,
Se tourne çà et là, la face luy blesmist,
Elle cuide escouter, bref elle a plus de crainte
Que son ame ne semble estre de dueil atteinte :
Il faut icy veiller d'un esprit entendu. (…)
On devoit vostre fils, tiré d'entre vos bras,
Monter sur une tour et le rouër en bas.

ANDROMACHE

Bons Dieux ! le cœur me faut, je frissonne, je tremble,
Une soudaine glace en mes veines s'assemble.

ULYSSE

Elle a peur, c'est bon signe, il faut continuer :
Je luy voy, je luy voy le visage muer,
Tout va bien, poursuivons : la fremissante crainte
De ceste pauvre mere a descouvert sa feinte,
Il la faut augmenter. Sus, compagnons, apres,
Empoignez, emmenez cest ennemy des Grecs,

La peste et la poison des citez Argolides :
Eventez, découvrez aux cavernes humides,
Furetez, voyez tout, attrainez : il est pris.
Pourquoy regardez-vous ? qui trouble vos esprits ?
La poitrine vous bat : si faut-il bien qu'il meure. (897-925)

Ulysse ordonne qu'on brise le tombeau d'Hector. Une fois Astyanax découvert, il ne reste plus à sa mère d'autre solution que de supplier Ulysse, et de tâcher de l'émouvoir, mais en vain : Ulysse, malgré une réelle émotion, restera inflexible. L'épanchement des sentiments succède à l'angoisse. Aucune autre scène ne fait, mieux que celle-ci, agir les deux ressorts traditionnels de la tragédie que sont la terreur et la pitié :

ANDROMANCHE

Sortez ma chere cure,
Sortez chetif enfant, de ceste sepulture. (…)
Sus jettez-vous à terre, et de vos mains foiblettes
Embrassez ses genous, songez ce que vous estes :
Demandez qu'il vous sauve, il est vostre seigneur,
N'en faites pas refus, ce n'est point deshonneur. (…)

ULYSSE

Les pleurs de ceste mere attendrissent mon cœur,
Mais d'un autre costé cet enfant me fait peur (…)

ANDROMACHE

Quoy ? ces floüettes mains, ces deux mains enfantines
Pourront bien restaurer les Troyennes ruines ? (…)

ULYSSE

Allons, je n'ay loisir de contester long temps,
Et en si vains propos despenser mal le temps. (1037 *sq.*)

Ce qui va mettre le comble à l'émotion est cette parole déchirante du petit Astyanax[16] :

---

16 Rien ne démontre mieux la force implacable du destin (qu'Ulysse et les Grecs favorisent d'ailleurs avec application) que ce passage, où

Helas ! ma mere, helas ! me lairrez-vous tuer ? (1119)[17]

L'acte III est tout aussi mouvementé que le précédent.[18] Hécube se trouve livrée à la crainte parce que, dans un songe nocturne, elle a vu un lion dévorer une biche et le spectre d'Achille exiger qu'on sacrifie à ses Mânes une captive troyenne comme épouse funèbre. Elle y devine le présage de l'immolation de sa fille Polyxène et redoute aussi la mort de son fils, le petit Polydore. L'arrivée de Talthybios, le héraut grec, la remplit d'effroi. Il vient précisément lui annoncer que l'ombre d'Achille réclame le sacrifice de Polyxène. Le spectateur peut croire un moment que la jeune fille sera sauvée, car, si Pyrrhus, le fils d'Achille, exige sa mort, Agamemnon tente de le faire renoncer à son dessein sanguinaire. Les arguments s'entrechoquent avec violence, mais le devin Calchas tranche : elle doit être sacrifiée. La suite de l'acte s'enchaîne de manière implacable : Hécube essaie par tous les moyens d'arracher sa fille à ses ennemis, mais la jeune princesse accepte dignement, fièrement et courageusement de mourir, plutôt que d'être réduite en esclavage. Hécube, pour finir, s'offre comme victime à la place de sa fille, mais Pyrrhus demeure inébranlable dans son obstination première. Garnier a donc, là encore,

---

Andromaque ne parvient pas à arracher son enfant à la mort : voir en particulier le vers 1118 : *Je ne puis vous aider, ma resistance est vaine.*

17 On rapprochera ce mot, ainsi que l'émotion qui se dégage de tout le passage (créée par les supplications d'Andromaque et les gestes pathétiques de la mère et de l'enfant) de deux strophes du chœur final du premier acte (vers 513-520), qui décrivent les cris et les mouvements apeurés des enfants lors de la nuit funeste de la prise de Troie : la précision de la description rend l'évocation présente et particulièrement émouvante.

18 Cet acte suit, avec des variations, la même courbe que le précédent : au songe d'Andromaque correspond celui d'Hécube, à la capture d'Astyanax répond celle de Polyxène, et la douleur des deux mères atteint le même paroxysme.

voulu tenir en haleine le spectateur. Après le récit horrible des deux morts, celle d'Astyanax et celle de Polyxène, au quatrième acte, Hécube apprend soudainement la disparition de Polydore : nouveau coup de théâtre, qui confirme l'acharnement du sort. Le cinquième acte présentera un tableau animé de la vengeance d'Hécube, qui apparaît presque comme une *catharsis* après tant d'horreurs difficilement soutenables. La reine entraîne par la ruse dans une tente Polymestor, le meurtrier de son fils, pour lui crever les yeux et tuer ses enfants.

Garnier, parti d'une situation incertaine, laisse planer des menaces, qui se réalisent les unes après les autres, malgré les efforts inutiles des victimes. La crainte se fait de plus en plus vive, progressant avec l'horreur dans une sorte de crescendo tragique ; lorsque l'atrocité atteint son paroxysme, un nouveau crime est commis, suivi de la punition du coupable. Le dramaturge a su ménager l'intérêt jusqu'à la fin, alors que tout semblait joué d'avance, ou que, du moins, la part de l'espérance se trouvait réduite à une misérable peau de chagrin. En somme, Garnier a su combiner la tragédie lyrique, assez statique, qui prédominait dans la plupart de ses œuvres précédentes, avec une forme de drame plus moderne, inspirée des théories et des tragédies de Jean de La Taille, ainsi que de la lecture des Grecs,[19] et fondée sur le dynamisme de l'action, l'attente du spectateur et les coups de théâtre :

> *Antigone* et la *Troade* offrent des procédés nouveaux repris de La Taille : coups de théâtre psychologiques : refus de Polyxène de se défendre, inspiré à la fois de ceux de la Polyxène et de

19 La lecture du troisième livre de la *Franciade*, dont le mouvement est animé et dramatique, a pu aussi influencer Garnier : « Ronsard lui-même, dans un passage épique, offrait à Garnier le modèle d'une action progressant rapidement par le jeu des caractères et l'exemple de héros qui agissent et ne rêvent pas. » (M.-M. Mouflard, *op. cit.*, tome II, p. 41)

> l'Iphigénie d'Euripide et de celui des jeunes gens de la *Famine*, action rapide, suppression des images et des comparaisons développées. Par certains côtés la tragédie de Garnier subit une véritable mutilation ; les passages lyriques subsistent, mais tellement abrégés qu'ils en paraissent étriqués. Garnier lutte contre son tempérament mais n'arrive pas entièrement à imiter ses nouveaux modèles. Une survivance de la première manière coexiste avec les traits classiques de la seconde période. (M.-M. Mouflard, *Robert Garnier*, tome II, p. 41)

Il est d'ailleurs tout à fait significatif que, par rapport aux pièces précédentes de Garnier, diminuent, dans *La Troade*, la part et le volume des comparaisons homériques et virgiliennes, qui ont fréquemment pour inconvénient de nuire au mouvement de la scène. Cela mérite d'autant plus d'être souligné que la matière de cette tragédie, justement homérique et virgilienne, pouvait facilement se prêter à un déploiement de ce majestueux procédé rhétorique.

Si l'on reprend la typologie des scènes proposée par Marie-Madeleine Mouflard[20], on distingue dans les pièces de Garnier les scènes d'action, les scènes lyriques, les récits et les scènes à thèse. Or, les scènes d'action sont plus fréquentes dans *La Troade* que dans les tragédies romaines du même auteur. M.-M. Mouflard relève « le départ de Cassandre, qui peut aussi être considéré comme une scène lyrique (I), les efforts d'Andromaque pour sauver Astyanax (II), l'enlèvement de Polyxène (III), la vengeance d'Hécube et le jugement rendu par Agamemnon (V). » (*op; cit.*, tome II, p. 58) ; les scènes à thèse, qui ralentissent l'action, ont disparu[21] ; les récits des morts d'Astyanax et de Polyxène visent à l'efficacité

20 *Robert Garnier*, tome II, chapitre II.

21 Les scènes à thèse, dans *La Troade*, ne sont qu'ébauchées, mais elles sont parfaitement intégrées à l'action, fondues dans le mouvement dramatique de l'instant présent : discussion entre Cassandre et Hécube sur le parallèle entre le sort des Grecs et celui des Troyens, débat entre

dramatique, puisqu'ils se terminent avec le trépas des personnages, alors qu'Euripide prolongeait son récit au-delà de la mort de Polyxène, décrivant les honneurs rendus à la jeune fille. (M.-M. Mouflard, *op. cit.*, p. 81) ; les monologues lyriques eux-mêmes comportent des éléments dramatiques :

> (...) le monologue protatique d'Hécube cesse vite d'être lyrique pour passer au récit (...) [Au troisième acte] l'entrée en scène d'Hécube est dramatique et non lyrique ; le pathétique provient, comme dans Euripide, de la déchéance physique de la reine, puis du récit d'un songe effrayant. (...) [Le monologue] d'Andromaque apprenant la mort d'Astyanax n'est lyrique que dans le second couplet, qui semble avoir été remanié ; dans le premier, Andromaque demande des comptes aux dieux, puis invoque Astyanax ; le second est une méditation sur le bouclier d'Hector, d'un lyrisme beaucoup plus discret que celui des tragédies romaines (...) Le monologue d'Hécube après le départ de Polyxène est plus dramatique que lyrique ; elle interpelle les dieux, puis la mort, mais il ne s'agit plus ici que d'un effet de style (...) À la fin de l'acte IV, un triple monologue d'Hécube déplore la mort de Polyxène, puis celle de Polydore ; l'intensité lyrique (...) s'atténue ; l'expression est plus concentrée et la construction logique plus sensible. (M.-M. Mouflard, *op. cit.*, p. 72-76)

Les talents dramatiques de Garnier se révèlent aussi dans le goût du spectaculaire. Dès le début, il place le spectateur devant une vision grandiose et pathétique, celle d'une ville et d'un peuple qui se consument et agonisent. Troie est un véritable protagoniste, non seulement parce qu'elle fournit le lieu de l'action, mais surtout parce qu'elle constitue une préoccupation majeure et constante des personnages, tant Troyens que Grecs. Le dramaturge nous invite à contempler l'effondrement gigantesque de Pergame par les yeux et par

Agamemnon et Pyrrhe sur la modération et la clémence, confrontation ultime de Polymestor avec Hécube.

l'imagination. La figure de l'hypotypose met en évidence cette fresque saisissante. Les moyens techniques dont disposent aujourd'hui les metteurs en scène permettraient d'ailleurs de concevoir une scénographie sonore et lumineuse. Les gestes sont fréquents : nous avons dit combien les personnages les multipliaient à des fins pathétiques. À la fin de la pièce, on dépose devant les yeux du public le cadavre de Polydore : ce goût pour le macabre se retrouvera un an plus tard dans l'*Antigone.* Le spectacle, enfin, ne se joue pas seulement sur la scène : les visions de Cassandre, les relations des songes, les récits des mots sont organisés selon une optique théâtrale. On jugera de la dramatisation de la narration épique dans le quatrième acte, par exemple, lorsque les Grecs choisissent, pour immoler Polyxène, un lieu en forme de théâtre :

> Le sepulchre d'Achille est basti sur la rive,
> Où l'onde Rheteanne en escumant arrive :
> Derriere est un valon qui hausse doucement,
> *Et qui fait en theatre un grand contournement.*
> Là s'est rendu le peuple, et ceste pente ronde
> Jusqu'au pied du tombeau s'est couverte de monde. (2071-2076)

Le style direct, les gestes, nombreux et précis, les attitudes solennelles des personnages, tout contribue à la théâtralisation du récit :

> *Elle devance Pyrrhe,* et *d'une franche allure*
> Monte au plus haut sommet de ceste sepulture :
> Alors le Pelean *du tombeau s'approchant*,
> Et *de sa main l'autel reveremment touchant*,
> *Les deux genoux pliez* va *dire* en ceste sorte.
> Reçoy, mon Geniteur, dessus ta cendre morte
> La sainte effusion que nous t'avons voulu
> Faire d'un sang virgeal, non souillé, ny polu :
> *Reçoy-les de nos mains* (…)

Elle [Polyxène] *fendit sa robe avec sa blanche main,*
Et jusques au nombril se decouvrit le sein :
Sa poitrine fut veuë avec ses mammelettes,
S'enflant egalement comme rondes pommettes :
Puis, les genoux en terre, à Pyrrhe *dist* ainsi,
Si tu veux traverser *ceste poitrine ici*,
O Pyrrhe, ou si plustost *ce gosier tu demandes*,
L'un et l'autre sont prests, fay de moy tes offrandes.
A ces mots *il s'approche*, et son glaive poignant
Dans le sang de la vierge à regret va baignant (...)
Il sort comme un estang qui coule par la bonde :
Et elle, que laissoit son ame vagabonde,
Tombant dessur la face, encore eut pensement,
La mort dedans le cœur, *de cheoir honnestement*,
Et de ne découvrir à la tourbe nombreuse
De son corps *estendu*, chose qui fust honteuse. (2107 *sq.*)

Un des traits spécifiques du style théâtral de Garnier est le dialogue stichomythique, où les positions antagonistes se heurtent violemment ; l'âpre discussion devient alors ce que les Grecs appelaient un ἀγών, une lutte, un conflit dramatique :

> La tragédie humaniste, à la suite des tragiques grecs et de Sénèque, fait grand usage de cette forme, qui traduit avec bonheur le heurt violent de volontés exaltées ou de passions exaspérées, et en tout cas exprime un paroxysme dramatique. (F. Charpentier, *Pour une lecture de la tragédie humaniste*, p. 21)

Garnier recourt à plusieurs reprises à ce procédé dans *La Troade*. La joute qui oppose Agamemnon, partisan de la clémence, et Pyrrhus, désireux d'immoler au plus vite Polyxène, est à cet égard exemplaire. La stichomythie éclate lorsque les deux positions n'ont pu se concilier. L'ironie, la violence des propos se donnent dès lors libre cours. La sentence accroît la vigueur de l'affrontement : l'éthique rejoint l'esthétique :

AGAMEMNON

Vrayment tu es comblé de grande vaillantise,
D'avoir occis Priam, une vieillesse grise,
Que ce tien pere avoit en sa tente embrassé,
Luy demandant le corps de son fils trespassé.
Que ne l'imites-tu ?

PYRRHE

J'imite sa proüesse.

AGAMEMNON

De massacrer un Roy en extreme vieillesse !

PYRRHE

» La mort plus que la vie agree aux affligez.

AGAMEMNON

Les vieillards par pitié sont de Pyrrhe esgorgez.

PYRRHE

J'occis mes ennemis.

AGAMEMNON

D'une clemence egale
Tu veux sacrifier une fille royale.

PYRRHE

La tienne as immolé, qui ores le defens.

AGAMEMNON

Le païs je prefere à mes propres enfans.

PYRRHE

» Il n'est point defendu par les loix de la guerre
» De tuer les haineux de sa natale terre.

AGAMEMNON

» L'honneur et de devoir defendent maintesfois
» De faire ce qui n'est defendu par les loix.

PYRRHE

» Ce qui plaist au vaincueur est loisible de faire.

AGAMEMNON

» D'autant qu'il peut beaucoup, d'autant luy doit moins [plaire. (1469-1486)

La sentence pourrait sembler, à première vue, ralentir l'action. Elle est toutefois essentielle au rôle didactique de la tragédie humaniste. Ronsard proclame en effet les tragédies *didascaliques et enseignantes*[22]. Scaliger, dans sa *Poétique*, assigne à la tragédie une double fonction : inspirer la terreur et la pitié, d'une part, enseigner, d'autre part, et il place la sentence au même rang que l'image, l'une et l'autre constituant comme les colonnes ou les piliers du genre[23]. Les vers sentencieux, généralement précédés de guillemets (»), représentent dans *La Troade* 6,6 % de l'ensemble de la pièce. Le chiffre est important, même s'il est inférieur à celui des autres tragédies de Garnier (17,5 % dans *Cornélie*, 16,2 % dans *Les Juives*, 10 % dans *Antigone*, 9,5 % dans *Hippolyte*). Cette figure, à structure grammaticale bien définie, au rythme très visible et qui facilite l'effort de mémoire pour l'acteur, joue un rôle de premier plan dans ce qu'il est convenu d'appeler *l'inventio*. Les principaux thèmes philosophiques qui se dégagent sont ceux que nous avons plus haut mentionnés : instabilité des grandeurs humaines, valeur de la générosité, de la pitié, de la clémence, condamnation de la déloyauté. Il faut y ajouter l'interrogation sur la part respective de la Fortune, des astres et de la Providence dans le cours des événements humains. La question est directement posée par le poète dès la dédicace initiale à l'archevêque de Bourges :

22 *Preface pour la Franciade* in *Œuvres complètes*, Paris, Gallimard, Pléiade, 1993, tome I, p. 1164.

23 Voir, sur ce point, M.-M. Mouflard, *Robert Garnier*, tome II, p. 11.

> (...) voyant nos ancestres Troyens avoir, par l'ire du grand Dieu, ou par l'inevitable malignité d'une secrette influence des astres, souffert jadis toutes extremes calamitez (...)

Les personnages de cette pièce n'adoptent pas sur ce point de position nette. Ils tiennent des propos souvent proches du blasphème, Andromaque met sur le même plan la folie sanguinaire du destin et celle du Ciel (1001-1004), Hécube accuse les dieux de cruauté (94), se révolte contre eux (1730-1732), achève la tirade ultime en les apostrophant sur un ton de reproche qui tient à la fois de la prière et de la mise en cause :

> Et vous, Dieux, le sçavez et vous n'en faites cas !
> Et vous, Dieux, le voyez et ne nous vengez pas ! (2661-2662)

Garnier donnera la réponse quatre ans plus tard, dans *Les Juives* : le tyran sanguinaire sera considéré comme l'instrument provisoire de la colère divine ; mais le prophète rappellera que Dieu doit relever son peuple et lui envoyer un Messie. Le choix d'un sujet biblique permettra au poète de substituer le Dieu providentiel d'Abraham, d'Isaac et de Jacob aux divinités capricieuses de l'Olympe. Mais, dans *La Troade*, les personnages semblent souvent douter de la Providence, même si le chœur, au cinquième acte, exprime sa confiance envers les dieux (vers 2449-2454) et même si Hécube elle-même, à l'acte précédent, évoque *l'équitable justice* de Jupiter (vers 2280). M.-M. Mouflard pense que les opinions de Garnier ont été changeantes à l'égard de ce problème, qu'à l'époque de notre pièce, il exprime une vue métaphysique pessimiste, qui changera à partir d'*Antigone* et surtout de *Bradamante* et des *Juives* (*op. cit.*, tome II, p. 103 *sq.*). Elle voit dans ces fluctuations la marque d'une évolution spirituelle. Mais il faut aussi reconnaître que, dans le cadre de cette tragédie grecque et par la nature de son sujet, il est impossible à Garnier de se libérer des contraintes que lui impose le mythe. La perspective païenne l'emporte momentanément sur la conception biblique providentialiste, c'est-à-dire que les dieux écrasent les hommes sans aucune pitié pour eux, et, sans se soucier de protéger les innocents, semblent faire preuve d'une totale indifférence à l'égard de la distinction entre le bien et le mal. C'est ce qui conduit Charles Mazouer à affirmer que :

> (…) comme les exigences les plus atroces des vainqueurs (mais aussi la vengeance d'Hécube) ont toujours la caution des dieux, les victimes se persuadent vite que les dieux ou le destin veulent ces malheurs, qui présentent ainsi un caractère écrasant. Contre cela, les Troyennes ne peuvent rien ; les songes prémonitoires accentuent le sentiment de l'inexorable et de la fragilité du « misérable insecte humain »[24]. (…) Les Troyennes subissent la loi des vainqueurs, l'injustice profonde de la guerre, qu'elles n'ont en rien méritées ; et leurs enfants en sont des victimes encore plus pures et innocentes. (Les personnages) peuvent évoquer un ordre de nature réglé par les astres (…) En un mot, ils sont soumis au destin (…) c'est seulement la dédicace de *La Troade* qui propose, pour expliquer le malheur de Troie, « l'ire du grand Dieu ». (…) Cette concurrence, d'ailleurs très inégale, entre le Dieu des chrétiens et les dieux antiques ne va pas sans poser des problèmes. (*La Vision tragique de Robert Garnier*, p. 74-80)

Aussi Ch. Mazouer en vient-il à discerner dans la théologie de la pièce « une théologie du dieu méchant, pour reprendre une expression de Paul Ricœur » et à souligner que nous ne sommes pas ici en présence du Dieu d'amour du christianisme, mais bien « de l'*anágkè* et des dieux capricieux ». Il remarque la contradiction entre l'imitation des auteurs

24 Ch. Mazouer signale que l'expression est du Père A.-J. Festugière (*De l'essence de la tragédie grecque*, Paris, Aubier-Montaigne, 1969, p. 11).

païens et le catholiscisme de Garnier, contradiction qui sera, nous l'avons dit, résolue dans le drame biblique des *Juives*.[25] Le climat étouffant de *La Troade* fait qu'on hésite même à parler de *catharsis*, malgré la punition finale du traître Polymestor[26].

Il est toutefois un point de métaphysique religieuse où Garnier s'interdit de suivre servilement sa source antique. Sénèque, dans les *Troades*, avait composé un splendide chœur niant l'immortalité de l'âme (vers 371-408). Garnier, poète catholique, convertit ce passage en une profession de foi inspirée par un christianisme néo-platonicien (vers 1323-1376). Ce détail montre assez que le dramaturge français ne se sent pas toujours embarrassé par les conceptions philosophiques de ses modèles païens et qu'il sait au besoin s'en affranchir totalement. Il lui arrive même de détourner de leur sens les mythes antiques et de leur donner une orientation nettement biblique. Le chant qui termine le troisième acte (1745-1804) offre un bon exemple de transposition dans l'univers de la mythologie grecque de la notion de péché originel. L'homme, par son orgueilleuse audace et son insatiable avidité, a remis en cause l'ordre divin et s'est aventuré sur mer par cupidité, au lieu de labourer paisiblement le sol de sa patrie et de respecter ainsi la séparation entre la terre et les eaux, effectuée à bon escient par Jupiter. Cette première transgression et cette mauvaise utilisation de la connaissance et de l'intelligence ont entraîné les générations successives dans une longue

---

25 art. cité, p. 81-82.

26 *Cf.* M.-M. Mouflard, *Robert Garnier*, tome II, p. 9 : « (...) si le but essentiel [de la tragédie] est de produire une *catharsis*, grâce à la terreur et à la pitié, toutes les tragédies de Garnier sont parfaitement satisfaisantes sur ce point (sauf peut-être *La Troade*). » Rappelons en outre que l'injuste meurtre des enfants de Polymestor amoindrit le sentiment de purification.

suite de fautes et de malheurs, dont l'amour coupable de Pâris et d'Hélène, la guerre de Troie et la ruine de cette ville sont les plus récentes manifestations. La fusion des deux univers (antique et biblique) est ici parfaitement réussie.

NOTE
SUR LA PRÉSENTE ÉDITION

Cinq éditions de *La Troade* furent publiées du vivant de Garnier :

A- l'édition princeps (1579), imprimée à Paris, chez Mamert Patisson, au logis de Robert Estienne ;
B- le texte fourni par la première édition collective du théâtre de l'auteur en 1580 (même éditeur) ;
C- le texte qui figure dans la deuxième édition collective (Paris, Mamert Patisson, 1582) ;
D- le texte de la troisième édition collective (Paris, Mamert Patisson, 1585) ;
E- le texte de la quatrième édition collective, parue à Toulouse, chez Pierre Jagourt, en 1588.

Nous prenons ici pour base la dernière édition préparée par l'auteur, celle de 1585, que nous appelons D. Nous avons établi le texte d'après les exemplaires conservés à la bibliothèque de l'Arsenal sous la cote [Réserve 8° B12 589] et à la bibliothèque de la Sorbonne sous les cotes [R ra 472, in-12] et [R ra 472a, in-12] Ce dernier volume comporte deux folios (198 et 199) non imprimés, entièrement blancs. Nous respectons l'orthographe et la ponctuation de l'édition de référence. Les guillemets (») placés devant certains vers indiquent les sentences : ils figurent dans le texte original.

Les astérisques que nous plaçons dans le texte renvoient à l'*index verborum*. La foliotation est précisée entre crochets : elle placée à la suite du vers qui commence la page ou du nom du personnage qui le prononce ou, s'il y a lieu, du titre situé en haut de la page ; toutefois, dans le corps des textes rédigés en prose (*Dédicace, Argument*), nous la plaçons immédiatement avant le premier mot ou la première syllabe de la page.

Nous indiquons les variantes des trois premières éditions, que nous appelons, en suivant l'ordre chronologique, A, B, C. Nous suivons pour A l'exemplaire de la Bibliothèque Nationale – cote [Rés. Yf 3950]) – et celui de la bibliothèque de l'Arsenal – cote : [8° B 12 689] –, pour B l'exemplaire de la bibliothèque de l'Arsenal, – cote [Rés. 8° BL 12 588] – et pour C celui de la Bibliothèque Nationale – cote [Rés. p –Yf– 532] –. Nous laissons de côté les variantes qui ne concernent que la graphie ou la ponctuation, parce qu'elles sont très rarement significatives, mais nous conservons toutes celles qui modifient le sens, en particulier sur le plan lexical ou syntaxique. On se rendra compte du soin que l'auteur mettait à corriger ses œuvres : c'est la raison pour laquelle nous avons choisi l'édition de 1585, qui présente une amélioration du style, ce que l'on pourra vérifier par la consultation des variantes situées en bas de page et des notes placées à la suite du texte de la pièce.

Si nous ne tenons aucun compte de l'édition parue à Toulouse en 1588 (E), c'est que celle-ci n'est guère fiable, ainsi qu'on peut le constater à partir de l'exemplaire de la Bibliothèque Nationale [8° Yf 1461]. L'auteur n'en a pas revu le texte, qui, tout en reproduisant l'édition de 1585 (D), comporte d'assez nombreuses erreurs (coquilles malencontreuses, lapsus, termes ou vers omis, fautes de métrique, etc.).

LA TROADE[1] [f° 154 r°][2]

Tragedie

A MONSEIGNEUR L'ARCHEVESQUE DE BOURGES[3] [f° 156 r°]

Je vous ay presenté, Monseigneur, un eschantillon de ceste Tragedie, n'estant encore demy ébauchee : que maintenant, ayant receu la derniere main de son Autheur, je pousse en public, sous la targue* de vostre nom[4]. Ne pensant qu'un ouvrage lettré doive plus justement mendier sa protection, que d'un personnage accompli de toutes especes de literature, comme vous[5]. Je sçay qu'il n'est genre de Poëmes moins agreable que [f° 156 v°] cestuy-cy, qui

---

1 A LA TROADE, TRAGEDIE de ROB. GARNIER CONSEILLER du ROY et de monseigneur Frere unique de sa Majesté, Lieutenant general Criminel au siege Presidial et Senechaussee du Mayne. A PARIS, Par Mamert Patisson Imprimeur du Roy, au logis de Robert Estienne. M.D.LXXIX. AVEC PRIVILEGE.

2 Foliotation erronée dans l'édition originale : il s'agit en réalité du folio 155.

3 *ABC* A REVEREND PERE EN DIEU MESSIRE REGNAUD de BEAUNE. Evesque de Mende, Comte de Givaudan, Conseiller au privé Conseil du Roy, et Chancelier de Monseigneur frere de sa Majesté.

4 *ABC* vostre illustre nom

5 *ABC* comme vous, Monseigneur, bien que distrait à la conduite et maniment des plus importans affaires de ce Royaume, en la maison d'un des plus grands et illustres Princes de l'Europe, auquel comme

ne represente[6] que les malheurs lamentables des Princes, avec les saccagemens* des peuples. Mais aussi les passions* de tels sujets nous sont ja si ordinaires, que les exemples anciens nous devront doresnavant servir de consolation en nos particuliers et domestiques* encombres* : voyant nos ancestres Troyens avoir, par l'ire* du grand Dieu, ou par l'inevitable malignité* d'une secrette influence des astres, souffert jadis toutes extremes calamitez : et que toutefois du reste de si miserables et dernieres ruines s'est peu bastir, apres le decez de l'orgueilleux Empire Romain, ceste tres-florissante Monarchie.[7]

Vostre serviteur[8]
GARNIER.[9]

à un second Hercule, les peuples estrangers se vont, pour ses vertus, reclamer en leurs oppressions.

6 *ABC* qui ne traitte que perpetuelles fureurs, et ne represente

7 *ABC* ceste tres-florissante Monarchie. Quoyque ce soit, Monseigneur, ce present fournira, s'il vous plaist, pour testifier combien j'honore et embrasse en mon cœur vos héroïques vertus, et combien je desire toute ma vie faire en vostre service, pour entre autres choses, y employer ceste Muse, toutes les fois que vous l'aurez à gré.

8 *ABC* Vostre perpetuel serviteur

9 *ABC* ROB. GARNIER

Quel son masle et hardy, quelle bouche héroïque, [f° 157 r°]
Et quel superbe vers enten-je icy sonner ?
Le lierre est trop bas pour ton front couronner,
Et le bouc est trop peu pour ta Muse tragique.

Si Bacchus retournoit au manoir Plutonique,
Il ne voudroit Eschyle au monde redonner,
*Il te choisiroit seul, qui seul peux estonner**
Le theatre François de ton cothurne antique.

Les premiers trahissoyent l'infortune des Rois,
Redoublant leur malheur d'une trop basse voix :
La tienne comme foudre en la France s'écarte.

Heureux en bons esprits ce siecle plantureux :
Apres toy, mon GARNIER, je me sens bien-heureux
De quoy mon petit Loir est voisin de ta Sarte.

P. de RONSARD.[10]

---

10 *ABC contiennent en outre un sonnet de Patry Bruneau ; dans C, au dernier vers* cercher *est remplacé par* chercher : Grece premierement fut beaucoup estimee / Pour avoir allaicté des doctes nourriçons, / Et apres elle Rome, à qui mille enfançons / Ont acquis et grand los et grande renommee : // Et maintenant la France est heureuse nommee, / Pour nourrir des enfans qui en maintes façons // Font bruire leurs escrits et leurs doctes chansons, / Ayans tous d'Apollon la poitrine enflammee : // Entre lesquels, GARNIER, pour ton stile plus haut, / Pour avoir animé le tragic eschaffaut, / Tu marches des premiers : Troade en sert d'exemple, // Où si naifvement tu descris les malheurs / Qui suivent bien souvent l'heur des grands Empereurs, / Qu'on ne doit en cercher tesmoignage plus ample. / PATRY BRUNEAU.

Qualis virentis valle sub humida
Apis Matini, cùm Zephyri novos
Soles recludunt, et malignis
Sidera frigoribus soluta

Almam tepenti rore beant humum :
Egressa tectis, gramina plurimo
Distincta flore, urgétque odoros
Suave croco violáque saltus :

Hinc melle pinnas perlita roscido,
Illinc recenti crura thymo gravis
Decedit agris, elabora-
tum artifici ore ferens liquorem.

Talis novenis chare sororibus,
Vatíque sacram qui Pataram colit,
GARNERI, opimos per recessus
Quotquot amœnæ habuere Musæ, [f° 157 v°]

Incedis : et quà rura Aganippides
Actæa lymphæ flumine dividunt,
Et quà arduis occurrit astris
Mons bifida celebratus arce :

Hîc æmulatim quæque tibi suas
Pimplæis artes, muneráque explicat :
Hinc te Attico reples lepore,
Hinc Latiæ gravitate scenæ :

Utroque solers dicere pectine,
Utrosque concinnè agglomerans modos
Cæleste opus stipas superbæ
Spem reliquam Astyanacta Troiæ.

Quid impotenti non facile est lyræ,
Quidve insolens ? En te duce, te tuo
Dicente plectro ecce opacum
Tempe nemus trepidant ciere :

Et quo canentes sedulo in otio
Tenes Camœnas, pumiceis tui
Sartæ sub antris, hospitales
Perpetuum meditantur umbras.

Sic de nivosis Sithonii jugis
Hæmi expeditas reddidit æsculos
Errare quocunque indicasset
Threiciæ fidicen Thaliæ.

PETRUS AMYUS.[11]

---

11 *A Ce poème latin est placé à la fin du livre. ABC Pas de signature à la fin du poème, mais celui-ci comporte un titre incluant le nom de l'auteur :* AD ROBERTUM GARNIERIUM *rerum capitalium Cœnomanis Præfectum* PETRUS AMYUS *ibidem Cos. Mag.*

ARGUMENT DE LA TROADE

Troye estant prise, saccagee et destruitte, les Grecs prests de s'embarquer pour retourner en leurs maisons, partagent leur butin : [f° 158 r°] donnent au Roy Agamemnon,[12] comme par prerogative, la vierge prophete Cassandre, à laquelle il estoit affectionné*. Arrestent par commun advis, pour le bien et seureté de la Grece, et pour obvier* à nouvelles guerres, de faire mourir Astyanax, l'unique fils d'Hector. Ce qui fut executé, en le precipitant d'une tour. Or estans[13] sur ce partement*, l'Ombre d'Achille apparut[14] sur son sepulchre d'une forme effroyable, se plaignant des Grecs de l'avoir mesprisé,[15] et les menaçant de grands malheurs et infortunes, s'ils ne tuoyent Polyxene sur son tombeau. Lesquels ayans[16] presqu'à l'instant apperceu que leurs galeres demeuroyent immobiles au port et n'en pouvoyent estre tirees, resolurent[17] par[18] l'advis de Calchas de la faire occire*[19] sur sa tombe par Pyrrhe son fils. A quoy ceste jeune Princesse[20] se presenta franchement* et d'un magnanime* cœur*. Son corps fut porté laver par ses compagnes Troyennes au bord de la mer, pour l'ensevelir : Où

---

12 *ABC* donnent au Roy, comme par prerogative,

13 *ABC* estant

14 *A* l'Ombre d'Achille (qui avoit esté auparavant tué par Paris, voulant fiancer Polyxene, qui luy avoit esté accordee par son pere Priam, et apres sa mort ensepulturé sur le rivage de la mer) apparut

15 *ABC* se plaignant des Grecs qui l'avoyent mesprisé,

16 *A* Lesquels ayant: / *BC* Et ayants

17 *A* que leurs galeres estoyent comme immobiles, et ne pouvoyent estre tirees du port, resolurent : *BC* que leurs galeres immobiles demeuroyent au port et n'en pouvoyent estre tirees, resolurent

18 *B* pas *(lapsus)*

19 *A* de la luy consacrer et faire occire

20 *A* A quoy ceste fille

de cas* d'adventure* fut par elles apperceu celuy de Polydore,[21] le plus jeune des enfans d'Hecube et de Priam, lequel avoit esté pendant le siege secrettement envoyé en Thrace au Roy Polymestor, pour le nourrir* et sauver des mains des ennemis, s'il advenoit desastre à la ville : à fin que tiré de cest orage, il peust par le moyen des grands thresors, qui furent portez avec luy, ramasser*[22] nouveaux peuples, rebastir ceste belle ville, et remettre le Royaume en son premier estat. Ce qui succeda* autrement. Car Polymestor ayant sceu que tout estoit ruiné et mis [f° 158 v°] à feu et à sang, et Priam mesmes occis*, vaincu de ce malheureux desir de butiner*, meurtrist* ce jeune enfant son hoste, et en jetta le corps dans la mer, que les vagues pousserent incontinent* au rivage opposite*. Hecube l'ayant en grand dueil* receu, et le voyant massacré[23] de plusieurs playes, prend resolution avec ses femmes de se venger du meurtrier. Et pour effectuer son dessein, trouve façon de l'attirer finement* à soy, sous esperance de recevoir d'elle les anciens thresors et richesses de Troye, qu'elle feint avoir[24] en partie enterrez sous les ruines de la ville, et en partie luy avoir apportez pour les garder à Polydore.[25] L'introduit seul avec ses deux enfans en sa tente, où se trouve de propos deliberé* grand nombre de Dames Troyennes, qui le saisissent aussi tost, et luy crevent les yeux de leurs aiguilles, et meurtrissent* cruellement ses enfans. Voyla le sujet de ceste Tragedie, prins* en partie d'Hecube et Troade[26] d'Euripide, et de la Troade de Seneque.

---

21 *A* le corps mort de Polydore,

22 *ABC* à la ville, qu'elle fust prise et ruinee : à fin que luy, estant tiré de cest orage, peust survivre et par le moyen des grands thresors, qui furent portez avec luy, il peust ramasser

23 *ABC* receu massacré

24 avoir *manque dans B et dans C*

25 *A* et en partie avoir apportez avecques soy, pour les garder à Polydore. *BC* et en partie avoir secrettement apportez pour les garder à Polydore.

26 *AB* prins en partie de l'Hecube et Troades

LES ENTREPARLEURS DE LA TRAGÉDIE

Hecube.
Le Chœur des femmes Troyennes.
Talthybie, *Herault de l'armee des Grecs.*
Cassandre.
Andromache.
Helen.
Ulysse.
Astyanax.
Pyrrhe.
Agamemnon.
Calchas, *Devin et sacrificateur de l'armee.*
Polyxene.
Le Messager.
Polymestor.

LA TROADE [f° 159 r°]

ACTE I

HECUBE. LE CHŒUR. CASSANDRE.

HECUBE

Quiconque a son attente aux grandeurs de ce monde,
Quiconque au fresle bien des Royaumes se fonde,
Et qui dans un palais, superbe*, commandant,
Le desastre* ne craint sur sa teste pendant :
Qui credule se donne à la Fortune feinte,
Qui des volages* dieux, des dieux legers n'a crainte,
Me vienne voir chetive*, ô Troye ! et vienne voir
En cendres la grandeur que tu soulois* avoir :
Nous vienne voir, ô Troye ! ô Troye ! et qu'il
[contemple
L'instable changement du monde, à nostre exemple.
Jamais le sort muable à mortels[27] ne s'est tant[28]
Qu'à nous peuple Troyen fait cognoistre inconstant :
Fait cognoistre le flux des fortunes humaines,
Et comme de nos mains[29] elles coulent soudaines,
Abusant nostre vie, et repaissant nos cœurs
D'une vaine liesse empreinte de langueurs.
L'orgueil de la grand' Troye est destruit miserable,[30]
[f° 159 v°]

27 *A* aux hommes
28 *A Ce vers ne commence pas en retrait (pas de nouvel alinéa).*
29 *A* Et comme autour de nous
30 *B Ce vers commence en retrait (nouvel alinéa).*

L'ornement de l'Asie, ô perte deplorable !
Le saint labeur des Dieux, que les Scythes felons*
Qui habitent errans* dessous les Aquilons,
Ceux qui boivent le Tygre et l'Eufrate, et encore
Ceux qui plus reculez voyent naistre l'Aurore,
Sont venus secourir, ores* pieds contre-mont*
De sa ruine engendre un lamentable mont.
La flamme rougissante aux bastimens se lie,[31]
Au sang de ses enfans Troye ard* ensevelie,
Les palais orgueilleux du grand Laomedon
Fument loin, devorez du Dolope brandon* :
Les temples on saccage, et le brasier de Troye
N'empesche le vainqueur de courir à la proye :
On la saccage ardente*, et le Soleil flammeux
La couvre[32] enveloppé d'un nuage fumeux.
Le soldat ennemi la regarde et s'estonne*,[33]
Bien qu'ardant* de courrous, que sa main la [moissonne :
Tant elle apparoist grande et superbe* en tombant,
Et tant se voit d'espace en sa braise flambant.
Si grand feu l'espouvante, ayant peur qu'il se darde*
Jusque aux lambris* du ciel,[34] et que tout le monde [arde*.
Le son de sa ruine, et des fracassemens,
Que font de toutes parts tant de hauts bastimens,
Fait mouvoir le rivage, et la mer oragee*
Qui tempeste escumant aux rochers de Sigee.
Ide le sacré mont en resonne dolent*,
De ses pleureux Cyprés la perruque* branlant :

---

31 *A Ce vers ne commence pas en retrait (pas de nouvel alinéa).*
32 *A* Se couvre
33 *A Ce vers ne commence pas en retrait (pas de nouvel alinéa).*
34 *A* Bourdonnant, jusqu'au ciel,

Mille vaisseaux Gregeois ne sont assez capables*
Pour le butin ravi des flammes execrables* :
Le rivage en est plein, la mer s'en va joüant,
Et maints riches joyaux vont sur les flots noüant*.

[f° 160 r°]

J'atteste* des grands Dieux la puissance funeste,
Je t'atteste*, Ilion, et tes cendres j'atteste*,
Et toymesmes Priam des Dardanes le Roy,
Que Troye ensevelie ensevelist en soy :
Et vous mes chers enfans, nombreuse geniture* :
Je vous atteste* aussi, par vos Ombres je jure,
Que j'ay cogneu premiere, et premiere predit
Nos malheurs[35] que Cassandre a furieuse* dit :
Nos malheurs[36] que Cassandre a, de Phebus esmeuë*,
Predit pour nostre bien, qui ne l'avons pas creuë.
J'ay veu j'ay veu, premiere, helas ! je les ay veus,
De toy Paris enceinte, et ne les ay pas teus.

Le caut* Laërtien, ny le vaillant Tydide,[37]
Le deloyal Sinon, ny le fatal Pelide
N'ont eslancé ce feu, qui brusle estincelant :
C'est moy qui l'ay soufflé, c'est moy qui vay bruslant
Les grands murs d'Ilion, les antiques Pergames,
Hecube c'est ton feu, ce sont tes propres flames.

Mais pourquoy gemis-tu ? pourquoy vas-tu [pleurant
Les ruines de Troye et son feu devorant ?
Pourquoy les pleures-tu, lamentable* vieillesse ?
Pense à ta propre perte,[38] à ta propre tristesse.
Troye est un dueil* publique où chacun a sa part,

---

35 *A* Tous les maux
36 *A* Tous les maux
37 *A Ce vers ne commence pas en retrait (pas de nouvel alinéa).*
38 *A* Songe à ton propre dueil, / *BC* Pense à ton propre dueil,

Mais pleure ton Priam, reverable vieillard :
Las* ! je l'ay veu meurtrir*, Dieux ! ce penser m'affole*,
Et dedans le gosier m'arreste la parole.
J'ay veu, j'ay veu chetive*, au saint autel des [Dieux,[39]
Le jeune Pelean occire* furieux*
Le monarque d'Asie, et sa mortelle espee
Dedans le tiede sang de sa gorge trempee.
En vain de Jupiter l'image il embrassa, [f° 160 v°]
Et pour avoir secours sa voix luy addressa :
En vain palle et tremblante aux piés de ce Pelide
J'opposay ma poitrine à son glaive homicide,
Pour recevoir le coup de sa barbare main,
Pour recevoir l'effort* de son glaive inhumain.
Le bon homme il tira par la perruque* grise,
L'arrachant des autels, nostre vaine franchise*,
Et jusques au pommeau son poignard luy passa
Par son debile* corps, qui soudain trespassa*.
Son froid sang consommé par les saisons de l'âge,
Jaillissant foiblement m'arrosa le visage.
Mourant je l'embrassay, j'embrassay mon espoux,
M'arrachant les cheveux, me martellant de coups.
Las* ô rigueur du ciel ! ô voûte lumineuse ![40]
O Celestes* cruels ! ô Parque rigoureuse !
Il ne me fut permis de faire un plus long dueil*,
Il ne me fut permis de le mettre au cercueil,
Il ne me fut permis de clorre ses paupieres,[41]
Et de dire sur luy[42] les paroles dernieres,
On m'entraina de force en ces fatales naus*,

39 *A Ce vers ne commence pas en retrait (pas de nouvel alinéa).*
40 *Dans C, ce vers commence en retrait (nouvel alinéa).*
41 *A* Il ne me fut permis luy clorre les paupieres,
42 *A* Et dire dessur luy

Avec ce peuple serf*, pour y pleurer nos maux.
Ainsi l'âge grison de ce Roy venerable,
Ainsi de Jupiter l'image inviolable
N'ont esmeu le cruel : ainsi tombeau n'aura[43]
Celuy qui tant d'enfans,[44] pere, ensepultura* !
De buscher aura faute* aux ruines Troïques,
Et de funebres pleurs en nos larmes publiques !
Encore n'est-ce assez, on va jettant le sort
Sur chacune de nous qui sommes sur ce port :
On nous va partageant comme quelque bagage,
Les filles de Priam et les brus on partage. [f° 161 r°]
L'un, hardy, se promet l'Andromache d'Hector,
L'un la femme d'Helen, et l'autre d'Antenor,
L'un veut pour son butin ma Polyxene prendre,
Et l'autre veut avoir la prophete Cassandre :
De moy seule on n'a cure*, on n'a cure* de moy,
Nul de tous les Gregeois[45] ne m'affecte* pour soy.
Mais, pourquoy, cher troupeau : pourquoy filles
[captives
N'emplissez-vous de cris ces resonnantes rives ?
Pourquoy cessent vos pleurs, et pourquoy cessez-vous
D'ouvrir vostre poitrine et la plomber de coups ?
Pleurons nostre Ilion, ô filles, pleurons Troye,
Et que le Ciel sanglant nos cris funebres oye*.
Les obseques faisons de Troye, et que les bois
D'Ide malencontreuse* entendent nostre voix.

LE CHŒUR

Nous ne sommes pas nouvelles
A lamenter* nos malheurs,

---

43 *BC* N'ont esmeu le cruel, las et tombeau n'aura
44 *A* Qui jadis tant d'enfans,
45 *A* Et nul de tous les Grecs

Nous avons continuelles
Depuis espandu des pleurs,
Que la navire Troyenne,
Arbre à Cybele sacré*,
Pour nostre mal eut ancré
Sur la rive Amycleanne.

Depuis, les steriles branches
De tes solitaires bois
On a veu de neges blanches
Enfariner* par dix fois,
Ide : et les plaines fecondes
De Gargare et de Sigé
Depuis ont dix fois chargé
Leur sein de javelles blondes.

Nul jour en tout cest espace [f° 161 v°]
Exempt de pleurs n'a esté :
Comme une[46] infortune passe,
Survient une adversité.
Tousjours un nouvel esclandre*
La fin de nos malheurs suit,
Qui nouveaux regrets produit,
Et nouvelles pleurs engendre.

Allez Royne venerable,
Lamentez* vostre accident*,
Levez la main miserable,
Nous vous irons secondant.
Las* ! nous vous suivrons, chetives*,
Vos plaintes accompagnant :

46 *A* un

Aux pleurs qui nous vont baignant
Nous ne sommes apprentives*.

HECUBE

Sus* donc, compagnes fideles
De nos malheurs, déliez
Déliez les tresses belles
De vos cheveux deliez :
Qu'à val* vostre col d'ivoire
Ils tombent esparpillez,
Et larmoyant les souillez
Dedans ceste poudre* noire.

Vos espaules albastrines
Despouillez, et vos bras blancs,
Et vos honnestes poitrines
Découvrez jusques aux flancs :
Vos robes soyent avalees*.
Aussi bien pour quel espoux,
Esclaves, garderez-vous
Vos pudicitez volees ? [f° 162 r°]

Ceste façon m'est plaisante,
Et convient à nostre estat.
Que vostre main forcenante*
Vostre triste sein ne bat ?
Pleurons nos malheurs Troïques,
Pleurons et pleurons encor
La mort funeste d'Hector,
Reveillans[47] nos pleurs antiques.

---

47 *AB* Reveillant

LE CHŒUR

Nos perruques* destachees
De leurs cordons, vont mouvant
Sur nostre dos espanchees,
Comme ondes au gré du vent :
Nous allons leur blonde soye
Et nos fronts deshonnorant
De cendres, le demeurant
De nostre defuncte Troye.

HECUBE

Or* desployez vos mains blanches,
Que vostre sein soit déclos,
Que vos habits jusqu'aux hanches
Vous tombent dessur* le dos :
Et puis selon que la rage
De vostre juste langueur
Vous animera* le cœur,
Faites à vos corps outrage*.

Que les Rheteannes rives
Resonnent horriblement*
Sous vos angoisses* plaintives
Et vostre gemissement.
Qu'Echo, qui Deesse hante
Les antres des monts secrets,
Vos[48] lamentables* regrets [f° 162 v°]
D'une longue voix rechante*.

Que la mer vos cris entende,
Et le Ciel, les escoutant,

48 *A* Nos

Par le monde les espande,
Nos esclandres* racontant.
Il faut qu'un plus grand son j'oye*
De nos seins que nous battons,
Puis qu'Hector nous lamentons*,
Hector l'ornement de Troye.

LE CHŒUR

Pour toy souffrent nos Esprits*,
Pour toy redoublent nos cris,
Pour toy cendre Hectoride
Nous sentons[49] d'aspres efforts*,
Et pour toy de nostre corps
Coule le sang humide*.

Tu estois le seul support,
Le mur, le rampart, le fort
De nostre destinee :
Nostre esperance mourut
Par le dard* qui te ferut*,
Troye en fut ruinee.

Elle arresta les destins
Pendant que tu la soustins,
Hector, et le jour mesme
Que la mortelle* Clothon
Devida ton peloton,
Luy fut son jour supreme.

HECUBE

Hector est assez ploré
De vos cris lamentables*,

49 *A* Nous souffrons

Que Priam soit honoré
De complaintes semblables. [f° 163 r°]

LE CHŒUR

Entens, des Dardanes Roy,
Nos plaintes, et les reçoy,
Reçoy nos fertiles pleurs,
Reçoy nos longues douleurs.
Tu as, cher vieillard, deux fois
Esté prins* par les Gregeois,
Deux fois Troye tu as veu
Ardre* d'Achaïque feu,
Et ses murs deux fois outrez*
Par les Herculides tretz.
Apres que tu as les[50] corps
Brulé de tes enfans morts,
Et logé leurs ossemens
Aux antiques monumens,
Tu es tombé le dernier
Chez l'avare* Nautonnier*,
Immolé du Pelean
A Jupiter Hercean :
Et maintenant comme un tronc,
Ton corps couché de son long,
Va sans sepulchre pressant
Ce rivage blanchissant.

HECUBE

Cessez, filles, cessez vos langoureuses plaintes,
Estouffez les soupirs de vos ames contraintes,
Laisssez laissez vos pleurs, vos gemissables* pleurs,

---

50 *BC* le

Laissez vos tristes chants, et les tournez ailleurs.
Le destin de Priam ne semble lamentable*,
Le destin de Priam ne luy est miserable,
Priam est bien-heureux, qui bornant* son ennuy*,
Vieil a veu trebucher* son royaume avec luy.
Maintenant asseuré* de tous humains encombres*
[f° 163 v°]
Il erre* aux Elisez entre les saintes Ombres
Sous les fueillages frais des myrtes odoreux*,
Recherchant son Hector, ô qu'il est bien heureux !
» O bien-heureux celuy, qui mourant en la guerre,
» De soymesme heritier ne laisse rien sur terre :
» Ains* voit tout consommer* devant que de mourir,
» Et avecque sa mort toute chose[51] perir !

LE CHŒUR

Mais voicy le Heraut de l'armee Argolique,
Il nous est envoyé pour quelque chose inique,
Je tremble, et le frisson me glace tout le corps.

HECUBE

Il nous faut, volontiers*, laisser ces tristes bords.

LE CHŒUR

Adieu terre Troyenne.

HECUBE

A moy ce dur message,
Quel qu'il soit, appartient, il vient pour mon [dommage*.
Heraut, quel infortune encore nous assaut* ?
Nostre malheur extreme a-til quelque defaut* ?

51 *A* toutes choses

Veut-on sacrifier ? veut-on de nous captives
Faire couler le sang sur ces moiteuses* rives ?
Vos vaisseaux sont-ils pleins ? ne les peut-on charger,
Regorgeant[52] de butin, de nos corps sans danger ?
Dy, Heraut, je te pry.

TALTHYBIE

Les Argolides Princes,
Desirans retourner en leurs douces provinces*,
Sont au port assemblez pour partager entr'eux
Les despouilles qui sont en leurs navires creux :
Ils vont jetter le sort sur les Troïques Dames,
Puis ils departiront* toutes les autre ames.

HECUBE

Hé hé.

TALTHYBIE

Mais par honneur, les Gregeois ont fait don
De la vierge Cassandre au grand Agamemnon,
Cognoissant qu'il l'aimoit.

HECUBE

Quoy ? ma fille Cassandre ?

TALTHYBIE

Elle mesme : je suis envoyé pour la prendre.

HECUBE

Cassandre, que Phebus a retenuë* à soy ?

---

52 *A* Regorgeans

TALTHYBIE

Elle a gaigné le cœur d'Agamemnon le Roy. [f° 164 r°]

HECUBE

Elle a sa chasteté consacree à Minerve.

TALTHYBIE

» Le vœu ne sert de rien à celle qui est serve*.

HECUBE

Hé bons Dieux, ma Cassandre !

TALTHYBIE

Et quel plus grand honneur
Luy sçauroit[53] advenir que d'estre à tel seigneur ?

HECUBE

La fille d'un grand Roy, ta prestresse divine,
O Phebus crespelé*, servir de concubine !
Venez, fille, et ostez ces templettes* qui sont
Autour de vostre teste, honneur de vostre front :[54]
Jettez cet habit saint, ces robes solennelles,
Ces girlandes jettez, pour vos nopces nouvelles.
Mais dy moy qui aura Polyxene, des Grecs ?
Qui la femme d'Hector ?

TALTHYBIE

Vous le sçaurez apres,
Le sort n'est pas jetté.

---

53 *A* Luy pouvoit

54 *ABC* Autour de vostre teste, autour de vostre front :

HECUBE

Moy que le dernier age
Et le mal debilite*, entreray-je en partage ?
Seray-je mise[55] au sort ? aura-ton le soucy
De m'embarquer vieillotte et enlever d'icy ?

CASSANDRE

O bien-heureux Hymen ! souhaitable Hymenee !
O saint lict nuptial ! couche bien fortunee !
O nopçage royal ! Il vous convient parer,
Cheres filles de Troye, à fin de l'honorer.
Garnissez-vous de fleurs, et d'allegre courage*
Chantez autour de moy ce fatal mariage.

HECUBE

Filles reparez*-vous, allumez[56] des flambeaux,
Et changez vos regrets en carmes* nuptiaux.

CASSANDRE

Consolez-vous, Madame : Helene l'adultere
N'a tant à nostre race* apporté de misere,
De meurtres et d'horreurs* en si grande foison,
Que j'en iray combler d'Atride la maison.[57]
Esgorger je feray le prince de Mycenes[58]
Dans son propre palais, et ressentir les peines
De mon vieil geniteur*, que les sanglantes mains

[f° 164 v°]

Des Grecs ont massacré dans ses Penates saints.
Esgorger je feray (j'en saute d'allegresse)

---

55 *B* mis

56 *A* apportez

57 *A* Que j'en iray combler l'Atreide maison.

58 *B Ce vers commence en retrait (nouvel alinéa).*

Le grand Agamemnon, monarque de la Grece,
Par sa femme impudique*, et l'homicide dol*
Du fils Thyestean, son adultere mol*.
Je seray vengeresse et du sang de mes freres,
Et du sang de Priam, contre leurs[59] adversaires.
Agamemnon je voy le poignard dans le flanc,[60]
Contre terre estendu se touiller* en son sang,
Se mouvoir, se debatre, ainsi qu'un bœuf qu'on tue,
Apres le coup mortel s'efforce*, s'évertue*,
Se tourne et se retourne, et par ce vain effort*
Cuide* se garantir de la presente mort.
Puis je voy la fureur* du parricide Oreste,
Comme sa mere il tue, et le fils de Thyeste,
Et comme transporté d'amour hymenean*
Pyrrhe il va massacrant, le meurtrier de Priam.
Resjouy toy mon cœur : car bien que je trespasse*[61]
Avec ce bel espoux, la mort m'est une grace.
Car quel desir de vie, et quel contentement
Puis-je avoir en[62] ce monde, où je suis en tourment* ?

TALTHYBIE

L'aspreur* de ton desastre* est cause que tu jettes
De ton esprit mal-sain ces menaces profettes*,
Qui pourtant* n'adviendront : Jupiter le grand Dieu
Ces desastres* fera tomber en autre lieu.
Il favorise Atride, et d'Atride il prend cure*,
Qui est son propre sang, et sa progeniture.

---

59 *B* leur *(lapsus)*
60 *A Ce vers ne commence pas en retrait (pas de nouvel alinéa).*
61 *A Ce vers ne commence pas en retrait (pas de nouvel alinéa).*
62 *A* de

HECUBE

Ma fille, leurs malheurs n'amoindrissent de rien
Les maux que nous portons*.

CASSANDRE

Ils nous consolent bien.

HECUBE

Ils n'egalent en rien nos miseres fatales.

CASSANDRE

Les miseres des Grecs sont aux nostres egales.[63]

[f° 165 r°]

HECUBE

Quand nous n'aurions souffert que ce siege [outrageant*.

CASSANDRE

Ils n'ont pas moins souffert que nous, en assiegeant.

HECUBE

Nos murs sont engloutis de[64] flammes vagabondes.

CASSANDRE

Leurs vaisseaux periront engloutis par les ondes.[65]

HECUBE

Nous avons veu mourir nos maris devant nous.

---

63 *A vers 357-358 :* HECUBE : Ils ne scauroyent oncque estre égaux à nos encombres. / CASSANDRE : Rien ne peut égaler leurs futurs malencontres.

64 *A* des

65 *A* Leurs vaisseaux, engloutis, periront sous les ondes. / *BC* Leurs vaisseaux periront engloutis sous les ondes.

CASSANDRE

Leurs femmes n'ont pas moins perdu leurs chers espous.

HECUBE

Depuis dix ans entiers nous n'avons fait que plaindre*.

CASSANDRE

Depuis dix ans entiers elles n'ont fait que craindre.

HECUBE

Nos peuples sont destruits.

CASSANDRE

Leurs peuples sont ainsi.

HECUBE

Mon Hector est occis*.

CASSANDRE

Achile l'est aussi.

HECUBE

Priam entre mes mains a sanglant rendu l'ame.

CASSANDRE

Agamemnon mourra par les mains de sa femme.

HECUBE

J'ay versé dessur* luy tant d'humeur* de mes yeux.

CASSANDRE

Elle ne versera que mots injurieux.[66]

---

66 *A vers 371-372 :* HECUBE : J'ay sur luy respandu tant d'humeur de mes yeux. / CASSANDRE : Elle espandra sur luy des mots injurieux.

HECUBE

Nostre Hymen est dissout par ce dur homicide.

CASSANDRE

La mort d'Agamemnon marira* Tyndaride.
Non, Madame, croyez, le mal continuel
Des Grecs est cent fois plus que le nostre cruel.
Les Grecs pour recouvrer une femme lascive
Mille naus* ont remply[67] de la jeunesse Argive,
Mille naus* ont conduit devant une cité,
Qui leur a par dix ans, à leur dam*, resisté :
Combien la peste noire aux ailes sommeilleuses*
En a fait devaler* aux ondes Stygieuses ?
Combien le bruyant Mars ? et combien de Neptun
En fera trebucher* le courroux importun ?
Puis ceux qui perissoyent autour de nos murailles
Avec l'ame perdoyent l'honneur des funerailles,
Loingtains de leurs maisons, et n'avoyent autour d'eux
Leurs femmes, lamentans sur leurs corps hasardeux*,[68]
Qui les tinssent mourans, devestissent leurs armes,
[f° 165 v°]
Et ne pouvant[69] parler sanglottassent des larmes,
Leur composant* les yeux, les baisant, embrassant,
Et leur fuyant esprit* des lévres ramassant.

LE CHŒUR

Encores la pluspart privez de sepulture
Aux oiseaux charongners*[70] ont fourni de pasture :
Ou si de quelque amy le charitable soin

67 *A* Ont emply mille naus
68 *A* lamentans leurs trespas hasardeux,
69 *AB* pouvans
70 *ABC* charongniers

A leurs corps inhumez, c'est de leur terre loin,
C'est loin de leur famille, et des tombes moiteuses*,
Où sont de leurs ayeux les reliques* poudreuses*.

CASSANDRE

Les Troyens au contraire armez pour leur pays,
Leurs temples, leurs enfans par les Grecs envahis,
Ont dix ans combatu, dix ans entiers, et ore*
Sans la fraude* Argolique ils combatroyent encore.
Et quel plus grand honneur, sçauroit-on acquerir
Que sa douce patrie au besoin secourir ?
Se hazarder* pour elle, et courageux respandre
Tout ce qu'on a de sang, pour sa cause defendre ?
» Toute guerre est cruelle*, et personne ne doit
» L'entreprendre jamais, sinon avecques droit :
» Mais si pour sa defense et juste et necessaire
» Par les armes il faut repousser l'adversaire,
» C'est honneur de mourir la pique dans le poing
» Pour sa ville, et l'avoir de sa vertu* tesmoing.
Si le nerveux* Hector, de Bellonne le foudre,
Ne fust mort combattant sur la Troyenne poudre*,
Des Gregeois assailly : si Paris, et tous ceux
Que cette terre mere en ses[71] flancs a receus,
Gisans dessus l'arene*, abbatus par les armes,
Pour nous vouloir sauver des Dolopes gendarmes* :
Bref, si la caute* Grece à nos ports n'eust ancré
Pour les murs d'Ilion renverser à son gré, [fº 166 rº]
Nostre nom fust sans gloire, et nos belles loüanges,
Mortes, n'eussent passé jusqu'aux terres estranges* :
Le nom fameux* d'Hector au tombeau fust esteint,

---

71 *D porte en réalité* ces, *lapsus évident, que nous corrigeons.*

Et n'eust vaguant* par l'air aux estoiles atteint.[72]

TALTHYBIE

Mets fin à tes propos, ô Vierge, et ne dedagne*[73]
D'estre d'Agamemnon l'amoureuse compagne.[74]
Allons, il nous attend.

CASSANDRE

Allons, Heraut, allon
Il me convient quitter les lauriers d'Apollon.
Adieu Patarean, ton service je laisse,
Agamemnon de force emmeine ta Prestresse.
Adieu chere patrie, Adieu Madame, adieu,
Adieu mes sœurs, et vous qui dormez en ce lieu,
Mes freres, inhumez dans les sepulchres sombres,
Non plus freres, helas ! mais seulement des ombres,
Vous me verrez bien tost, vous me verrez
Sur les rivages noirs, où palles vous errez*,
Poussant avecques moy le Roy des Argolides,
Et sa race* infectant* d'infames* parricides.

HECUBE

Adieu ma fille, adieu. Je nen puis plus, je meurs,
Parque tranche ma vie, et m'oste ces douleurs.
Hà hà.

LE CHŒUR

Madame, helas ! Madame. Elle est pasmee*,
Elle est sans sentiment, sa voix est enfermee :
Portons-la dans sa tente, et ne la laissons point

---

72 *A* Et n'eust, ainsi qu'il fait, aux estoiles atteint.
73 *A* dedaigne
74 *A* compaigne.

En ce mal angoisseux* qui son ame repoint*.

CHŒUR

Que maudit soit cent mille fois
L'execrable* Cheval de bois,
Que l'ennemi pour nous tromper
Laissa, feignant de decamper*.

Plus haut il elevoit le front [f° 166 v°]
Que le chef* elevé d'un mont :
Et dans ses flancs logeoyent armez
De gros escadrons enfermez.[75]

Nous trop lourdement abusez
Des fraudes* des Gregeois rusez,
Sortons à foule, desireux
De voir ce Cheval malheureux*.

Les Prestres, le front entournez*
De chapeaux de fleurs bien ornez,
Parez de leurs vestements saints,
La branche d'Olive* en leurs mains,

Accoururent[76] pour recevoir
Ce Cheval fait pour decevoir*,
Commandant au peuple excité*
Qu'on le tirast dans la cité.

Nul vieillard tant fust decrepit,
Et nul enfant tant fust petit,

---

75 *A vers 451-452* :Et dans ses flancs logeoyent espars / Maints squadrons armez de soudars.

76 *D porte* accourent, *lapsus corrigé ici.*

Demeura dans la ville alors,
Ains* chacun s'elança dehors.

Les uns y portans des flambeaux,
Des fleurettes, ou des rameaux,
Loüoyent de chants devotieux*
Ce colosse[77] fallacieux*.

Nos portaux* nous mettons à bas
Renversez de nos propres bras
Pour le faire en la ville entrer
Et à Minerve le monstrer.

Ce pendant* le jour se lassa,
Et dedans la mer s'abaissa,[78]
Fondant sous[79] l'estoileuse nuit,
Qui d'un pas[80] tenebreux le suit. [f° 167 r°]

Lors plus allaigres nous dansons,
L'air resonne de nos chansons,
Et des doux accords d'instrumens :
Tout est remply d'esbatemens.

Apres tant de joyeux esbats
Surviennent les joyeux repas :
Tout chacun se plonge en festins,[81]
Pleins d'allaigresses et de vins.

---

77 *A* Cet image

78 *ABC vers 473-478 :* Nos portaux on fait ruiner / Pour dans Ilion l'attrainer, / Nos murailles on met à bas / Pour le presenter à Pallas. // Ce pendant le beau jour lassé / S'est dedans la mer abaissé,

79 *A* Cedant à

80 *ABC* d'un pié

81 *ABC* Succedent les riches festins,

Puis le sommeil delicieux
Se vint heberger en nos yeux,[82]
Nos membres appesantissant,
Et nos travaux* assoupissant.

Desja tout estoit en recoy*,
Et desja le Silence coy*,
Qui marche avecques piez laineux,
Vaguoit* par les quartiers vineux.

Nous reposions ensevelis
De vin et sommeil, en nos lits,
Confortant* nos esprits lassez
Et nos corps des labeurs passez :[83]

Quand un bruit affreux de soudars*
Fut entendu de toutes pars,
Et les trompettes et les cris
Des pauvres Dardanes surpris.

Lors chacun s'éveille en sursaut,
Et de son lict effroyé saut * :
Nos maris courent estonnez*
A leurs harnois abandonnez.

Et nous leurs espouses, hurlant,
Les allons baisant, accolant*,
Des bras nous leur serrons le corps [f° 167 v°]
De crainte qu'ils sortent dehors.

---

82 *ABC vers 489-490* : Puis le Somme inaccoustumé / S'est dedans nos yeux enfermé,

83 *ABC vers 499-500 :* Confortant des labeurs passez / Nos corps et nos esprits lassez :

Nos petits enfans esperdus
En chemise, les bras tendus,
Ainsi se reclament* à nous :
Hé ma mere nous lairrez*-vous ?

Nous prennent de leurs doigts menus[84]
Ou les cuisses, ou les piez nus,
Imitant nos cris redoublez
De leurs cris tendres et foiblez.

Tandis* les ennemis ardans
Mettent les portes au dedans,
Meurtrissent* d'un bras impiteux*
Ce qui se trouve devant eux.

Et ne ressortent des logis,
Que leurs glaives ne soyent rougis
Du sang de nos pauvres espous.
Qu'ils massacrent aupres de nous.

Nos enfans d'une dure main
Sont arrachez de nostre sein,
Avecques pareil creve-cœur
Qu'en nous arrachant nostre cœur.

Et nous nos espoux embrassant*,
Qui vont à nos yeux trespassant*,[85]
Avec eux au sang nous souillons
Qui sort de leurs corps par boüillons.

---

84 *A* Nous serrent de leurs bras menus

85 *ABC vers 533-534 :* Et nous, embrassant nos espous / Qui vont trespassant devant nous,

Mais ces Grecs par inimitié
Les mourables*foulant du pié,
Nous vont troublant en nos regretz,
Et trainent à val* les degrez*.

Les coups nous tombent sur le dos
Aussi drus que vont les sanglots, [fº 168 rº]
Nostre parolle entrecoupant,
Et nostre gosier estoupant*.[86]

Aussi tost voyons en l'ær
Mille flammes estinceller
Dessus les maisons bourdonnant,
Et nos saints temples moissonnant.

O nuit, ô lamentable* nuit,
Qu'une Tisiphone a produit !
O nuit toute comble d'horreur*,
De sang, de braise et de fureur* !

De toy jamais à l'advenir
Ne me puissé-je souvenir,
A fin que ton image faux*[87]
Ne face rengreger* mes maux.

86 *ABC vers 542-544 :* Aussi frequens que les sanglots / Vont nostre gosier estoupant, / Et nostre voix entrecoupant.

87 *ABC* Et jamais ton image faux

ACTE II

ANDROMACHE. HELEN. ULYSSE.
LE CHŒUR. ASTYANAX.

ANDROMACHE

Pourquoy, Troyenne tourbe*, avecques mains
[sanglantes
Arrachez-vous ainsi vos tresses blondissantes ?
Pourquoy vostre estomach* allez-vous travaillant*,
Et d'un ruisseau de pleurs son albâtre mouillant ?
N'avons-nous enduré toutes choses cruelles ?
Qu'est-ce qui nous survient digne de pleurs nouvelles ?
Troye depuis n'aguere est destruitte pour vous,
Mais pour moy dés le temps que mourut mon espoux.
Quand le char inhumain du Pelian Achille [f° 168 v°]
Traina le corps d'Hector trois fois devant la ville,
Que du fardeau pesant tout l'essieu gemissoit,
Et contre les cailloux sa teste bondissoit,
Qu'il traçoit le chemin d'une saigneuse suitte,
Alors, ô pauvre ! alors, Troye me fut destruitte !
Alors je perdy tout, et me veis[88] arracher
Par le sort impiteux* ce que j'avois de cher :
Je souffry tous les maux qu'on endure en sa vie,[89]
Et le sac d'Ilion qui me rend asservie,
A mes extremes maux ne m'a rien adjousté
Que la seule douleur de ma captivité.
    Encor je prevy lors la Troyenne ruine,[90]
Je prevy que bien tost nous serions la rapine

---

88 *AB* vey
89 *ABC* Alors tous les tourmens j'enduray de la vie,
90 *A Ce vers ne commence pas en retrait (pas de nouvel alinéa).*

Des Gregeois indomtez, n'ayant plus le support
D'Hector nostre defense encontre leur effort* :
Alors donc je ploray*, non d'Hector l'infortune,
Mais au trespas* d'Hector la ruine commune.
Car dés lors me sembla publique nostre dueil*,
Et le cercueil d'Hector de Troye le cercueil.
Depuis j'ay respandu des larmes continues,
Depuis, mille soupirs j'ay poussé dans les nues,
J'ay fait mille regrets, et le Soleil doré
M'a depuis miserable, ennuyeux*, esclairé.
Mon ame s'est depuis de tristesses repeuë,
Sejournant à regret sous la grand'voûte bleuë :
Et tousjours un penser, un souvenir tousjours
De sa mort fait en moy son cours et son recours :
J'y repense sans cesse, et l'heure retardee
De mon futur trespas* est toute en son idee*.
Sans cesse je le voy, tel que le vieil Priam
L'amena racheté des mains du Pelian, [f° 169 r°]
Quand[91] palle et sans couleur, despouillé de son ame,
Je le tins en mes bras (en y pensant je pasme* !)
Et que sa chere teste en mon giron* penchoit,
Et dessus luy mon œil mille pleurs espanchoit :
Qu'ainsi j'allois disant (il m'en souvient encore,
Car ces propos sans cesse en moy je rememore)[92]
Mon cher espoux, ma vie, helas ! vous me laissez,
Et la mort outrageuse* a[93] vos jours avancez :
Vous sortez de ce monde au milieu de vostre âge*,
Et avec vostre fils je demeure en veufvage :
Vostre mort est la nostre, et Troye qu'on enclost
De tant de bataillons, sera prise bien tost.

---

91 *A* Que

92 *Dans AB, la parenthèse s'ouvre devant* Car

93 *Toutes les éditions présentent* à, *que nous corrigeons.*

Vous estiez son rampart, son appuy, sa defense,[94]
Seul à nos ennemis vous faisiez resistance :
Les femmes vous gardiez, et les enfans petits
De la fureur* des Grecs, qui les prendront captifs,
Et nous emmeneront dans leurs navires caves*
Pour nous vendre, ou tenir en leurs maisons, esclaves.
Nostre enfant servira*, si du cruel* trespas*
Je le puis garantir*, ce que je[95] n'attens pas.
Car quelqu'un pour venger ou son fils, ou son pere,
Que vous avez[96] occis* au combat sanguinaire,
Ou son frere germain*, d'une tour le rûra,
Ou pendant* à mon col* d'un poignard le tûra.
    Las* ! Hector, sans me voir, la vie avez perdue,[97]
Et ne m'avez mourant vostre dextre* tendue,
Ne m'avez consolee, et d'un sage discours
Mon esprit conforté*,[98] qu'il retiendroit tousjours :
Ains* m'avez seulement laissé de la tristesse,
Des pleurs, et des sanglots, que je verse sans cesse.
    Tels propos je luy tins son visage baisant, [f° 169 v°]
Et de mes tiedes pleurs, dolente*, l'arrosant.
Je l'eusse ja* suivi, des Gregeois arrachee,
Si ce petit enfant ne m'en eust empeschee,
Il me contraint de vivre,[99] et requerir* les Dieux,
Bien que sourds à ma voix, d'en estre soucieux.
Il me prive du fruit de ma misere mesme,
De ne craindre plus rien en malheur si extréme.
Las* ! je tremble de crainte, et n'espere aucun bien.
» O grand malheur de craindre et de n'esperer rien !

94 *ABC* Vous estiez son rempart, vous estiez sa defense,
95 *B* ja
96 *ABC* aurez
97 *A Ce vers ne commence pas en retrait (pas de nouvel alinéa).*
98 *ABC* Conforté mon esprit,
99 *ABC* Mais il me contraint vivre,

HELEN

Quelle tremblante peur descend en vos moüelles ?

ANDROMACHE

On dit que des Enfers les portes eternelles
S'ouvrent, et qu'aux tombeaux nos ennemis gisans
Revivent derechef* pour nous estre nuisans.
Ceste funebre crainte est à chacun egale,
Et ne sçait-on encor sur qui l'effet devale* :
Mais un horrible* songe espouvante mon cœur.

HELEN

Quels songes desastreux* vous tramment ceste peur ?

ANDROMACHE

Desja la nuit ombreuse estoit demy passee,
Et du Bouvier tardif la charrue abaissee,
Quand le somme flateux* mes langueurs*
[assommant*,
Apparoistre me fit mon Hector en dormant,
Non comme foudroyant les Argives armees
Lors qu'il lançoit ses feux dans leurs naus*
[enflammees :[100]
Mais lassé, miserable, abbatu, deformé*,
Le chef* couvert de crasse et en pleurs consommé*.
Esveillez-vous, dist-il, esveillez-vous m'amie,[101]
Repoussez le sommeil de vostre ame endormie :
Levez-vous vistement*, ma chere ame, et cachez
Nostre petit enfant, hastez-vous, depeschez*,
Destournez* quelque part l'espoir de nostre race*.

---

100 *ABC vers 649-650 :* Non tel qu'il foudroyoit les Argives armees / Et qu'il lançoit ses feux dans leurs naus enflammees :

101 *A Ce vers ne commence pas en retrait (pas de nouvel alinéa).*

Lors je transi de peur : une soudaine glace [f° 170 r°]
S'escoula dans mes os, mon somme s'envolla,
Et mes yeux vagabonds je tournay çà et là,
Recherchant mon Hector, de mon fils oublieuse,
Mais soudain disparut l'ombre fallacieuse*.
O mon fils engendré d'un pere genereux*,
L'unique reconfort des Troyens malheureux,
Le germe d'une race* antique et venerable,
Qu'à vostre geniteur* vous estes bien semblable ![102]
Tel tel Hector estoit, il avoit un tel port,
Il demarchoit* ainsi,[103] il estoit ainsi fort
D'espaules et de bras, semblable estoit sa grace,
Il portoit ainsi haut sa belliqueuse face.
O mon fils, mon cher fils, verray-je point le jour,
Que reparant l'honneur de ce natal sejour*,
Vous redressez* les tours et les palais antiques
Du flambant Ilion, les Pergames Troïques ?
Verray-je point le temps, que nos peuples espars
Vous r'assemblez, leur Roy, dedans nouveaux [rempars,
Que la gloire et le nom ressusciter je voye
Par vos armes, mon fils, d'une nouvelle Troye ?
Mais, ô chetive* femme ! où vaguent* tes [esprits* ?[104]
Où errent* tes pensers ? quelle fureur* t'a pris ?
Tu songes de palais, des tours, des diadémes,
Et ne commandons pas seulement à nous mesmes.
Nostre vie est en doute*, ô mon fils, et je crains
Qu'à ceste heure à ceste heure on t'oste de mes mains.

---

102 *ABC* A vostre geniteur que vous estes semblable !
103 *A* ainsin,
104 *A Ce vers ne commence pas en retrait (pas de nouvel alinéa).*

Où te pourray-je mettre ? helas ! quelle cachette[105]
Pour sauver mon enfant me sera bien secrette ?
Ceste ville orgueilleuse, abondante en tous biens,
Dont les Dieux ont basti les beaux murs anciens,
Fameuse* par le monde, ore* n'est qu'une poudre*,
[f° 170 v°]
Où les Dieux courroucez l'ont toute fait resoudre* :
Si* que d'une cité jadis si trionfant
Seulement il ne reste où cacher un enfant.
Le sepulchre est icy, que Priam fist construire
Pour les manes*[106] d'Hector, on ne l'ose destruire,
L'ennemy le revere, et a peur d'y toucher,
Il me faut là mon fils Astyanax cacher.
Et quel lieu luy sçauroit estre plus salutaire ?
Qui pourra mieux garder un enfant que le pere ?
Las* ! le poil* me herisse, et j'ay le cœur tout froid
Pour l'effroyable abord de ce funebre[107] endroit.

HELEN

Plusieurs se sont sauvez d'une mort poursuivie*,
Se feignans estre morts, bien qu'ils fussent en vie.

ANDROMACHE

J'ay crainte que quelqu'un me voise* deceler*.

HELEN

N'ayez aucuns tesmoins qui en puissent parler.

ANDROMACHE

Si lon me le demande, helas ! qu'auray-je à dire ?

---

105 *A Ce vers ne commence pas en retrait (pas de nouvel alinéa).*
106 *ABC* les Manes
107 *A* funeste

HELEN
Vous direz qu'on l'a peu au sac de Troye occire*.

ANDROMACHE
Et que nous servira de feindre qu'il soit mort ?

HELEN
Pour sa vie asseurer* de l'adversaire effort*.

ANDROMACHE
Il ne peut long temps estre en ceste tombe obscure.

HELEN
Des vainqueurs ennemis le colere ne dure.

ANDROMACHE
Il me sera tousjours en pareille terreur.

HELEN
Il ne faut qu'eviter la premiere fureur*.

ANDROMACHE
Las* je ne sçay que faire ! Or* à toute avanture*
Allons, mon doux soucy*, dans ceste sepulture.
Dieux, si quelque pitié vos courages* repaist,
Si l'amour maternelle à vos yeux ne desplaist,
Et si des Phrygiens les supremes miseres
Ont de vos deïtez* amorti* les coleres,
Helas ! pardonnez-nous, et pardonnez à ceux,
A qui ont pardonné les glaives et les feux : [f° 171 r°]
Ou si tant de malheurs n'ont peu vous satisfaire,
Conservez* cet enfant et meurtrissez* la mere.
Toy toy vaillant Hector, qui les tiens as tousjours
Des Gregeois defendus, vien nous donner secours :

Garde le cher larcin de ta femme piteuse*,
Et sauve ton enfant en ta tombe cendreuse.
    Or* entrez, mon enfant, demeurez là dessous,
C'est pour vostre salut. Pourquoy reculez-vous ?
Pourquoy refuyez*-vous ? vostre ame genereuse*
Dedaigne volontiers ceste cache honteuse,
Il vous fasche de craindre : helas ! mon cher souci*,
Ce n'est à faire à nous de lever le sourci*.
» Le malheur nous accable : il faut que le courage*
» Nous croisse et nous decroisse avec le sort volage,
» Et suivre la saison.[108] Sus* donc entrez dispos*
Au creux de ce tombeau, d'Hector le saint repos.
Là, si des immortels la haine est assouvie,
Et leur plaist nous aider, vous sauvez vostre vie :
Que si le malheur dure et veut que vous mourez,
Dans ce larval* sepulchre un tombeau vous aurez.

HELEN

Retirez-vous soudain, voicy venir Ulysse :
Il ourdist* contre nous quelque enorme* malice*.

ANDROMACHE

Que la terre ne s'ouvre, et l'Enfer ne se fend
Pour enclorre* en son sein le corps de mon enfant !
Sus* Hector leve toy, fay separer* la terre
Dessous Astyanax, puis soudain la resserre.
Voicy nostre ennemi, le Troïque flambeau :
Dieux chassez telle horreur* bien loin de ce tombeau.

ULYSSE

Nos vaisseaux sont tous prests de laisser le rivage,

108 *A vers 733-735 non guillemetés.*

Mais un seul poinct retient des Grecs le navigage*.

ANDROMACHE [f° 171 v°]

Le vent ne souffle à gré ?

ULYSSE

La mer[109] est calme assez.

ANDROMACHE

Les soldats espandus* ne sont tous ramassez* ?

ULYSSE

Ils sont dedans les naus* prests de mouvoir les rames.

ANDROMACHE

Que ne laissez-vous donc ces rivages infames* ?

ULYSSE

Nous craignons.

ANDROMACHE

Las* ! et quoy ? que craignez-vous encor ?
Sont-ce les os de Troye, ou les cendres d'Hector ?

ULYSSE

Nous redoutons sa race*.

ANDROMACHE

Helas elle est esteinte !

ULYSSE

Si* en avons-nous peur.

---

109 *ABC* Le vent

ANDROMACHE

O la gentille* crainte !

ULYSSE

Tandis qu'Hector vivra dans le sang de son fils,
Nous recraindrons* tousjours les Troyens déconfits* :
Tousjours nous semblera que le malheur renaisse,
Qu'une flotte Troyenne aborde dans la Grece,
Qui nous vienne darder*[110] de Troye les tisons,
Et en face embraser les Argives maisons.
Ce menaçant danger panchera sur nos testes
Tandis que les Troyens pourront lever les crestes,
Et que le fils restant d'un si grand belliqueur*,
Comme estoit vostre Hector, leur haussera le cœur*.

ANDROMACHE

Est-ce vostre Calchas, qui ces frayeurs vous donne ?

ULYSSE

Quand il n'en diroit rien, un chacun le raisonne*.

ANDROMACHE

Redouter un enfant ?

ULYSSE

Un enfant heritier
Des[111] sceptres et vertus* d'un Prince si guerrier.

ANDROMACHE

En un âge si tendre ?

---

110 *ABC* lancer
111 *C* De

ULYSSE

Il est tendre à ceste heure :
Mais tousjours en son âge un enfant ne demeure.
Ainsi l'enfant foiblet d'un Taureau mugissant,
A qui ne sont encor les cornes paroissant,
Incontinent* accreu d'âge et force, commande
Au haras* ancien, sa paternelle bande*.
Ainsi d'un tronc de Chesne un scion renaissant,
Qui va dans un hallier imbecile* croissant,
Egal en peu de temps de hauteur à son pere, [f° 172 r°]
Eleve dans le Ciel sa teste bocagere.
Ainsi d'un grand brasier qu'on pensoit amorti*
Un simple mecheron* de la cendre sorti,
Dans la paille s'accroist, si* que telle scintille*
En peu d'heures pourra devorer une ville.

ANDROMACHE

N'ayez crainte de luy, nostre malheur cruel*
Luy a filé bien jeune un trespas* casuel* :
Bien jeune devalé* dans l'infernal abysme*
Il est allé revoir son pere magnanime*,
Le pauvret, et encor il n'a sepulchre aucun,
Si Troye ne luy sert de sepulchre commun.
N'ayez peur que jamais vos enfans il effroye,[112]
Qu'il repare jamais les ruïnes de Troye,
Qu'il bastisse un royaume en ces bords desertez,
Et rassemble en un corps les Troyens escartez*.
N'ayez peur, n'ayez peur qu'à vostre mal* il croisse,
Et qu'au rivage Grec jamais il apparoisse
Conducteur d'une armee, à fin de se venger,
Que Mycenes il aille ou Argos assieger.

---

112 A *Ce vers ne commence pas en retrait (pas de nouvel alinéa).*

ULYSSE

Je sçay que la pitié, la pitié maternelle
Vous peut faire trouver ma demande cruelle* :
Mais si considerez, vuide* de passion*,
Combien sa vie importe à nostre nation,
Combien le Grec soudard* chenu* dessous les armes,
A crainte de rentrer en nouvelles allarmes*,
Franchir* nouveaux dangers, apres avoir le sein*
Par tant de durs combats de mille ulceres* plein,
Vous mesme excuserez cet acte necessaire,
Et ne m'estimerez pour cela sanguinaire.
Je ferois le semblable* envers mon propre fils,
Et jadis le semblable*, Agamemnon, tu fis, [f° 172 v°]
Livrant ton Iphigene à Diane homicide
Pour sauver nos vaisseaux retenus en Aulide.
Ne trouvez donc estrange* et dur ce que je dis,
Puis que ce Roy vainqueur l'a bien souffert jadis.

ANDROMACHE

Pleust à Dieu, mon enfant, que, ta mere, je sceusse
En quelle part* tu es, et qu'avec toy je fusse :
Je sceusse par quel sort tu m'as été ravi,
Si d'un maistre la main te retient asservi,
Si par les creux deserts, vagabondant tu erres*
Ces plaines traversant, inhospitables* terres.
Si la flamme rongearde a ton corps consommé*,
Si des Palais tombans les toicts t'ont assommé,
Si le vainqueur cruel* s'est joué de ta vie,
Ou si de toy les Ours ont leur faim assouvie,
A fin que le souci qui douteuse* me mord
S'allentist* entendant ou ta vie ou ta mort.

ULYSSE

Laissez-là ces propos déguisez d'artifice,
Vous ne sçauriez tromper de paroles Ulysse.
Dites moy clairement[113] sans plus dissimuler,
Où est Astyanax, où se fait-il celer* ?

ANDROMACHE

Où est le preux* Hector, où est Priam, Troïle ?
Où sont les Phrygiens, où Troye nostre ville ?

ULYSSE

Dites-le de vous mesme, ou lon vous contraindra*.

ANDROMACHE

Que mon corps on torture ainsi que lon voudra.

ULYSSE

Vous le confesserez apres un long martyre.

ANDROMACHE

Il n'est tourment* si grand qui me le face dire.

ULYSSE

Pourquoy retaisez*-vous ce que vous sçavez bien ?

ANDROMACHE

Pourquoy m'enquerez*-vous ce dont je ne sçay rien ?

ULYSSE

Il faudra tost ou tard, s'il vit, qu'il apparoisse.

113 *ABC* rondement

ANDROMACHE

Pourquoy voulez-vous donc me faire tant d'angoisse* ?

ULYSSE

Vous retardez l'armee ardante* du retour. [f° 173 r°]

ANDROMACHE

Je ne suis nullement cause de son sejour*.

ULYSSE

Nous avons arresté* ne quitter ceste terre,
Que n'ayons arraché[114] la racine de guerre,
Que n'ayons vostre fils. Le grand prestre Calchas
Nous defend de partir laissant Astyanas.
Où est-il ? delivrez*-le : il le vous convient rendre.[115]
Depeschez*, hastez-vous, je ne puis plus attendre.

ANDROMACHE

Je ne puis delivrer* celuy que je n'ay pas.

ULYSSE

On vous fera mourir d'un horrible* trespas*.

ANDROMACHE

La mort est mon desir, si me voulez contraindre*
Venez-moy menacer de chose plus à craindre,
Proposez-moy la vie.

ULYSSE

Avec le feu sonnant*,
Les cordes et les foüets on vous ira gesnant*.

---

114 *A* Qu'arraché nous n'ayons
115 *A* il vous convient le rendre.

» Car l'extreme douleur est volontiers plus forte
» A contraindre* quelqu'un, que l'amitié* qu'il [porte.[116]

ANDROMACHE

De fer rouge de feu traversez-moy le sein*,
Versez dans ma poitrine et la soif et la faim,
Bourrelez*-moy le corps de flammes rougissantes,
Faites-moy consommer* en des prisons puantes,
Tenaillez, tirassez, tronçonnez-moy le corps,
Gesnez*-moy de tourmens*, donnez-moy mille [morts :[117]
Bref, ce qu'eurent jamais tous les tyrans d'envie
Pour contenter leur rage, exercez sur ma vie.

ULYSSE

Que vous sert de celer* ce qu'on sçaura bien tost ?
Le naturel amour que vostre cœur enclost
Bat en nostre poitrine, et comme vous, nous presse
De vouloir conserver les enfans de la Grece.

ANDROMACHE

Sus* sus* donnons plaisir aux Grecs à ceste fois :
Asseurons asseurons* malgré nous les Gregeois.
Il me faut deceler* la douleur qui me ronge,
Rien ne sert à mon dueil* le couvrir de mensonge, [f° 173 v°]
Gregeois ne tardez plus, desemparez* le port,
Ne redoutez plus rien, Astyanax est mort.

---

116 *A* que l'amour que lon porte.

117 *ABC* Gesnez-moy de tourmens pires que mille morts :

ULYSSE

Quel moyen avez-vous de nous le faire croire ?

ANDROMACHE

Puissé-je promptement choir* sous la voûte noire,
Que tout le malencontre* et le cruel mechef*
Qu'un ennemy souhaitte accravante* mon chef*,[118]
Si, avecques les morts, la tombe charongnere*
Ne le detient gisant privé de la lumiere.

ULYSSE

Puis que le fils d'Hector est de ce monde hors,
Il ne faut plus douter* de sortir de ces bords :
Les destins sont remplis, je porte la nouvelle
Aux Gregeois soucieux, d'une paix eternelle.
Comment, Ulysse ? et* quoy ? veux-tu que les [Danois
Te croyent, ayant creu d'une femme la vois ?
D'une mere piteuse* ? est-il bien[119] raisonnable
Qu'une mere au danger de son fils soit croyable ?
Elle fait grands sermens, et ne craint de s'offrir
A tous genres de morts : que peut-elle souffrir
Pire que sa douleur ? craindroit-ell' le parjure
Pour crainte de la mort que mourable* elle adjure* ?
» Celuy ne craindra point d'attester* faussement
» Les Dieux, qui leur courroux ne craint [aucunement.[120]
Employons toute ruse, et ne portons* le blasme
D'avoir esté trompez des fraudes* d'une femme.

---

118 *A* Qu'un vainqueur peut songer, me tombe sur le chef,

119 *A* donc

120 *A vers 895-896 :* » Celuy ne craint les Dieux en parjure invoquer, / » Qui de l'ire des Dieux ne se fait que moquer.

Voyons sa contenance : elle pleure, gemist,
Se tourne çà et là, la face luy blesmit,
Elle cuide* escouter, bref elle a plus de crainte
Que son ame ne semble estre de dueil* atteinte :
Il faut icy veiller d'un esprit entendu*.
Quand quelqu'un, Andromache, a son enfant perdu
On le va consolant de sa tristesse amere : [f° 174 r°]
Mais pour Astyanax, vous n'en avez que faire,[121]
Vous estes bien-heureuse, et le ferme destin
Qui vous est si funebre, est en cela benin*,
Vous ayant delivré du plus grief* infortune,
Que jamais en ce monde ait porté* mere[122] aucune.
On devoit vostre fils, tiré d'entre vos bras,
Monter[123] sur une tour et le rouër* en bas.

ANDROMACHE

Bons Dieux ! le cœur* me faut*, je frissonne,[124] je
[tremble,
Une soudaine glace en mes veines s'assemble.

ULYSSE

Elle a peur, c'est bon signe, il faut continuer :
Je luy voy, je luy voy le visage muer,
Tout va bien, poursuivons :[125] la fremissante crainte
De ceste pauvre mere a descouvert sa feinte,[126]
Il la faut augmenter. Sus*, compagnons, apres,
Empoignez, emmenez cest ennemy des Grecs,
La peste* et la poison des citez Argolides :

121 *A* Mais il faut envers vous en user au contraire,
122 *A* femme
123 *A* Porter
124 *A* je chancelle,
125 *A* Voila bon, tout va bien,
126 *A* a découvert la feinte,

Eventez*, découvrez aux cavernes humides,
Furetez, voyez tout, attrainez* : il est pris.
Pourquoy regardez-vous ? qui* trouble vos esprits* ?
La poitrine vous bat : si* faut-il bien qu'il meure.

ANDROMACHE

La frayeur qui me prend ne vient pas de ceste heure :
Je suis de si long temps accoustumee à peur,
Qu'à la moindre occurrence* elle me coule au cœur.

ULYSSE

Et* bien, puis qu'il est mort, et que sa destinee
Ne permet accomplir nostre charge ordonnee,
Calchas veut qu'en son lieu* lon rompe ce tombeau,
Et que d'Hector la cendre on espande dans l'eau :
Qu'autrement nous n'aurons de retraitte asseuree
Par les flots escumeux de la mer coleree
De tourmente battus, si de ce grand heros
Elle n'a pour butin les cendres et les os : [f° 174 v]
Puis donc que son fils mort nos esperances trompe,
Il faut que ce tombeau presentement on rompe.

ANDROMACHE

Hé Dieux que ferons-nous ? mon esprit eslancé
De deux extremes peurs, chancelle balancé
Sans sçavoir que resoudre : icy l'enfance chere
De mon fils se presente, icy les os du pere.
Las* ! auquel doy-je entendre* ? O Dieux des sombres [nuits,
Et vous grands Dieux du ciel, autheurs de mes ennuis,
Et vous Manes d'Hector saintement je vous jure
Que rien qu'Hector je n'aime en ceste creature :
Je l'aime pour luy voir de sa face les traits,

Et pour ses membres voir des siens les vrais
[pourtraits[127].
Que je tolere donc ? que permetre je puisse[128]
Qu'on rompe ce tombeau ? que lon le demolisse ?
Que sa cendre on respande, et qu'on la jette au vent,
Ou aux flots de la mer qui ces bords vont lavant ?
Non qu'il meure plustost. Mais las* ! t'est-il possible
Le livrer, pour souffrir une mort si horrible* ?
Pourras-tu voir son corps eslancé d'une tour
Piroüetter en l'air de maint et de maint tour :
Puis donnant sur un roc d'une cheute cruelle*,
Se moudre, se broyer, s'écraser la cervelle ?
Ouy, je le souffriray, et pire chose encor,[129]
Si faire se pouvoit, plustost que voir Hector[130]
Saquer* de son sepulchre, arracher de la biere,
Et le faire avaler à l'onde mariniere.
Mais quoy ? cestuy-là* vit, cestuy-ci* ne vit
[plus,[131]
Insensible, impassible*, en un tombeau reclus.
Helas ! donc que feray-je en chose si douteuse ?
Au contraire pourquoy branslé-je fluctueuse ?[132]
Ingrate, et* doutes-tu lequel des deux tu dois
[f° 175 r°]
Sauver de la fureur* du cruel Itaquois ?
Voici pas ton Hector qui au tombeau te prie ?[133]
Mais voici son enfant qui du mesme lieu crie :

127 *AB* portraits
128 *A Ce vers ne commence pas en retrait (pas de nouvel alinéa).*
129 *A Ce vers ne commence pas en retrait (pas de nouvel alinéa).*
130 *D* d'Hector *(lapsus que nous corrigeons)*
131 *A Ce vers ne commence pas en retrait (pas de nouvel alinéa).*
132 *A* Mais pourquoy si long temps branlé-je fluctueuse ? / *BC* Mais pourquoy, mais pourquoy branslé-je fluctueuse ?
133 *A Ce vers ne commence pas en retrait (pas de nouvel alinéa).*

Tu dois de ton Hector avoir plus de souci,
Voire*, mais cet enfant est mon Hector aussi.
Or* donc, ne les pouvant tous deux garder*
[d'outrage*,
Sauve celuy des deux[134] qu'ils craignent d'avantage.

ULYSSE

Je veux faire accomplir la volonté des Dieux,
Je feray renverser ce sepulchre odieux.

ANDROMACHE

Un ouvrage sacré ?

ULYSSE

Je verseray par terre
Les cendres et les os de celuy qu'il enserre.

ANDROMACHE

Les reliques* d'Hector que vous avez vendu ?

ULYSSE

Il ne restera rien qui ne soit respandu.

ANDROMACHE

J'invoque des grands Dieux la dextre* foudroyante.

ULYSSE

Vous verrez dégraver* ceste tombe relante*.

ANDROMACHE

Rompre des monumens, qu'en la plus grand'fureur*
De l'esclandre* Troyen vous eustes en horreur* ?

134 *A* Sus conserve celuy

Je ne le souffriray, je feray resistance,
Le juste desespoir m'accroistra la puissance :
Telle qu'une Amazone au milieu de vos dars*
J'iray bouleversant les troupes de soudars*,
Je combatray, guerriere, et mourray pour defendre
De mon defunct espoux la sepulchrale cendre.

ULYSSE

Depeschez, Compagnons, lairrez*-vous pour les cris,
D'une femme, à parfaire un ouvrage entrepris ?

ANDROMACHE

Meurtrissez*-moy, mechans, plustost que je le souffre.
Sors, Hector, leve toy du Plutonique gouffre,
Vien defendre ton cors de ce Laërtien,
Ton ombre suffira.

ULYSSE

Qu'il ne demeure rien,
Abbatez, rasez tout.

ANDROMACHE

Las*, pauvrette, je tremble !
Ils vont perdre le pere et l'enfant tout ensemble :

[f° 175 v°]

L'horrible* pesanteur des pierres le broira,
Le pere trespassé* son enfant meurtrira*.
Or* donc face le Ciel son vouloir sanguinaire,
Se soulent les destins, je ne puis plus que faire.
Si les Dieux inhumains ne sont encores souls
De nos calamitez, qu'ils nous meurtrissent* tous :
Que de cet enfançon ils tirent les entrailles,
Et rouges de son sang en battent les murailles,

Escarbouillent* son chef* contre un rocher froissé,
Pourveu que de son pere il ne soit oppressé*.
Peut estre esmouvras-tu des Gregeois le courage*,
Pour n'estre si boüillans au sang et au carnage,[135]
Tu n'as autre recours : sus* donc prosterne toy
Devant ton ennemy pitoyable* de soy.
    Ulysse, bon Ulysse, ores* vos piés j'embrasse,
Qui fus d'un Roy l'espouse, et de royale race* :
Ces mains aux[136] piés d'aucun ne toucherent jamais,
Et n'esperent encore y toucher desormais :
Prenez pitié de moy mere tres-miserable,
Recevez mes soupirs, soyez moy pitoyable*.
Et d'autant que les Dieux vous elevent bien haut,
Soyez benin* à ceux que le malheur assaut* :
Estimant que du sort la main est variable,
Qui vous peut, comme à nous, estre un jour [dommageable.
    Ainsi le bleu Neptun vous prospere* au retour,[137]
Et vous face bien tost revoir le chaste amour
De vostre Penelope : ainsi vostre venuë
Deride de Laert la vieillesse chenuë,
Et le Ciel puisse ainsi Telemaq' conserver,
Et plus qu'ayeul, que pere, en honneur l'elever.
Usez vers moy de grace : hé que mon fils ne meure,
[f° 176 r°]
Que pour mon reconfort, helas ! il me demeure.
    J'ay perdu pere et mere, et freres et mari,[138]
Royaumes, libertez, tout mon bien est peri :[139]

---

135 *A* Pour n'estre, mon enfant, si boüillans au carnage.
136 *B* au
137 *A Ce vers ne commence pas en retrait (pas de nouvel alinéa).*
138 *A Ce vers ne commence pas en retrait (pas de nouvel alinéa).*
139 *A* tout cela m'est peri :

Rien ne m'est demeuré que ceste petite ame,
Que j'avois arraché de la Troyenne flame.
Laissez-le moy, Ulysse, et qu'il serve* avec moy.
Hé peut-on refuser le service d'un Roy ?

ULYSSE

Faites-le donc venir.

ANDROMACHE

Sortez ma chere cure*,
Sortez chetif* enfant, de ceste sepulture.
Voyla que c'est, Ulysse : et n'est-ce pas dequoy,
Dequoy mettre aujourdhuy mille naus* en effroy ?
Sus* jettez-vous à terre, et de vos mains foiblettes
Embrassez ses genous, songez ce que vous estes :
Demandez qu'il vous sauve, il est vostre seigneur,
N'en faites pas refus, ce n'est point deshonneur.
Oubliez vostre ayeul, son sceptre et diadéme,
Oubliez vos majeurs*, et vostre pere mesme,
Portez*-vous en esclave, et humble à deux genous
Suppliez-le qu'il ait quelque pitié de vous :
Arrosez de vos pleurs sa dextre* vainqueresse,
Ainsi que moy chetive*, et la baisez sans cesse.[140]

ULYSSE

Les pleurs de ceste mere attendrissent mon cœur,
Mais d'un autre costé cet enfant me fait peur,
Qui est fils d'un tel pere, et qui pourra, peut estre,
Revengeant son pays, de nous se faire maistre :
Et plonger en douleurs, en larmes et regrets,
Un jour qu'il sera grand, les familles des Grecs.

140 *ABC* Comme me voyez faire, et la baisez sans cesse.

ANDROMACHE

Quoy ? ces floüettes mains, ces deux mains enfantines,
Pourront bien restaurer les Troyennes ruines ?
Pourront bien redresser les murs audacieux
Du cendreux Ilion, que bastirent les Dieux ? [f° 176 v°]
Vrayment si d'autre espoir Troye n'est soustenue,
Que de ce beau guerrier, son attente est bien nue !
Nous ne sommes, helas ! en estat de pouvoir
Fascher jamais autruy, bien qu'en eussions vouloir.

ULYSSE

Je vous le laisserois[141], je n'ay l'ame si dure,
Mais il faut de Calchas suivre le saint augure.

ANDROMACHE

O parjure, mechant, desloyal, affronteur,
Cauteleux, desguisé, de fraudes* inventeur,
Tu masques ton forfait, tu couvres ta malice*
D'un Prophete et des Dieux qui detestent ton vice.

ULYSSE

Allons, je n'ay loisir de contester* long temps,
Et en si vains propos despenser mal le temps.

ANDROMACHE

Permets à tout le moins que le dernier office*
Je luy face, sa mere, et qu'adieu je luy disse :
Permets permets qu'aumoins je le puisse embrasser,
Et plorer* dessus luy devant que trespasser*.

141 *AB* laisseroy

ULYSSE

Je voudrois[142] volontiers à vos pleurs satisfaire,
Je voudrois[143] vous aider, mais je ne le puis faire :
Tout ce qu'ore* je puis c'est vous donner loisir
De faire vos regrets selon votre desir.
» La douleur que lon pleure est beaucoup allegee.

ANDROMACHE

O le seul reconfort de ta mere affligee !
O lustre de l'Asie ! ô l'espoir des Troyens !
O sang Hectorean ! ô peur des Argiens !
O esperance vaine ! ô enfant deplorable* !
Que je m'attendois voir à mon Hector[144] semblable
En faits chevaleureux, et te voir quelque jour
Au throsne de Priam tenir icy ta cour.
Las* ! cest espoir est vain, et ta royale dextre*
Jamais ne portera de tes ayeulx le sceptre :
Tu ne rendras justice à tes peuples soumis [f° 177 r°]
Et ne subjugueras* tes voisins ennemis :
Tu n'iras moissonner* les Gregeoises phalanges,
Tu n'iras de ton pere egaler les louanges*,
Tu ne meurtriras* Pyrrhe, et trainé par trois fois
Ne luy feras racler le Troïque gravois*.
Jeune tu ne feras exercice des armes,
Tu n'iras travailler* d'ordinaires allarmes
Les bestes des forests, affrontant animeux*,
L'espee dans le poing, un Sanglier escumeux,
Un grand Ours Idean, ou de carriere* viste
Tu ne suivras d'un Cerf l'infatigable fuite.
O cruauté de mort ! nos murs verront helas

142 *AB* Je voudroy
143 *AB* Je voudroy
144 *ABC* à ton pere

Un spectacle plus dur que d'Hector le trespas* !

ULYSSE

Mettez fin à vos pleurs, trop long temps je demeure*.

ANDROMACHE

Permettez moy, pour Dieu, que mon enfant je pleure,
Que je le baise encore : ô mon mignon tu meurs
Et me laisses, pauvret, pour languir* en douleurs.
Las* ! tu es bien petit, mais ja* tu donnes crainte.
Or* va, mon cher soleil, et porte ceste plainte[145]
Aux saints Manes d'Hector, ja* la main il te tend,
Et sur les tristes bords toute Troye t'attend.
Mais devant que partir que je te baise encore,
Que ce dernier baiser gloutonne je devore.
Or* adieu ma chere ame.

ASTYANAX

Hé ma mere.

ANDROMACHE

Pourquoy
Pourquoy, pauvret, en vain reclamez*-vous à moy ?
Pourquoy me tenez-vous ?

ASTYANAX

Hé, ma mere, il m'emmeine.

ANDROMACHE

Je ne vous puis aider, ma resistance est vaine.

---

145 *A Ce vers ne commence pas en retrait (pas de nouvel alinéa).*

ASTYANAX

Helas ! ma mere, helas ! me lairrez*-vous tuer ?

ANDROMACHE

Ah, que j'ay de douleur ! je veux m'esvertuer*,
Je veux mourir pour luy : mais de quelle defense
Serviront mes efforts ? je n'ay point de puissance
[f° 177 v°]
Ils vous prendront de force, ainsi qu'en un troupeau
Lon voit un grand Lyon prendre un jeune Toreau
Pres les flancs de sa mere, et l'emporter d'audace,
Quoy que pour le sauver son possible elle face.
    Prenez donques en gré d'un magnanime* cœur*[146]
De vostre cruel sort l'implacable rigueur,
Mon enfant, mon amour, prenez en patience
La mort qui vient trancher le fil de vostre enfance.
Helas ! et recevez pour mes supremes vœux,
Ces larmes, ces baisers, ce toufeau de cheveux
Que j'arrache pour vous,[147] tirant de mes entrailles
Mille pleureux sanglots, vos tristes funerailles.

ULYSSE

Ces pleurs n'ont point de fin, prenez-le vistement,
Il est de nos vaisseaux le seul retardement.

CHŒUR

O Mer, qui de flots raboteux*
Esbranlez vos ondes poussees
Comme il plaist aux vents tempestueux,
Guides des navires poissees*,
Où transporter nous voulez-vous,

146 *A Ce vers ne commence pas en retrait (pas de nouvel alinéa).*
147 *ABC* Que je viens d'arracher,

Loin de nos rives delaissees,
Et de nostre terroir* si dous ?

Sera-ce aux monts ombrageux
De Thessalie, où Penee
Par les vallons herbageux[148]
Fait une course obstinee ?
Où de Tempé les tiedeurs
D'une fleureuse halenee*
Le Ciel parfument d'odeurs ?

Sera-ce où les colereux flots [f° 178 r°]
Tourmentent Trachin la pierreuse,
Et les hauts rochers d'Iolchos ?
Ou en la Crete populeuse ?
En l'Etolienne Pleuros ?
Ou en Trice l'infructueuse* ?
Ou la Pelopienne Argos ?

Sera-ce point en ce lieu,
En ceste isle rechantee*,
Où jadis nasquit un Dieu
D'une jumelle portee :
Quand l'amour de Jupiter
Latone ayant surmontee
La fist en Dele enfanter ?

Il ne nous chaut* en quelle part*
L'escumeuse mer nous écarte*,
Nous supporterons tout hazard*
Pourveu que ce ne soit en Sparte.

---

148 *A* tenebreux

Qu'en tous autres lieux qu'on voudra
L'on nous espande et nous departe*,[149]
Toute terre à gré nous viendra.

Mais puisse plustost la mort
Nous couvrir sous ceste arene*,
Que nous approchions du port
De l'abominable* Helene :
Qui pour nourrir les chaleurs
De sa volonté* vilaine,
Nous a filé nos malheurs.

Dés lors nostre mechant* destin
Brassoit nos futures miseres,
Quand Paris bûchoit* le sapin
Pour bastir des naves* legeres [f° 178 v°]
Sur Ide, qui en gemissoit
En longues plaintes bocageres,
Dont tout le bord retentissoit.

Si ces naus* n'eussent esté,
Paris n'eust la mer tentee :
Si la mer il n'eust tenté,
Il n'eust Sparte visitee :
Si Sparte il n'eust visité,
Il eust Helene evitee,
Peste* de nostre Cité.

Ainsi par la faute d'un seul
Nous sommes en pleurs continues :
Nos ames de continu deul*
Ont esté depuis soustenues,

---

149 *A* L'on nous distribue et departe,

Pour nos longues calamitez
En la terre et au ciel connues[150]
Aux hommes et aux deïtez.

Les Gregeoises nations
Ne sont de nos maux exemptes,
Et nos mesmes passions
Leurs femmes souffrent dolentes* :
Perdant par mesme Paris,
Et par mesme Helene, absentes*,
Leurs enfans et leurs maris.

Que bien vray le chantre sacré,
» Fils de la belle Calliope,
» A dit, pinçant son Lut sucré*
» Sur la Thracienne Rhodope,
» Que rien en ce globeux* sejour*
» N'est si franc* de la main d'Atrope
» Qu'il ne perisse quelque jour. [f° 179 r°]

» Le Pole Austral tombera
» Dessus l'Afrique rostie,
» Et l'Arctique accablera
» Les campagnes de Scythie :
» Le journal* Soleil qui luit,
» Teindra sa torche amortie*
» Aux tenebres de la nuit.[151]

Ainsi rechanta* quelquefois
Sur la croupe Sithonienne

---

150 *A vers 1197-1198 :* Et nos longues calamitez / Sont en terre et au ciel connues

151 *A vers 1208-1220 non guillemetés.*

Orphé, qui oreilla* les bois
Au son de sa lyre ancienne,
Ayant reperdu au retour[152]
De[153] la cave* Plutonienne
Eurydice son chaste amour.

Ores* les esclandres* durs
De la tempeste fatale,
Qui accravante* les murs
De nostre ville royale,
D'Orphee approuvent la voix,
Nous monstrant que tout devale*
Dessous les mortelles loix.

ACTE III

HECUBE. LE CHŒUR.
TALTHYBIE.

HECUBE

Compagnes, qui naguere estiez l'honneur de Troye,
Et maintenant des Grecs estes la vile proye,
Soustenez-moy le corps, rompu d'âge et d'ennuis :
Esclave maintenant[154] avecques vous je suis [f° 179 v°]
De Royne trionfante, et de mere feconde
De tant de fils guerriers, renommez par le monde.
Aidez-moy, portez-moy, asseurez*-moy les pas,[155]

---

152 *A* Ayant perdu à son retour
153 *A* Dans
154 *ABC* Qui maintenant esclave
155 *A Ce vers ne commence pas en retrait (pas de nouvel alinéa).*

Levez mes foibles mains qui tombent contre-bas :
Ou de peur, mes enfans, que trop je vous ennuye,
Donnez-moy mon baston, que de luy je m'appuye.
Une langueur* pesante enveloppe mes sens,
D'heure en heure mes nerfs* se vont affoiblissans :
Et quand je suis seulette en ma tente couchee
Je meurs, de mille soings* mortellement touchee,
Et sur tout d'un noir songe : ô songe desastreux*,
Songe plein de terreur, songe malencontreux* !
Plus je suis en repos, plus ce moleste* songe
Ancré dedans mon cœur me devore et me ronge :
Ainsi que le Vautour du larron Promethé
Se paist continuement de son cœur bequeté.

CHŒUR

Et quelle vision vous est si outrageuse* ?

HECUBE

Il m'a semblé, dormant, qu'une Biche peureuse,
Nourrie en mon giron*, que j'aimois tendrement,
A esté mise en proye à un Lyon gourmant,[156]
Qui l'a devant mes yeux en pieces déchiree,
Et sa tremblante chair gloutement devoree.
Puis un autre fantosme à moy s'est apparu,
Dont m'a la froide horreur* les veines parcouru :
J'ay veu le grand Achil, de face menaçante,
Monté sur le sommet de sa tombe pesante,
Demander à grands cris qu'on l'eust à premïer*
De quelqu'une de nous qui fust à marier.
O que j'ay grande peur que ma fille il demande !
Ou qu'elle soit choisie en nostre serve* bande*,

156 *ABC* Ravie m'a esté par un Lyon gourmant,

Pour luy estre immolee ! et que j'ay peur aussi
[f° 180 r°]
Que mon fils Polydore ait sa part en ceci :
Que, pour estre sauvé de la guerre douteuse,
Nous avons fait nourrir* en la Thrace negeuse !
O grands Dieux de la terre et des enfers hideux,
Des songes le manoir*, conservez-les tous deux.

CHŒUR

Las* voicy Talthybie.

HECUBE

O que ne suis-je morte !

CHŒUR

Il ne vient pas à nous.

HECUBE

Cela me reconforte.

CHŒUR

Il est tout effrayé. Je ne sçay si Calchas
Se seroit avisé* de quelque nouveau cas*.

TALTHYBIE

N'est-ce pas chose estrange et de merveille pleine,
Que sans pouvoir singler sur la vagueuse plaine
Nostre flotte demeure aux clostures du port,
Et n'en puisse sortir par nul humain effort :
Que tousjours immobile et ferme* elle sejourne,
Soit qu'elle aille à la guerre, ou soit qu'elle en
[retourne ?

CHŒUR

Quelle cause, dy nous, arreste les vaisseaux ?
Qui* clost vostre retour par les marines eaux ?

TALTHYBIE

Je ne le puis conter : telle chose m'effroye.
Desja Phebus rayoit* sur les coustaux* de Troye,
Et le jour repoussoit les ombres de la nuit,
Quand la terre esbranlee avec horrible* bruit
Rendit un son affreux de ses cavernes creuses,
Les bois firent mouvoir leurs testes ombrageuses,
Le mont Ide tonna du grand fracassement
Que firent ses rochers tombant horriblement* :
La mer devint troublee et se noircit d'orage,
Un abysme* apparut au milieu du rivage,
S'estant la terre ouverte et fendue en deux parts
Jusqu'au fond de l'Erebe, ouvert à nos regards.
Lors le fantosme craint de l'indomtable Achille,
Saillit du gouffre noir, tel que devant la ville

[f° 180 v°]

Il estoit, moissonnant*[157] les bataillons entiers
Des Troyens entassez en monceaux charongniers*,[158]
Qui portez de leur sang dans le fleuve de Xanthe,
Estoupoyent* le canal[159] de son onde bruyante.
Ou tel que dans son char, superbe* trainassant
Hector autour de Troye, il alloit paroissant.
L'espouventable son de sa rude parole[160]
Remplit l'air vaporeux de ceste rive molle :
Allez (dit-il) allez, Argolides ingrats,[161]

157 *ABC* Il alloit moissonnant

158 *ABC* Couvrant le champ poudreux de monceaux charongniers,

159 *A* chemin

160 *A Ce vers commence en retrait (nouvel alinéa).*

161 *A Ce vers ne commence pas en retrait (pas de nouvel alinéa).*

Prenez les honneurs deus à l'effort* de mes bras,
Faites voiles, voguez par les eaux maternelles,
Allez revoir la Grece, ô ames infidelles :
Vous serez reprentans d'avoir fraudé* mon los*,
Si Polyxene vierge on n'immole à mes os.
Il eut dit, et soudain plongé dans la caverne,
Il recheut* tout grondant au Plutonique Averne :
L'antre se resserra, les vents resterent cois*,
Et des flots orageux cesserent les abois*.

HECUBE

O de mes songes vrais effet trop veritable !
O pauvre Polyxene ! ô mere miserable !

CHŒUR

Rentrons dedans la tente[162] et la reconfortons.
La mort ne mettra fin au mal que nous portons* ?

CHŒUR

Se[163] peut-il faire qu'en nos corps,
Gisans dans le sepulchre morts
Loge nostre ame ?
Et combien qu'ils soyent consommez*,
Elle n'abandonne jamais
Leur froide lame ?

Que le feu devorant qui bruit,
Et en cendre nos os reduit,
N'ait pas la force
De nous manger[164] entierement,

162 *ABC* Portons-la dans sa tente
163 *D porte par erreur* Ce
164 *A* destruire

Ains* de nous brusle seulement
L'humaine escorce ?

Ou s'il nous consomme* si bien,
Que du tout il ne reste rien,
Rien ne demeure :
Et que dés lors, mesme dés lors[165]
Que l'esprit* dernier est dehors,
Tout l'homme meure ?

Non : mais comme d'un bois gommeux
Sort en flambant un air fumeux,
Qui haut se guide,
Et volé bien avant és* cieux
Se pert, esloigné de nos yeux,
Dedans le vuide* :

Ainsi de nostre corps mourant
La belle ame se retirant,
Au ciel remonte,
Invisible aux humains regards,
Et là, franche* des mortels dards*,
La Parque domte.

Elle sejourne avec les Dieux
En un repos delicieux,
Toute divine :
Se bien-heurant* d'avoir quitté
La terre, pour le ciel voûté,
Son origine.

165 *A* Et qu'alors mesmes, et qu'alors

D'avoir sans violens efforts
Faulsé* de son terrestre corps [f° 181 v°]
Les chartres* closes,
Pour loin de son faix escarté,
Contempler en sa liberté
Les saintes choses.

Là[166] le mortel souci ne poind*,
Là[167] Lachesis ne file point,
Là[168] l'inconstance
Du hasard*, qui flotte tousjours
Sur nos chefs* en cet humain cours,
Ne fait nuisance.

Là de ce lourd fardeau bien tost,
Qui mon ame en tristesse enclost,
Du tout delivre*,
Puissé-je au saint palais des Dieux,
Franche* de ces maux ennuyeux*
A jamais vivre.

PYRRHE. AGAMEMNON. CALCHAS.

PYRRHE

Vous avez donc voulu faire partir l'armee,
Et la gloire d'Achil laisser desestimee* ?
D'Achil par qui les murs de Troye sont à bas,
Qui a tant terracé d'ennemis aux combas,
Qui Telephe a contraint, par sa blessure sage,

---

166 *A* Où
167 *A* Où
168 *A* Où

De nous ouvrir sa terre et octroyer passage :
Qui a tué Troïle et le more Memnon,
Qui d'Hector l'invincible a terny[169] le renom,
Qui a Penthasilee abbatu contre terre,
Qui a tant exploité* de braves* faits* de guerre,
[f° 182 r°]
Couru à tant d'assauts, qui a tant saccagé
De villes et de forts au meurtre encouragé :
Encore on luy refuse, encore on luy denie
Une esclave que veut son bien-heureux Genie.
Vous trouvez inhumain de luy sacrifier[170]
La fille de Priam pour le gratifier*,
Qui avez immolé pour l'adultere Helene
A la rade d'Aulis vostre fille Iphigene.
Vous blasmez en autruy ce que vous avez fait,
Et vous semble vertu ce qui nous est forfait*.

AGAMEMNON

» La jeunesse ne peut commander à soymesme.
» Cet âge tousjours porte une fureur* extréme.
J'ay avec attrempance* autrefois supporté
Le colere d'Achille, et sa ferocité.
» Car tant plus nous avons sur autruy de puissance,
» Tant plus il nous convient user de patience.
» Pyrrhe, c'est peu de vaincre, il faut considerer
» Ce qu'un vainqueur doit faire, un vaincu endurer,
» Et craindre la fortune aux presens variables,
» D'autant plus que les Dieux se monstrent favorables.
Nous avons esprouvé par cet assiegement*
Que les sceptres des Rois tombent en un moment.

---

169 *A* a destruit

170 *A Ce vers ne commence pas en retrait (pas de nouvel alinéa).*

Pourquoy plus orgueilleux Troye nous fait paroistre ?
Nous sommes au lieu mesme où elle souloit* estre.
La Fortune, Priam, qui te rend si chetif*,
Certes me fait ensemble et superbe* et craintif.
» Et cuidez*-vous qu'un sceptre autre chose je pense
» Qu'un simple nom couvert d'une vaine apparence,
» Que le moindre hazard* peut ravir à tous coups
» Sans mille naus* y mettre, et dix ans, comme nous ?
» La Fortune tousjours ne se monstre si lente : [f° 182 v°]
» Souvent à nous destruire elle est plus violente.
Aussi le Ciel j'atteste*, et le throsne des Dieux,
Qu'onques* je n'eus vouloir, d'abatre, furieux*,
Les Pergames* de Troye, et de mettre à l'espee
Par un sac inhumain cette terre occupee*.
Sans plus je desirois voir leur cœur endurci
Contraint à demander de leur faute merci* :
Mais du soldat ne peut l'outrageuse* insolence[171]
Tellement se domter, qu'il n'use de licence,
Quand la nuict, la victoire, et le courroux luy ont
Acharné* le courage*, et mis l'audace au front.
   Donc ce qui est resté de sa rage, demeure :[172]
C'est assez, je ne veux qu'aucun de sang froid meure :
Je ne le veux souffrir, endurer je ne doy
Qu'à mes yeux on esgorge une fille de Roy,
Qu'on plonge le cousteau dans ses entrailles tendres,
Et de son chaste sang on arrose des cendres :
Et que pour desguiser un si barbare faict*,
Mariage on l'appelle : il n'en sera rien fait.
Des fautes de l'armee il faut que je responde,
Sur moy le dehonneur et le blasme en redonde*.

171 *D* l'insolence *(lapsus)*

172 *A Ce vers ne commence pas en retrait (pas de nouvel alinéa).*

» Aussi qui souffre un crime estre fait par autruy,
» S'il le peut empescher, offense* autant que luy.

PYRRHE

Achille n'aura donc aucune recompense ?

AGAMEMNON

Si* aura, tout le monde entendra sa vaillance :
Il n'y aura quartier de ce vague* univers
Qui ne soit abreuvé de ses gestes* divers.
» La louange est le prix de tout cœur magnanime*.
» Tout brave* cœur ne fait que de la gloire estime.
Que si les trespassez* s'esjouissent* de sang,
Que dessur* son tombeau lon en tire du flanc,

[f° 183 r°]

Ou du gosier ouvert d'une belle genice,
Sans que d'une pucelle* on face sacrifice.
Quelle façon barbare et coustume est-ce là ?[173]
Quelle execrable* horreur* ? qui veit jamais cela
Qu'un homme trespassé* dans sa tombe eust envie
D'un autre homme vivant, de son sang, de sa vie ?
Vous rendriez vostre pere à chacun odieux,
Le voulant honorer d'actes injurieux*.

PYRRHE

O superbe*, insolent[174] en fortune prospere,
Timide* et abbatu quand elle t'est contraire,
Des Princes le tyran, tu es accoustumé
D'avoir de nouveau feu l'estomach* allumé,
Et de toutes beautez lascivement[175] t'esprendre.

---

173 *A Ce vers ne commence pas en retrait (pas de nouvel alinéa).*
174 *ABC* arrogant
175 *ABC* insolemment

Tu veux donque à tous coups seul nos despouilles
[prendre ?
Non non, sois asseuré qu'aujourdhuy malgré toy,
Sa victime ordonnee Achille aura de moy.
Que si tu la retiens, et refuses d'audace,
Je luy en envoiray de plus digne en sa place :
Auss bien trop long temps est oysive ma main,
Priam veut son pareil, il l'aura tout soudain.

AGAMEMNON

Vrayment tu es comblé* de grande vaillantise*,
D'avoir occis* Priam, une vieillesse grise,
Que ce tien pere avoit en sa tente embrassé*,
Luy demandant le corps de son fils trespassé*.
Que ne l'imites-tu ?

PYRRHE

J'imite sa proüesse*.

AGAMEMNON

De massacrer un Roy en extreme vieillesse !

PYRRHE

» La mort plus que la vie agree aux affligez.

AGAMEMNON

Les vieillards par pitié sont de Pyrrhe esgorgez.

PYRRHE

J'occis* mes ennemis.

AGAMEMNON

D'une clemence egale
Tu veux sacrifier une fille royale. [f° 183 v°]

PYRRHE

La tienne as immolé, qui ores* le defens.

AGAMEMNON

Le païs je prefere à mes propres enfans.

PYRRHE

» Il n'est point defendu par les loix de la guerre
» De tuer les haineux* de sa natale terre.

AGAMEMNON

» L'honneur et le devoir defendent maintesfois
» De faire ce qui n'est defendu par les loix.[176]

PYRRHE

» Ce qui plaist au vaincueur est loisible de faire.

AGAMEMNON

» D'autant qu'il peut beaucoup, d'autant luy doit
[moins plaire.

PYRRHE

Tu as accoustumé tels propos alleguer
Aux Rois tes compagnons, que tu veux subjuguer* :
Mais Pyrrhe ne veut plus souffrir ta tyrannie.

AGAMEMNON

Pour un tel Scyrien c'est trop de felonnie*.

PYRRHE

Scyre n'a point produit de tels monstres qu'Argos.

---

176 *A* » Ce qui n'est defendu par les severes loix.

AGAMEMNON

C’est un mechant* rocher environné de flots.

PYRRHE

Aux flots et à la mer mon ayeule commande.
O que d’Atré la race* et de Thyeste est grande !

AGAMEMNON

Mais tu n’es qu’un bastard, encor quand tu fus [fait
Ton engendreur* Achil’ n’estoit homme parfait.

PYRRHE

Je suis d’Achille fils, dont la race* est connuë
De la terre, du Ciel, et de la mer chenuë.
Eac’ est sous la terre, en son ciel Jupiter,
Et l’ondeuse Thetis fait les flots agiter.

AGAMEMNON

D’Achille à qui Paris a terminé la vie.

PYRRHE

Mais d’Achille qui l’a au grand Hector ravie.

AGAMEMNON

Paris, le plus couard* des Troyens et des Grecs.

PYRRHE

Achille, qu’un des Dieux n’eust attaqué de pres.

AGAMEMNON

Je pourrois refrener l’audace impetueuse
De ce jeune arrogant, et sa langue outrageuse*,
Mais aux fautes des miens j’ay le cœur trop humain :

Car mesmes aux captifs sçait pardonner ma main.

[[fo 184 ro]

Il faut avoir Calchas et son advis entendre* :
Si le destin le veut je la souffriray prendre.
Toy qui as autrefois delié nos vaisseaux
Qui croupissoyent colez aux Beotiques eaux,
Qui prudent* as tollu* la demeure* des guerres,
Qui truchemen du ciel predis sur les tonnerres,
Les foudres, les esclairs, qui les destins cognois
Au paistre des oiseaux, au vol, et à la voix :
Qui sçais ce que menace* une estoile crineuse*,
Une estoile qui traine une torche flammeuse :
Dy nous, divin Calchas, aux immortels pareil,
Ce que nous devons faire, et nous donne conseil.

CALCHAS

Le sang d'Astyanax ne suffit pas encore,
Il faut que le tombeau d'Achille lon decore
Du sang de Polyxene, et qu'aux Ombres[177] de luy
Pyrrhe espouser la meine, et l'immole aujourdhuy.
Autrement à jamais nostre flote retive,
Sans pouvoir démarer* pressera ceste rive :
Et faudra que les Grecs renoncent de pouvoir,
Confinez à ces bords, leurs familles revoir.

PYRRHE. HECUBE.
POLYXENE.

PYRRHE

Allez, soldats, allez, que soudain on l'amene,
C'est tardé trop long temps, amenez Polyxene :

177 *A* ombres

Ja de son tiede[178] sang deust fumer le tombeau,
Ja dans sa gorge deust plonger le saint couteau :
Nous sommes par trop lens au merité salaire,
Que requierent* de nous les vertus* de mon pere.
[f° 184 v°]
Attrainez*, arrachez.

HECUBE

Mechans que faites-vous ?
A l'aide, Citoyens, venez, secourez-nous.

PYRRHE

Hecube, pour neant* vous faites resistance,
Elle est deüe à mon pere, elle est sa recompense.
Je l'auray, laschez-la, c'est l'arrest du conseil
Qu'on arrose ses os de son beau sang vermeil.

HECUBE

O Jupiter ! vois-tu sans courroux cet outrage* ?
Où est ton foudre craint ?

PYRRHE

Rien ne sert ce langage,
Je ne veux perdre temps, le sacrifice est prest.

HECUBE

Quel conseil* est-ce là ? quel execrable* arrest ?

PYRRHE

Que sur l'ombreux tombeau du valeureus Achille,
A ses Manes sacrez j'immole vostre fille.

---

178 *ABC* rouge

HECUBE

Immoler ? et pourquoy ? qu'a Polyxene fait ?
Que servira son sang ? quel en sera l'effet ?

PYRRHE

C'est le vouloir des Dieux, qui nostre flotte agile
Empeschent de voguer, sans guerdonner* Achille.

HECUBE

A son nom des autels faites edifier.

PYRRHE

Il n'a besoin d'autels que pour sacrifier.

HECUBE

Que l'on luy sacrifie une pleine hecatombe*.

PYRRHE

Il veut que vostre fille on immole à sa tombe.

HECUBE

Helas ! pourquoy ma fille ? assez l'Erebe noir
De mes enfans n'enferme en son triste manoir* ?[179]
Le sang de mes enfans n'a teint assez la terre ?
Mes enfans n'ont assez empourpré ceste guerre ?
Ne doit de tant de morts Achille estre contant,
Sans m'oster ceste-ci* qui seule m'est restant ?
Quoy ? le pauvre Priam, que vous vinstes [occire*[180]
Entre mes bras tremblans, ne luy doit-il suffire ?
Prenez plustost Helene : Helene plus qu'aucun,

---

179 *A vers 1555-1556 :* Helas ! pourquoy ma fille ? assez mes enfans n'ont / Parmi le sac Troyen veu l'Erebe profond ?

180 *A Ce vers ne commence pas en retrait (pas de nouvel alinéa).*

Impudique a tramé nostre malheur commun :
Par elle est mort Achille et Troye subvertie*, [f° 185 r°]
Elle a mieux merité de luy servir d'hostie*.
Aussi qu'elle est plus digne, extraitte de Jupin,
D'honorer vostre Achille, extrait de sang divin :
Et qu'en rare beauté Polyxene elle passe,
Comme elle fait encore en esprit et en grace.

PYRRHE

L'Ombre du preux* Achil' veut Polyxene avoir.

HECUBE

Que mes maux à pitié vous puissent esmouvoir,
O Pyrrhe, et que les ans de moy, que l'âge oppresse,
Et de ma fille aussi l'innocente jeunesse,
Poinçonnent* vostre cœur : Pyrrhe, laissez-la moy,
C'est mon seul reconfort en ce lugubre esmoy* :
Elle me sert d'appuy, de baston de vieillesse,
Et de sa pieté* j'adoucis ma tristesse.
Las* ! ne me l'ostez point, ne la faites mourir,
Vous pourriez, la tuant, maint diffame* encourir.
» Il ne faut qu'un vainqueur insolemment se porte*.
» La fortune n'est pas tousjours de mesme sorte :
» Si ore* elle vous rit, ne vous faut confier
» Qu'elle vous vueille ainsi tousjours gratifier*.
J'ay n'agueres vescu de richesses remplie*,
Et de felicitez Royne tres-accomplie* :
Las* ! pauvre, et maintenant un seul jour m'a osté,
M'abysmant* en malheurs, toute prosperité.
    Mon exemple vous meuve*, ô genereux* Pelide,[181]
Et ne soit vostre main d'une vierge, homicide.

181 A *Ce vers ne commence pas en retrait (pas de nouvel alinéa).*

Quel blasme vous sera-ce ? et combien de rancueur*
Encourra d'un chacun ce peuple belliqueur* ?
Quand en obscurcissant le clair* de vos louanges*,
On ira raconter aux nations estranges*
Qu'apres vostre victoire aurez de sang[182] rassis*
Les vierges, les enfans sur vos tombeaux occis* ?

[f° 185 v°]

Las* ! Pyrrhe, de bonne heure evitez ce diffame*,
Et d'une telle horreur* ne souillez point vostre ame :
Prenez pitié de moy, de moy prenez pitié,
Relaissez*-moy ma fille, ains* ma chere moitié.

PYRRHE

Il n'est cœur de rocher qui vos plaintes entende,
Et de compassion, les entendant, ne fende :
Mais l'humble pieté vers mon pere, qui plaint*,
Et le salut commun de la Grece m'astreint
De repousser vos pleurs, et, l'oreille fermee,
Entendre* au vueil* d'Achile et au bien de l'armee :
Armez vous de constance* encontre* le malheur,
Vous sentez* vostre esclandre*, et les Grecques le leur.
Quel nombre pensez-vous de Pelasgides meres[183]
Ont perdu leurs enfans en ces guerres ameres,
Et leurs tendres espoux, que le roux Simoïs
Enferme de ses eaux, bien loin de leurs[184] païs ?
Ne pensez estre seule en vos durs infortunes,
Le dueil* nous est commun, et les pertes communes.

HECUBE

Ma fille, vous voyez mes prieres voler

182 *AB* sens
183 *A Ce vers ne commence pas en retrait (pas de nouvel alinéa).*
184 *AB* leur

Autour de son oreille et se perdre par l'air :
Ma fille, que feray-je ? et que faut-il plus faire ?
Parlez vous mesme à luy, c'est vostre propre affaire,
Jettez-vous à ses piés et requerez* merci*,
Peut estre vous rendrez son courage* adouci.
Il n'est pas engendré d'une Ourse Caucasine,
Et pour un cœur ne porte un marbre en la poitrine :
Adressez luy vos pleurs, et si bien l'esmouvez
De vostre douce voix, helas ! que vous vivez.

POLYXENE

Pyrrhe, ne destournez vostre face en arriere,
Ne vous reculez point pour n'ouir* ma priere :
Je ne demande rien, je ne vous requiers* pas [fº 186 rº]
Que me vueillez chetive*, exempter du trespas*.
Rasseurez vostre cœur, vous n'aurez peine aucune
A rejetter, felon*, ma requeste importune.
Non non, je vous suivray, n'en ayez point de peur,
Je vous suivray par tout d'un magnanime* cœur*.
Ne me vaut-il pas mieux que je meure à ceste
[heure,[185]
Qu'apres mille langueurs* en service* je meure,
De mon honneur forcee*, esclave entre les mains
D'un, qui m'ira soumettre à ses[186] plaisirs vilains ?
Et quel bonheur[187] pourrois-je avoir plus en ce monde,
De telle grandeur cheute* en misere profonde,
Qui suis fille d'un Roy, nourrie* avec espoir
De me voir Royne un jour dedans un throsne
[seoir* ?[188]

---

185 *A Ce vers ne commence pas en retrait (pas de nouvel alinéa).*
186 *A* ces
187 *ABC* plaisir
188 *A* D'estre d'un Roy l'espouse et dans un throsne seoir ?

Qui fus la sœur d'Hector aux armes indomtable,
Et maintenant servir* captive miserable ?
Plustost puissé-je voir l'onde de Phlegethon,
Plustost puissé-je cheoir* aux caves* de Pluton,
Laissant du beau Soleil la clairté* radieuse*,
Que voir ma chasteté souffrir chose honteuse.
Donc quand il vous plaira, Pyrrhe, allons à la [mort,[189]
Aussi bien n'ay-je plus aucun autre confort*,
Je ne puis esperer de Fortune meilleure,
Tant nous sommes perdus, si ce n'est que je meure.
Or* vous, ma douce mere, helas ! ne plorez* point,
Plustost esgayez-vous de me voir en ce poinct :
Vous deussiez maintenant, c'est vostre vray office*,
Me presenter vous mesme à ce doux[190] sacrifice,
A fin que je ne souffre asservie à leur loy[191]
Chose qui soit indigne et de vous et de moy.
» Toute fille d'honneur perdra plustost la vie,
» Que sa pudicidité* luy soit d'aucun ravie.[192] [f° 186 v°]

PYRRHE

» Volontiers la vertu* le sang illustre suit,
» Et des peres l'honneur en leurs enfans reluit.
» Vrayment Nature a fait à ceux une grand'grace,
» Qui se peuvent vanter d'estre de bonne race*.

HECUBE

Vous me faites mourir, vos propos genereux*

---

189 *A Ce vers ne commence pas en retrait (pas de nouvel alinéa).*
190 *ABC* dur
191 *A* A fin de ne souffrir, sous estrangere loy
192 *ABC vers 1657-1658 :* » Il est bien plus aisé perdre une fois la vie / » A fille de bon cœur que de vivre asservie.

Rengregent*, ô mon œil, mes tourmens* douloureux.
Hé, Pyrrhe, ayez pitié d'une telle jeunesse !
N'arrachez de mon sein ceste sage Princesse :
Ne la massacrez point, vous aurez un remord,
Si vous l'allez tuer, pire que n'est la mort.
Que si pour contenter l'Ombre palle d'Achille
Une hostie* il vous faut[193] de royale famille,
Me voicy, menez-moy, je tendray le gosier,
J'ay encores du sang pour le rassasier :
C'est moy, Pyrrhe, c'est moy que sa tombe demande,
C'est de mon sang vieillard* dont elle est si friande :
C'est moy qu'elle poursuit, qui Paris ay conceu,
Ce Paris dont il a le mortel coup receu.

PYRRHE

Ce n'est pas vous, il veut ceste fille pucelle*.

HECUBE

S'il la veut, pour le moins que je meure avec elle,
A fin que plus de sang puissent boire ses os,
Et qu'un double massacre[194] appaise ce[195] heros.

PYRRHE

Vostre fille suffit, il ne faut d'avantage
Sur ce cave* sepulchre exercer de carnage :
Et encor pleust à Dieu que l'on s'en peust passer.

HECUBE

Il nous faut, il nous faut ensemble trespasser*.

---

193 *AB* Une hostie vous faut
194 *A* carnage
195 *ABC* cet

PYRRHE

Attendez que la mort prochaine vous enferre.

HECUBE

Je luy suis jointe ainsi qu'aux ormeaux le lierre.

PYRRHE

Laschez-la, c'est en vain : que vous sert vostre effort* ?

HECUBE

Plustost que je la lasche il me faut mettre à mort.

PYRRHE

Je ne m'en iray point sinon que je l'emmene.[196]

[f° 187 r°]

HECUBE

Je ne lascheray point ma fille Polyxene.

POLYXENE

Madame laissez moy, de peur que le courroux
De ce jeune guerrier s'attise contre vous,
Et qu'il vous face outrage* en m'arrachant de force,
Et qu'à vos bras foiblets il donne quelque entorce :
Qu'il nous traine par terre, et face despiteux*
De nos calamitez un spectacle honteux,
Il faut qu'en endurant* vostre douleur s'appaise.
Tendez-moy vostre main, à fin que je la baise
Pour la derniere fois, car je ne verray plus
Esclairer* dessus moy la torche de Phebus :
Je devalle* aux Enfers en l'Avril de mon âge,
Soulant des ennemis la carnagere* rage.

196 *ABC* Je ne m'en iray point, plustost que je l'emmene.

Adieu Madame.

HECUBE

O Dieux ! ne sçaurois-je mourir ?
Le sang ne me sçauroit comme les pleurs tarir ?
Doy-je voir tant de morts ? et voir les funerailles
De tel nombre d'enfans sortis de mes entrailles ?
O ma fille ! ains* mon ame, ainsi donc je vous pers,
Et sans moy vostre mere ouvrirez les Enfers ?
O pauvre ! ô miserable !

POLYXENE

Il faut que je vous laisse,
Qui vous pensois servir de baston de vieillesse.

HECUBE

Vous serez loin de moy dessur* le triste bord.[197]

POLYXENE

Cela me gesne* plus que ma cruelle mort.

HECUBE

Il me faudra passer mon âge* en servitude.

POLYXENE

Helas j'en ay au cœur grande solicitude*.

HECUBE

Chetive* apres avoir cinquante enfans perdus.

POLYXENE

Ils sont tous par Helene aux Enfers descendus,

197 *ABC* sur le funebre bord.

Fors* le prudent* Helen et Cassandre, et encore
Le dernier de vos fils, le jeune Polydore,
Qui vous puisse survivre, et vous clorre* les yeux,
Quand la mort bornera vos tourments* ennuyeux*.

[f° 187 v°]

HECUBE

J'ay peur qu'il ne soit plus.

POLYXENE

N'ayés pas ceste crainte.

HECUBE

J'ay ceste vision encore au cœur empreinte.

POLYXENE

Que diray-je à Priam et au fameux* Hector ?

HECUBE

Que je suis en ce monde où je lamente* encor.

POLYXENE

Allons, Pyrrhe, il est temps, je vous fay trop attendre :
Allons de vostre pere ensanglanter la cendre,
Il me desplaist de vivre, allons le contenter :
Allons l'impiteux* glaive en ma gorge planter.[198]

HECUBE

O desastre*, ô misere, ô malheur incroyable !
O Ciel, Ciel inhumain ! ô Ciel impitoyable !
O Dieux sourds à nos cris, vainement reclamez*,

198 *A* Que le couteau l'on vienne en ma gorge planter.

Apres nostre carnage aboyans[199] affamez !
Pourquoy si longuement d'ans et de mal chargee
Me faites vous trainer ceste vieillesse agee,
Sans rompre le filet de mes vieux jours retors*,
Plustost qu'à mes enfans en leur jeunesse morts ?
Qu'avecques mon mari n'ay-je franchi le fleuve
Du bourbeux Acheron sans luy survivre veufve ?
Survivre à mes enfans en dix ans massacrez
Au siege d'Ilion, par les cousteaux des Grecs ?
O Mort, que tardes-tu ? qu'est-ce plus que tu tardes,
Que maintenant, au moins, mes poumons tu ne dardes*,
Affranchissant* mon ame, et la deracinant
De ce corps miserable où je me vay gesnant* ?

CHŒUR

L'ame fut de celuy mechantement hardie,
Hardie à nostre mal,
Qui vogua le premier sur la mer assourdie
Et son flot inegal. [f° 188 r°]
Qui d'un fraisle vaisseau raclant des ondes bleuës
Les larges champs moiteux*,
Ne craignit d'Aquilon[200] les haleines esmeuës*,
Ny de l'Auton pesteux* :[201]
Qui mesprisant la mort à ses desseins compagne,
Et prodigue de soy,
Aux moissons prefera d'une herbeuse campagne
Un element sans foy :
Et d'un cours incertain, sur des naus* passageres,
Sa terre abandonnant,

199 *ABC* abayans*
200 *ABC* N'a craint des Aquilons
201 *ABC* Ny des Autans pesteux :

Alla, pour le proffit, aux terres estrangeres,
Leurs rives moissonnant*.
Quelle crainte de mort descendit dans ses mouëlles
Qui le peut effrayer ?
Qui sans peur veit enfler la cavité des voiles,
Et les flots abayer* ?
Qui veit les rocs battus d'escumeuses tempestes
Les astres menaçans :
Et d'Epire les monts aux sourcilleuses* testes
De foudre[202] rougissans ?
Qui veit les Capharés, et les rages de Scylle,
Qui veit Charybde aupres,
En son ventre engloutir les ondes de Sicile,
Pour les vomir apres ?
» Sans cause Jupiter la terre a separee
» D'une vagueuse* mer,
» Si les hardis mortels de l'une à l'autre oree*
» Font leurs vaisseaux ramer.
Qu'heureux furent jadis nos regretables peres[203]
En leur temps bien-heureux,
Qui de voir, nautonniers*, les rives estrangeres [f° 188 v°]
Ne furent desireux :
Ains* d'avarice* francs*, d'envie et de cautelles*,[204]
Les pestes* de ce temps,
Paisibles labouroyent leurs terres paternelles,[205]
Dont ils vivoyent contens*.
On ne cognoissoit lors les humides Pleiades,

202 *A* foudres

203 *ABC* Qu'heureux furent jadis, qu'heureux furent nos peres

204 *ABC* Ains d'avarice francs et de feintes cautelles,

205 *A* Labouroyent paresseux leurs terres paternelles, / *B* Labouroyent, paisibles, leurs terres paternelles, *(le vers est faux)* / *C* Paisibles labouroyent les terres paternelles,

Orion, ny les feux,
Les sept feux redoutez des pleureuses Hyades,
Le Charton*, ne ses bœufs.
Zephyre et Aquilon estoyent sans noms[206] encore,
Venus et les Jumeaux,
Astres que le nocher* palle de crainte adore,
Flambans sur ses vaisseaux.
Tiphys tenta premier la poissonneuse plaine
Avec le fils d'Eson,
Pour aller despouiller une rive lointaine
De sa riche toison.
Puis nostre beau Paris de voiles et de rames
Fendit l'onde à son tour :
Mais au lieu de toison il apporta les flames
D'une adultere amour.
La Grece repassa la mer acheminee*,
Apportant le brandon*
Qui vient d'enflamber* Troye, et l'ardeur* obstinee
Du feu de Cupidon.

ACTE IIII

MESSAGER. ANDROMACHE.
TALTHYBIE. HECUBE.

MESSAGER [f° 189 r°]

O spectacle cruel ! ô destin miserable !
O detestable* faict*, horrible*, espouventable !
O bourrelle* Achaie ! ô peuples plus felons*,

206 *CD* nous *(lapsus évident)*

Plus barbares et durs que Scythes et Gelons !
Que les peuples cachez aux cavernes secretes
Du touche-ciel Atlas, que les fiers* Massagetes,
Nourriçons de Boree, et que les Ours ne sont,
Ou les Tigres foulans le Caucaside mont !

ANDROMACHE

Quelle fureur* t'espoind* ? quelle chose inhumaine
Te transporte ô Troyen, et te met hors d'haleine ?

MESSAGER

Qu'as-tu veu de semblable ? et qu'as-tu veu de tel,
Chetif*, durant le temps de ce siege mortel ?[207]

HECUBE

Ceste horreur* m'appartient.

ANDROMACHE

Mais* à moy miserable.

HECUBE

Mais* à moy, car tout mal m'est helas ! lamentable*.
Chacun souffre le sien, mais le mal d'un chacun,
Outre mes propres maux, m'est un tourment* [commun.
Par ainsi, Messager, quel quel* soit cest esclandre*
Que tu vas deplorant, il vient sur moy descendre :
Et ne peux lamenter* aucun malheur Troyen,
Survenu de nouveau, qu'il ne soit du tout mien.

---

207 *A vers 1815-1816:* Qu'a-ton veu de semblable ? et qu'a-ton veu de tel, / Durant tous les dix ans de ce siege mortel ?

MESSAGER

Astyanax est mort.

ANDROMACHE

O puissance eternelle !

HECUBE

Ne vengeras-tu, pere, une cruauté telle ?

ANDROMACHE

Où est ores* ton foudre, et ce feu si grondant,
Que sur ces enragez tu ne le vas dardant* ?
Ne vois-tu de là haut ces griefves* forfaitures* ?
Ou si tu n'as souci de venger nos injures* ?
Accable, pour le moins, mon chef*, Olympien,
Si contre les Gregeois ton foudre ne peut rien :
Accable accable moy, vien me broyer la teste,
Pour rompre la fureur* qui dedans moy tempeste,
Pour me faire revoir sur les rivages coys* [f° 189 v°]
Mon fils et mon espoux, meurtris* par les Gregeois.

MESSAGER

On l'a precipité du feste des murailles.

ANDROMACHE

O quel eslancement je sens en mes entrailles !
Il faut que je le voye, et qu'avant que la mer
Nous deloge d'ici, je le face inhumer.

HECUBE

Ne bougez, entendons ce discours mortuaire*.
Toy messager poursuy, ne crain de nous desplaire.
De feu, de sang, de cris, de larmes je me pais*,
Ceste seule viande* ha mon cœur desormais :

Rien ne s'offre à mes yeux, rien ne bat mes oreilles
Que meurtres, que tombeaux, que pitiez*
[nompareilles :
Et retraite* à par* moy, je n'ay l'entendement
Occupé jour et nuit que de ce pensement*.
Je me soule en mon mal, je m'y bagne* et m'y plonge,
Ce plaisant desplaisir de mon bon gré me ronge.
Conte donc je te pry.

ANDROMACHE

Que la terre ne fend*,
Et ne me va piteuse* en son ventre estoufant !

MESSAGER

Il nous reste une tour de la defunte Troye,
Que le feu n'a rongé, que la cendre ne noye,
Comme les autres tours, et que les soldats Grecs
Au publique brasier ont conservee expres
Pour eternelle marque, et celebre[208] trophee
De leurs braves* labeurs* sur Troye triomphee*.
Là nagueres Priam sur les creneaux estoit[209]
Dedans son thrône assis pendant qu'on combatoit,
Et de voix et de mains, à bas sous les murailles,
Grave en longs cheveux gris, arrengeoit* les batailles*,
Mignardant* tendrement, et tenant en ses bras
Le petit fils d'Hector, luy monstrant les combats :
Et comme à coups de pique endossé* de ses armes,
Son pere alloit fendant la presse* des gendarmes*,
[f° 190 r°]
Les rompoit, foudroyoit, terraçoit à monceaux,

---

208 *ABC* recogneu

209 *A Ce vers ne commence pas en retrait (pas de nouvel alinéa).*

Et de sang et de feu remplissoit leurs vaisseaux.
Ceste fameuse* tour ornement de la ville,
Mais, las* ! qui ressemble ore* un rocher inutile,
De peuple estoit pressee : autour de toutes pars
Eussiez veu fourmiller les chefs et les soldars* :
Chacun sort des vaisseaux, et par troupes s'assemble,
L'onde bleuë en fremist, tout le rivage en tremble.
Loin s'eleve un coustau*, qui peu à peu descend
Jusqu'au pied de la tour et en plaine s'estend :[210]
Là l'Argolique[211] armee à son aise se campe.
L'un de piez et de mains à toute force rampe
Au feste des rochers, et balancé des piez
Descouvre de la mer les grands flots repliez :
L'autre grimpe en un Pin, en un Fouteau* se cache,
Ou aux bras d'un Laurier avec les mains s'attache,
Si que lon voit branler sous le moleste* pois
De ce peuple pendant, la perruque* des bois.
Cestuy-cy* veut gravir au haut d'un precipice,
Cestuy-là* sur le toict d'un fumeux edifice,
Ou sur un pan de mur à demy consommé*,
Reliques* d'Ilion par les Grecs enflammé :
Mesmes aucuns (forfait* !) se vont planter sans crainte
Sur la tombe d'Hector, inviolable et sainte,
Quand nous voyons marcher Ulysse l'inhumain
Avec Astyanax, qu'il menoit par la main :
Puis montez, en tournant, par une vis* fatale
En l'estage dernier de ceste tour royale,
L'enfant Hectorean d'un visage rassis*
Regarde constamment* les peuples espaissis*

210 *ABC* En un large valon qui jusqu'aux murs s'estend :
211 *AB* Argolide

Ondoyans par la plaine, ainsi qu'une tourmente
[f° 190 v°]
De longs espics flotans, quand Zephyr les évente.
De tous costez il tourne et retourne ses yeux[212]
Lançant de toutes parts un regard furieux*,
Ainsi qu'un Lyonceau encor foiblet et tendre,
De qui la jeune dent ne peut encore offendre* :
S'efforce toutefois de mordre en son courroux,[213]
Desja sa hure il branle, et fremist à tous coups,
Il s'enfle, il se boursoufle, en ses yeux il amasse*
Et en son cœur felon*, la rage et la menace.
Ainsi ce jeune enfant coleré* de se voir[214]
Entre ses ennemis, sujet à leur pouvoir,
Monstroit dessur* le front le despit* de son ame :
De ses deux yeux sortoit une brillante[215] flame
D'outrageuse* rancœur*, et la ferocité,
De son pere luisoit en son front irrité.
Ce brave* naturel superbe* et magnanime*
Esmouvoit un chacun, tous l'avoyent en estime :
Les peuples et les chefs à plorer* sont contrains,
Et chacun essuyoit les[216] larmes de ses mains,
Mesme le dur Ulysse, attendry de courage*,
De pitoyables* pleurs s'est baigné le visage.
Mais tandis que le Prestre, à par* soy murmurant
Maints et maints mots sacrez, va les Dieux adjurant*,
Les bustuaires* Dieux, qu'il invoque Neptune,

212 *A Ce vers ne commence pas en retrait (pas de nouvel alinéa).*

213 *ABC* vers 1900-1903 : Elançant la fureur, ainsi que furieux / Se monstre un Lyonceau, bien que foiblet et tendre, / Et que sa jeune dent ne puisse encore offendre, / Il tasche toutefois de mordre en son courroux,

214 *A Ce vers ne commence pas en retrait (pas de nouvel alinéa).*

215 *ABC* jumelle

216 *ABC* ses

Eole et les Tritons de la mer importune,
En les propiciant* pour leur ondeux retour,
L'enfant, sans luy toucher, s'elance de la tour
Sur le dos des rochers.

ANDROMACHE

Quel Gete, quel Tartare,
Et quel Colque a commis un acte si barbare ?
Quel peuple sans pitié, sans police*, sans loix,
Vivant dans les deserts, privé d'humaine voix [f° 191 r°]
Et d'humaine raison, sur les monts d'Hyrcanie,
A commis, a conceu si grande felonnie* ?

HECUBE

De Busire n'estoyent les sacrifices tels,
Car le sang des enfans ne teindoit* ses autels.
L'horrible* Diomede et aux Dieux execrable*,
De membres enfantins n'emplissoit son estable,
Et ne les entassoit dedans ses rateliers,
Pour en faire engraisser ses chevaux carnaciers.

ANDROMACHE

O miserable enfant ! et qui las* ! aura cure*
D'ensevelir ton corps digne de sepulture ?[217]

MESSAGER

Son corps est tout froissé, tout moulu, écaché*,
Rompu, brisé, gachy*, demembré, dehaché*,
Sa teste par morceaux, la cervelle sortie,
Et bref vous ne verrez une seule partie[218]
Qui n'ait les os broyez plus menu que le grain

217 *ABC* D'ensevelir ton corps, le mettre en sepulture ?
218 *ABC* Et bref de tout son corps vous ne verrez partie

Qu'on farine au moulin pour le tourner en pain :[219]
Si* qu'il ne semble* plus qu'une difforme masse
Confuse de tout poinct, sans trait d'humaine face
Ny d'humaine figure, et puis le sang, qui l'oint,
Fait qu'en levant un membre on ne le cognoist* [point.

ANDROMACHE

Son sort est plus cruel que celuy de son pere.
O Dieux, que vostre main est contre nous severe !
Meurtrir* ce pauvre enfant ? le faire torturer
Auparavant qu'il sceust que c'estoit d'endurer* ?
Me l'aviez-vous donné, me l'aviez-vous fait naistre
Pour de sa dure mort les yeux Gregeois repaistre ?
Helas ! et ne m'estoit-ce assez d'affliction,[220]
Que mes freres germains*, que mon pere Etion,
Que mon espoux aimé, que ma natale ville,
Thebes aux hautes tours fussent destruits d'Achille,
Si je n'avois expres un enfant par malheur, [f° 191 v°]
Pour de sa mort cruelle enfieler* ma douleur ?
  Enfant, où que tu sois souviens-toy de ta mere,[221]
Ne me laisse servir* en maison estrangere,
Supplie, si tu peux, à la noire[222] Atropos
Que bien tost avec toy je devale* en repos,
Effaçant mes ennuis* dedans l'onde oublieuse,
Les ennuis* que me fait ceste vie odieuse.
Si* faut-il, mon enfant, que j'aye le souci
De te faire un sepulchre en quelque part* ici :
Je ne permettray pas que tu sois la pasture

219 *ABC* pour en faire du pain :
220 *ABC* Las ! ne m'estoit-ce assez, assez d'affliction,
221 *A Ce vers ne commence pas en retrait (pas de nouvel alinéa).*
222 *ABC* palle

Des bestes, des oiseaux de gloutonne nature.
Je vay prier les Grecs.

MESSAGER

Les Grecs l'ont estendu
Dans le boucler*[223] d'Hector, pour vous estre rendu.

ANDROMACHE

O boucler*[224] l'ornement d'une dextre* guerriere,
Vous servez maintenant à mon enfant de biere !
On vous a veu jadis, ô renommé boucler*,
Plus redouté des Grecs que d'un foudre l'esclair :
Et lors je pensois folle (ô trompeuse pensee !)
Voir un jour, quand d'Hector la vieillesse avancee
Par les travaux* guerriers, luy courberoit le dos,
Que son fils heritier de son antique* los*
Se pareroit de vous, vous porteroit en guerre,
Las* ! et tout au rebours* vous le portez en terre.

CHŒUR

» Nos gemissemens sont plus doux
» Quand chacun gemist comme nous :
» Nostre douleur est moins cuisante[225]
» Et mord nos cœurs plus lentement,
» Quand nostre publique tourment* [f° 192 r°]
» Tout une commune* lamente*.

» Ah ! tousjours tousjours un grand mal
» Se plaist de trouver son egal,[226]

223 *ABC* bouclier
224 *ABC* bouclier
225 *ABC* poignante
226 *ABC vers 1989-1990 :* » Ah ! tousjours tousjours un grand dueil / » Se plaist de trouver son pareil,

» Un compagnon tousjours desire :
» Et rien ne nous soulage tant
» Que de voir un autre portant*
» Le mesme dueil* qui nous martyre*.[227]

» Alors aucun ne s'apperçoit*[228]
» Miserable, encor qu'il le soit.
» Ostez les personnes heureuses,
» Ostez les riches, vous verrez
» Les pauvres qui sont atterrez*,
» Lever les testes orgueilleuses.

» Nul ne se pense malheureux[229]
» Qu'accomparé* d'un bien-heureux.
» Las* ! qu'un homme qui se lamente
» Sent peu de consolation,
» Que quelqu'un en sa passion*[230]
» L'aborde la face riante.

» Celuy plus aigrement se pleint
» Qui est seul d'infortune atteint :[231]
» Et plus impatient* soupire
» Qui de la tourmente agité
» Nud contre un rocher est jetté,
» Voguant avec un seul navire.

---

227 *ABC entre les vers 1994 et 1995, s'intercale la strophe suivante :* « De souffrir on ne fait refus / » Un mal en tout chacun infus : / » Et plus volontiers on supporte / » L'aigreur de tout contraire sort, / » Quand on voit que sa pince mord / » Tout le monde de mesme sorte.

228 *ABC* » Las ! personne ne s'apperçoit

229 *ABC* » Nul n'est reputé malheureux

230 *ABC vers 2003-2005 :* / » O qu'une personne dolente / » Sent grande consolation, / » Que nul en son affliction

231 *ABC* » De la Fortune, qui l'estreint,

» Mais en un semblable malheur
» Semblable n'est pas sa douleur,
» Voyant encombrer le rivage
» De mille vaisseaux renversez,
» Qui par les vagues dispersez
» Ont fait avecque luy naufrage. [f° 192 v°]

Phrixe traversant, sur le dos
De son belier, les traistres flots,
Avec sa sœur la pauvre Helle,
Espoinct* de grand'tristesse fut
Quand sous les ondes elle cheut*,
Par-ce qu'il n'y cheut* autre qu'elle.

Mais quand Pyrrhe et son vieil mari[232]
Restans[233] seuls du monde peri,
Veirent noyer la race humaine,
Leurs amis ne pleurerent pas :[234]
Pource* que de pareils trespas*
La vagueuse* terre estoit pleine.

Nostre dueil* devroit estre tel,
Puis qu'il nous est universel :
Mais la flote victorieuse
Rend par ses allaigres chansons,
Plus que nos propres marrissons*
Nostre fortune malheureuse.

232 *A* Mais quand Pyrrhe avec son mari
233 *A* Restant
234 *A* Un seul ils ne pleurerent pas :

TALTHYBIE. HECUBE.
CHŒUR[235].

TALTHYBIE

O grand Dieu Jupiter ! les affaires mondains
Gouvernes-tu, conduits par tes puissantes mains,
Ou s'ils vont compassez* d'un ordre de nature,
Ou si l'instable sort les pousse à l'avanture* ?
D'où vient que ceste Royne, apres tant de malheurs,
En nouveau dueil* retombe et en nouvelles pleurs ?[236]
Qui n'aguere aux Troyens commandoit orgueilleuse,[237]
Qui d'enfans Rois avoit une suitte nombreuse,
Femme du grand Priam, dont le renom fameux*
[f° 193 r°]
Par l'Asie a couru jusqu'aux Indois[238] gemmeux* :
Elle n'a maintenant ny royaume ny ville,
Ses enfans sont meurtris*, et le preux* fils d'Achille
A tué son espoux : elle n'a pour tout bien
Que le seul desplaisir de ne se voir plus rien.
Encore est-elle esclave, ô chose pitoyable* !
Je la voy là couchee à terre sur le sable.
Hecube, levez-vous, redressez vostre chef*,
Tournez vers moy les yeux.

HECUBE

Et quel nouveau mechef*
T'ameine ici vers moy ? Calchas ce brave* augure
Me veut-il égorger sur quelque sepulture ?
Allons, me voici preste.

---

235 *A Le chœur n'est pas mentionné.*

236 *A vers 2041-2042 :* D'où vient que ceste Royne, accablee en malheurs, / Est confitte en regrets, en sanglots et en pleurs ?

237 *ABC* sourcilleuse,

238 *A* Indes

TALTHYBIE

Agamemnon le Roy
Et l'exercite* Grec, qui marche sous sa loy,
Vous mande* qu'envoyez au port vostre famille,
Pour faire ensevelir le corps de vostre fille.

HECUBE

Que ceste charge est dure ! hé bons Dieux j'esperois
Que tous mes maux je deusse amortir* ceste fois,[239]
Que ma mort fust conclue, ô esperance vaine !
Au lieu d'elle j'entens la mort de Polyxene.
O deplorable mort ! mais las* ! Herault, dy moy,
A-telle fait, mourant, chose indigne de soy ?
Discours moy de sa fin.

TALTHYBIE

Vous me ferez encore
Attrister de sa mort, si je la rememore :
Je ne lairray* pourtant*, puis qu'ainsi le voulez,
A fin que de douleurs vostre esprit vous soulez.
Le sepulchre d'Achille est basti sur la rive,[240]
Où l'onde Rheteanne en escumant arrive :
Derriere est un valon qui hausse* doucement,
Et qui fait en theatre un grand coutournement*.
Là s'est rendu le peuple, et ceste pente ronde
Jusqu'au pied du tombeau s'est couverte de monde.

[f° 193 v°]

Les uns alloyent disant que ceste mort ostoit[241]
L'ancre du long sejour* qui leurs naus* arrestoit,
Qu'il falloit des haineurs* perdre toute la race* :

---

239 *A* Que tous mes maux je deusse esteindre à ceste fois :
240 *Dans A, les vers 2071-2162 sont par erreur attribués à Hécube.*
241 *A Ce vers ne commence pas en retrait (pas de nouvel alinéa).*

Mais la plus grande part du Gregeois populace*
Detestoit* ce forfait*, quand on voit les flambeaux
Porter ainsi ardans* comme aux soirs nuptiaux.
Quelques jeunes enfans, choisis entre les bandes*,
Marchoyent le front orné d'odoreuses guirlandes :
Pyrrhe suivoit apres, de la main conduisant
La vierge coste à coste, au sepulchre nuisant.
Une soudaine horreur* descend dans les moüelles
Des peuples effroyez de nopces si cruelles :
La face nous pallist, le cœur nous va battant,
Et la froide sueur à nos fronts va montant.
Un silence muet soudain couvre la plaine,
Nous demeurons surpris d'une frayeur soudaine.
    Elle d'honneste* honte ayant les yeux baissez,
Traverse avecques luy les escadrons pressez*.
Ceste douce beauté, dont Cyprine la doüë*,
Luist plus que de coustume en sa vermeille jouë,
Apparoist plus divine, et nous semble son teint
Se lustrer* d'autant plus qu'il est pres d'estre esteint.
Comme on voit sur le soir plus douce la lumiere
Du Soleil, quand il tombe en l'onde mariniere*,
Que les astres nuiteux* vont le ciel entrouvrant,
Et que le jour pressé* se va demi-couvrant.
Chacun sent de la voir attendrir son[242] courage*,
Les uns sa beauté meut*, les autres son bas* age,
Aucuns vont discourant* l'inconstance du sort,
Mais tous prisent* son cœur* si magnanime* et fort.
    Elle devance Pyrrhe, et d'une franche* allure[243]

[f° 194 r°]

Monte au plus haut sommet de ceste sepulture :

---

242 *A* le
243 *A Ce vers ne commence pas en retrait (pas de nouvel alinéa).*

Alors le Pelean du tombeau s'approchant,
Et de sa main l'autel reveremment touchant,
Les deux genoux pliez va dire en ceste sorte.
Reçoy, mon Geniteur*, dessus ta cendre morte
La sainte effusion* que nous t'avons voulu
Faire d'un sang virgeal*, non souillé, ny polu* :
Reçoy-le de nos mains, et que si chere offrande
Te soit propiciable*, et satisfait te rende.
Appaise ton courroux, preux* Achille, et permets
Que desancrer* du port nous puissions desormais,
Et libres et vainqueurs par ta forte proüesse*,
Sans encombre revoir les villes de la Grece.
Il eut dit, et chacun sa priere approuva,
Un murmure de voix à l'entour se leva :
Comme aux grandes citez, où le peuple commande
Par cantons* assemblé pour quelque chose grande :
Apres que le Tribun a cessé de parler,
Un tumulte* confus, un bruit s'eleve en l'air
Des tourbes* approuvant ou reprouvant la chose,
Que pour le bien public ce magistrat propose.
Pyrrhe ayant achevé se leve tout debout,
Met la main au poignard et le desgaine tout,
Fait signe aux jeunes gens qui estoyent aupres d'elle,
De luy serrer les mains.[244] Mais adonc la pucelle*
En ces mots s'écria : Gregeois, laissez mon corps
Je mourray franchement* sans faire aucuns efforts*,
Pourveu que je sois libre*, à fin qu'entre les Manes
Serve* je ne sois veuë aux rives Stygianes,
Qui suis fille de Roy : laschez moy, je vous pry.
Lors se fit par le peuple un effroyable cry, [f° 194 v°]
Voulant qu'on la laissast, et Agamemnon mesme,

244 *A* Qu'ils luy serrent les mains.

Les larmes sur les yeux, le commanda luy-mesme :
Elle fendit sa robe avec sa blanche main,
Et jusques au nombril se decouvrit le sein :
Sa poitrine fut veuë avec ses mammelettes,
S'enflant egalement comme rondes pommettes :
Puis les genoux en terre, à Pyrrhe dist ainsi,
    Si tu veux traverser ceste poitrine ici,[245]
O Pyrrhe, ou si plustost ce gosier tu demandes,
L'un et l'autre sont prests, fay de moy tes offrandes.
    A ces mots il s'approche, et son glaive poignant*
Dans le sang de la vierge à[246] regret va baignant,
Il sort comme un estang qui coule[247] par la bonde* :
Et elle, que laissoit son ame vagabonde*,
Tombant dessur*[248] la face, encore eut pensement*,
La mort dedans le cœur, de cheoir* honnestement*,
Et de ne découvrir à la tourbe* nombreuse
De son corps estendu chose qui fust honteuse.
    Tout le monde gemist, personne ne s'est veu[249]
Qui se garder de plaindre et larmoyer* ait peu :
Chacun retourne triste, abominant* l'oracle
Du prophete Calchas, et son sanglant spectacle.
Le sang ne ruissela[250] quand du corps il sortit,
Car le cruel* tombeau tout soudain l'engloutit.

HECUBE

Allez, Danois, ouvrez les campagnes liquides,
Retournez seurement* aux citez Argolides,

245 *AB Ce vers ne commence pas en retrait (pas de nouvel alinéa).*
246 *ABC* en
247 *ABC* un torrent qui jaillist
248 *ABC* contre
249 *A Ce vers ne commence pas en retrait (pas de nouvel alinéa).*
250 *ABC* Or le sang ne coula

Mettez la voile au vent, abandonnez le port,
Ma fille est immolee, Astyanax est mort :
La guerre est achevee, où est-ce, helas où est-ce
Que je dois employer ce reste de vieillesse ?[251]
Qui doy-je lamenter* ? sera-ce mon epoux, [f° 195 r°]
Ma fille, mon païs, Astyanax, ou vous,
Ou moy, ou tous ensemble ? ô Parque, je t'appelle
Qui aux vierges est[252] tant et aux enfans cruelle,
Vien à moy massacreuse*[253] : et* pourquoy me
[crains-tu ?
Que n'as-tu ja mon corps dans la tombe abatu ?
Tu me redoutes seule, et seule entre les armes,
Les meurtres, les brandons*, les horreurs* des
[gendarmes*,
Les cheutes de maisons tu me vas espargnant,
Et foulant tant de corps le mien tu vas craignant.
Or* vous Grecs frauduleux*, qui d'armes
[deloyales,
Avez renversé Troye aux ondes Stygiales :
Qu'apres dix froids hyvers n'avez prise sinon
Par un feint partement* et par un faux* Sinon :
Qui par vos cruautez avez pollu* la terre,
L'onde humide et le ciel, d'où Jupiter desserre
Ses foudres rougissans sur les deloyautez
Des traistres, comme vous, confits* en cruautez :
Puisse pour vous venger de vos lasches parjures,
Neptun vous travailler* d'horribles* avantures*
Par ses ondes voguant : que les uns d'entre vous,
Battus des flots de l'onde et du venteux courrous

251 *ABC vers 2167-2168* : La guerre est achevee, où mes pleurs tourneray-je ? / Où ce qui m'est restant de vieillesse employray-je ?

252 *ABC* es

253 *A* massacroüere *BC* massacroire

Des Aquilons troublez, trebuchent* pesle-mesle,
Environnez d'esclairs, de foudres et de gresle :
Qu'ils puissent avec crainte et tourment* abysmer*
Devorez des troupeaux de la monstreuse* mer :
Que les rocs Capharez aux pointes fluctueuses*,
Que Scylle et que Charybde, et les Syrtes sableuses
Retiennent vos vaisseaux, que les flots poissonneux
Vous poussent sur les bords des Cyclops caverneux.
Que la femme l'espoux, le fils la mere tue,[254]
Que l'un se plonge au cœur une lame pointue,
[f° 195 v°]
Et l'autre par les eaux vagabonde exilé
Cherchant nouveau sejour sous un ciel reculé :
Qu'il vienne quelque Roy, qui les peuples d'Asie
Face marcher un jour dans la Grece saisie,
Fourmillant[255] plus espais pour revanger* nos torts*,
Que ne sont les espics aux Gargariques bords,
Les fueilles aux forests, l'arene* qui poudroye
Sur le bord Libyen où le Soleil blondoye.
Que vos Citez de feux il destruise et de sang,
Et nos calamitez sentiez à[256] vostre rang :
Bref, que si tost qu'aurez esloigné* ceste rade
Vous souffriez comme nous des[257] maux une Iliade.

CHŒUR

Hecube, retenez quelques funebres pleurs
Pour vostre fils meurtri*, comble de vos malheurs.

---

254 *A Ce vers ne commence pas en retrait (pas de nouvel alinéa).*
255 *AB* Fourmillans
256 *A* en
257 *ABC* dc

HECUBE

O Phlegethon, Erebe, Acheron tristes fleuves,
O larvales* maisons de toute joye veufves !
O monstres des Enfers ! ô Megere, Alecton,
Dires, Rages, Horreurs, ministres* de Pluton,
A ceste heure à ceste heure ouvrez vostre caverne
Et m'engouffrez vivante au plus creux de l'Averne.
O Soleil qui reluis par ce vuide* escarté*[258]
Retire de mes yeux ta riante clarté,
Ta clarté vagabonde*, et d'une espaisse nuë
Vien aveugler de moy et d'un chacun la veuë :
Peux-tu voir, peux-tu luire, et peux-tu visiter
Ce monde si rebelle aux loix de Jupiter ?
Ce mechant, ce cruel, ce deloyal barbare,
Ce traistre Thracien, pour une faim avare*
De l'or injurieux* a violé le droit
De l'hostelage* saint, que reverer on doit :
Il a meurtri* mon fils qu'il avoit en sa garde, [f° 196 r°]
Pour ravir ses thresors, tant sa main est pillarde.
Helas ! mais dites-moy, où l'avez-vous trouvé ?

CHŒUR

Au port sur le gravois*, de vagues abreuvé.

HECUBE

O destin miserable ! un seul moment ne passe
Qui sur mon pauvre chef* mal dessur* mal
[n'entasse !
Qui ne donne à mon ame un nouvel argument*
De larmes, de soupirs, et de gemissement !
Hé mon fils ! hé mon fils ! qui t'a faict cet outrage* ?

258 A *Ce vers ne commence pas en retrait (pas de nouvel alinéa).*

Qui t'a faict aborder à ce dolent* rivage ?
Quel Démon* t'a conduit des Thraces animeux*,
Sous mes yeux maternels par les flots escumeux ?

CHŒUR

Quand le funeste bruit parvint à nous captives,
Que Polyxene avoit teint nos Troyennes rives
Du pourpre de son sang, et que son corps gisoit
Au pié du fier* sepulchre où Achil reposoit :
Nous dechirant la face et plombant* la poitrine
Forcenant* du malheur qui contre nous s'obstine,
Et vomissant tel cry pour si triste mechef*
Que si devant nos yeux Troye ardoit* derechef*,
Allasmes d'une bande*, ainsi que furieuses*,
Sans craindre des Gregeois les armes colereuses,
A travers leurs squadrons* jusqu'au sepulchre creux
Où Polyxene estoit, victime de ce preux*.
  Là toutes execrant* la soif insatiable[259]
Qu'il a de nostre sang en sa tombe execrable*,
Enlevons la pucelle*, et la portons hûlant*
Sur la gréve du port où le flot va roulant.
Nous la devestons nuë, et de l'onde marine
Luy nettoyons sa playe et sa face yvoirine :
Mais comme la pauvrette en grand soing nous lavons,
Sous les plis d'un rocher pres nous appercevons [fº 196 vº]
Le corps de cet enfant qui sur la rive ondoye,
Et soudain soupçonnant qu'il fust de nostre Troye
Nous approchons de luy, luy remarquons* les traits :
Et l'ayant[260] recogneu redoublons nos regrets*,
Pleurant sur Polydore et detestant* les astres,

259 A *Ce vers ne commence pas en retrait (pas de nouvel alinéa).*
260 C l'ayans

Qui respandent sur nous tant de piteux* desastres*.
Nous l'avons apporté pour vos pleurs recevoir,
Et avecque sa sœur mesme sepulchre avoir.

HECUBE

Hé hé, mon Polydore, en qui j'avois dolente*
Mis mon dernier espoir et ma derniere attente,
Las* que je suis deceuë* ! hé mechant execré*
Comme tu l'as de coups durement massacré !
Comme à le dehacher* tu as soulé ta rage,
Aux meutres[261] acharné* plus qu'un Tygre sauvage,
Nourriçon* d'Hyrcanie, infame*, sans pitié,
De tes hostes bourreau, sous ombre d'amitié.
    Hà ne fera le ciel qu'un si grand malefice*[262]
Sente de Jupiter l'equitable justice,
L'hostelier* Jupiter qu'offendre* il a osé,
Tant le desir de l'or a son cœur embrasé ?
Que son bruyant courroux tombe dessur* sa teste,
Que l'eclat de son foudre aujourd'huy le tempeste*,
Ou que sous ma puissance à souhait le tenant
Je m'aille sur sa vie outrageuse* acharnant*,
Je luy sacque* du corps les entrailles puantes,
Je luy tire les yeux de mes mains violentes,
J'égorge ses enfans et de leur mourant cœur
Je luy batte la face appaisant ma rancœur*.

CHŒUR

Le Tyran est ici : car sçachant la nouvelle
De nostre sac Troyen, est venu l'infidelle
Aux obseques de Troye, à fin de butiner* [f° 197 r°]

261 *ABC* meurtres
262 *A Ce vers ne commence pas en retrait (pas de nouvel alinéa).*

Et d'offrir son secours pour nous exterminer.
Nous pourrons feintement l'attirer en nos tentes
Sous espoir de proffit : nous vous serons[263] aidantes.

HECUBE

Allons filles, entrons, les grands Dieux irritez
Se vangeront par nous de ses impietez.

CHŒUR

» L'alme* foy* n'habite pas
» Ici bas :
» La fraude* victorieuse,
» L'ayant bannie, à son tour
» Fait sejour
» Sur la terre vicieuse.

» Elle est remontee aux cieux
» Radieux*,
» Avecques la belle Astree,
» Ce faux* siecle* detestant*,
» Qui l'a tant
» Inhumainement outree*.

» Jamais la desloyauté
» N'a esté
» Si grande en nous, qu'elle est ore* :
» Nous sommes plus desloyaux
» Que les eaux
» Qui lechent la rive More.

» Les Ours courans vagabonds*
» Par les monts,

263 *D* seront *(lapsus)*.

» Et par les forests obscures,
» Ont plus de ferme* amitié
» La moitié
» Que n'ont les hommes parjures. [f° 197 v°]

» Le pere va son enfant
» Estoufant,
» L'enfant estoufe le pere :
» L'espouse esteint* à tous coups
» Son espoux,
» Et luy son espouse chere.

» Le frere asseuré* n'est pas
» Du trespas*
» En l'amitié fraternelle :
» L'hoste va l'hoste souvent
» Decevant*
» En sa maison infidelle.

» La foy* se reclame* en vain
» Où le gain
» Pousse nos ames tortues*.
» Le peuple les Princes suit,
» Mais refuit*
» Leurs couronnes abatues.

Quiconque Prince tu sois,
Dont les loix
A mille peuples commandent,
Entouré de toutes pars
De soudars*
Qui valeureux te defendent :

Qui vois chacun se mouvoir
Pour te voir,
D'une joyeuse allaigresse,
Et de grand'aise ravi
A l'envi
Te faire importune presse* :

Pense qu'en tant de sujets [f° 198 r°]
Arrengez*
Par troupes* dedans la rue,
Et de ceux qui font sejour
En ta cour,
Nul de bon cœur te saluë.

Ou bien s'ils ne sont moqueurs
En leurs cœurs,
Et ne fardent* leur visage,
Croy, qu'à la premiere peur
Du malheur
Ils changeront de courage*.

La foy* n'arreste* jamais[264]
» Aux Palais,
» Que la Fortune abandonne :
» Chacun retire sa foy*
» De ce Roy,
» Que le malheur environne.

Quand Troye estoit en grandeur
Pleine d'heur*,
Les Rois luy faisoyent hommage,

264 Dans *C* et *D*, ce vers n'est pas guillemeté, bien que la strophe entière ait valeur sentencieuse : nous maintenons cette anomalie.

Qui de ses murs desolez*
Reculez*
Luy font maintenant outrage*.

Ce Polymestor mechant,
Arrachant
De son cœur l'amitié sainte,
A sa deloyale main,
L'inhumain,
Au sang de son hoste teinte.

ACTE V

[f° 198 v°]

POLYMESTOR. HECUBE.
LE CHŒUR. AGAMEMNON.

POLYMESTOR

O Priam que j'aimois plus que tous Rois du monde,
Las* que j'ay deploré ta misere profonde,
Que j'en porte* de dueil* ! et que j'en porte* aussi
De vous voir, pauvre Hecube,[265] en cet esclandre* ici :
Vostre orgueilleuse ville en ses murs[266] embrasee,
Et les piez contremont* des fondemens rasee :
Vos enfans et vos biens saccagez aujourd'huy,
Et vostre propre vie en puissance d'autruy.
» Las* ! rien n'est asseuré* : toutes choses humaines
» Sujettes à perir, sont tousjours incertaines :
» Et nul ne se peut voir tant de felicitez
» Qu'il ne puisse tomber en plus d'adversitez.

265 *A* de vous revoir, Hecube,
266 *A* en ce poinct

» Mais que sert ce propos ? nos destresses passees
» Et nos pertes ne sont par larmes effacees,
» Nos plaintes n'y font rien : les royaumes perdus
» Ne sont pour lamenter* par Jupiter rendus.

HECUBE

J'ay honte de vous voir en ces malheurs reduite,
Que la Fortune heureuse avoit tousjours conduite :
J'en ay honte, et mes yeux je n'ose hazarder*
De les lever sur vous craignant vous regarder :[267]
Ce n'est, Polymestor, de volonté mauvaise.

POLYMESTOR

Ne vous contraignez-point, faites-en à vostre aise,
J'excuse vostre ennuy*. Mais pour quelle raison
M'avez-vous envoyé chercher[268] en ma maison ?

HECUBE

C'est pour un cas* secret, qu'en secret je desire
Avecques vos enfans en ces tentes vous dire. [f° 199 r°]
Faites donc loin d'ici vos gardes retirer.

POLYMESTOR

Je me puis bien ici sans gardes asseurer*,
Retirez-vous, soldats.

HECUBE

Dites moy, je vous prie,
Mon enfant Polydore est-il encore en vie ?
Est-il en seureté ?

---

267 *A* de les lever sur vous, et de vous regarder
268 *A* cercher

POLYMESTOR

De cela n'ayez soin*.

HECUBE

O le parfait ami, qui ne faut* au besoin* !
A-til de moy, sa mere,[269] encore souvenance* ?

POLYMESTOR

Il vous fust venu voir n'eust esté ma defence.

HECUBE

N'avez-vous pas gardé ce qu'il vous porta d'or ?

POLYMESTOR

Je le garde en ma chambre, et tout y est encor.

HECUBE

Faites-le, je vous pry : le pauvre jeune Prince
N'a besoin qu'en son bien aucun mette la pince.

POLYMESTOR

Mieux encor que le mien je le garde et defens.

HECUBE

Sçavez-vous que je veux à vous et vos enfans ?

POLYMESTOR

Quelles choses sçait-on sans les avoir ouyes* ?

HECUBE

Nos richesses je laisse en la terre enfouyes.

---

269 *A* N'a-til point de sa mere

POLYMESTOR

C'est volontiers à fin de les pouvoir sauver.

HECUBE

Voire* pour mon enfant, s'il les peut conserver.

POLYMESTOR

Quel besoin que mes fils en ayent cognoissance ?

HECUBE

Pour apres vostre mort en avoir souvenance*.

POLYMESTOR

C'est prudemment* parlé.

HECUBE

Sçavez-vous bien helas !
Où n'agueres estoit le temple de Pallas ?
Là le thresor repose.

POLYMESTOR

Il faut l'endroit cognoistre.

HECUBE

Vous verrez au dessus un noir marbre apparoistre.

POLYMESTOR

Voulez-vous autre cas* ?

HECUBE

Vous garderez aussi
L'or qu'avec moy je porte.

POLYMESTOR

Où l'avez-vous ?

HECUBE

Ici.

POLYMESTOR

Dessous vos vestemens ?

HECUBE

Non, mais dedans nos tentes.

POLYMESTOR

Qui maintenant y est ?

HECUBE

Des femmes gemissantes.
Entrez, tout y est seur, depeschez, car les Grecs
Desirent faire voile, et seront bien tost prests.

[f° 199 v°]

CHŒUR

Va bourreau, va barbare affamé de richesses,
Va querir* le loyer de tes fraudes*traistresses,
Tu seras tu seras maintenant chastié
D'avoir cet innocent égorgé sans pitié,
Qui estoit en ta garde, et n'avoit esperance
Qu'en toy, lâche meurtrier, qu'en ta seule fiance*.
Mais ainsi qu'un qui chet* en quelque gouffre noir,
Où plusieurs il avoit auparavant faict cheoir* :
Au gouffre tu cherras* de fraude* et de malice*,
Où Polydore est cheut* par ta caute*[270] avarice*.

270 *A* salle *BC* lâche

» Car jamais en ce monde un faict* pernicieux
» D'un mechant ne demeure impuni par les dieux :
» Et s'ils se monstrent lents à venger son offense,
» Comme ils font quelquefois, ce n'est par connivence.
» Car tost ou tard son chef* sent leur bras punisseur :
» Ou s'il ne le sent point, sera son successeur.
Contraire à ton dessain, tu vas prendre une voye,
Où tu verras[271] la mort, au lieu de l'or de Troye :
Car volontiers Pluton des richesses le Roy,
Pour t'assouvir de biens te conduira chez soy :
Là toy et tes enfans Acherontides ames,
Gemirez d'estre occis* par des armes de femmes.
Iò je les entens.

POLYMESTOR

Au secours, ô bons Dieux !
Aux armes, je suis mort, on me créve les yeux.

CHŒUR

C'est le cry du meurtrier, Hecube s'évertue*.

POLYMESTOR

Au secours venez tost*, mes deux enfans on tue.

CHŒUR

La vengeance est entiere. Or* je le voy qui sort.

POLYMESTOR

O l'execrable* sexe ! elles ont mis à mort
Mes enfans innocens, les cruelles furies,
Les pestes*, Alectons, brulantes de tûries.
Jupiter foudroyeur, qui dardes* de ta main [f° 200 r°]

271 *A* Où trouveras

Sur Rhodope le mont tant de foudres en vain,
Ne les puniras-tu ? pourquoy maintenant[272] cesse
Oysive et sans effet ton ire* vengeresse ?
Et toy Mars fremissant, qui sur Heme negeux
Attises[273] aux combats les Thraces courageux,
Ne me veux-tu venger, qui suis né de ta race* ?
Qui dessous toy commande à ta guerriere Thrace ?
J'ay perdu du Soleil la joyeuse clairté*,
Le rayon lumineux de Phebus m'est osté.
Le sang court de mes yeux au lieu des pleurs premieres,
Et la nuit eternelle est jointe à mes paupieres :
Mes pas vont incertains, et de peur de broncher*
J'avance l'un des pieds devant que démarcher* :
Des jours de mes enfans la trame est accourcie*,
Ils errent* maintenant sous la terre obscurcie,
Les pauvrets, et leur pere à leur mort survivant,
Ne les sçauroit venger du moindre homme vivant.

CHŒUR

O pauvre infortuné, que tu souffres d'angoisses* !

HECUBE

Ce sont là de nos faicts*, ce sont de nos proüesses,
Ce sont marques de nous et de nostre vertu* :
Nous avons de tels jeux Polydore esbatu*.

CHŒUR

Quelque Dieu courroucé de tes horribles* crimes
T'a fait precipiter en douloureux abysmes*.
» Si tu as fait du mal à quelqu'un, tu ne dois
» Te plaindre si de luy d'autre mal tu reçois.

272 *ABC* si long temps
273 *A* Excites

POLYMESTOR

Où iray-je, ô vrais Dieux ! helas je ne voy goute !
Où tournera mon œil qui de sang noir degoute ?
J'allonge pieds et mains pour le chemin sonder,
Mais encor je ne m'ose au chemin hasarder*.
O beau Phebus, guary* ma paupiere aveuglee !
Où iray-je qu'à toy ? à l'ardeur* dereiglee [f° 200 v°]
Du flambant Sirien ? Iray-je où Orion
Bluette* de ses yeux un chaleureux rayon ?
Ou sur l'onde de Styx, de clairté* despourveüe,
Où les Ombres des morts n'ont que faire de veüe ?

AGAMEMNON

Je viens à la clameur et au bruit turbulent
De ce peuple de serfs* jusqu'à la mer volant,
Que la jasarde* Echon, hostesse vigilante
D'un caverneux rocher, en nos vaisseaux rechante* :
Que si les murs Troyens, par l'effort* de nos bras,
N'estoyent piés contre-mont* bouleversez à[274] bas,
Ce tumulte* estranger eust en toute l'armee
Une peur effroyable en allarme* allumee.

POLYMESTOR

O grand Agamemnon, je vous suppli voyez
En quel malheur je suis, et mes plaintes oyez* !

AGAMEMNON

Pauvre Polymestor, qui t'a fait cet outrage* ?
Qui t'a crevé les yeux, ensaigné* le visage ?
Qui ces petits enfans a massacré de coups ?
Quiconque en soit l'autheur avoit bien du courroux,

274 *ABC* en

Avoit bien du rancœur* en son ame inhumaine,
Et à ta race et toy portoit horrible* haine.

POLYMESTOR

Hecube ceste vieille, et le troupeau captif
Des filles d'Ilion, m'ont fait ainsi chetif*.

AGAMEMNON

Quoy, Hecube, est-il vray ? avez-vous eu l'audace
De l'offendre*, et tuer son innocente race* ?

POLYMESTOR

Elle est donques ici la bourrelle* ? pour Dieu
Enseignez*-moy l'endroit, enseignez*-moy le lieu,
Qu'empoigner je la puisse, et que vengeant l'injure*
De mes fils et de moy, son corps je defigure,
Je la demembre vive, et face trespasser*
Entre mes bras vengeurs devant* que la laisser.

AGAMEMNON [f° 201 r°]

Laissez-la, ne bougez.

POLYMESTOR

Permettez que je mange
Son cœur, et qu'à souhait sur elle je me venge :
Que d'ongles et de dents je dechire son sein,
Et ses boyaux infets* j'arrache de ma main.

AGAMEMNON

Commandez vous un peu, et de vostre courage*
Ostez, Polymestor, ceste brutale rage
Qui vous transporte ainsi : puis sans vous esmouvoir
Faites moy doucement vostre encombre* sçavoir.

POLYMESTOR

Un fils avoit Priam, qu'on nommoit Polydore,
Le plus jeune de tous, qui ne vestoit* encore
Le harnois esclatant, et entre les soudars*
N'alloit eschauffé d'ire* aux orages de Mars :
Son pere prevoyant la pendente ruine
De son sceptre ancien, sous la force voisine
Des Gregeois obstinez, qui venoyent tous les jours
Lancer leurs feux poissez* jusqu'aux sommets des [tours,
Me l'envoya, peureux, en ma cour Thracienne,
Pour le garder, sauvé de la main Argienne.
Or je l'ay fait occire* aussi tost que j'ay sceu
Que Priam gisoit mort, que Troye estoit en feu.
Et n'ay-je pas bien faict d'esteindre dans mes terres,
Pour nostre commun bien, la semence des guerres ?
J'ay prudent* redouté que cet enfant un jour
Repeuplast de bannis le Troïque sejour*.
Et resserrant les os des antiques Pergames*,
Les vengeast, rebastis, des Pelasgides flames,
Ranimast de rechef*[275] les hommes et les dieux
Pour poudroyer* l'orgueil de ses[276] murs odieux :
Et que la flotte Grecque, à nos ports abordee,
Exerçast de rechef* sa rage desbordee*,
Ravageant mes sujets, les pillant, rançonnant,
Comme ils sont ravagez et pillez maintenant :

[f° 201 v°]

Ainsi qu'on voit souvent qu'une flamme voisine
Sur les prochains logis de toicts en toicts chemine.
Hecube ce pendant* ayant sceu le trespas*

275 *A* Et r'animast encor
276 *A* ces

De son fils, m'a deceu* de blandissans* appas,
M'a vers elle attiré d'une faulse esperance
De me faire emporter d'Ilion la chevance* :
Elle m'a conduit seul et mes enfans foiblez,
Pour nous devoir monstrer ses thresors assemblez.
Nous entrons en sa tente, où de voix deceptives*
Nous viennent recevoir les Troades captives,
Abordent par troupeaux, me vont environnant,
De doucereux propos, feintes, m'entretenant.
Aucunes* mignardant* de pareilles feintises*
Mes enfans caressez de mille mignotises*,
Les chargent à leur col*, les tirent à l'escart,
Ce pendant* que je suis abusé de leur fard*.
  Je ne fus guere ainsi que leur cry pitoyable*
Aux oreilles ne vint du pere miserable :
Je me cuide* lever de ma chaire*, mais las* !
Je me sens aussi tost retenu par les bras,
Je ne puis m'arracher, quoy que je m'évertue*,
Et que mon corps roidi deçà delà je rue*,
Me pensant depestrer des liens de leurs mains,
Mais sans rien avancer tous mes efforts* sont vains.
Aucunes* me tirant par ma longue criniere*,
En me voulant lever, m'abaissent en arriere,
M'estendent renversé la face contre-mont*,
Et lors à leur plaisir mille outrages* me font :
Arment leurs fieres* mains d'aiguilles bien
[poignantes*,
Et percent de mes yeux les prunelles brillantes,
De coups multipliez à l'envi m'outrageant*, [f° 202 r°]
Et de sang et de nuit mes paupieres chargeant.
  Après que de leur cœur la forcenante* envie[277]

277 A *Ce vers ne commence pas en retrait (pas de nouvel alinéa).*

De bourreler* mes yeux s'est du tout assouvie,
Elles m'ont relaissé* (tout d'un coup s'enfuyant)
Seul dans leur pavillon* mes playes essuyant,
Où avecques les mains je tasche à me conduire,
Privé du blond Soleil qui me souloit* reluire.
Encor n'ay-je tel dueil* de mes yeux obscurcis,
Que je sens de douleur de mes enfans occis*,
Dont les corps massacrez, pour aigrir* mes destresses,
M'ont esté presentez par ces fieres* tigresses,
Mes pauvres enfançons qu'à la mort j'ay conduit,
Comme mes yeux, pour fondre en eternelle nuit.
Agamemnon, voila le discours de mes peines,
Que des Grecs m'ont ourdy* les rancœurs* et les [haines,
Revengez* mon injure*, ains* la vostre : pourquoy
Si ne faites justice estes-vous esleu Roy ?

AGAMEMNON

Vous tuastes son fils pour avoir sa richesse,
Et ore*de sa mort elle est la vengeresse.
Vous avez le premier une injure* commis,
Que rester sans guerdon* les grands dieux n'ont [permis.
Il ne vous en faut plaindre, ains* avec patience*
La peine supporter de vostre propre offense*.

POLYMESTOR

O Dieux secourez-moy ! mes outrages* vengez,
Et au comble de maux ces Troades plongez !
Que ceste cruauté ne leur soit impunie,
Qui voyez que d'ici la justice est bannie !

HECUBE

Jupiter qui veit oncq* tant de maux espandus*,
Et tant d'esclandres* durs sur un chef*
[descendus ?
Las* je n'ay plus d'enfans ! la mort engloutit ore*
Le dernier de mes vœux*, le petit Polydore, [f° 202 v°]
Qui bien loin du brasier et des glaives Gregeois
Avoit esté transmis*, pour regner quelquefois*
Aidé de nos thresors instrumens necessaires,
Necessaires souvent, mais à luy mortuaires*.
» O que la faim de l'or les cœurs mortels espoind* !
» Qu'est-il de tant sacré qu'il ne viole point ?
» L'hoste égorge son hoste, et n'est amour si sainte
» Qui tous les jours ne soit par ce desir esteinte.
Voy comme ce tyran, ce faux* Polymestor
T'a, Polydore, occis* pour brigander* ton or,
Apres qu'il sceut la fin de Priam et de Troye,
Et que ce qui restoit, des Grecs estoit la proye.
» Ainsi qu'on voit souvent, que les Dieux ennemis
» Tollissant* le bon-heur, tollissent* les amis :
» Et que l'alme* amitié, tant soit elle envieillie*,
» Avecques les honneurs et les biens est faillie*.
Je fus de Rois extraite, et conjointe à un Roy,[278]
Beaucoup de braves* Rois sont engendrez de moy,
Magnanimes* enfans, à qui ne s'egalerent
Aucuns des Phrygiens, et moins les surpasserent[279]
En vertus* et proüesse : et le Ciel n'a produit
Femme qui tant que moy fust heureuse en beau
[fruit :

278 *AB Ce vers ne commence pas en retrait (pas de nouvel alinéa).*
279 *AC* Mais tous les surpasserent *B* mais tout les surpasserent

Mais las ! devant* leurs jours, en la fleur de leur âge[280]
Ils ont vomi la vie en Martial orage.
Mars les a devorez, et sur leurs tombeaux creux
A chacun j'ay coupé mes blanchissans cheveux,
Egalement feconde en tristes funerailles,
Et en fils valeureux portez en mes entrailles.
Mes filles que j'avois, en qui la chasteté
Egale conspiroit avecques la beauté,
Que j'avois, hé malheur ! si tendrement nourries*,
[f° 203 r°]
Que je mignardois* tant, que j'avois si cheries,
Et que je reservois à mariages saints*,
Pour les donner aux Rois de nos terres prochains*,
Ont esté le butin de soudars* sanguinaires,
Encores degoutans[281] des meurtres de leurs freres.
Et vous, Dieux, le sçavez[282] et vous n'en faites cas !
Et vous, Dieux, le voyez et ne nous vengez pas ![283]
Ce seul Roy, le loyer de ses cruautez porte*,
Ce qui fait toutefois que je me reconforte[284]
Et m'allaite d'espoir, que quelques-uns encor
Pourront estre punis comme Polymestor.

280 *ABC* Mais, las ! devant leurs jours, mais las ! devant leur âge
281 *BC* degoutant
282 *ABC* voyez
283 *A* et ne les broyez pas !
284 *ABC vers 2663-2664 :* Ce seul Polymestor de ses cruautez porte / Le merité loyer : ce qui me reconforte

NOTES

Les références complètes des études, des articles, des éditions et des traductions figurent dans la bibliographie placée à la fin de cette partie.

DÉDICACE ET PIÈCES LIMINAIRES

DEDICACE

L'archevêque de Bourges est Renaud de Beaune (1527-1606). C'était un humaniste érudit et un juriste, orateur de grande renommée. Il fut d'abord magistrat (conseiller au Parlement de Paris en 1555, conseiller d'État en 1573), puis il entra dans les ordres (1563), fut nommé évêque de Mende en 1568, archevêque de Bourges en 1581. Il présida l'assemblée du clergé à Paris en 1582 et tint à Bourges en 1584 un concile provincial. Prédicateur apprécié, il prononça plusieurs oraisons funèbres de hauts personnages. Son rôle politique et diplomatique ne fut pas négligeable : il présida en 1588 les États généraux réunis à Blois ; après l'assassinat d'Henri III, il se rallia à Henri de Navarre, devenu Henri IV, dont il prépara la conversion et dont il reçut l'abjuration en 1592. Le roi lui avait confié la charge de grand aumônier l'année précédente. Il agit beaucoup en faveur du ralliement du haut clergé au nouveau monarque. Il obtiendra le siège épiscopal de Sens en 1594. Garnier a ici abrégé l'éloge qu'il faisait du prélat dans la première dédicace, celle de l'édition princeps de 1579, alors que Renaud de Beaune était encore seulement évêque de Mende. C'était, on le voit, un homme de conciliation et de paix, qui devait cruellement souffrir des divisions meurtrières de ses compatriotes. Il était ennemi des Guise et de l'Espagne et adversaire de la guerre civile. On comprend pourquoi Garnier fait ici allusion au désagrément que l'on peut ressentir à la lecture d'une tragédie mettant en scène les malheurs des peuples et des princes et pourquoi il fait en même temps acte d'espérance en l'avenir : le destinataire de cette dédicace devait avoir à cœur de réconcilier les Français dès que l'occasion s'en présenterait. Garnier le connaissait assez intimement pour lui donner à lire l'ébauche de sa tragédie (peut-être dès 1574 ou 1575, si l'on suit sur ce point M.-M. Mouflard, *op. cit.*, tome II, p. 104). Le goût du prélat pour la poésie homérique, dont témoigne de Thou, peut expliquer aussi la raison de la dédicace de Garnier.

SONNET DE PATRY BRUNEAU

Les trois premières éditions contiennent le sonnet indiqué dans l'apparat critique. L'auteur, Patry Bruneau, n'est connu que par ce seul poème. Voici ce que dit de lui M.-M. Mouflard :

> *Patry Bruneau* envoie pour la *Troade* (1579) un liminaire qui sera supprimé en 1585. Ce personnage mal connu était né vers 1553, ce qui le rend nettement plus jeune que Garnier ; son prénom de Patry (forme locale de Patrice) est rare, mais non insolite ; selon l'abbé Ledru, en 1603, Patry Bruneau fut chargé d'enquêter sur les troubles des années précédentes… (*Robert Garnier*, tome I, p. 309)

SONNET DE PIERRE DE RONSARD

Garnier était disciple de Ronsard ; il s'était lié avec les poètes de la Pléiade lorsque, jeune avocat de vingt-et-un ans, il s'était établi à Paris. En 1573 et 1574, Ronsard avait déjà adressé à Garnier des sonnets élogieux à propos d'*Hippolyte* et de *Cornélie*. Garnier, de son côté, composera, après la mort de Ronsard, une *Elégie sur le trespas de feu Monsieur de Ronsard*. *La Franciade* a contribué à orienter Garnier vers les sources grecques et à privilégier l'action ; l'influence du troisième livre de cette épopée se fait sentir dans la nouvelle technique adoptée par le dramaturge (voir M.-M. Mouflard, *Robert Garnier*, tome II, p. 40-41, et J. Bailbé, « Ronsard et Robert Garnier » in *Ronsard et la Grèce*, p. 265) – La couronne de *lierre* du vers 3 est celle qui récompense les poètes tragiques, tandis que les poètes lyriques reçoivent le laurier comme prix. – Le bouc dont il est ici question est évidemment celui que les Grecs sacrifiaient à Dionysos lors des concours dramatiques (Le mot grec τραγῳδία pourrait signifier, à l'origine, « chant en l'honneur du bouc »). En 1553, les amis d'Étienne Jodelle, parmi lesquels figurait Ronsard, avaient organisé à Arcueil une procession en l'honneur de l'auteur de la *Cléopâtre captive*, en promenant un bouc dans le bourg ; ils ne l'égorgèrent cependant pas et se contentèrent de l'offrir à Jodelle. Ronsard fit le récit de cet événement dans les *Dithyrambes* de son *Livret de folastries*, paru en 1553. – Aux vers 5 et 6, Ronsard fait allusion aux *Grenouilles* d'Aristophane où l'on voit Dionysos (= Bacchus) descendre aux Enfers pour choisir entre les deux poètes tragiques défunts Eschyle et Euripide celui qui a le mieux mérité de l'art dramatique : il donne la victoire à Eschyle, qu'il ramène sur terre. – En faisant de Garnier le rival d'Eschyle (vers 7 et 8), Ronsard fait preuve d'une juste appréciation du style de la pièce : imagé, vigoureux, grandiose, à la frontière de l'épopée et de la tragédie.

POEME LATIN DE PETRUS AMYUS

Pierre Amy, sieur du Pont, fut avec Garnier, de 1569 à 1574, conseiller au présidial du Maine. Il a consacré aux tragédies de son collègue de fréquents éloges en vers latins sous le nom de Petrus Amyus : voir notamment les pièces liminaires d'*Hippolyte* (1573), de *Cornélie* (1574), de *Marc-Antoine* (1578) et des *Juives* (1583). Il était, comme Garnier, originaire du Maine. Le poème célèbre l'habileté de Garnier, qui, à l'instar de l'abeille butinant sur diverses fleurs et fabriquant ensuite du miel, sait tirer de la variété de son inspiration une œuvre solidement bâtie et joindre à la douceur attique la gravité de la scène latine (il a imité à la fois Euripide et Sénèque). C'est en puisant à ces deux sources et en combinant les deux styles correspondants qu'il a chanté Astyanax, espoir de la fière Ilion. Ainsi Pierre Amy ne se méprend-il pas sur les intentions patriotiques du dramaturge.

ARGUMENT

Contrairement à ce qu'il fera à la fin de l'argument d'*Antigone*, Garnier ne dit rien ici sur le lieu du drame, mais il l'indiquera à plusieurs reprises dans le texte de la pièce : la plus grande partie de l'action se déroule près du port de Troie (*cf.* vers 108) et devant les tentes des Troyennes (*cf.* vers 443, 1321 et 2435). Le tombeau d'Hector est proche, puisqu'au deuxième acte, Andromaque y cache le petit

Astyanax. Eugène Rigal relève à ce propos une contradiction entre le deuxième acte et le quatrième acte (vers 1890) :

> Le quatrième acte est complètement en désaccord avec le second. Un messager y raconte aux captives la mort d'Astyanax, qui a été précipité du haut d'une tour de la ville ; la foule se pressait autour de ce spectacle funeste ; l'armée grecque était groupée à distance sur un coteau ; le tout était loin des Troyennes, qui n'en ont pu rien voir ; et cependant c'est là qu'était le tombeau d'Hector... Cette fois nous nous heurtons à une impossibilité scénique évidente. (*De Jodelle à Molière*, p. 85).

La contradiction ne cesse que si l'on admet qu'après la destruction du tombeau d'Hector au deuxième acte, les Grecs ont fait déplacer ses restes pour les ensevelir ailleurs dans une sépulture toute simple. Mais cela suppose des funérailles d'une grande rapidité, et, surtout, que les Achéens renoncent au projet que leur prête Ulysse (vers 929 *sq.*) de disperser les cendres d'Hector dans la mer.

M.-M. Mouflard livre à propos du décor de la pièce quelques hypothèses intéressantes (*op. cit.*, tome II, p. 274-275) :

> Selon les passages, il y a une ou plusieurs tentes, peut-être une grande et d'autres plus petites. Le tombeau d'Hector fait partie du décor de l'acte II... C'est un monument imposant puisque des Grecs s'installent dessus, et bâti en pierres d'une *horrible pesanteur*... Les gestes d'Andromaque semblent suggérer un tombeau monumental. Reste le camp des Grecs, lieu de la scène entre Pyrrhe et Agamemnon ; Hécube dit au début qu'elle a été entraînée *en ces fatales naus*, mais selon Ulysse :
>
> *Nos vaisseaux sont tous prests de laisser le rivage.* (749)
>
> Un des éléments du décor de Serlio : l'échappée du fond sur le port, conviendrait parfaitement... Mais la *Troade* s'accommoderait aussi d'un décor inexistant ; le camp d'Agamemnon ne fait l'objet d'aucune indication ; le départ

> étant imminent, les bateaux ont été mis à l'eau, les tentes abattues, un simple espace vide devant la tapisserie qui masque les coulisses suffit ; le tombeau d'Hector peut être un caveau couvert d'une dalle mobile et, comme la plupart des entrées ou des sorties se font par la porte de la tente d'Hécube, celle-ci peut se confondre avec la tapisserie du fond.

La discrétion de Garnier sur le décor permet, on le voit, soit une mise en scène très riche, comme lorsque des représentations avaient lieu pendant les fêtes de la cour, soit une mise en scène très dépouillée, semblable à celles que montaient en temps ordinaire les troupes qui disposaient de peu de moyens matériels.

ACTE I

vers 1-124 – Ce long monologue protatique se présente comme une amplification des soixante-deux premiers vers des *Troades* de Sénèque.

vers 1-10 – Rien ne marque mieux que cette entrée en matière la valeur didactique de la tragédie. Hécube et Troie servent d'exemple aux humains et les avertissent des vicissitudes de la Fortune. Ce thème antique n'est pas non plus exempt de connotations bibliques (*Tout est vanité, le ciel et la terre passeront…*). Les grandeurs de ce monde, et encore plus quand elles sont recherchées exclusivement pour elles-mêmes, sont condamnées par la tradition chrétienne. Du point de vue dramatique, l'idée souligne le passage du bonheur au malheur, l'écroulement des hautes fortunes : c'est, selon les théoriciens, le sujet tragique par excellence :

> La Tragedie donc est une espece et un genre de Poësie non vulgaire, mais autant elegant, beau et excellent qu'il est possible. Son vray subject ne traicte que de piteuses ruines de grands Seigneurs, que des inconstances de Fortune, que bannissements, guerres, pestes, famines, captivitez, execrables cruautez des Tyrans (...). (Jean de La Taille, *De l'Art de la Tragedie*, éd. E. Forsyth, Paris, Didier, 1968, p. 3-4).

vers 5 – *La Fortune feinte* : « La Fortune trompeuse ». – *Qui credule se donne* : Sénèque écrivait : *animum rebus credulum laetis dedit*.

vers 9 – *vienne voir* : l'hypotypose est ici utilisée dans une perspective théâtrale et spectaculaire. Le texte de Sénèque était plus bref, mais comportait le même mouvement rhétorique (*Quicumque...*) et exprimait la même idée ; Garnier élargit la perspective au cosmos (*L'instable changement du monde*) :

> *Quicumque regno fidit et magna potens*
> *dominatur aula nec leues metuit deos*
> *animumque rebus credulum laetis dedit,*
> *me uideat et te, Troia : non umquam tulit*
> *documenta fors maiora, quam fragili loco*
> *starent superbi.* (1-6)

> « Que quiconque se fie à sa royauté et, maître tout puissant d'une cour grandiose, loin de craindre l'inconstance des dieux, livre à la prospérité une âme crédule, me contemple et te contemple, ô Troie : jamais la fortune n'a montré par de plus éclatants exemples combien sont fragiles les bases sur lesquelles se dressent les superbes. »

Ces vers se trouvent amplifiés dans le texte français : *Quiconque au fresle bien des Royaumes se fonde* reprend *Quicumque regno fidit* mais le singulier *regno* est transformé en pluriel ; *des royaumes* complète *au fresle bien*, qui ajoute une caractérisation et implique un jugement. Les *leues deos* restent *legers*, mais sont aussi *volages, me uideat et te, Troia* devient *Me vienne voir chetive, ô Troye ! et vienne voir / En cendres la grandeur que tu soulois avoir : / Nous vienne voir, ô Troye ! ô Troye ! et qu'il contemple / L'instable changement du monde, à nostre exemple.* Le *uideat* est rendu par trois *voir* et un *contemple* ; Garnier ajoute même un verbe de mouvement *vienne* devant le verbe *voir*, qui suppose une participation du spectateur. Tout le passage s'oriente vers les effets pathétiques : en témoignent la reprise incantatoire du nom de *Troye* et l'addition de *chetive*, caractérisation absente du texte latin. Les vers 11-16 reprennent le thème de l'instabilité des destinées humaines : Garnier exploite avec complaisance ce *topos* traité de manière beaucoup plus rapide chez Sénèque.

vers 11 – La première édition (1579) portait *Jamais le sort muable aux hommes ne s'est tant*. En remplaçant *hommes* par *mortels*, Garnier crée des allitérations (*m, r, t*) et introduit un terme qui, évoquant une funeste réalité, nous fait pénétrer au cœur même du tragique dès les premiers instants de la représentation.

vers 13-14 – *cognoistre* se construit d'abord avec un complément d'objet nominal (vers 13), puis avec une interrogative indirecte (vers 14). – *grand* est encore fréquemment épicène au seizième siècle, c'est-à-dire qu'il présente la même forme au masculin et au féminin (*cf.* vers 590, 983, 1661, 2022, 2350). – Dans la première édition, le vers 14 était rédigé comme suit : *Et comme autour de nous elles coulent soudaines*. La substitution du groupe de *nos mains* à *autour de nous* correspond sans doute à un geste théâtral impliquant davantage le personnage, à une portée didactique plus concrète aussi, puisque les fortunes s'échappent des mains les plus puissantes. On saisit là les préoccupations dramatiques du poète, qui modifie son texte au gré des impératifs de la tragédie.

vers 17-32 – *Cf.* Sénèque, vers 6-21. Celui-ci parlait de la *pollentis Asiae*, que Garnier rend par *l'ornement de l'Asie ; le saint labeur des Dieux* répond au *caelitum egregius labor* ; l'énumération des peuples alliés de Troie est inspirée par les vers 8 à 13 de la pièce romaine.

vers 19 – *le saint labeur des Dieux* : Apollon et Neptune avaient construit les murs d'Ilion.

vers 23-24 – *ores pieds contre-mont / De sa ruine engendre un lamentable mont : cf.* Sénèque, plus laconique : *Pergamum incubuit sibi* : « Pergame a croulé sur elle-même ». (vers 14)

vers 25-48 – L. Wierenga note avec justesse (*La Troade de Robert Garnier-Cosmologie et imagination poétique*, p. 64) que « les efforts conjugués de ces deux forces fatales [le feu et l'eau], au sens littéral et au sens figuré, constituent le danger le plus néfaste (...). L'alliance du feu et de l'eau n'est pas seulement à l'origine de la guerre de Troie, elle a encore achevé la ruine de la ville ».– Rappelons par ailleurs que Ronsard a traité, sept ans avant Garnier, le thème de la ruine de Troie (*Franciade*, I, 63-68) :

Ainsi les Grecs detailloyent et brisoyent
Le peuple nu : les feux qui reluisoyent
Sur les maisons à flames enfumées,
Donnoyent lumiere aux Princes des armées
Au meurtre au sang : un si cruel effort
Monstroit par tout l'image de la mort.

vers 25-32 *sq.* – Ce qui prédomine ici, c'est le sang et le feu, ainsi que les isotopies de la couleur rouge et de la mort. – Au vers 32, Garnier a, dès la deuxième édition, corrigé *se* en *la* (*la couvre*, au lieu de *se couvre*), ce qui déplace la perspective de l'épique (le soleil se couvre) vers le tragique (la ville de Troie est recouverte d'un nuage de flamme). Dans la nouvelle rédaction, le soleil, personnifié, se comporte comme le complice de la ruine de la ville. – *Cf.* Sénèque, *Troades*, 15-21 :

En alta muri decora congesti iacent
tectis adustis ; regiam flammae ambiunt
omnisque late fumat Assaraci domus.
Non prohibet auidas flamma uictoris manus :
diripitur ardens Troia. Nec caelum patet
undante fumo : nube ceu densa obsitus
ater fauilla squalet Iliaca dies.

« Voyez : ces murs hauts et magnifiques gisent confusément amoncelés, les toits ont été incendiés, les flammes environnent le palais et l'on voit une fumée vaste sortir de toute la demeure d'Assaracos. La flamme n'arrête pas les mains avides des vainqueurs : on pille Troie embrasée. Sous la fumée dont les volutes montent le ciel est caché : comme sous un épais nuage le jour se couvre, s'obscurcit, noir de la cendre d'Ilion. »

Tout en reprenant les mêmes évocations que son modèle latin, Garnier insiste sur l'orgueil de la citadelle pour mieux souligner le contraste tragique entre la gloire passée de la ville et sa destruction présente.

vers 28 – *Dolope brandon* : Ronsard, au vers 41 du premier livre de la *Franciade*, évoque *les Dolopes gendarmes*.

vers 33-48 – Ce passage est inspiré des vers 22-27 des *Troades*, mais Garnier grossit les effets spectaculaires et il amplifie la description sénéquienne ; la rhétorique y est encore plus emphatique ; le drame de Troie se joue à l'échelle cosmique.

vers 38 – *tout le monde :* « le monde entier » – Dès l'édition de 1580, Garnier a remplacé *Bourdonnant, jusqu'au ciel*, image relativement banale et même assez maladroite par une métaphore architecturale, technique, et donc plus proche du spectaculaire : *Jusque aux lambris du ciel.*

vers 39-48 – L. Wierenga fait remarquer (*op; cit.*, p. 32) que, dans ce passage, « les quatre éléments sont mentionnés pour donner un relief saisissant (au) tableau de destruction ».

vers 45-46 – *Cf.* Sénèque : *praedam mille non capiunt rates.*

vers 49-66 – *Cf.* Sénèque, vers 28-43. Garnier, en reprenant le *uidi* du poète latin, le répète trois fois. Il en sera de même dans le passage suivant (vers 75), où le verbe sera redoublé. On constate une nouvelle fois l'importance que l'auteur accorde au spectacle, même si les faits ne sont qu'évoqués : le théâtre se situe dans le théâtre même, et le personnage, en faisant ainsi part de son expérience visuelle, attire sur lui la pitié du spectateur.

vers 49 – *J'atteste* (= « je prends les dieux à témoin ») : *cf. Troades*, vers 28 : *Testor.* Le mot possède une forte connotation religieuse.

vers 54-68 – « Le feu est… à l'origine de toute la guerre. (Il) est considéré comme une force destructrice, un feu dévorant. » (L. Wierenga, *op. cit.*, p. 34-35).

vers 56-57 – Au début de chacun de ces deux vers, l'édition princeps (1579) portait : *Tous les maux*, remplacé dans les éditions suivantes par *Nos malheurs*, où l'utilisation de la première personne associe les personnages à l'action et augmente ainsi l'effet pathétique.

vers 61-66 – Le paradoxe ici développé se trouvait déjà chez Sénèque (38-40).

vers 64-66 – Ce grandiose parallélisme entre le sort d'Hécube et la catastrophe nationale est encore amplifié par le vocabulaire : *grands murs, Pergames* au pluriel (= citadelle, fortifications).

vers 70 – En 1585, Garnier corrige le texte des éditions précédentes : *Pense à ton propre dueil* devient *Pense à ta propre perte.* Tout en supprimant la répétition de *dueil* (voir le vers suivant) et en créant d'heureux effets sonores, le poète introduit un terme qui infléchit le sens en marquant plus intensément la cruauté du destin.

vers 75-106 – Ce long passage développe, en les amplifiant, les thèmes et les descriptions de Sénèque dans les vers 44-56 de ses *Troades.* Garnier ajoute en particulier l'invocation à la Parque et accorde beaucoup plus d'importance au fait que Priam a été privé de funérailles. Il tire de tout cela des effets pathétiques très marqués, soutenus par la rhétorique (interrogations, répétitions, hypotypose, exclamations). – Le meurtre de Priam est également évoqué aux vers 85 *sq.* du premier livre de la *Franciade* (c'est Jupiter qui parle) :

> Ce Roy pleurant son estat miserable
> En cheveux gris en barbe venerable,
> Du cruel Pyrrhe extremement pressé,
> Sur mon autel me tenoit embrassé :
> Quand il receut en sa gorge frappée
> De l'Achillin le tranchant de l'espée,
> Qui d'un grand coup le chef luy decolla (...)

vers 85 – *Le bon homme* : « le vieil homme, le vieillard ».

vers 94 – *rigoureuse* : épithète traditionnelle de la Parque (voir *Les Epithètes de Maurice de La Porte*, 1571).

vers 107-124 – Ce passage épouse le mouvement correspondant de la tragédie latine (56-66). Garnier multiplie les interrogations et mentionne le *Ciel sanglant.*

vers 125-256 – Ici commence une scène de déploration très plastique et très représentative de la mise en scène spectaculaire. Le passage est une imitation des vers 67-140 de la pièce de Sénèque.

vers 125-212 – Ce dialogue entre le chœur et Hécube comporte onze strophes de huit heptasyllabes chacune. Les rimes sont disposées de la manière suivante : ABABCDDC, les rimes A et C étant féminines et les rimes B et D masculines. A quatre vers à rimes croisées succèdent quatre vers à rimes embrassées. La strophe commence et s'achève par un vers à rime féminine, ce qui convient parfaitement à une mélodie chantée par des voix féminines. Au seizième siècle, le *e* final est prononcé, même s'il n'est pas pris en compte du point de vue du mètre.

vers 127-129 – *continuelles* : adjectif à valeur adverbiale.– Noter la tmèse *Depuis...Que* : il faut comprendre : « Nous avons continuellement répandu des pleurs depuis que... »

vers 130 – Lorsque Pâris se rendit en Laconie, à Amyclée, il navigua sur un bateau construit avec du bois de pin, consacré à Cybèle, la grande déesse de Phrygie.

vers 133-136 – M.-M. Mouflard (*R. Garnier*, III, p. 290) signale l'influence d'un passage d'une ode de Ronsard (IV, 25) :

> Tousjours l'hiver de nèges blanches
> Des pins n'enfarine les branches...

vers 145 – *esclandre :* « malheur ». Garnier aime ce mot, archaïque en ce sens à l'époque de la parution de la *Troade.*

vers 157 *sq.* – Garnier suit Sénèque de très près (83 *sq.*). – Les vers 157-164 peuvent être aussi considérés comme une amplification théâtrale du *sunt lacrimae rerum* de Virgile (*Énéide*, I, 462).

vers 158-212 – Tous ces gestes de déploration, traditionnels dans les funérailles antiques, contribuent à la beauté du spectacle et à l'expression du pathétique. On remarquera la musicalité de la plainte, due, entre autres choses, à la répétition des assonances en [ã], notamment à la rime.

vers 177 – *Pleurons nos malheurs Troïques* : *cf. Les Juives*, 472 : *Lamentons... nos malheurs Hébraïques.*

vers 180 – Dans les deux premières éditions, on lisait *Réveillant*. À partir de la troisième (1582), Garnier met le participe présent au pluriel, ce qui permet de lever toute équivoque sur son agent, qui est le *nous* implicitement contenu dans l'impératif *Pleurons*, et non pas, comme on aurait eu tendance à le croire, *La mort funeste d'Hector.*

vers 213-230 – Chacun de ces trois sizains comporte deux tercets constitués à chaque fois de deux heptasyllabes et d'un hexasyllabe. Les rimes se trouvent ainsi disposées : AAB ; CCB. Les rimes des heptasyllabes (A et C) sont masculines et celles des hexasyllabes (B) sont féminines.

vers 213-217 – La répétition de *pour toy* convient au style incantatoire. Il s'agit d'*évoquer* (au sens étymologique) l'âme du mort. On retrouve le procédé aux vers 235 *sq.* (répétition de *entens*, de *reçoys*). Sénèque aussi répétait *tibi* en début de vers (116, 118, 119), ainsi que *tu* (124, 125) et *accipe* (131, 132). – Au vers 216, *nous souffrons* est remplacé, dès 1580, par *nous sentons*, probablement jugé plus concret, donc plus émouvant.

vers 224 – *ruinee* : dièrèse.

vers 231-234 – Par ces quatre vers, Hécube interrompt le premier mouvement de la déploration. Cette rupture est accompagnée d'un changement strophique : l'heptasyllabe alterne régulièrement avec l'hexasyllabe (rimes croisées ABAB, la deuxième rime étant féminine :

comme le *e* était encore prononcé, on peut considérer qu'il allonge le vers d'une syllabe non accentuée et que sa présence rétablit partiellement l'égalité des mètres).

vers 235-256 – Nouveau changement de mètre (heptasyllabes exclusivement). Garnier diversifie le rythme au maximum afin d'éviter toute monotonie. Les rimes, suivies, sont ici toutes masculines (ce qui convient à l'évocation d'un monarque).

vers 240-241 – prononcer *veu* [vü] et *feu* [fü].

vers 257-272 – Garnier transforme en une tirade de seize vers le dialogue sénéquien entre Hécube et le chœur (141-162).

vers 263 – *Cf.* Sénèque : *felix Priamus !* (155 et 160).

vers 266 – *Cf.* Sénèque, 157 *sq.* : *nunc Elysii / nemoris tutis errat in umbris / interque pias felix animas / Hectora quaerit.* Le vers 267 est de l'invention de Garnier.

vers 273-312 – Garnier s'inspire dans cette scène des *Troyennes* d'Euripide (vers 230 *sq.*).

vers 275 – Garnier note souvent les réactions physiques des personnages, ce qui prouve ses préoccupations dramatiques. Ajoutons que la crainte, ici évoquée de manière très concrète, est l'un des grands ressorts de la tragédie. Euripide faisait dire simplement à Hécube de manière plus abstraite : Τόδε ...ὃ φόδος ἦν πάλαι. (vers 239) : « voilà ce que je craignais depuis longtemps. »

vers 299-302 – *Cf.* Euripide, *Troyennes*, vers 253-254 et 259. Voir le commentaire de Marie-Madeleine Mouflard (*Robert Garnier, tome III, Les Sources*, p. 93)

vers 303 – Les templettes sont des bandelettes placées sur les tempes, *cf.* Euripide, *Troyennes*, vers 256-258 :

> « Jette les clefs sacrées, ô mon enfant : dépouille ton corps de la sainte parure des bandelettes qui l'entourent. »

vers 304 – En 1585, Garnier supprime la répétition oratoire *autour de* (voir R. Lebègue, édition de *La Troade*, p. 256). La substitution du mot *honneur* est particulièrement heureuse, puisque se trouve ainsi soulignée la déchéance des Troyennes.

vers 310 – *debilite* : l'accord du verbe se fait avec le plus proche.

vers 313-348 – Ce passage suit les vers 308-364 des *Troyennes* d'Euripide, où Cassandre dansait en portant un flambeau. Garnier a préféré supprimer ces détails pourtant spectaculaires. Par souci de la bienséance, il condense le chant de la jeune princesse : si les vers 313-318 sont tirés des vers 307-340 des *Troyennes*, la *fureur* de Cassandre se trouve atténuée. En revanche, par la suite, il concentre l'intérêt sur la description de la mort d'Agamemnon et les meurtres qui doivent en découler. Les prédictions de la prêtresse d'Apollon étaient répandues dans la littérature antique. Après Eschyle, Sénèque a intitulé une de ses pièces *Agamemnon*, dont Charles Toutain a donné une adaptation en 1557. On retrouve des prophéties de Cassandre dans l'*Achille* de Nicolas Filleul (1563). Dans la tragédie de Garnier, le passage (vers 321-344) contient un résumé de l'*Orestie*. C'est ce qui rend le récit si dramatique. Garnier développe les vers 356-364 des *Troyennes* d'Euripide, où Cassandre renonce à décrire en détail les crimes qui vont ensanglanter la descendance d'Atrée. Un passage de l'*Odyssée*, XI, 421-426 aide à comprendre les vers 345-346 : Clytemnestre tue Cassandre sur le corps d'Agamemnon pendant que celui-ci étreint sa captive. Les vers 335-340 contiennent quelques réminiscences de l'*Agamemnon* de Sénèque, qui comparait le roi de Mycènes à un sanglier qu'on égorge. Garnier transforme l'image et évoque *un bœuf qu'on tue* :

At ille, ut altis hispidus siluis aper
cum casse uinctus temptat egressus tamen
artatque motu uincla et in cassum furit,
cupit fluentes undique et caecos sinus
disicere et hostem quaerit implicitus suum. (892-896).

« Mais l'autre, semblable à un sanglier hérissé, qui, dans les forêts profondes, bien qu'enchaîné par les rêts, cherche cependant à s'échapper et ne fait, en se débattant dans sa vaine fureur, que resserrer ses liens, essaie de se dégager des plis qui flottent autour de lui en l'aveuglant, et tout embarrassé qu'il est, cherche son ennemi. »

vers 319 – A partir de la deuxième édition, le texte porte *allumez des flambeaux*, au lieu de *apportez des flambeaux*, ce qui suggère une mise en scène plus visuelle et lumineuse et permet du point de vue lexical et poétique une cohérence dans l'emploi des termes (le sème « lumière » est commun à *allumez* et à *flambeaux*).

vers 324 – Dans l'édition princeps, ce vers se présentait ainsi : *Que j'en iray combler l'Atreide maison.* La correction apportée dans les versions postérieures (*Que j'en iray combler d'Atride la maison.*) présente deux avantages : le mot rare *Atreide* disparaît au profit du terme plus courant *Atride* et l'inversion du complément de nom a, au seizième siècle, une valeur stylistique marquée, caractéristique du langage poétique, ce qui n'est pas encore le cas de l'antéposition de l'épithète.

vers 344 – *meurtrier* : deux syllabes : *-ier*, après le groupe formé d'une occlusive et d'une liquide se prononce avec synérèse- *Priam* : prononcer [Priã].

vers 355-374 – Ce dialogue très vif est inventé par Garnier.

vers 357-358 – Dans la deuxième édition, Garnier corrige la rime inexacte *encombres/malencontres*, ce qui l'oblige à transformer les deux vers. Le résultat obtenu est plus musical ; un chiasme souligne la paradoxale ressemblance des destins respectifs des Grecs et des Troyens (*egalent-miseres* / *miseres-egales*) ; la présence et la place du mot *fatales* donnent au distique la couleur tragique nécessaire. – L. Wierenga a raison de citer ces deux vers pour montrer que les deux éléments, le feu et l'eau, figurent la destruction et la mort (*op. cit.*, p. 65).

vers 365-366 – Le siège de Troie a duré dix ans (voir, plus loin, vers 380).

vers 374 – *marira* est le futur de *marier* (et non de *marrir* !). La mort d'Agamemnon permettra à la fille de Tyndare (Clytemnestre) d'épouser Egisthe.

vers 381-384 – Souvenirs de l'*Iliade* (premier chant), ainsi que de l'*Odyssée.* – « L'eau, élément déloyal, constitue un danger pour les hommes. Elle est si perfide que c'est d'elle que naissent les images de la destruction (…) » (L. Wierenga, *op. cit.*, p. 57).

vers 385-392 – *Cf.* Euripide, *Troyennes*, 380-382 :

> χῆραί τ' ἔθνῃσκον, οἵ δ' ἄπαιδες ἐν δόμοις
> ἄλλοις τέκν' ἐκθρέψαντες, οὐδὲ πρὸς τάφους
> ἔσθ' ὅστις αὐτοῖς αἷμα γῇ δωρήσεται.
>
> « Les femmes mouraient veuves ; les parents ne laissaient pas après eux d'enfants dans leurs maisons ; c'est pour d'autres qu'il les ont élevés et, sur leurs tombes, il n'est personne qui viendra offrir pour eux à la terre le sang des victimes. »

Garnier imagine de façon détaillée la scène des funérailles seulement esquissée par son modèle, funérailles dont d'ailleurs les Grecs morts au combat ne bénéficient pas ! On peut dire que le pathétique naît, non de la situation réelle, mais de l'imaginaire.

vers 399 *sq.* – *Cf.* Euripide (*Troyennes*, 386-387) :

> « Les Troyens, au contraire, avaient d'abord la gloire la plus belle ; ils mouraient pour la patrie. »

vers 403-412 – Ce développement didactique sur l'honneur de secourir son pays et sur la justification des guerres défensives provient des vers 400-402 des *Troyennes* d'Euripide :

> « Éviter la guerre est le devoir de tout homme sage ; s'il faut pourtant en arriver là, ce n'est pas une couronne à dédaigner qu'un beau trépas pour la cité, mais mourrir pour une cause sans beauté n'apporte que le déshonneur. »

vers 411-412 – J. Bailbé (« Ronsard et Robert Garnier », in *Ronsard et la Grèce*, p. 269) reconnaît dans ces deux vers l'influence de la fin de l'*Hymne de la mort* de Ronsard :

> Donne moy que soudain je te puisse encourir,
> Ou pour l'honneur de Dieu, ou pour servir mon Prince,
> Navré d'une grand' playe au bord de ma province. (342-344)

On peut aussi penser à Horace, *Odes*, III, 2, vers 13 : *Dulce est decorum est pro patria mori.* Corneille se situera dans la même tradition et développera le même *topos* que Garnier lorsqu'il fera dire à Horace :

> Mourir pour le pays est un si digne sort,
> Qu'on brigueroit en foule une si belle mort. (*Horace*, 441-442)

vers 415-416 – *ceux/receus :* la rime exige que l'on prononce la finale [œ]

vers 416 – *cette terre mere* : la terre est un élément protecteur, considéré comme un abri (voir L. Wierenga, *op. cit.*, p. 69 *sq.*)

vers 421 *sq.* – Ces beaux vers semblent être de l'invention de Garnier.

vers 423 – *Le nom fameux d'Hector* : Homère appelle souvent Hector φαίδιμος, « illustre ».

vers 427-438 – Les thèmes et le mouvement rhétorique de cette tirade sont à rapprocher de la scène de l'*Antigone* de Garnier, où l'héroïne dit adieu à ses compagnes, à ses concitoyens, à son pays et à la vie (acte IV, vers 2158-2229).

vers 429 – *Patarean :* on rendait à Patares, en Lycie, un culte à Apollon et l'on y consultait son oracle en hiver. En été, le dieu rendait ses oracles à Délos. Le surnom qui lui est ici donné provient peut-être des *Odes* d'Horace (III, 4, vers 64).

vers 431-438 – Ces pathétiques adieux développent les vers 458-461 des *Troyennes* :

> « Adieu, ma mère ! ne pleure pas. O chère patrie, et vous, mes frères, couchés sous la terre, et toi, père qui nous a donné la vie, vous n'aurez pas longtemps à m'attendre. J'arriverai chez les morts, victorieuse et après avoir ruiné la maison des Atrides qui nous ont perdus. »

vers 441-444 – Ces vers fournissent de précieuses didascalies.

vers 445-556 – Ce long chœur de vingt-huit strophes de quatre vers, chacune étant construite sur deux rimes plates, toutes masculines, dérive de deux sources : les *Troyennes* d'Euripide (511-567) et le deuxième livre de l'*Énéide* de Virgile, qui relate la prise de Troie. L'imitation est toutefois, dans l'un et l'autre cas, extrêmement libre.

vers 445-446 – *execrable* est tout à fait normalement associé à *maudit*, étant donné son étymologie (*exsecrabilis* < *ex* + *sacer* : « rejeté par les dieux, hors du sacré », ou, si l'on donne à *sacer* son sens de « maudit », « digne d'être consacré aux puissances infernales »).

vers 449-452 – *Cf. Énéide*, II, 32 : *molem mirantur equi* et *Troyennes*, 515-521 :

νῦν γὰρ μέλος ἐς Τροίαν ἰαχήσω,
τετραβάμονος ὡς ὑπ' ἀπήνας
Ἀργείων ὀλόμαν τάλαινα δοριάλωτος,
ὅτ ἔλιπον ἵππον οὐράνια
βρέμοντα χρυσεοφάλαρον ἔνο-
πλον ἐν πύλαις Ἀχαιοί.

« Oui, je veux entonner une ode pour Troie. Je dirai le long char aux quatre roues, dont la funeste entrée a fait de moi, hélas ! une captive de la Grèce, le cheval ébranlant de son fracas le ciel, brillant d'un harnais d'or et rempli de guerriers, qu'à nos portes avaient laissé les Achéens. »

vers 451-452 – *Cf. Énéide*, II, 243 : *utero sonitum quater arma dedere* et 237-238 : *scandit fatalis machina muros / feta armis.*

vers 456 – *Ce cheval malheureux :* cf Euripide (*Troyennes* 530) : δόλιον ἄταν « embûche fatale » et Virgile (*Énéide*, II, 237 et 245) : *fatalis machina ; monstrum infelix.*

vers 463-476 – Le tableau du peuple troyen assemblé autour du cheval rappelle les vers 232 *sq.* du deuxième livre de l'*Énéide.*

vers 465-466 – *tant fust decrepit :* « quelque décrépit qu'il fût » (tour concessif). – Ces vers sont un écho des *Troyennes* d'Euripide (527-528) :

Τίς οὐκ ἔβα νεανίδων,
τίς οὐ γεραιὸς ἐκ δόμων;

« Qui des jeunes filles, qui des vieillards ne sortit point de sa maison ? »

vers 467 – *portans :* le participe présent peut, au seizième siècle, s'accorder avec le nom ou le pronom auquel il se rapporte. Ce n'est qu'en 1679 que l'Académie française proclamera l'invariabilité de cette forme verbale.

vers 471-472 : *devotieux/fallacieux* : prononcer avec diérèse.

vers 472 – En 1580, Garnier remplace *Cet image fallacieux* par *Ce colosse fallacieux*, ce qui modifie la perspective : le nouveau terme suggère un être animé, dont la taille atteint des dimensions épiques et crée un climat d'inquiétude.

vers 477-480 *Cf.* Virgile, *Énéide*, II, 250 *sq.* :

Vertitur interea caelum et ruit Oceano nox
inuoluens umbra magna terramque polumque
Myrmidonumque dolos

vers 481-492 – Garnier adapte les vers 542-550 des *Troyennes* d'Euripide :

« Le travail joyeux finissait à peine, quand survint la nuit et son obscurité. Alors, au son des flûtes libyennes, retentirent les chants troyens. Les jeunes filles, dans l'air vibrant au son de leurs pas cadencés, lançaient des chants d'allégresse. Dans les maisons, l'illumination resplendissante de la fête fit s'éteindre la clarté sombre des feux qui bientôt s'endormirent. »

vers 489-492 et vers 497-498 – Ces deux passages rappellent l'*Énéide*, II, 268-269 :

Tempus erat quo prima quies mortalibus aegris
incipit et domo diuom gratissima serpit.

vers 513-516 – *cf.* Euripide, *Troyennes*, 557-559 :

βρέφη δὲ φίλι -
α περὶ πέπλους ἔβαλλε μα-
τρὶ χεῖρας ἐπτοημένας

« Les tendres enfants, aux robes des mères, attachent des mains transies d'épouvante. »

Garnier accentue le pathétique en introduisant la première personne et en montrant ainsi le rapport étroit entre les captives et les souvenirs qu'elles relatent, tandis que dans la pièce antique le chœur faisait un récit qui pouvait sembler quelque peu impersonnel, en tout cas moins dramatique et moins émouvant.

vers 534 – *Qui vont à nos yeux trespassant* : en utilisant le verbe *trespasser* à la forme progressive et en faisant de l'évocation de la mort un spectacle, Garnier redonne à *trespasser* son sens étymologique (« passer au-delà, franchir une limite, passer de la vie à la mort, agoniser »). Il y a là une dramatisation très appuyée. Nous renvoyons sur ce point à notre article : « Connaissance de l'étymologie et poétique : (…) l'emploi du mot *trespas* dans trois tragédies de Robert Garnier », dans *Actes du Colloque Lexique et cognition.*

vers 540 – *Et trainent à val les degrez* : « Et nous traînent jusqu'au bas des marches. »

vers 547-556 – *Dessus les maisons* (…) / *Et nos saints temples* : *cf.* *Énéide*, II, 365 : *perque domos et religiosa deorum.* – vers 549-556 – Peut-être faut-il voir également ici quelque souvenir de Virgile, *Énéide*, II, 361 et 369, mais, là encore, l'adaptation, au demeurant très libre, prend une allure essentiellement théâtrale, ne serait-ce que par l'emploi de la première personne :

> Quis cladem illius noctis (…)
> (…) ubique pauor et plurima mortis imago.

vers 550 – *produit*, au lieu de *produite* : au seizième siècle, l'accord du participe passé est facultatif.

ACTE II

vers 557-748 – Garnier a tiré cette scène des vers 409-523 des *Troades* de Sénèque. Mais il s'agissait, dans la pièce latine, d'un dialogue entre Andromaque et un vieillard. Chez Garnier, la veuve d'Hector parle avec le devin Helen (= Hélénus, son beau-frère), fils d'Hécube et de Priam. Nous avons dit dans notre introduction ce qu'on peut penser de ce changement.

vers 557-636 – Cette longue tirade est un développement de celle que le même personnage prononce dans les *Troades* de Sénèque (409-425) : même plan, mêmes figures, mêmes idées générales, mais l'ensemble est ici l'objet d'une vaste amplification.

vers 557-559 – Sénèque, 409 *sq.* :

> *Quid, maesta Phrygiae turba, laceratis comas*
> *miserumque tunsae pectus effuso genas*
> *fletu rigatis ?*
>
> « Pourquoi, triste troupe, Phrygiennes, lacérez-vous vos chevelures, pourquoi ayant meurtri votre misérable sein, baignez-vous vos joues d'un flot de larmes ? »

vers 559-560 – *allez-vous travaillant, / Et...mouillant ?* Garnier emploie assez souvent des périphrases verbales à valeur progressive, formées à l'aide du semi-auxiliaire *aller* et d'une forme de gérondif en *-ant* : elles insistent sur le déroulement de l'action et caractérisent ainsi le style dramatique du poète. (On se reportera par exemple aux vers 855-856).

vers 563-569 – *Cf.* Sénèque, 412 *sq.*, où l'on trouve la même opposition. Toutefois, chez Garnier, Andromaque ne s'identifie pas complètement à Hector :

> *(…) Ilium uotis modo,*
> *mihi cecidit olim, cum ferus curru incito*
> *mea membra raperet et graui gemeret sono*
> *Peliacus axis pondere Hectoreo tremens.*

> « Pour vous, Ilion vient seulement de succomber ; pour moi, il y a longtemps qu'elle est tombée ; c'est quand le féroce fils de Pélée traînait mes membres derrière son char rapide, et que l'essieu grinçait sinistrement sous le poids d'Hector. »

vers 565-570 – Voir l'*Iliade*, XXII, 395-404 et 462-465 et XXIV, 14-18. – *Pelian* : fils de Pélée, épithète homérique (équivalent de *Péléide*. – Au vers 570, *Troye* comporte deux syllabes. Il en sera de même aux vers 584 et 607.

vers 571 – La substitution de *veis* à *vey* à partir de la troisième édition est sans doute due au souci de réduire l'hiatus entre deux voyelles.

vers 577-580 – Voir *Iliade*, XXII, 477-514, où, après la mort d'Hector, Andromaque exprimait ses craintes pour son fils, et, surtout, XXIV, 723-745.

vers 581-584 – Garnier a toujours soin de relier le malheur de chaque personnage à celui de la cité entière. – Au vers 584, prononcer le *e* final de *Troye*.

vers 594-595 – Le mot *idee* est un terme à la fois intellectuel (*cf. J'y repense*) et visuel (*cf. Je voy*), exactement comme le grec ἰδέα.

vers 595-628 – Ce long passage, qui évoque une vraie scène de théâtre (pathétique et dialoguée) à l'intérieur même de la pièce, contient quelques réminiscences du fameux et émouvant entretien d'Hector avec son épouse, tenant dans ses bras le petit Astyanax, au sixième chant de l'Iliade, ainsi que des lamentations d'Andromaque après la mort d'Hector, au chant XXIV (vers 723-745).

vers 609 – Dans les trois premières éditions, ce vers se présentait ainsi : *Vous estiez son rampart, vous estiez sa defense.* En 1585, le poète préfère une énumération, plus suggestive, plus énergique à une simple répétition syntaxique.

vers 610-611 – Ne pas prononcer le *f* de *captifs*, afin de maintenir l'exactitude de la rime.

vers 613 – *navires caves* : style homérique : *cf.* les expressions κοῖλας ἐπὶ νῆας, ἐν νηυσὶ γλαφυρῇσι, παρὰ νηυσὶ κορωνίσι.

vers 621-626 – Voir le chant XXII de l'*Iliade* (Andromaque n'assiste pas aux derniers moments de son époux) et voir surtout le chant XXIV, vers 742-745.

vers 629-632 – Le tragique de ces propos échappe à celle qui les tient, puisque l'enfant doit en fait mourir peu de temps après, ce que le spectateur sait déjà, lui qui connaît la légende. Garnier développe l'idée contenue dans les vers 419-421 des *Troades* :

> *Iam erepta Danais coniugem sequerer meum*
> *nisi hic teneret : hic meos animos domat*
> *morique prohibet ; cogit hic aliquid deos*
> *adhuc rogare : – tempus aerumnae addidit.*

> « Je me serais déjà arrachée aux Danaens pour suivre mon époux si cet enfant ne me retenait : c'est lui qui maîtrise mes désirs et me défend de mourir ; c'est lui qui me force à implorer encore quelque chose des dieux : il a prolongé ma misère. »

vers 635-636 – *Cf.* Sénèque, 425 : *miserrimum est timere, cum speres nihil.*

vers 637 – Sénèque faisait dire au *senex* : *Quis te recens commouit afflictam metus* ? Garnier rend la même idée, avec toutefois une notation bien plus concrète, et qui prépare l'emploi du mot *horrible* quelques vers plus loin. On connaît les connotations à la fois religieuses et physiques du terme (frisson de crainte religieuse).

vers 638-643 – *On dit que…* : voir dans *Cornélie* (vers 717-744) la discussion entre l'héroïne de cette pièce et le chœur à propos d'un éventuel retour momentané des âmes des morts durant le sommeil des vivants.

vers 645-700 – Le passage de l'*Énéide* relatant l'apparition d'Hector à Énée avait inspiré Sénèque (*Troades*, 438-488), imité ici par Garnier. Le même passage de la tragédie latine a été utilisé par le poète dans *Cornélie* (669-706) et par Jean de La Taille dans *La Famine ou Les Gabeonites* (voir R. Lebègue, *éd. citée*, p. 258). C'est, semble-t-il, de cette dernière pièce que Garnier a tiré, aux vers 659-650, les expressions *mon somme s'envola* (La Taille, 351 : *mon sommeil s'envola*) et *çà et là* (La Taille, 352 : *deçà delà*) : consulter, sur ce point, R. Lebègue, éd. de *La Troade*, p. 250. – A propos du changement de physionomie d'Hector, voir Virgile, *Énéide*, II, vers 274-275 : *Ei mihi, qualis erat ! quantum mutatus ab illo / Hectore.*

vers 645-652 – Contrairement à ses habitudes, Garnier condense ici Sénèque.

vers 648 – *en dormant* ; « tandis que je dormais ».

vers 649-650 – Allusion à un célèbre épisode de l'*Iliade*, où l'on voit Hector incendier les vaisseaux achéens (XVI, 112-129).

vers 658-662 – Comparer avec Sénèque, vers 457-460 :

> *Mihi gelidus horror ac tremor somnum excutit,*
> *oculosque nunc huc pauida, nunc illuc ferens*
> *oblita misera quaesiui Hectorem :*
> *fallax per ipsos umbra complexus abit*

« Alors un frisson glacial qui me fait trembler m'arrache le sommeil ; dans mon effroi je porte les yeux tantôt ici, tantôt là, oublieuse de mon fils et cherchant <en vain>, malheureusement, mon Hector : son ombre trompeuse disparut au moment même où je l'étreignis. »

vers 663-678 – Garnier suit ici Sénèque de très près (461-474) ; le deuxième mouvement (671-678) présente toutefois un tableau plus précis, plus visuel. L'introduction du verbe *voir*, en particulier, relève de l'initiative de Garnier.

vers 71-678 – *Cf.* Virgile, *Énéide*, XII, 168 : *Magnae spes altera Romae.*

vers 673-676 – *Vous redressez... vous r'assemblez* : formes anciennes du subjonctif présent, encore assez fréquentes à la fin du seizième siècle.

vers 688 – *anciens* : diérèse.

vers 691 – *cité... trionfant* : il arrive encore assez souvent que le participe présent comporte au seizième siècle une forme épicène, c'est-à-dire semblable au masculin et au féminin.

vers 701-748 – Là encore, Garnier s'inspire de l'épisode correspondant des *Troades* (489-523). L'emprunt se révèle heureux, car il permet de ménager l'intérêt, de maintenir un climat d'inquiétude, voire d'angoisse, qui ira en s'amplifiant dans la scène suivante. On remarque d'ailleurs le retour assez fréquent de termes exprimant la crainte et la terreur. – La prière aux dieux des vers 715-722 a été ajoutée par Garnier.

vers 710 – *colere* est parfois, comme ici, masculin au seizième siècle.

vers 739 – *mourez* : subjonctif (forme remontant à l'ancien français et encore assez courante à la fin du seizième siècle).

vers 743-744 – Emphase typiquement sénéquienne (*Troades*, 519-521). L. Wierenga (*op. cit.*, p. 70), voit dans ces deux vers, ainsi que dans le distique suivant, la preuve que, dans *La Troade*, la terre-mère est conçue comme un élément protecteur.

vers 749-758 – Dialogue ajouté par Garnier.

vers 749 – *tous* : « tout, complètement, entièrement ». Cet adverbe indéfini est variable et s'accorde au seizième siècle.

vers 759-1037 – Imitation des vers 524-704 des *Troades*.

vers 763 – *Troye* : deux syllabes.

vers 773-786 – Ces comparaisons de type homérique figurent déjà chez Sénèque (536-545). Elles sont ici très brèves par rapport à celles que l'on trouve dans les pièces antérieures de Garnier. Elles ne ralentissent donc pas trop le mouvement de la scène, d'autant plus qu'elles s'adaptent bien, surtout la troisième d'entre elles, à la situation envisagée.

vers 778-779 – *ancien* et *scion* comportent chacun une diérèse.

vers 787-816 – On ne trouve pas chez Sénèque l'équivalent de ces deux tirades.

vers 791 – *Le pauvret* : Garnier, ainsi que le remarque R. Lebègue, affectionne les diminutifs pour caractériser des enfants malheureux ou en danger, ce qui intensifie les effets pathétiques. On se reportera aussi aux vers 312 et 1247, où l'on observe le même procédé.

vers 792 – Prononcer le *e* final de *Troye* devant un mot commençant par une consonne.

vers 794 – *ruines* doit être prononcé avec diérèse.

vers 797-798 – *oi* doit être prononcé [wè].

vers 803 – *Mais si considerez* : « Mais si vous considérez ».

vers 805 – *soudard* signifie simplement « soldat », et n'a pas de valeur péjorative. – *Grec* est ici adjectif épithète de *soudard*.

vers 813 – *Diane* : diérèse.

vers 829-830 – Sénèque : *Simulata remoue uerba ; non facile est tibi / decipere Vlixem* (568-569).

vers 833-834 – Mêmes interrogations dans le texte de Sénèque (572-573) : *Vbi Hector ? Vbi cuncti Phryges ? / Vbi Priamus ? – le preux Hector* : l'adjectif ajouté par Garnier est l'un des caractérisants répertoriés par Maurice de La Porte. – Au vers 834, *Troye* comporte deux syllabes.

vers 845 – *de* est souvent omis devant l'infinitif dans la langue de la Renaissance. La construction moderne avec *de* existe aussi (*cf.* vers 848).

vers 849 – *delivrez-le* : faire l'élision de *e* final, le mot suivant commençant par une voyelle.

vers 856 – *foüets* ne comporte qu'une syllabe (synérèse).

vers 857-858 – Cette sentence est ajoutée par Garnier.

vers 867-870 – Cette réplique révèle le sang-froid d'Ulysse, capable de s'abstraire de la situation présente et de ne pas se laisser dominer par l'émotion et la pitié.

vers 881-882 – Garnier, ici comme ailleurs dans son théâtre, évoque la mort avec le goût de la précision et du concret. Ce trait de style appartient à l'esthétique de l'horreur, toute sénéquienne et déjà baroque. (voir aussi les vers 953-958, particulièrement expressifs.)

vers 887 – Les *Danois* sont les *Danaens*, l'un des trois noms qu'Homère donne aux Grecs, outre ceux d'*Argiens* et d'*Achéens*.

vers 888 – *ayant creu* se rapporte à *Te* (=Ulysse), et non au sujet de la proposition, *les Danois*.

vers 913-914 – L'Andromaque de Sénèque était en proie au même tremblement de crainte. Garnier a conservé cette réaction efficace sur le plan théâtral. *Cf.* aussi Jean de La Taille, *La Famine*, vers 709-710.

vers 917 – Jean de La Taille, dans *La Famine* (712), utilisait lui aussi le verbe *poursuivre*. Raymond Lebègue (éd. de *La Troade*, p. 250) n'écarte pas, dans le cas présent, une possible influence de cet auteur sur Garnier.

vers 921 – *poison* est souvent féminin au seizième siècle (genre étymologique : le latin *potio* est également féminin).

vers 924 – *qui* : « qu'est-ce qui » (pronom interrogatif neutre).

vers 939-974 – Ce débat intérieur se trouve aussi dans les *Troades* (642-662).

vers 948 – *pourtraits* : phénomène d'ouïsme : [o] s'est fermé en [u] en syllabe initiale non tonique ; mais l'hésitation reste fréquente, ainsi qu'en témoigne la variante *portrait*.

vers 952 – Indication scénique : les personnages se trouvent près du rivage.

vers 977 – Andromaque utilise, comme Ulysse, un argument religieux, afin de mieux le contrer.

vers 985-990 – Cette résistance physique acharnée rend la scène particulièrement animée.

vers 1014 – *Qui fus* : moi qui fus.

vers 1024 *sq.* – Afin de fléchir Ulysse plus facilement, Andromaque évoque tout ce qui peut être cher au prince grec : patrie, épouse, enfant ; ainsi tente-t-elle de l'émouvoir en établissant un parallèle implicite entre sa situation de mère et celle du père de Télémaque, ou celle de Laerte, père d'Ulysse lui-même.

vers 1037-1136 – C'est encore ici Sénèque qui a servi de modèle. Toutefois, certains détails sont introduits à des fins pathétiques : par exemples, là où Sénèque faisait dire à Andromaque : *Hae manus Troiam erigent ?* (740), Garnier ajoute une tendre et gracieuse description, chargée d'émotion : *Quoy ? ces floüettes mains, ces deux mains enfatines / Pourront bien restaurer les Troyennes ruines ?*

vers 1044 – *N'en faites pas refus, ce n'est point deshonneur* : on devine ici la réticence de l'enfant, qui doit reculer avec fierté.

vers 1055-1056 – Pour respecter la rime, ne pas prononcer le *c* de *Grecs.*

vers 1058-1059 – *ruines, audacieux* : diérèse.

vers 1061 – *Troye* : prononcer le *e* final.

vers 1067-1068 – *Cf. Troades*, 750 : *O machinator fraudis et scelerum artifex*, et peut-être Jean de La Taille, *La Famine* (897) : *O desloyal…* (voir Lebèque, éd. de *La Troade*, p. 250). On songe aussi aux épithètes traditionnelles d'Ulysse, quoique plus laudatives : πολύμητις (très rusé, très habile) ou πολύτροπος (très ingénieux). En revanche, Maurice de La Porte, dans ses *Épithètes* (1571), donne une liste impressionnante de termes dépréciatifs à appliquer au redoutable Ithaquois, parmi lesquels *cauteleux*, *méchant*, *parjure*, repris ici par Garnier.

vers 1082-1104 – Pathétique traditionnel, fondé sur l'évocation d'un avenir qui ne se produira pas. – Les vers 1095-1096 expriment le rêve d'une vengeance d'Hector, dont le cadavre fut traîné sur le sol d'une façon ignominieuse.

vers 1100 – *l'espee :* prononcer le *e* final devant la consonne initiale du mot suivant – *Sanglier* : synérèse.

vers 1104 – Le *trespas* est bien ici le « passage », la mort vécue, celle qui peut donner lieu à un *spectacle.* Sur cette valeur aspectuelle du mot *trespas*, voir notre article, cité à la note du vers 534.

vers 1112 – *Troye* : prononcer le *e* final.

vers 1135-1136 – *Cf.* Sénèque, 812-813 : *Nullus est flendi modus : / abripite propere classis Argolicae moram.* La brutalité d'Ulysse provient à la fois de son impatience et du fait qu'il a du mal à supporter l'horreur de la situation.

Ses propos laconiques pourraient alors dissimuler une réelle émotion.

vers 1137-1234 – « Ce chœur est le seul, dans le théâtre de Garnier, qui soit en septains et ait deux mètres pour les strophes paires et pour les impaires ; ces deux formes strophiques ont rarement été employées. » (R. Lebègue, éd. de *La Troade*, p. 259). Cette alternance de deux types de vers (octosyllabes et heptasyllabes) n'est pas sans rappeler l'alternance entre l'hexamètre et le pentamètre dans le distique élégiaque latin. Ce rapprochement permet de souligner le caractère lyrique de ces strophes. La disposition des rimes est la suivante : ABABCBC (rimes croisées) ; la rime B, la seule à être féminine, apparaît tous les deux vers ; ce schéma, commun aux deux types de strophes, assure l'unité de l'ensemble, de même que la rime B, par son retour régulier, donne une certaine cohérence à chaque strophe.

vers 1141-1178 – Le mouvement général et les principaux thèmes de ces vers sont librement imités de Sénèque, *Troades*, 814-860. Garnier supprime toutefois de nombreuses allusions géographiques, ce qui contribue à alléger l'évocation. Il n'en garde que l'essentiel, il en développe d'autres et ajoute certains éléments, comme la mention de l'île de Délos ou d'Hélène.

vers 1144 *sq.* – Le fleuve Pénée coulait en Thessalie, dans la vallée de Tempé ; célèbre par sa beauté. Cette strophe développe le vers 815 de la pièce de Sénèque : *Thessali montes et opaca Tempe.*

vers 1158-1164 – Allusion à la naissance d'Apollon et d'Artémis à Délos.

vers 1168-Sparte est ici considérée comme maudite, car c'est la patrie d'Hélène, cause de la guerre de Troie. (*Cf.*

Sénèque, *Troades*, 853-854 : *dum luem tantam Troiae atque Achiuis / quae tulit, Sparte, procul absit…*).

vers 1175 – Hélène est *abominable*, c'est-à-dire « maudite » : on doit se détourner d'elle comme d'un mauvais présage (*cf.* latin *abominabilis*, formé de *ab* et de *omen*). Sénèque ne la nommait pas dans le chœur des *Troades* dont Garnier s'inspire ici.

vers 1179-1185 – Cette strophe rappelle les vers 629-637 de l'*Hécube* d'Euripide :

> « J'étais vouée à l'infortune, j'étais vouée à la douleur, du premier jour où sur l'Ida Alexandre coupa le bois du sapin, pour cingler sur la houle marine vers le lit d'Hélène, la plus belle des femmes que le Soleil éclaire de sa lumière d'or. »

vers 1181-1192 – Allusion au voyage de Pâris en Grèce et à l'enlèvement d'Hélène, femme de Ménélas. – Aux vers 1187-1191, Garnier accorde ou non le participe passé employé avec l'auxiliaire *avoir* selon les exigences de la rime.

vers 1204-1205 – *par mesme Paris… par mesme Helene* : à cause du même Pâris, de la même Hélène [ou] de Pâris lui-même, d'Hélène elle-même. – *absentes* : alors qu'elles sont loin [de leurs époux et de leurs fils].

vers 1207-1234 – Garnier s'inspire d'un chœur de Sénèque (*Hercules Oetaeus*, 1031 *sq.*), faisant lui aussi allusion à Orphée, fils de Calliope, qui chanta sur les pentes du mont Rhodope, en Thrace. Le thème de la mort universelle y est également développé :

> *Verum est quod cecinit sacer*
> *Thressae sub Rhodopes iugis*
> *aptans Pieram chelyn*
> *Orpheus Calliopae genus,*

aeternum fieri nihil. (...)

« Oui, bien véridique est ce que chantait, sur les pentes du Rhodope Thrace, en accordant <à sa voix> la lyre de Piérie, Orphée, le fils de Calliope : il n'existe rien d'éternel. »

Les visions des vers 1214 *sq.* ont leur équivalent chez Sénèque :

Iam, iam legibus obrutis
mundo cum ueniet dies,
australis polus obruet
quicquid per Libyam iacet
et sparsus Garamas tenet ;
Arctoüs polus obruet
quicquid subiacet axibus
et siccus Boreas ferit.
Amisso trepidus polo
Titan excutiet diem. (1102-1111)

« Un jour, un jour viendra pour l'univers où toutes ses lois seront bouleversées ; le pôle austral écrasera toutes les étendues libyennes, tout le pays des Garamantes nomades ; le pôle arctique écrasera tout ce que domine son axe et ce que bat le sec Borée. Tremblant et détaché du ciel, le Soleil fera tomber son disque lumineux. »

Tout en reprenant le mouvement rhétorique, Garnier introduit l'image de la *torche amortie / Aux tenebres de la nuit.*

ACTE III

vers 1235-1274 – On reconnaît, dans ce début d'acte, l'influence des vers 59-97 de l'*Hécube* d'Euripide.
vers 1235-1244 – *Cf. Hécube*, vers 59-67 :

Ἄγετ', ὦ παῖδες, τὴν γραῦν πρὸ δόμων,
ἄγετ' ὀρθοῦσαι τὴν ὁμόδουλον,
Τρῳάδες, ὑμῖν, πρόσθε δ' ἄνασσαν·
λάβετε φέρετε πέμπετ' ἀείρετέ μου
γεραιᾶς χειρὸς προσλαζύμεναι·
κἀγὼ σκολιῷ σκίπωνι χερὸς
διερειδομένα σπεύσω βραδύπουν
ἤλυσιν ἄρθρων προτιθεῖσα.

« Conduisez, mes filles, la vieille femme devant la demeure ; conduisez en la redressant, Troyennes, votre compagne de servitude, auparavant votre reine ; prenez-moi, portez-moi, escortez-moi, soulevez-moi, en saisissant mon vieux bras. Et moi, la main appuyée sur ce bâton tordu, je hâterai, en l'avançant, la marche de mon pied ralenti. »

Comme Euripide, Garnier insiste sur la vieillesse et la faiblesse de la reine, ainsi que sur la nostalgie de la puissance passée, pour intensifier l'émotion et souligner le tragique :

Hécube, accablée à la fois par la vieillesse et la douleur, emplit deux tragédies – *Hécube* et les *Troyennes* – du pathétique le plus intense. Les premiers mots qu'elle prononce, dans la première de ces deux pièces, donnent déjà la note de cette saisissante faiblesse. (…) Hécube s'afflige (…) à remémorer le contraste ; elle est devenue compagne d'esclavage des Troyennes, sur qui autrefois elle régnait. (…) Les mêmes réflexions conduisent Polyxène à son geste héroïque. (…) Un tel contraste fait accepter la mort. (J. de Romilly, *Le Temps dans la tragédie grecque*, p. 144 et p. 114).

vers 1239 – *De Royne trionfante, et de mere feconde* : « de reine triomphante et de mère féconde que j'étais ».
vers 1246 – La périphrase verbale progressive *se vont affoiblissans* a valeur descriptive et théâtrale.
vers 1247-1254 – Euripide faisait dire à la reine :

Ὦ στεροπὰ Διός, ὦ σκοτία νύξ,
τί ποτ' αἴρομαι ἔννυχος οὕτω
δείμασι, φάσμασιν ; Ὦ πότνια χθών,
μελανοπτερύγων μῆτερ ὀνείρων,
ἀποπέμπομαι ἔννυχον ὄψιν…

« O clarté de Zeus, ô nuit ténébreuse, pourquoi suis-je ainsi affolée de terreurs nocturnes, de fantômes ? O Terre auguste, mère des songes à l'aile noire, loin de moi la vision nocturne que j'ai eue en rêve… » (*Hécube*, 68-72)

Garnier garde l'idée en la modifiant : il qualifie le songe par des adjectifs plus abstraits, puis tire la comparaison avec le vautour des *songes à l'aile noire* du poète grec. La répétition du terme *songe* et sa quintuple caractérisation font de ce rêve prémonitoire une obsession et intensifient l'attente tragique.
vers 1256-1260 – Euripide, 90-91 :

Εἶδον γὰρ βαλιὰν ἔλαφον λύκου αἵμονι χαλᾷ
σφαζομέναν, ἀπ' ἐμῶν γονάτων σπασθεῖσαν ἀνοίκτως.

« Car j'ai vu une biche à la robe tachetée, sous la griffe sanglante d'un loup qui l'égorgeait, arrachée à mes genoux impitoyablement. »

Marie-Madeleine Mouflard (*Robert Garnier*, tome III, p. 98-99) pense que Garnier s'est servi ici de traductions, qu'il ait eu ou non le grec sous les yeux : « l'expression *nourrie en mon giron* vient sans doute d'Érasme (*gremio*) ; mais c'est surtout à partir de Bochetel qu'il compose son tableau », même s'« il supprime les adjectifs *sanglante, tachée* », employés par son modèle, dont voici le texte :

Dormant m'a semblé qu'est venu
Ung loup à la gueule sanglante
Qui de ma poitrine dolente
Avoit une biche arrachée,
De diverses couleurs tachée.
Et mangeoit la beste cruelle
Ceste biche qui tant fut belle.

« Il faut aussi souligner que Garnier "remplace le loup par un lion, sans doute sous l'influence de Sénèque" ».

vers 1256 – *dormant* : « en dormant » : le gérondif n'est pas obligatoirement précédé de la préposition *en* au seizième siècle.

vers 1261-1269 – Chez Euripide, le fantôme d'Achille réclamait lui aussi une captive et Hécube craignait également pour la vie de Polyxène (92-97).

vers 1263 – *de face menaçante* : la théâtralisation est ici sensible. L'épithète *menaçante* appartient au vocabulaire tragique (la crainte est l'un des ressorts du tragique). Garnier répète le mot *peur* (vers 1267 et 1269).

vers 1275-1322 – Pour ce dialogue, Garnier prend comme modèle les *Troades* de Sénèque (163-202).

vers 1273-1274 – « Dans la *Troade* de Garnier, Hécube s'adresse à la fin de son rêve aux *grands Dieux de la terre et des enfers hideux*. Le songe correspond dans la tragédie au moment où le monde humain est mis en communication avec les Enfers. » (Françoise Joukovsky, *Songes de la Renaissance*, introduction, p. 51).

vers 1275-1278 – Garnier tient les personnages, et donc les spectateurs, en haleine.

vers 1279 – *pleine de merveille* : « tout à fait miraculeuse ». – Le terme de *merveille* comporte une connotation religieuse et nous introduit dans le domaine du surnaturel. Il en sera de même lors du récit de l'apparition : *horrible* et *horriblement* (vers 1290 et 1294) possèdent, on le sait, une tonalité également religieuse.

vers 1286 – qui : « qu'est-ce qui ».

vers 1287-1318 – Garnier suit Sénèque de très près (167 *sq.*). Le récit de l'apparition de l'ombre d'Achille aux Grecs ne figurait pas dans la pièce d'Euripide : seule Hécube voyait en songe son fantôme et entendait ses exigences (*Hécube*, 92-95). Garnier, en quête d'effets poétiques grandioses et inquiétants, préfère donc puiser à la source latine. – La narration tire son efficacité de sa relative densité. – L. Wierenga commente ce passage avec perspicacité :

> Les êtres humains que la terre a recueillis ne sont pas tout à fait morts. Quand l'écorce terrestre se fend, le regard plonge dans la fente, et aperçoit la vie qui continue. C'est que la terre ne détruit pas, ne dévore pas, comme le feu, mais étant une "cavité accueillante", elle reçoit et enveloppe les corps, sans en empêcher toute activité. Achille, mort devant Troie, et enterré près de la ville, n'en continue pas moins à influencer le cours des événements, à réclamer les honneurs. Non seulement il apparaît en songe, mais il remonte de sa tombe, reconnaissable à tous : ils reconnaissent sa rude voix, son allure héroïque. Au début de cette réapparition, Garnier parle du *fantosme* d'Achille, puis ne fait plus aucune distinction entre l'ombre d'Achille et le héros tel qu'il fut avant sa mort. (*op. cit.*, p. 73)

vers 1290 et 1294 – La figure de dérivation (*horrible, horriblement*) traduit l'émotion du narrateur.

vers 1323-1376 – Ce chœur est imité de celui des *Troades* (371-408). Il fournit un excellent exemple de traitement original, puisque non seulement il ne se trouve pas à la même place dans le drame – « Garnier l'a déplacé afin de séparer des plaintes de la reine troyenne la discussion des chefs grecs. » [Lebègue, éd. de *La Troade*, p. 260] –, mais qu'encore l'idée se trouve totalement modifiée : Garnier, poète chrétien, ne pouvait pas reprendre à son compte la négation de l'immortalité proclamée par les Troyennes chez Sénèque. « Garnier emprunte au platonisme chrétien de la Renaissance la matière des v. 1347-1376. » (Lebègue, éd. de *La Troade*, p. 260). – Cette méditation sur la mort, placée au milieu de la pièce, marque un répit dans la succession des souffrances accumulées et ouvre un espoir vers l'au-delà. Loin donc de constituer un hors d'œuvre poétique, elle s'inscrit dans la logique du sujet de la tragédie. – Ce chœur comporte neuf strophes de six vers ; chaque strophe comprend deux tercets constitués de deux octosyllabes et d'un tétrasyllabe ; les rimes obéissent au schéma AABCCB : les octosyllabes présentent donc deux rimes différentes (A et C, suivies et masculines) et les tétrasyllabes riment entre eux (rime B féminine). La disposition apparaît ainsi d'une grande simplicité et d'une variété toute régulière et symétrique, ce qui dote l'ensemble d'une fluidité non dépourvue de noblesse.

vers 1323-1340 – Ces trois strophes peuvent être dites ou chantées chacune par un personnage différent. La réponse (vers 1341 *sq.*) serait alors donnée par un quatrième personnage.

vers 1365-1376 – A partir de la deuxième édition (1580), Garnier substitue à plusieurs reprises *là* à *où* en tête de vers : cette anaphore n'est pas sans rappeler le sonnet CXIII de *l'Olive* de Du Bellay.

vers 1377-1528 – L'âpre débat qui oppose Agamemnon et Pyrrhus correspond aux vers 203-370 des *Troades*. Il se déroule dans un autre lieu que celui des scènes précédentes, ce qui suppose un espace scénique comportant des *mansions* diverses, comme pour la représentation des mystères médiévaux.

vers 1381-1382 – Selon la légende, Télèphe était le fils d'Héraclès et d'Augé, fille d'Aléos, roi de Tégée, ville d'Arcadie. Il vécut à la cour de Teuthras, roi de Mysie, qui le considérait comme son fils adoptif et son héritier. Lorsque les Grecs se rendirent à Troie, ils passèrent par la Mysie. Se déclarant allié des Troyens, Télèphe combattit l'envahisseur, mais il fut blessé à la cuisse par la lance d'Achille. C'est à cet épisode que Pyrrhus fait ici allusion.

vers 1383 – Troïle était le plus jeune des fils de Priam et d'Hécube. Il fut tué par Achille. Plusieurs versions de la légende circulaient à ce sujet. Priam le nomme parmi les fils qu'Arès lui a ravis, au chant XXIV de l'*Iliade*, vers 257. – Memnon était petit-fils de Laomédon, fils de l'Aurore et de Tithonos, et frère de Priam. Il fut vaincu et tué par Achille, mais Zeus accorda l'immortalité au fils de l'Aurore.

vers 1384 – Hector fut tué par Achille (*Iliade*, chant XXII). – Garnier a modifié, dès 1580, la fin du vers : il avait d'abord écrit *a destruit le renom* : il remplace le verbe *destruire* par *ternir*, terme plus expressif et mieux adapté à son complément d'objet.

vers 1385 – *Penthasilée* = Penthésilée, reine des Amazones, fille d'Arès, le dieu de la guerre. Elle vint, à la tête d'une troupe d'Amazones secourir les Troyens, mais elle fut abattue par Achille, qui, admirant sa beauté au moment où elle s'écroulait, tomba amoureux d'elle et, de colère, tua Thersite, qui avait osé se moquer de lui.

vers 1386-1388 – Garnier résume par cette évocation générale les nombreux autres exploits longuement énumérés par Sénèque. On voit que le poète abrège lorsque la dramaturgie ne gagne pas à certains développements et qu'au contraire, dans d'autres passages, il amplifie tout ce qui peut augmenter le pathétique ou le spectaculaire.

vers 1397-1440 – Le discours d'Agamemnon est volontiers sentencieux : sa qualité de roi des rois et de chef de l'expédition lui donne le droit de sermonner abondamment Pyrrhus, qui n'a d'autre gloire que d'être le fils d'Achille et qui, en fait, a le tort d'être *un bastard.* Le généralissime joue donc consciencieusement son rôle de monarque autoritaire.

vers 1399-1400 – Allusion à la querelle entre Agamemnon et Achille dans l'*Iliade.* Achille s'était retiré du combat. On devine qu'Agamemnon est par avance mal disposé à l'égard du fils de son ancien ennemi. – *colere* est ici masculin, comme au vers 710.

vers 1409 – Prononcer le *e* de *Troye* devant consonne.

vers 1420 – *furieux* : diérèse.

vers 1421 – *Les Pergames de Troie* : « les citadelles de Troie ».

vers 143 – Le verbe *souffrir* est ici construit avec une proposition infinitive de type latin.

vers 1442-1456 – L'éloge d'Achille, qui apparaît d'une grande concision par rapport à la louange enflammée que Pyrrhe faisait de son père (1377 *sq.*), est suivi de reproches : Agamemnon donne l'impression de ne louer le héros défunt qu'à contre-cœur.

vers 1455 – Prononcer *rendriez* avec synérèse, mais *odieux* avec diérèse.

vers 1457-1458 – Dans l'*Iphigénie à Aulis* d'Euripide, Ménélas reprochait à son frère Agamemnon de semblables contradictions (334 *sq.*).

vers 1459-1461 – Dans l'*Iliade*, II, 225 *sq.*, Thersite traite lui aussi Agamemnon de débauché. Ici, Pyrrhe fait notamment allusion au désir qu'Agamemnon éprouva jadis pour Chryséis, puis pour Briséis (*cf.* chant I de l'*Iliade*) et qu'il manifeste maintenant pour Cassandre. Au vers 1461, Garnier apporte en 1585 une heureuse correction : *lascivement* est plus précis et plus expressif qu'*insolemment*.

vers 1469-1472 – Achille avait effectivement eu pitié de la *vieillesse grise* de Priam lorsque ce dernier était venu lui réclamer le cadavre de son fils, afin de pouvoir l'ensevelir (*Iliade*, XXIV, 515-516). – Au vers 1472, *demandant* ne se rapporte pas au sujet de la proposition (*ce tien pere*), mais à *que* représentant *Priam* ; il faut donc donner à *luy demandant* le sens de « alors que Priam demandait à ton père ».

vers 1479 – *qui ores le defens* : « toi qui défends maintenant cela ».

vers 1481-1486 – Cet échange de vues entre l'arbitraire du maître et la légitimité morale sera repris et amplifié par Garnier dans son *Antigone* (1803-1827).

vers 1490 – Achille a vécu neuf ans dans l'île de Scyros, à la cour du roi Lycomède. Il y avait mené une vie efféminée. Déguisé en femme, il vivait avec les filles de son hôte. Ulysse vint le chercher.

vers 1491 et 1494 – Allusion aux crimes commis dans la famille des Atrides, et notamment au festin macabre offert par Atrée à son frère Thyeste.

vers 1493 – *mon ayeule* : Thétis, la mère d'Achille, est la grand-mère Pyrrhus.

vers 1499-1501 – *Eac' est sous la terre, en son ciel Jupiter* : Eaque, le père de Pélée (et donc le grand-père d'Achille et l'arrière grand-père de Pyrrhus) est l'un des trois juges des Enfers avec Minos et Rhadamante. Il est aussi le fils de Zeus, ce qui fait d'Achille et de Pyrrhus les descendants de Jupiter. – *Thétis* (vers 1500) est la mère d'Achille. Elle fait partie de la troupe des Néréides et habite auprès de son père, le vieux Nérée, au fond de la mer. C'est elle, dit Pyrrhus, qui agite les flots. Si donc les Grecs ne satisfont pas la demande du spectre d'Achille, elle est capable de ne pas mouvoir les vagues et de bloquer la flotte achéenne. Garnier (ou peut-être, malicieusement, Pyrrhe) semble dans ce passage confondre deux figures mythologiques marines : Thétis, la Néréide, et Téthys, femme de l'Océan. – On peut constater que face au roi des rois, Pyrrhus fait valoir ses titres de noblesse et son appartenance divine au *triplex regnum*, évoqué par Ovide dans les *Métamorphoses* (V, 368) et formé par le ciel, la mer et les enfers, soumis respectivement à Jupiter, Neptune et Pluton. Devant ses prétentions, Agamemnon aura beau jeu de rappeler à son interlocuteur qu'Achille, tout demi-dieu qu'il était, n'en a pas moins péri, comme tout mortel, et qu'il a succombé aux coups de Pâris (vers 1501).

vers 1503 – *Paris, le plus couard* : en fait, Pâris ne manque pas de courage ; mais on le voit (*Iliade*, chant III) frémir un instant lorsqu'il affronte Ménélas, et l'on jase sur son compte (*Iliade*, chant VI).

vers 1510 – *la* représente *Polyxène*.

vers 1511-1512 – Allusion à l'épisode d'Aulis et au sacrifice d'Iphigénie par Agamemnon.

vers 1516 – *Au paistre* : la substantivation de l'infinitif était un procédé cher à la Pléiade, recommandé par du Bellay (*Deffence et Illustration*, II, 9, p. 160).

vers 1519 – Chez Sénèque, on lit simplement *Calchas*. Garnier le caractérise par deux épithètes de type homérique.

vers 1521-1528 – L'intervention de Calchas met brutalement fin au débat, au détriment d'Agamemnon, et, surtout, de Polyxène.

vers 1529-1728 – Cet épisode de 200 vers n'est pas tiré de la tragédie de Sénèque, où c'était Hélène qui venait chercher la jeune Polyxène pour la faire conduire à la mort. Garnier utilise la scène correspondante d'Euripide (*Hécube*, 216-437). Chez le poète grec, Ulysse ordonnait à Hécube de livrer sa fille. Comme celui-ci est déjà venu réclamer Astyanax dans l'acte précédent, Garnier a substitué Pyrrhus au fils de Laerte. L'imitation reste assez libre dans l'ensemble.

vers 1531 – Garnier substitue, dans la quatrième édition, un adjectif pathétique à une banale épithète de nature : *son rouge sang* devient *son tiede sang*. Le vers suivant décrit complaisamment le sacrifice prochain de la victime (voir aussi le vers 1540).

vers 1535-1536 – Noter le dynamisme scénique (impératifs de verbes de mouvement).

vers 1539-1554 – Pyrrhe fait preuve ici de beaucoup plus de brutalité que l'Ulysse d'Euripide (*Hécube*, 218-228). Les injonctions et la présence des verbes de mouvement créent un effet dramatique intense. Et la réaction d'Hécube est tout aussi violente.

vers 1541 – La justice de Jupiter doit, selon Hécube, l'emporter sur les caprices d'Achille ; d'ailleurs, Zeus n'est-il pas le roi des dieux, alors qu'Achille n'est qu'un demi-dieu ?

vers 1544 – *execrable* : « maudit » (par les dieux), ce qui peut sembler paradoxal, puisque Calchas a exigé le sacrifice en tant qu'interprète de la volonté divine.

vers 1545 – *valeureus Achille* : l'épithète figure sur la liste de Maurice de La Porte.

vers 1546 – Sans aucun ménagement, ni aucune retenue, Pyrrhe se désigne comme le sacrificateur. Il ne prend même plus la précaution oratoire de rappeler que le sacrifice est accompli au nom de tous les Grecs. Il semble en faire une affaire personnelle, puisqu'il agit pour son père défunt, Achille, dont le fantôme a exigé le sang de la princesse.

vers 1554 – *Il veut* : Achille mort continue à exercer sa volonté sur les vivants.

vers 1555-1560 – Le rappel des pertes subies par Hécube contribue, ici comme ailleurs, à rendre plus pesant le climat tragique.

vers 1563-1570 – *Cf.* Euripide, *Hécube*, 265-270 :

> « C'est Hélène qu'il devait réclamer pour son tombeau comme victime ; voilà celle qui l'a perdu et conduit à Troie. Et s'il doit périr une captive de choix, supérieure en beauté, ce n'est pas nous que cela regarde. La fille de Tyndare brille comme la plus belle, et tout autant que nous on l'a trouvée coupable. »

vers 1565 – *Troye subvertie* : le *e* final de *Troye* doit être prononcé, puisque le mot suivant commence par une consonne.

vers 1571 – On notera l'élision de l'*e* final à la fin du premier hémistiche, indispensable ici, puisque la seconde moitié du vers commence par une consonne. – *preux* : épithète traditionnelle d'Achille, indiquée par M. de La Porte (voir aussi le vers 2117).

vers 1580-1590 – Hécube lance à Pyrrhus le même avertissement que celui qu'adressait, à la scène précédente, Agamemnon au fils d'Achille.

vers 1589 – *Pelide* : épithète traditionnelle d'Achille et de sa descendance (Homère, M. de La Porte).

vers 1593-1598 – Cet appel à l'honneur militaire et à la vertu sans tache devait être bien compris des contemporains, sensibles à la renommée nobiliaire, autant qu'au salut de leur âme.

vers 1593 – *le clair de vos louanges* : « l'éclat de votre gloire » : périphrase (adjectif substantivé + complément de nom) recommandée par du Bellay (*Deffence*, II, 9, p. 160).

vers 1595 – Par souci d'expressivité, Garnier, à partir de la troisième édition, remplace *sens* par *sang*.

vers 1600 – *ma chere moitié* : cette expression est peut-être un écho d'Horace, *Odes*, I, 3, v. 8 : *serves animae dimidium meae*.

vers 1601-1602 – L'émotion de Pyrrhe est, bien que plus contenue, semblable à celle qu'exprimait le chœur dans *Hécube* (296-298) :

> « Il n'est point d'être humain au naturel assez dur pour ouïr tes sanglots et tes longues plaintes gémissantes sans répandre de larmes. »

vers 1615-1624 – *Cf.* Euripide, *Hécube* (334-341). Garnier laisse de côté l'évocation du rossignol, qui pourrait retarder l'élan pathétique :

> « Ma fille, mes paroles se sont évanouies dans l'air ; en vain je les ai jetées pour empêcher ton meurtre. A toi, si tu as plus d'éloquence que ta mère, de déployer tes efforts. Comme le gosier du rossignol, prends tous les tons pour sauver ta vie. Tombe, pitoyable, aux genoux d'Ulysse, essaie de le fléchir (tu as une bonne raison : lui aussi il est père), pour qu'il ait pitié de ton infortune. »

vers 1618 – *Parler à lui, à moi, à toi, à nous*, etc. est une construction beaucoup plus fréquente au seizième siècle que *lui parler*, etc.

vers 1624 – *que vous vivez* : subjonctif. Cette forme, qui est celle de l'ancien français, n'est pas exceptionnelle tout au long du seizième siècle.

vers 1625-1658 – Imité de l'*Hécube* d'Euripide (342-378). – Polyxène manifeste la noblesse de son âme en préférant la mort à l'esclavage, et sa vertu en préférant la chasteté à la vie. Elle relève ainsi l'image des Troyens défaits. Dans cette tragédie, les vaincus suscitent plus de sympathie et d'admiration que les vainqueurs.

vers 1629 – *Cf.* Euripide, *Hécube*, 345 : Θάρσει

vers 1639 – *Qui suis* : moi qui suis.

vers 1642 – Euripide, *Hécube*, 357 : νῦν δ' εἰμὶ δούλη (Et maintenant je suis esclave).

vers 1653 – *deussiez* : subjonctif imparfait à valeur d'irréel du présent (= vous devriez).

vers 1654 – *doux sacrifice*, quoique paradoxal à première vue, est, compte tenu de l'argumentation de Polyxène, plus logique que *dur sacrifice*, que l'on trouvait dans les éditions précédentes.

vers 1659-1662 – Chez Euripide, c'était le chœur qui exprimait cette idée. En la plaçant dans la bouche de Pyrrhe, Garnier la rend plus émouvante encore, puisqu'elle crée un contraste entre sa dureté et sa pitié. L'hommage qu'il rend à une princesse captive correspond au sentiment du spectateur.

vers 1676 – Achille a été tué par Pâris, qui lui a lancé une flèche en le visant au talon, seul endroit où le héros était vulnérable.

vers 1677-1680 – Achille est plus que jamais acteur caché du drame, et plus redoutable mort que vivant.

vers 1686 – *lierre* : diérèse.

vers 1691-1703 – Cette tirade est capitale, parce qu'elle permet de saisir le tragique et le pathétique de la situation, ainsi que la grandeur d'âme du personnage : Polyxène devient ainsi une figure emblématique de l'héroïne tragique. – Garnier y ajoute un *topos* courant dans la littérature grecque ancienne : l'être qui va mourir regrette de devoir quitter la lumière du soleil.

vers 1698-1700 – Même geste et même idée chez Euripide (*Hécube*, 409-412) :

> ’Αλλ’, ὦ φίλη μοι μῆτερ, ἡδίστην χέρα
> δὸς καὶ παρειὰν προσβαλεῖν παρηίδι·
> ὡς οὔποτ’ αὖθις, ἀλλὰ νῦν πανύστατον
> ἀκτῖνα κύκλον θ’ ἡλίου προσόψομαι.
>
> « Donne-moi plutôt, mère chérie, ta main si douce, et ta joue à presser sur ma joue. Car plus jamais je ne verrai (c’est maintenant la dernière fois) les rayons et l’orbe du soleil. »

vers 1710 – *Qui… pensois* : « moi qui pensais ».
vers 1711 – *le triste bord* : le triste rivage de l’Achéron, fleuve des Enfers.
vers 1723 – Le *fameux Hector* correspond au Φαίδιμος Ἕκτωρ d’Homère.
vers 1725-1728 – Ce passage est remarquable par sa musicalité : répétition de *allons*, sonorités récurrentes telles que [è], [ã], [sã]. C’est le chant de l’oiseau que l’on s’apprête à sauvagement égorger.
vers 1729-1744 – Garnier développe les plaintes de l’*Hécube* d’Euripide (438-443).
vers 1739 – *en dix ans* : c’est la durée du siège de Troie.
vers 1745-1804 – Garnier renonce, pour ce chant qui clôt le troisième acte, à une répartition strophique des vers, mais il regroupe les vers par quatrains, du point de vue de la syntaxe. Il fait suivre un vers long à rime féminine (alexandrin) d’un vers bref à rime masculine (hexamètre), ce qui rappelle l’alternance adoptée par Horace dans le troisième poème de son premier livre d’*Odes*, où le poète, comme ici Garnier, condamnait la navigation (*cf.* Lebègue, éd. de *La Troade*, p. 261). Le poète latin, pour sa part faisait alterner un vers bref (glyconique) et un vers plus long (asclépiade mineur). Garnier s’est également

inspiré d'un chœur de la *Médée* de Sénèque (301-379). L'emploi de l'adjectif *hardie* aux deux premiers vers répond à l'*audax* qui commence le chant du poète tragique, et que l'on trouve aussi au vers 25 de l'ode d'Horace. Garnier, comme ses deux prédécesseurs, évoque les noms des vents et des constellations, avec parfois des substitutions qui témoignent de la liberté de son imitation. Parmi les sources possibles, on peut aussi mentionner un passage de l'*Histoire naturelle* de Pline l'Ancien (livre XIX, chapitre I) :

> *Audax uita, scelerum plena ! aliquid seri, ut uentos procellasque capiat, et parum esse fluctibus solis uehi. iam uero nec uela satis esse maiora nauigiis, sed, quamuis amplitudini antemnarum singulae arbores sufficiant, super eas tamen addi uelorum alia uela, praeterque in proris et alia in puppibus pandi, ac tot modis prouocari mortem (...)*

> « Audace de l'homme, pleine de forfaits ! on sème quelque chose qui reçoive les vents et les tempêtes ; ce n'est pas assez d'être porté par les seules vagues, et déjà des voiles plus grandes que les vaisseaux ne suffisent plus ; mais, bien qu'il faille des arbres entiers pour l'étendue des vergues, on ajoute pourtant au-dessus d'elles d'autres voiles secondaires, et d'autres encore se déploient à la proue et à la poupe, et on multiplie ainsi les provocations à la mort. » (éd. et trad. J. André, p. 24)

Le souci principal de Garnier reste de relier la description au thème de la pièce : la mer est néfaste, parce qu'elle a porté le vaisseau de Pâris, a amené Hélène, qui fut fatale à Troie, et parce que les Grecs ont franchi à leur tour les eaux pour détruire la cité : le feu de l'amour et le feu de la guerre ont été désastreux pour le peuple troyen (vers 1797-1804). L. Wierenga (*op. cit.*, p. 51-54) note à propos de ce chœur que « ces vers empruntent leur force menaçante à l'accumulation d'une série d'images mythologiques qui se rapportent toutes à la force néfaste de l'eau (...) Ce chœur insiste sur le caractère perfide de l'eau : elle se venge d'être violée par l'homme, être terrestre. » A propos du vers 1790 (*Venus et les Jumeaux*), le même auteur (*op. cit.*, p. 52) écrit : « (...) les poètes ont identifié Hélène, sœur des Dioscures, et Vénus, déesse de l'amour. C'est pour la beauté et pour l'amour d'Hélène que la guerre de Troie a été entreprise, que tant de héros ont été tués, qu'une ville et un pays ont été détruits (...) C'est d'ailleurs de Vénus qu'Hélène tient son pouvoir : le jugement de Pâris. »

vers 1764 – *abayer* : d'après Edmond Huguet, *Dictionnaire de la langue française du seizième siècle*, t. I, p. 7, Henri Estienne préférait *aboyer*. On notera qu'au vers 1732, Garnier a hésité entre les deux formes.

vers 1792 – *flambans* : accord du participe présent : voir la note du vers 469.

vers 1793-1796 – *Le fils d'Eson* désigne Jason. Le passage fait allusion à l'expédition des Argonautes, partis conquérir la toison d'or.

ACTE IV

vers 1805-1948 – Cet épisode suit le plan de la scène correspondante dans les *Troades* de Sénèque (1056-1117). Il est toutefois, à plusieurs reprises, fortement amplifié : Garnier allonge les lamentations, dont il accroît la force rhétorique, et il décrit avec complaisance l'état pitoyable du cadavre du petit Astyanax. Contrairement au tragique latin, qui réunissait dans la même scène le récit de la mort d'Astyanax et celui de la mort de Polyxène, le poète français préfère les séparer par un chœur et redoubler ainsi l'émotion, en ménageant la progression dramatique. Les contemporains retrouvaient dans ces évocations horribles et macabres les atrocités perpétrées par les deux partis dans les guerres religieuses.

vers 1805-1806 – Sénèque emploie des termes semblables (1056) : *O dura fata, saeua, miseranda, horrida !*

vers 1807-1812 – Garnier se révèle ici plus prolixe que Sénèque (1057-1058) :

> *Quod tam ferum, tam triste bis quinis scelus*
> *Mars uidit annis ?*
>
> « Mars a-t-il vu en ces dix ans un crime aussi féroce, aussi attristant ? »

vers 1808 – *barbares* : épithète traditionnelle des Scythes (donnée par Maurice de La Porte).

vers 1813-1840 – Tout ce passage est ajouté par Garnier. Il est destiné à faire monter l'émotion : questions angoissées, incertitude sur l'identité de la victime (s'agit-il de Polyxène ou d'Astyanax ?), appel à la vengeance des dieux.

vers 1815 – Heureuse correction dès la deuxième édition : Garnier remplace *Qu'a-ton veu* par *Qu'as-tu veu* : le messager se trouve ainsi plus étroitement associé à la scène et prend donc davantage de consistance et d'individualité. De la même façon, au vers suivant, Garnier, en introduisant, à partir de 1580, l'adjectif *chetif*, fait participer le personnage au malheur des captives.

vers 1817-1825 – Les allitérations en [m] scandent les lamentations. – Plus que jamais, Hécube, reine de Troie, se sent atteinte par la douleur de ses concitoyens. Elle joue pleinement son rôle et reste le symbole du *malheur Troyen.*

vers 1822 – *tu vas deplorant* : nouvel exemple de périphrase à valeur durative et progressive, utilisée pour décrire le déroulement interne de l'action, et qui intensifie donc le pathétique et le spectaculaire. On peut faire une remarque du même ordre à propos de *vient sur moy descendre* : le verbe de mouvement *venir* (ici grammaticalisé) conserve une part de sa force concrète d'origine et rend plus imagé le procès verbal et l'ἀγών qui se joue.

vers 1826 – *pere* : il s'agit de Zeus (Jupiter), *le père des dieux et des hommes*, et surtout ici le père justicier (*cf.* les vers qui suivent).

vers 1828 – *ces enragez* : de nouveau, les Grecs sont jugés par un regard troyen, et dépréciés, présentés comme des bêtes féroces.

vers 1837 – Vers terrible par sa concision et sa densité, qui contraste avec la longueur des lamentations qui l'encadrent ; la brièveté de Sénèque était encore plus saisissante (1063) : *missus e muris puer.*

vers 1841-1851 – Chez Sénèque, c'était Hécube, et non, comme ici, Andromaque, qui demandait au messager de dire l'horreur indicible (*Expone seriem caedis et duplex nefas / persequere* – 1065-1066) La reine justifiait ainsi sa demande (1066-1067) : *gaudet magnus aerumnas dolor / tractare totas.* Garnier remplace le paradoxe sénéquien de l'indicible qu'il faut pourtant dire (*Expone...nefas*) par un autre paradoxe (1850), celui du destin que l'on assume jusqu'au bout malgré son horreur, avec courage et ironie : *Ce plaisant desplaisir de mon bon gré me ronge.*

vers 1851-1852 – On retrouve ici le thème de la terre protectrice (personnifiée), mettant fin à tous les maux (*cf.* L. Wierenga, *op. cit.*). – *va...estoufant* : *cf.* note des vers 559-560.

vers 1853-1925 – Garnier se révèle, tout au long de ce récit, très fidèle au texte de Sénèque (1068-1103).

vers 1855-1856 – Ne pas prononcer le *c* de *Grecs*, afin de respecter la rime.

vers 1858 – *Troye* : deux syllabes (prononcer le *e*).

vers 1859-1868 – Rappel d'un épisode fameux de l'*Iliade* (chant II).

vers 1864 – *Le petit fils d'Hector* : s'agissant d'Astyanax, il faut évidemment comprendre « le fils petit d'Hector », et non pas « le petit-fils » !

vers 1866 – *Alloit fendant* : nouvel emploi de cette périphrase à valeur progressive et descriptive.

vers 1874 – Beau vers, inventé par Garnier. D'une façon générale, tout en suivant Sénèque, le poète français embellit les descriptions et personnifie parfois, comme ici, les éléments du paysage. Ajoutons que l'évocation du bleu apporte l'indispensable couleur locale (celle de la mer, commune aux Grecs et aux Troyens et qui pourtant les sépare et les oppose) – La perspective qui se déploie au vers 1880 est, elle aussi, originale – Aux vers 1883-1884, la description de la forêt qui s'agite est plus concrète, plus précise, plus vivante que celle, plus sèche, du tragique latin : *tota populo silua suspenso tremuit*. Elle intègre l'élément humain à la nature.

vers 1889-1860 – L'exclamation *forfait !* placée en incise transpose le *nefas* sénéquien. Mais Garnier insiste encore plus sur le sacrilège perpétré (*cf. inviolable et sainte*).

vers 1897-1898 – *ondoyans* est accordé (*cf.* note du vers 469) – L'isotopie des flots se retrouve ici. La mer, élément essentiel de *La Troade*, joue un rôle symbolique, souvent néfaste (voir vers 1922).

vers 1899-1900 et vers 1910 – La rédaction de 1585 met l'accent, de manière plus concrète, sur le regard de l'enfant : *Elançant la fureur : ainsi que furieux* est en effet corrigé en *Lançant de toutes parts un regard furieux*. – Dans le même ordre d'idées, et avec un effet semblable, *une brillante flame* remplace au vers 1910 *une jumelle flame*.

vers 1916 – Dans la dernière édition, Garnier évite la répétition de *ses*.

vers 1939-1948 – La description est ici encore plus macabre que celle de Sénèque (voir en particulier le vers 1941 : *Sa teste par morceaux, la cervelle sortie*). – *on ne le cognoist point* : pour l'interprétation possible de ce détail, voir notre introduction.

vers 1944 – *pour le tourner en pain* (correction de l'édition de 1585) est plus évocateur que les rédactions primitives (*pour en faire du pain*).

vers 1949-1982 – Ce passage est de l'invention de Garnier. Celui-ci, toutefois, emprunte au vers 1136 des *Troyennes* d'Euripide l'idée du bouclier sur lequel on étend le corps de l'enfant. – Homère aussi avait fait une rapide allusion au brillant bouclier d'Hector (*Iliade*, XXII, 97).

vers 1950-1954 – Ce reproche adressé aux dieux ne figure pas chez Sénèque.

vers 1952 – *que c'estoit d'endurer* : « ce que c'était que d'endurer ».

vers 1955 – Garnier renonce, dans la dernière édition, à une répétition superflue.

vers 1961-1971 – Andromaque mêle des sentiments chrétiens (prière à un saint martyr pour qu'il intercède) à une idée païenne (le corps du mort ne doit pas être abandonné aux bêtes, les funérailles sont indispensables pour que l'âme du défunt puisse trouver le repos).

vers 1963 – *supplie* : prononcer le *e* final – *noire Atropos* : le caractérisant *noire* appliqué aux Parques figure dans la liste de Maurice de La Porte.

vers 1967 – *aye* : prononcer le *e* final.

vers 1973-1982 – L'opposition tragique entre le *jadis* et le *maintenant* est développée dans ce passage, mais de manière plus concise que dans les précédentes tragédies de Garnier. On peut ainsi mesurer l'évolution de la technique de l'auteur vers la concentration dramatique.

vers 1983-2036 – Ce passage lyrique comporte neuf strophes de six octosyllabes, bâties sur le schéma suivant : AABCCB, la rime B étant féminine. Le chœur est imité, à l'exclusion de la dernière strophe, de celui que Sénèque consacre au même thème dans les vers 1009-1041 des *Troades* (nous faisons figurer en italique les emprunts littéraux les plus frappants) :

Dulce maerenti populus *dolentum,*
dulce lamentis resonare gentes ;
lenius luctus lacrimaeque *mordent,*
turba quas fletu similis frequentat.
Semper, a semper dolor est malignus :
gaudet in multos sua fata mitti
seque non solum placuisse poenae.
Ferre quam sortem patiuntur omnes
nemo recusat.
Tolle felices : miserum, licet sit,
nemo se credet : remouete multo
diuites auro, remouete centum
rura qui scindunt opulenta bubus :
pauperi surgent animi iacentes,
est miser nemo nisi comparatus. (…)
ille deplorat *queriturque fatum,*
qui secans fluctum *rate signulari*
nudus in portus *cecidit* petitos ;
aequior casum tulit et procellas
mille qui ponto pariter carinas
† obrui uidit tabulaque latus
naufraga, terris mare dum coactis
fluctibus Corus prohibet, reuertit.
Questus est Hellem cecidisse Phrixus,
cum gregis ductor radiante uillo
aureo fratrem *simul ac sororem*
sustulit tergo medioque iactum
fecit in ponto ; *tenuit querelas*

et uir et Pyrrha, mare cum *uiderent*
et nihil praeter mare cum uiderent,
unici terris homines relicti.

vers 2019-2024 – Phrixos et sa sœur Hellé devaient être offerts en sacrifice à Zeus, qui leur envoya un bélier ailé à toison d'or. Hellé tomba dans la mer et périt noyée, mais Phrixos arriva en Colchide. Le roi de ce pays, Aeétès, donne sa fille en mariage à Phrixos, qui sacrifia à Zeus le bélier, puis en offrit la toison à son beau-père. Ce dernier la consacra au dieu de la guerre, Arès, et la cloua à un chêne situé dans un bois consacré à cette divinité. Plus tard, Jason et les Argonautes partirent s'emparer de cette toison.

vers 2025-2030 – Pyrrha, fille d'Épiméthée et de Pandore, était la femme de Deucalion. Les deux époux échappèrent au déluge.

vers 2026 – Accord en nombre du participe présent.

vers 2028 – *Leurs amis ne pleurèrent pas* : « Ils ne pleurèrent pas leurs amis ».

vers 2037-2060 – Préambule tiré de l'*Hécube* d'Euripide (484-510).

vers 2037-2040 – Le problème de la Providence est posé par Euripide dans des termes assez proches (488-491). Chez Garnier, Talthybie formule trois hypothèses à ce sujet, sans y répondre : les événements sont menés soit par la divinité, soit par le sort, soit par les lois naturelles. – Au vers 2037 *affaire* est masculin, ce qui est d'usage courant au seizième siècle. – Aux vers 2039 et 2040, Garnier emploie *ou si* pour introduire le deuxième terme d'une alternative dans une interrogation. C'est une survivance de l'ancienne langue.

vers 2041-2053 – On trouvait chez Euripide la même opposition entre la gloire passée de la reine et son état lamentable actuel (*Hécube*, 492-500) :

Οὐχ ἥδ' ἄνασσα τῶν πολυχρύσων Φρυγῶν,
οὐχ ἥδε Πριάμου τοῦ μέγ' ὀλβίου δάμαρ;
Καὶ νῦν πόλις μὲν πᾶσ' ἀνέστηκεν δορί,
αὐτὴ δὲ δούλη γραῦς ἄπαις ἐπὶ χθονὶ
κεῖται, κόνει φύρουσα δύστηνον κάρα.
Φεῦ φεῦ γέρων μέν εἰμ', ὅμως δέ μοι θανεῖν
εἴη πρὶν αἰσχρᾷ περιπεσεῖν τύχῃ τινί.
'Ανίστασ', ὦ δύστηνε, καὶ μετάρσιον
πλευρὰν ἔπαιρε καὶ τὸ πάλλευκον κάρα.

« Ne vois-je pas ici la reine de Phrygie, pays de l'or, l'épouse de Priam si puissamment prospère ? Aujourd'hui sa cité tout entière est dévastée par les armes ; elle-même, esclave, vieille, sans enfants, elle gît à terre, sa tête infortunée souillée par la poussière. Héla ! je suis bien vieux, mais puissé-je mourir avant de tomber dans un sort ignominieux ! Debout, pauvre femme ! Soulève, redresse ton flanc et ta tête chenue. »

Au vers 2041, Garnier privilégie, à partir de la deuxième édition, l'idée de succession en remplaçant *accablee en malheurs* par *apres tant* de *malheurs*. Cela lui permet en même temps d'éliminer un hiatus désagréable. Au vers suivant, la modification aboutit à introduire les adjectifs *nouveau* et *nouvelles*, ce qui, une fois encore, renforce le sentiment d'une source inépuisable de calamités.

vers 2043 – *orgueilleuse* convient mieux à la perspective tragique que *sourcilleuse*, que l'on trouvait dans les trois premières éditions.

vers 2057-2060 – Euripide, *Hécube*, 508-510 :

« Ta fille est morte, et c'est pour l'ensevelir, femme, que je viens te chercher. Je suis envoyé par les deux Atrides et par l'armée achéenne. »

vers 2061-2067 – Passage propre à Garnier.

vers 2066 – *mourant* : « en mourant » – *soy* : emploi du réfléchi de forme prédicative pour renvoyer à un sujet désignant un individu particulier. En français moderne, il renvoie à un sujet général, indéterminé.

vers 2067-2070 – Même idée chez Euripide (*Hécube*, 518-520) :

> Διπλᾶ με χρῄζεις δάκρυα κερδᾶναι, γύναι,
> σῆς παιδὸς οἴκτῳ · νῦν τε γὰρ λέγων κακὰ
> τέγξω τόδ' ὄμμα, πρὸς τάφῳ θ' ὅτ' ὤλλυτο.
>
> « Je ne gagnerai à ton désir, femme, que de verser sur ton enfant doubles larmes de pitié : au récit de ses malheurs, mon œil se mouillera maintenant, comme auprès de la tombe au moment de sa mort. »

Voir aussi Virgile, Énéide, II, 3 : *Infandum, regina, jubes, renovare dolorem.*

vers 2070 – *soulez* est un subjonctif présent.

vers 2071-2162 – Le récit de la mort de Polyxène mêle les deux sources antiques (les *Troades* de Sénèque et l'*Hécube* d'Euripide). Chez Sénèque, il suivait immédiatement celui de la mort d'Astyanax. Le sacrifice de Polyxène a été aussi évoqué par Ovide (*Métamorphoses*, XIII, 439-480) et très allusivement par Ronsard dans les *Amours* de 1553 (sonnet 79, vers 2).

vers 2071-2110 – *Cf.* Sénèque, 1121-1148.

vers 2074 – Garnier, par cette comparaison, théâtralise son récit. Le procédé est tiré de Sénèque, qui emploie lui aussi *theatrum* (1125).

vers 2077 – *alloyent disant* : voir la note des vers 559-560. Le tour apparaît plus loin à plusieurs reprises dans le récit : vers 2089, 2090, 2101, 2102, 2105, 2150. – On notera aussi l'importance et la fréquence du verbe *voir* : à l'actif aux vers 2081, 2099, 2103, et au passif, aux vers 2136, 2143, 2157.

vers 2081 – Sénèque, 1129 : *odit scelus spectatque* : Garnier reprend l'idée, mais renonce au paradoxe.

vers 2081-2082 – Sénèque, 1132 : *cum subito thalami more praecedunt faces.*

vers 2087-2090 – Sénèque restait plus abstrait que Garnier dans la peinture de la crainte : *Terror attonitos tenet / utrosque populus.* La force du texte latin provenait surtout des allitérations et des assonances. Garnier emploie un mot à connotation religieuse (*horreur*), insiste sur la crainte des assistants, sur la cruauté du sacrifice et use de mots concrets pour dépeindre des réactions physiques (*moüelles, pallist, va battant, froide sueur, va montant*). Les deux périphrases verbales à valeur aspectuelle progressive (*aller + forme en -ant*) donnent l'impression d'un événement vécu.

vers 2095-2098 – *Cf.* Virgile, *Énéide*, I, 405 : *Et vera incessu patuit dea.*

vers 2099-2102 – Sénèque use d'une comparaison analogue (1140-1142).

vers 2103-2106 – *Cf.* Sénèque, 1144-1148 :

> *(...) Hos mouet formae decus,*
> *hos mollis aetas, hos uagae rerum uices ;*
> *mouet animus omnes fortis et leto obuius.*
> *Pyrrhum antecedit ; omnium mentes tremunt ;*
> *mirantur ac miserrantur.*
>
> « Les uns sont émus par la noblesse de son corps, les autres par sa jeunesse, d'autres par l'inconstance de la fortune, mais tous le sont par sa force d'âme qui va au devant du trépas ; elle précède Pyrrhus ; tous les cœurs tremblent pénétrés d'admiration et de commisération. »

vers 2112-2122 – Passage tiré des vers 534-542 de l'*Hécube* d'Euripide.

vers 2129-2156 – Garnier suit ici le récit d'Euripide (*Hécube*, 543-570). Exemple de scène pathétique insérée dans le récit (on pourrait presque parler de théâtre dans le théâtre).

vers 2130 – Euripide (543-544) :

> Εἶτ' ἀμφίχρυσον φάσγανον κώπης ·λαβὼν
> ἐξεῖλκε κολεοῦ

« Ensuite, prenant par la poignée le glaive garni d'or, il le tira du fourreau. »

vers 2133-2137 – *Cf.* Euripide, *Hécube*, 548-552 :

> ἑκοῦσα θνήσκω˙ μή τις ἅψηται χροός
> τοὐμοῦ · παρέξω γὰρ δέρην εὐκαρδίως.
> Ἐλευθέραν δέ μ', ὡς ἐλευθέρα θάνω,
> πρὸς θεῶν, μεθέντες κτείνατ'˙ ἐν νεκροῖσι γὰρ
> δούλη κεκλῆσθαι βασιλὶς οὖσ' αἰσχύνομαι.

« C'est de plein gré que je meurs. Que nul ne touche mon corps ! je tendrai la gorge d'un cœur vaillant. Laissez-moi libre, par les dieux ! que je meure libre sous vos coups ! Être appelée esclave chez les morts, moi, princesse, j'en rougirais. »

vers 2137 – *Qui suis* : « moi qui suis ».

vers 2141-2145 – *Cf.* Euripide (557-565).

> Κἀπεὶ τόδ' εἰσήκουσε δεσποτῶν ἔπος,
> λαβοῦσα πέπλους ·ἐξ ἄκρας ἐπωμίδος
> ἔρρηξε λαγόνος ἐς μέσον παρ' ὀμφαλόν,
> μαστούς τ' ἔδειξε στέρνα θ' ὡς ἀγάλματος
> κάλλιστα, καὶ καθεῖσα πρὸς γαῖαν γόνυ
> ἔλεξε πάντων τλημονέστατον λόγον˙
> Ἰδού, τόδ' εἰ μὲν στέρνον, ὦ νεανία,
> παίειν προθυμῇ, παῖσον, εἰ δ' ὑπ' αὐχένα
> χρῄζεις, πάρεστι λαιμὸς εὐτρεπὴς ὅδε.

« Quand elle eut entendu la parole du maître, elle saisit ses voiles, et du haut de l'épaule les déchira jusqu'au milieu du flanc près du nombril, découvrant ses seins et son admirable poitrine de statue. Puis, mettant un genou en terre, elle dit ces mots d'une incomparable bravoure : "Voici ma poitrine, jeune homme ; si c'est là que tu veux frapper, frappe ; si c'est au cou, voici ma gorge prête." »

vers 2144-2145 – On notera, une nouvelle fois, l'emploi de diminutifs pathétiques.

vers 2146 – *ceste poitrine ici* : cette poitrine-ci.

vers 2150 – *va baignant* : nouvel emploi de cette périphrase descriptive au sein d'un passage pathétique.

vers 215-2160 – Chacun revient comme d'un spectacle vécu en direct. A la représentation théâtrale se superpose un second niveau dramatique : nouvel exemple de théâtralisation du récit, de théâtre dans le théâtre.

vers 2161-2162 – *ruissela* (quatrième édition) est plus concret et plus imagé que *coula* (éditions antérieures). – Le sang de Polyxène est absorbé par les entrailles de la terre et le fantôme d'Achille s'en abreuve, ce qui était le but du sacrifice. *Cf.* Sénèque, *Troades*, 1162-1164 :

(...) Non stetit fusus cruor
humoue summa fluxit : obduxit statim
saeuusque totum sanguinem tumulus bibit.

« Le sang répandu ne demeura pas sur place et ne s'écoula pas à la surface de la terre : aussitôt le cruel tombeau absorba tout ce sang et le but. »

vers 2163-2212 et vers 2215-2232 – Tirades emphatiques de style sénéquien. Les vers 1165-1177 des *Troades* ont d'ailleurs fourni la matière des seize premiers vers (2163-2178).

vers 2163 – *Danois* : Danaens, c'est-à-dire Grecs. *Cf.* Sénèque : *Ite, ite, Danai.*

vers 2171-2172 – La Parque est couramment dénommée *cruelle* (*Épithètes* de Maurice de La Porte), mais Garnier renouvelle cette caractérisation conventionnelle en faisant ajouter à la reine qu'elle est cruelle aux innocents, à ceux qu'elle tue avant l'heure. Hécube réitère ses accusations à l'égard de la divinité et le tragique s'en trouve renforcé.

vers 2177-2178 – *vas espargnant / vas craignant* : *cf.* note des vers 559-560.

vers 2179 *sq.* – La reine déchue insiste sur la déloyauté des Grecs, thème primordial dans la pièce. – Les imprécations d'Hécube, qui font songer à celles de Didon au livre IV de l'*Énéide*, sont comme une prémonition des malheurs d'Ulysse, des meurtres qui ensanglanteront la famille d'Agamemnon et peut-être aussi des guerres médiques, l'ensemble de ces maux représentant, aux yeux de la reine, un juste retour de la Fortune, une *Iliade* à rebours (l'expression *des maux une Iliade*, qui figure au vers 2212, provient du grec Ἰλιὰς κακῶν).

vers 2180 – *Stygiales* : diérèse.

vers 2189 – *voguant* : « en voguant » (se rapporte aux Grecs, et non à *Neptun*, sujet du verbe de la proposition).

vers 2212-2213 et vers 2235-2240 – Garnier manifeste son habileté dramatique en faisant se succéder les malheurs selon une gradation étudiée et en donnant l'impression d'une surenchère. De là vient pour une grande part la force tragique de la pièce.

vers 2212 – *vous souffriez* : *-iez* forme une seule syllabe (synérèse), alors que dans *Iliade*, [i] et [a] appartiennent à deux syllabes différentes (diérèse).

vers 2216 – Prononcer le *e* final de *joye*.

vers 2225-2226 – Hécube oppose les justes lois de Jupiter aux comportements fautifs des hommes. – *visiter/Jupiter* : prononcer le *r* final.

vers 2243-2270 – Ce récit ne figure pas dans *Hécube*. Garnier multiplie les descriptions pathétiques et souligne la cruauté du sort. L'invention se plie ici aux exigences du genre tragique.

vers 2255 – *insatiable* : diérèse.

vers 2268 – Garnier redonne à *desastres* son sens étymologique (*cf.* la rime : *astres*).

vers 2269-2270 – Le cadavre de Polydore est apporté sur scène, sans doute à côté de celui de sa sœur. On reconnaît là le goût du macabre et du visuel, caractéristique du théâtre de Garnier, et que nous n'hésitons pas à considérer comme pré-shakespearien.

vers 2271-2298 – Toute cette fin de scène ne doit presque rien à l'*Hécube* d'Euripide. Garnier a développé les quelques brèves données fournies par son modèle grec.

vers 2286-2290 – On notera la répétition, en début de vers, de la même structure grammaticale (*Je* suivi du présent du subjonctif). Hécube exprime ainsi sa rage et son violent désir de vengeance.

vers 2299-2382 – Chœur original, dont on chercherait en vain le modèle dans les tragédies qui ont inspiré Garnier dans le reste de *La Troade*. Il est constitué de quatorze strophes de six vers, où alternent les heptasyllabes (premier, troisième, quatrième et sixième vers de chaque strophe) et les trisyllabes (deuxième et cinquième vers). Le schéma des rimes est le suivant : AABCCB, seule la rime B étant féminine. Se succèdent des lieux communs traditionnels dans la poésie antique et dans celle de la Renaissance : la fidélité n'est pas de ce monde, jamais elle n'a été aussi rare qu'aujourd'hui, les animaux sont en cela supérieurs aux hommes, les rois ne peuvent plus compter sur leurs amis dans l'infortune. Ce thème est évidemment en relation directe avec la situation des Troyens : ils ont été trompés par la ruse des Grecs, et Polymestor s'est conduit lui aussi comme un traître à l'égard d'Hécube. R. Lebègue note avec raison (voir son édition de *La Troade*, p. 264) que ce chœur est bâti sur le rythme du *Bel aubépin* de Ronsard et il indique quelques réminiscences littéraires possibles : pour le retour d'Astrée au ciel, *Porcie*, v. 777 *sq.*, Ronsard, *Hymne* de *la Justice*, pour les thèmes des hommes pires que les animaux et des crimes déchirant les familles, les *Métamorphoses d'Ovide*, I, v. 144-150, Sénèque, *Thyestes*, v. 40, *Hippolytus*, (c'est-à-dire *Phaedra*), v. 555.

vers 2358 – *Nul… te saluë* : « nul ne te salue » : *nul* est ici négatif à lui seul ; il s'agit d'un latinisme (*nullus venit*).

ACTE V

vers 2383-2616 – Garnier emprunte la matière et le mouvement de la plus grande partie de son dernier acte à l'*Hécube* d'Euripide (953-1295).

vers 2383-2398 – *Cf. Hécube* (953 *sq.*) : le texte grec fournissait à Garnier un vocabulaire pathétique et visuel qui lui était familier :

> « O Priam, le plus cher des hommes, et toi, chère entre toutes, Hécube, je pleure en vous voyant, toi, ta cité, et la fille que tu viens de perdre. Las ! il n'est rien de sûr ; la gloire ne l'est pas, et le bonheur présent ne nous garantit point contre les maux futurs. »

vers 2386 – *cet esclandre ici* : « cet esclandre-ci ».

vers 2387 – En remplaçant *en ce poinct* par *en ses murs*, Garnier opte, selon son habitude, pour une expression concrète, plus visuelle et qui parle davantage à l'imagination du spectateur.

vers 2391-2394 – Garnier place au début du dernier acte, celui de la catastrophe, une sentence traditionnelle sur les revers de la Fortune. Il procédera de la même façon au début du cinquième acte d'*Antigone*. Mais, dans cette dernière pièce, ce sera un messager extérieur à l'action qui prononcera cette vérité générale, alors qu'ici c'est Polymestor qui l'exprime, sans savoir (ironie tragique inconsciente) qu'il va en faire lui-même dans peu de temps l'expérience.

vers 2395-2398 – Euripide faisait dire de même à Polymestor (960-961) :

> Ἀλλὰ ταῦτα μὲν τί δεῖ
> θρηνεῖν, προκόπτοντ' οὐδὲν ἐς πρόσθεν κακῶν ;
>
> « Mais à quoi bon ces plaintes, puisqu'on n'avance point le terme des malheurs ?»

Par goût de la sentence et de la méditation, Garnier développe l'idée sur plusieurs vers ; il renforce du même coup le tragique.

vers 2397-2398 – *les royaumes perdus / Ne sont pour lamenter par Jupiter rendus* : « ce n'est pas parce que l'on se lamente que Jupiter relève les royaumes ».

vers 2399 – Même idée chez Euripide (968-969) – *en ces malheurs reduite* : se rapporte à *Je* (Hécube).

vers 2400 – *Que* : moi que.

vers 2404-2438 – Dialogue très vif : l'imitation d'Euripide (*Hécube*, 976-1022) se révèle ici fructueuse sur le plan dramatique.

vers 2411 – Conformément à son habitude, Garnier nous livre indirectement, par les paroles des personnages, des indications scéniques. Nous apprenons ici que Polymestor était entré entouré de sa garde personnelle.

vers 2422 – *que* : « ce que ».

vers 2427 – *ayent* : il est indispensable, pour des raisons métriques, de prononcer le *e*.

vers 2435 – *dessous* et *dedans* sont employés aussi bien comme prépositions que comme adverbes à l'époque de Garnier.

vers 2439-2460 – Amplification des vers 1024-1033 de l'*Hécube* d'Euripide, prononcés aussi par le chœur ; Garnier a ajouté le jeu de mots sur Pluton/Ploutos, dieu des richesses : la tension dramatique qui monte se trouve ainsi accrue par l'ironie.

vers 2444 – *meurtrier* : deux syllabes : prononcer – *ier* avec synérèse ; en revanche, *fiance* présente une diérèse.

vers 2448 – Les corrections successives apportées par Garnier sont révélatrices du soin qu'il accordait au détail de l'expression : *salle* devient *lâche*, puis *caute*. C'est en fin de compte l'idée de perfidie et de manquement à la parole donnée qui finit par s'imposer, thème essentiel de la pièce ; ainsi se trouve justifiée la vengeance des Troyennes sur Polymestor.

vers 2449-2454 – Le chœur exprime ici sa confiance en la justice des dieux, qui semblait avoir été remise en question à plusieurs reprises dans les scènes précédentes. Ces vers se rapprochent de la conception biblique de la Providence, que Garnier mettra en scène quatre ans plus tard dans les *Juives*.

vers 2458 – *soy* : voir note du vers 2066.

vers 2461 – *Iô* : cri de joie, emprunté au grec, et utilisé par Ronsard dans son *Ode à la Fontaine Bellerie*.

vers 2466-2486 – Les appels à la vengeance divine ne figurent pas chez Euripide et ce dernier comparait les Troyennes à des bacchantes en proie au délire, mais non à des furies. Le style général de cette tirade rappelle souvent la rhétorique sénéquienne.

vers 2474 – *Attises* est moins abstrait que *excites* (première édition).
vers 2475 – *qui suis* : « moi qui suis ».
vers 2487 – Euripide (*Hécube*, 1085) :

> Ὦ τλῆμον, ὥς σοι δύσφορ' εἴργασται κακά
>
> « Infortuné, quel cruel traitement as-tu donc essuyé ! »

vers 2491-2494 – L'idée d'un juste châtiment, d'origine divine, figure dans les vers 1086-1087 de l'*Hécube* d'Euripide.
vers 2499 – Apollon n'était pas seulement un dieu capable de tuer, il pouvait aussi guérir : ici le dieu guérisseur, qui est également celui de la lumière, est à ce double titre imploré par Polymestor devenu aveugle.
vers 2500 – *Où iray-je qu'à toy ?* « Où irai-je, si ce n'est vers toi ? ».
vers 2505-2610 – Voir *Hécube*, vers 1109-1182 – Chez Euripide, le récit de Polymestor se terminait par une violente diatribe contre l'*engeance* (γένος) féminine ; Garnier supprime ces paroles misogynes. Il écarte également un long passage, qui comportait trois discussions, la première entre Agamemnon et Hécube, la deuxième entre Hécube et Polymestor, la troisième entre ce dernier et Agamemnon. La concentration dramatique y gagne.
vers 2512 – *en allarme allumee* : noter les allitérations (*l, m*) et l'assonance (*a*).
vers 2517 – Ce vers indique que les cadavres des enfants de Polymestor sont étendus sur la scène (à côté de celui de Polydore et, peut-être, de celui de Polyxène). Garnier manifeste à la fois son sens de la mise en scène et son goût pour les spectacles funèbres.
vers 2531-2534 – Ces vers violents donnent à la scène une dimension presque shakespearienne avant la lettre.

vers 2543 et 2547-2548 – *ruine, Thracienne, Argienne* : respecter les diérèses.

vers 2558 – Garnier corrige, en 1580, *ses murs* en *ces murs* : le démonstratif déictique correspond à un geste théâtral : nouvelle preuve de l'attention que le dramaturge porte au jeu des acteurs.

vers 2563-2564 – Cette comparaison rappelle celle qu'Ulysse développait aux vers 783-786 : Polymestor a bien appris sa leçon et préparé sa justification.

vers 2573 – *vont environnant* : voir la note des vers 559-560.

vers 2598 – Prononcer le *e* de *playes*.

vers 2608 – *Que des Grecs m'ont ourdy les rancœurs et les haines* : « (mes peines) causées par les rancœurs et les haines que les Troyens ressentent à l'égard des Grecs ».

vers 2611-2616 – Chez Euripide, Agamemnon émettait un jugement assez proche (1243-1251). Toutefois, Garnier ajoute l'idée contenue dans le vers 2614.

vers 2617-2666 – Ces deux tirades sont, semble-t-il, de l'invention de Garnier. Le désespoir de Polymestor est d'autant plus poignant qu'il reste d'une grande sobriété. Le poète a donné le dernier mot à la reine, de même qu'il lui avait accordé le soin d'ouvrir le drame. Restée probablement seule en scène, elle récapitule ici la somme de ses malheurs, souligne une fois de plus le contraste tragiquc entre sa grandeur passée et son malheur présent, dresse un tableau émouvant des ravages et des meurtres de la guerre, interroge les dieux sur leur justice. Tous les thèmes de la pièce se trouvent ainsi réunis dans cet ample mouvement rhétorique.

vers 2618 – *ces Troades* : ces Troyennes.

vers 2620 – *Qui voyez* : « vous qui voyez ».

vers 2639 – *tant soit elle envieillie* : « bien qu'elle soit fort ancienne ».

vers 2646-2652 – Ces plaintes ne sont pas sans rappeler celles de Priam déplorant la mort de ses fils au chant XXIV de l'*Iliade* (vers 493-498).

vers 2651-2652 – *Feconde en triste funerailles* : oxymore qui fait ironiquement ressortir le paradoxe tragique de la situation de cette reine et de cette mère. Ce vers établit un contraste avec la fécondité d'Hécube évoquée dans le vers suivant, ainsi que plus haut, au vers 2646. Le parallélisme est soutenu par l'allitération en [f] (*feconde, funerailles, fils*) en tête de mot, à laquelle fait encore écho la fricative labio-dentale [v], d'articulation voisine (valeureux).

vers 2661-2662 – M.-M. Mouflard (*Robert Garnier*, III, p. 290-291) rapproche ces deux vers de la *Remonstrance au peuple de France* de Ronsard :

> Et toutefois, Seigneur, tu le vois et l'endures ! (16)

vers 2663-2666 – On peut imaginer l'actrice s'avançant vers le public pour tirer la leçon du drame : ce n'est plus seulement Hécube qui songe à poursuivre sa vengeance, c'est Garnier qui s'adresse à tous ceux que la cruauté et la perfidie tenteraient en cette période troublée des guerres civiles. Plus qu'un avertissement aux Achéens, il pourrait plutôt s'agir d'une nouvelle et sévère *remonstrance au peuple de France.* Sur ce point aussi Robert Garnier se révèle le disciple de Pierre de Ronsard.

vers 2666 – Le vers qui clôt la pièce se signale par ses allitérations (labiales) et ses assonances ([õ] et [o])

BIBLIOGRAPHIE

ÉDITIONS

ROBERT GARNIER

Éditions parues du vivant de l'auteur

La Troade, tragedie de Rob. Garnier, conseiller du Roy et de Monseigneur frere unique de sa Majesté, Lieutenant general Criminel au siege Presidial et Senechaussee du Mayne. A Paris. Par Mamert Patisson Imprimeur du Roy, au logis de Robert Estienne, 1579. Avec privilege.

Les Tragedies de Robert Garnier, conseiller du Roy, et de Monseigneur frere unique de sa Majesté, lieutenant general Criminel au siege Presidial et Senechaussee du Mayne. A Paris. Par Mamert Patisson Imprimeur du Roy, au logis de Robert Estienne, 1580. Avec privilege.

Les Tragedies de Robert Garnier, conseiller du Roy, et de Monseigneur frere unique de sa Majesté, lieutenant general Criminel au siege Presidial et Senechaussee du Mayne. A Paris. Par Mamert Patisson Imprimeur du Roy, au logis de Robert Estienne, 1582. Avec privilege.

Les Tragedies de Robert Garnier, conseiller du Roy, Lieutenant general Criminel au siege Presidial et Senechaussee du Maine ; au Roy de France et de Polongne, à Paris. Par Mamert Patisson Imprimeur du Roy, chez Robert Estienne, 1585. Avec privilege.

Les Tragedies de Robert Garnier, conseiller du Roy, Lieutenant general Criminel au siege Presidial et Senechaussee du Maine ; au Roy de France et de Polongne. A Tholose (= Toulouse) Par Pierre Jagourt, 1588.

Principales éditions parues depuis 1882

ROBERT GARNIER : *Les Tragédies*, éditées par W. Fœrster, Heilbronn, Verlag von Gebr. Henninger, 1882-1883, 4 vol. ; réédition Genève, Slatkine, 1970.

ROBERT GARNIER : *Œuvres complètes*, éditées par L. Pinvert, Paris, Garnier, 1923, 2 vol.

Œuvres complètes de Robert Garnier, éditées par Raymond Lebègue, Paris, Société Les Belles Lettres, 1949-1974, 4 vol. ; *La Troade* figure dans le même volume qu'*Antigone* (1952).

AUTRES AUTEURS

Biblia sacra, juxta vulgatam Clementinam, Romae, Tornaci, Parisiis, Desclée et socii, édit. pont., 1947.

BOCHETEL (Guillaume), *La tragedie d'Euripide nommee Hecuba,* a cura di Filippo Fastina Alessandria, Edizione dell'Orso, 2014.

DU BELLAY (Joachim), *La Deffence et Illustration de la Langue Françoyse*, 1549, éd. H. Chamard, Paris, Didier, 1948 ; rééd. 1970.

DU BELLAY (Joachim), *L'Olive*, 1549-1550, éd. H. Chamard – Y. Bellanger, S.T.F.M., diffusion Nizet, 1989.

EURIPIDE, *Hécube*, texte établi et traduit par Louis Méridier, Paris, Société d'Édition « Les Belles Lettres », 1965.

EURIPIDE, *Iphigénie à Aulis*, éd. H. Weil, Paris, Hachette, 1912.

EURIPIDE, *Les Troyennes*, texte établi et traduit par Léon Parmentier et Henri Grégoire, Paris, Société d'Édition « Les Belles Lettres », 1964.

FILLEUL (Nicolas), *Achille*, 1563, édité et annoté par J. O. Moses, introduction d'Enea Balmas, dans *La tragédie à l'époque d'Henri II et de Charles IX*, première série, vol. 2, coll. Théâtre français de la Renaissance, dirigée par Enea Balmas et Michel Dassonville, Florence, Leo S. Olschki, et Paris, P.U.F., 1993.

HOMÈRE, *Iliade*, éd. P. Mazon et alii, Paris, Société d'Édition « Les Belles Lettres » 1937-1938, 4 vol.

HOMÈRE, *Odyssée*, éd. V. Bérard, Paris, Société d'Édition « Les Belles Lettres », 6e éd., 1959.

HORACE, *Odes*, in *Œuvres*, éd. F. Plessis et P. Lejay, Paris, Librairie Hachette, 1911.

LA PORTE (Maurice), *Les Epithetes*, Paris, G. Buon, 1571.

LA TAILLE (Jean de), *De l'Art de la Tragedie, Saül le furieux, La Famine ou Les Gabeonites*, 1572-1573, édition critique par Elliott Forsyth, Paris, Librairie Marcel Didier, 1968.

OVIDE, *Métamorphoses*, éd. Frank Justus Miller, Cambridge, Massachusetts, Harvard University Press, et Londres, William Heinemann LTD, 1984, 2 vol.

PLINE L'ANCIEN, *Histoire naturelle*, texte établi, traduit et commenté par J. André, Paris, Société d'Édition « Les Belles Lettres », 1964.

RONSARD, *La Franciade*, dans *Œuvres complètes*, éditées par Jean Céard, Daniel Ménager et Michel Simonin, Paris, Gallimard, Bibliothèque de la Pléiade, 1993, tome I, p. 1011-1159.

RONSARD, *Les Hymnes de 1555*, éd. P. Laumonier, tome VIII des *Œuvres complètes*, troisième tirage revu et augmenté, Paris, Librairie Marcel Didier, 1973.

RONSARD, *Livret de folastries*, 1553, éd. A. Gendre, Le livre de Poche classique, Paris, Librairie Générale Française, 1993.

RONSARD, *Preface sur la Franciade*, dans *Œuvres complètes*, éditées par Jean Céard, Daniel Ménager et Michel Simonin, Paris, Gallimard, Bibliothèque de la Pléiade, 1993, tome I, p. 1161-1180.

RONSARD, *Remonstrance au peuple de France*, in *Discours des Misères de ce temps*, éd. P. Laumonier, Paris, Didier, 1973.

SCALIGER, *Poetices Libri septem*, Genevae, apud Joannem Crispinum, 1561.

SÉNÈQUE, *Tragédies*, texte établi et traduit par Léon Herrmann, Paris, Société d'Édition « Les Belles Lettres », 1928-1982, 2 vol.

Traités de poétique et de rhétorique de la Renaissance, introduction, notice et notes de Francis Goyet, Le Livre de Poche classique, Librairie Générale Française, 1990.

VAUQUELIN DE LA FRESNAYE (J.), *L'Art poétique*, 1605 ; éd. G. Pellissier, Paris, Garnier, 1885.

VIRGILE, *Énéide*, éd. A. Bellessort, Paris, Société d'Édition « Les Belles Lettres », 1925, douzième tirage, 1966, 2 vol.

OUVRAGES

GÉNÉRALITÉS

CHARLTON, H. B., *Senecan tradition in Renaissance tragedy*, Manchester, University Press, 1946.

CHARPENTIER, F., *Pour une lecture de la tragédie humaniste (Jodelle, Garnier, Montchrestien)*, Saint-Étienne, Publications de l'Université de Saint-Étienne, 1979.

COUPRIE, A., *Lire la tragédie*, Paris, Dunod, 1994.

CROUZET, D., *Les Guerriers de Dieu : La violence en France au temps des troubles de religion, vers 1525-vers 1610*, Seyssel, Champvallon, coll. Époques, 1990, 2 vol.

DUBOIS, C.-G., *Celtes et Gaulois au XVIe siècle : le développement littéraire d'un mythe nationaliste*, Paris, Vrin, 1972.

FAGUET, E., *Essai sur la tragédie française au XVIe siècle*, thèse, Paris, Hachette, 1883, rééd. Paris, Fontemoing et Cie, 1912.

FEDERICI, C., *Réalisme et dramaturgie. Étude de quatre écrivains : Garnier, Hardy, Rotrou, Corneille*, Paris, Nizet, 1974.

FESTUGIÈRE, A.-J., *De l'Essence de la tragédie grecque*, Paris, Aubier-Montaigne, 1969.

FORSYTH, E., *La Tragédie française de Jodelle à Corneille* (1553-1640) : *le thème de la vengeance*, Paris, Nizet, 1962.

GORDON, A. L., *Ronsard et la rhétorique*, Genève, Droz, 1970.

HUGUET, E., *Dictionnaire de la langue française du seizième siècle*, Paris, Champion, 1934.

LANSON, G., *Esquisse d'une histoire de la tragédie française*, New-York, 1920 ; nouvelle édition, Paris, 1927, rééd. 1954.

LARTHOMAS, P., *Le langage dramatique*, Paris, Armand Colin, 1972.

LAZARD, M., *Le Théâtre en France au XVIe siècle*, P.U.F., 1980.

LEBÈGUE, R., *La Tragédie française de la Renaissance*, Bruxelles, Office de Publicité, 1944 ; 2e édition, Paris, S.E.D.E.S., 1954.

LEBLANC, P., *Les Écrits théoriques et critiques des années 1540-1561 sur la tragédie*, Paris, Nizet, 1972.

MOREL, J., *La Tragédie*, Paris, A. Colin, coll. U, 2e éd., 1964.

MOREL, J., *Littérature française, La Renaissance, III*, p. 137-167, Paris. Arthaud, 1973.

PERNOT, M., *Les Guerres de religion en France, 1559-1598*, Paris, C.D.U. - S.E.D.E.S., 1987.

RIGAL, E., *Le Théâtre français avant la période classique*, Paris, 1901.

RIGAL, E., *De Jodelle à Molière*, Paris, Hachette, 1911.

ROMILLY, J. de, *Le temps dans la tragédie grecque*, Paris, Vrin, 1971.

SAKHAROFF, M., *Le Héros, sa liberté et son efficacité de Garnier à Rotrou*. Paris, Nizet, 1967.

Songes de la Renaissance, textes rassemblés et présentés par Françoise Joukovsky, Paris, Christian Bourgois éditeur, coll. 10/18, 1991.

STONE, D., *French humanist tragedy*. A *reassessment*, Manchester University Press, 1974.

TERNAUX, J.-C., *Calliope et Melpomène, Poésie épique et poésie dramatique à la Renaissance*, non publié.

SUR ROBERT GARNIER ET/OU *LA TROADE*

BARSAN, V. C., *Garnier and Seneca*, Urbana, University of Illinois Press, 1965.

BERNAGE, S., *Étude sur Robert Garnier*, Paris, Delalain frères, 1880.

CHARDON, H., *R. Garnier : sa vie, ses poésies inédites*, R.H. Archives, 1905, rééd. Genève, Slatkine, 1970.

DOBBY-POIRSON, F., *Le Pathétique dans le théâtre de Robert Garnier*, Paris, Champion, 2006.

FRICK, D., *R. Garnier als barocker Dichter*, Zurich, 1951.

GRAS, M., *Robert Garnier, son art et sa méthode*, Travaux d'Humanisme et Renaissance, Genève, Droz, 1965.

HOLYOAKE, J., *A Critical Study of the Tragedies of Robert Garnier (1545-1590)*, American University Studies, Series II Romance Languages and Literature, vol. 57, Peter Lang [New-York, Bern, Frankfurt am Main. Paris]-Peter Lang Publishing, Inc., New-York, 1987.

Index des mots de La Troade *de Robert Garnier*, concordance, éd. Quemada. Besançon, Faculté des Lettres et Sciences humaines, 1959.

JONDORF, G., *Garnier and the techniques of political tragedy*, Cambridge, Griton, 1964-1965.

JONDORF, G., *Robert Garnier and the themes of political tragedy in the sixteenth century*, Cambridge University Press, 1969.

MOUFLARD, M.-M., *Robert Garnier, 1545-1590*, La Ferté-Bernard, Bellanger, et La Roche-sur-Yon, Imprimerie Centrale de l'Ouest, 3 vol. : *La Vie*, 1961 ; *L'Œuvre*, 1963 ; *Les Sources*, 1964.

WIERENGA, L., La Troade *de Robert Garnier, cosmologie et imagination poétique*, Thèse Groningen, Assen, Van Gorcum, 1970.

ARTICLES ET RECUEILS D'ARTICLES

GÉNÉRALITÉS

GRIFFITHS, R., « The Influence of formulary rhetoric upon French Renaissance tragedy », *The Modern Language Review*, 194, p. 201-208.

JACQUOT, J., et *alii*, *Les Tragédies de Sénèque et le Théâtre de la Renaissance*, C.N.R.S., 1964.

LANSON, G., « Études sur les origines de la tragédie classique ». *Revue d'Histoire Littéraire de la France*, vol. X, Paris, Armand Colin, 1903. p. 177-231 et 413-436.

LEBÈGUE, R., « La représentation des tragédies au seizième siècle », dans *Mélanges Chamard*, Paris, Nizet, 1951, p. 199-204.

MAZOUER, Ch., « Les Mythes antiques dans la tragédie française du XVIe siècle » dans *L'Imaginaire du changement en France au XVIe siècle*, éd. Cl. Dubois, Presses Universitaires de Bordeaux. 1984, tome I, p. 132-161.

MOREL, J., *Agréables mensonges, Essais sur le théâtre français du XVIIe siècle* (recueil d'articles publiés précédemment à des dates diverses). Paris, Klincksieck, 1991.

SUR ROBERT GARNIER ET/OU *LA TROADE*

BEAUDIN, J.-D.,« Connaissance de l'étymologie et poétique : l'enrichissement de la langue littéraire par réactivation sémantique et remotivation étymologique : l'emploi du mot *trespas* dans trois tragédies de Robert Garnier » dans *Actes du Colloque* Lexique et cognition, Université de Paris IV-Sorbonne, septembre 1994, Presses de l'Université de Paris-Sorbonne, 1998, p. 95-105.

BEAUDIN, J.-D.,« Les Formes de la beauté scénique dans le théâtre de Robert Garnier » dans *Nouvelle Revue du Seizième siècle*, n° 18/2, Paris-Genève, Droz, 2000, p. 93-104.

BEAUDIN, J.-D., « Un cas de latinisation interne du lexique français à la Renaissance : *horreur* et *horrible* dans les tragédies de Robert Garnier » dans *L'Information Grammaticale*, n° 75, octobre 1997.

EMELINE, J., « La Mort dans les tragédies de R. Garnier », Mélanges Jean Larmat, Annales de la Faculté des Lettres et Sciences Humaines de Nice, n° 39, 1982 ; Paris, Les Belles Lettres, 1983, p. 321-334.

GOHIN, F., « Le Lyrisme dans les tragédies de Garnier », dans *La Muse française*, 1925, p. 120-131.

LEBÈGUE, R., « R. Garnier », *Revue des Cours et Conférences*, 1931-1932. (Le dernier des cinq articles a été réimprimé au tome I des *Études sur le théâtre français*, Paris, Nizet, 1977).

LEBÈGUE, R., « Notes sur le vocabulaire de Garnier », *Le Français Moderne*. vol. XVII, 1949, p. 165-181.

LEBÈGUE, R., « Tradition et nouveauté dans le théâtre de Robert Garnier », *Actes du colloque Renaissance-Classicisme du Maine*, Paris, Nizet, 1975, p. 283-289.

MAZOUER, Ch., « La vision tragique de Robert Garnier dans *Hippolyte, La Troade* et *Antigone* », dans *Tragedia e sentimento del tragico nella letteratura francese del Cinquecento*, Studi di Letteratura francese, vol. 232-XVIII, Firenze, Leo Olschki editore, 1990.

WIERENGA, L., « *La Troade* et *Les Juifves* de Garnier. Étude de technique dramatique », dans *Neophilologus, LX*, 1971, p. 375-386.

INDEX VERBORUM

Les astérisques que nous avons placés dans le texte de Garnier renvoient à ce glossaire. Les chiffres correspondent aux numéros des vers. Nous n'indiquons pas systématiquement, pour chaque terme, toutes les occurrences possibles.

abayer : aboyer, 1764 *et variante du vers* 1732.

abois : aboiements, 1318.

abominable : qui doit être écarté ou détesté comme un mauvais présage, maudit, 1175.

abominer : repousser avec haine un mauvais présage ou un oracle cruel, 2159.

absent, -e : éloigné, -e, 1205.

abysme : profondeur, gouffre *de l'Enfer*, 789, 1296 ; gouffre *de maux*, 2492.

abysmer : faire naufrage, 2193 ; enfoncer profondément ; *abysmer en malheurs* : jeter au plus profond de la détresse, jeter dans un abîme de malheurs, 1588.

accident : malheur, 150.

accoler : prendre par le cou, embrasser, 510.

accomparé : comparé, 2002.

accompli, -ie : totalement satisfait, -e, bien pourvu, -ue, 1586 ; *voir tres-accompli.*

accourcir : abréger, 2483.

accravanter : écraser, 880 ; faire tomber, détruire, 1230.

acharné : en proie à la rage de tuer, assoiffé de sang, sanguinaire, 2276.

acharner : acharner le courage : rendre le cœur avide de massacre et assoiffé de sang, 1428 ; *aller s'acharnant sur quelqu'un* : se jeter sur quelqu'un avec férocité, 2286.

acheminé, -ee : *en parlant d'une route maritime*, frayée par les navires, 1801.

adjurer : prendre (les dieux) à témoin, 1920 ; *adjurer la mort* : l'appeler, la réclamer, 894.

adventure : événement fortuit, hasard ; *de cas d'adventure :* par hasard, *Argument.*

affecter : rechercher, 116.

affectionné : *estre affectionné à :* être amoureux de, *Argument.*

affoler : blesser, torturer, tourmenter violemment, 73.
affranchir : libérer, délivrer, 1743.
âge : vie, 605, 1713.
aigrir : rendre plus douloureux, 2603.
ains : mais (*après proposition négative*), 271, 468 ; 625 ; 1333, 1781, 2615 ; ou plutôt, ou pour mieux dire (*après proposition positive ou terme positif, pour introduire une rectification*), 1600, 1707, 2609.
allarme : appel aux armes, mobilisation, 806 ; alerte, 2512.
allentir (s') : s'atténuer, se dissiper, 828.
alme : nourricier, bienfaisant, 2299, 2639.
amitié : amour, 858.
amortir : anéantir, éteindre, 783, 1219 ; atténuer *ou* faire disparaître, 718 ; terminer, achever, faire cesser, 2062.
angoisse : douleur qui étreint la gorge, 199 ; douleur intolérable, 842 ; 2487.
angoisseux : douloureux, *au point de faire suffoquer*, 444.
animer : encourager, 195.
animeux : courageux, 1099 ; belliqueux, 2241.
antique : ancien, 1980.
appercevoir (s') : *accompagné d'un adjectif : s'appercevoir miserable* : s'apercevoir, prendre conscience que l'on est malheureux, 1995.
apprentif, -ive : inexpérimenté *ou* qui éprouve pour la première fois, 156.
ardant : brûlant, 34, 2082 ; impatient, 843.
ardent : brûlant, 31.
ardeur : chaleur, 2500 ; brûlure, passion amoureuse, 1803.
ardre : brûler, 26, 38, 242, 2250.
arene : sable, 417, 1173, 2207.
argument : prétexte, raison, motif, 2237.
arrenger : mettre en rang, aligner, disposer, *notamment une armée*, décider de la stratégie militaire, de la position des bataillons, 1862 ; *en parlant d'une foule : arrengez par troupes* : rassemblés par groupes, regroupés, amassés, 2355.
arrester : décider, 845 ; s'arrêter, rester, demeurer, persister, 2365.
aspreur : douleur très vive, excessive, 349.
assaut : assaille, 279, 1020.
asseuré (de) : à l'abri (de), 265, 2329 ; sûr, durable, 2391.
asseurer : protéger, mettre à l'abri, 708 ; rassurer, 872 ; raffermir, 1241 ; *s'asseurer* : veiller à sa sécurité *ou* être en sûreté, ne courir aucun risque, 2410.
assiegement : action d'assiéger, 1407.
assommer : endormir, adoucir, assoupir, 647.
atterré : accablé, 1999.

attester : prendre les dieux à témoin, 49, 50, 54, 896, 1419.
attrainer : tirer, traîner, 923 ; traîner violemment, de force, 1535.
attrempance : modération, douceur, patience, 1399.
aucunes : *pronom indéfini*, certaines, 2575, 2587.
avalé, -ee : descendu, -e ; *en parlant d'une robe :* défaite, 169.
avanture : malheur imprévisible, risque inconnu, 2188 ; *à toute avanture :* à tout hasard, 713 ; *à l'avanture :* au hasard, 2040.
avare : avide, 250 ; cupide, animé par un désir immodéré de s'enrichir, 2228.
avarice : avidité, 1781 ; cupidité, 2448
aviser (s') : s'apercevoir, 1278.

bagner : baigner, 1849.
bande : armée ; troupeau, 778 ; groupe, 1268, 2083 ; *aller d'une bande :* se déplacer en formant un seul groupe, 2251.
bas : *bas age :* jeune âge, 2104.
bataille : division de l'armée, bataillon, groupe de combattants, 1862.
belliqueur : guerrier, 767, 1592.
benin : bienveillant, favorable, 908.
besoin : nécessité, danger, épreuves, 2414.
bien-heurer (se) : se réjouir, s'estimer bienheureux, 1356.
blandissant : caressant, flatteur, hypocrite, trompeur, 2566.
bluetter : faire étinceler, 2502.
bonde : ouverture permettant à l'eau de s'écouler, 2151.
borner : mettre fin à, mettre un terme à, 263.
boucler : bouclier, 1971, 1972, 1975.
bourreler : maltraiter *comme un bourreau* (*ou* faire maltraiter), 861, 2596.
bourrelle : *féminin de bourreau*, 1807, 2525.
brandon : torche, 1802, 2176.
brave : habile, savant, 2055 ; noble, 2642 ; *au sens moderne :* courageux, 1446, 1913 ; remarquable et digne d'un homme courageux, 1386, 1858 ; *à la fois* noble, courageux et empreint d'une physionomie fière, 1913.
brigander : dérober, voler, 2634.
broncher : tomber, trébucher, 2481.
bûcher : abattre *du bois*, couper *un arbre*, 1181.
bustuaire : qui veille aux bûchers et aux tombes, 1921.
butiner : recueillir du butin, *Argument*, 2293.

canton : division du peuple, tribu, 2124.
capable : qui contient beaucoup, suffisant (*en parlant de vaisseaux*, 45).
carme : chant, 320.
carnager, -ere : carnassier ; assoiffé de carnage, 1702.

carriere : élan, course, galop, 1101.
cas : événement imprévu, 1278 ; hasard ; malheur ; de *cas d'adventure* : par hasard, *Argument* ; affaire, 2407 ; chose : *voulez-vous autre cas ?* : voulez-vous autre chose ? 2433.
casuel : malhereux et imprévisible, infortuné et accidentel, 788.
caut, -e : rusé (e), perfide, traître, 61, 419, 2448.
cautelle : ruse, malhonnêteté, 1781.
cave : *adjectif*, creux, 613, 1682.
cave : *substantif*, souterrain ; royaume infernal : *cave Plutonienne*, 1226, *caves de Pluton*, 1644.
celer : cacher, 832, 867.
celestes : dieux du ciel, 94.
ce pendant : pendant ce temps, 477.
ceste-cy : celle-ci, 1560.
cestuy-ci : celui-ci, 963, 1885.
cestuy-là : celui-là, 963, 1886.
chaire : chaise, 2581.
charongner : charognard, 394 ; qui contient un (ou des) cadavre (s), 881, 1302.
charton : charretier ; conducteur de char ou de charrue ; bouvier ; *désigne sans doute la constellation du Bouvier au vers* 1788.
chartre : prison, 1361.
chaut : il chaut, *impersonnel :* il importe, 1165 (*verbe chaloir*).
chef : sommet, 450 ; tête, 652, 880, 1007, 1369, 1831, 2053, 2236, 2453, 2622 ; *sens moderne de* chef, 1872, 1915.
chenu : blanchi, vieilli ; *chenu dessous les armes :* blanchi sous le harnois, 805.
cheoir : tomber, 1644, 2154, 2445, 2446, 2447, 2448.
cherras : *deuxième personne du futur du verbe choir/cheoir*, 2447.
chet : *troisième personne du présent de l'indicatif du verbe choir/cheoir*, 2445.
chetif, -ve : malheureux, -euse, 7, 75, 153, 679, 1038, 1050, 1411, 1628, 1715, 1816, 2522.
cheut : *passé simple du verbe* cheoir, 2023, 2024.
cheut, cheute : *participe passé du verbe choir/cheoir*, 1638, 2448.
chevance : butin, richesse, biens, trésor, 2568.
choir : tomber, 878.
clair : *adjectif substantivé*, éclat, 1593.
clairté : clarté, 1645, 2477, 2503.
clorre : fermer, 1719.
cœur : courage, *Argument*, 768, 913, 1127, 1632, 2106.
cognoistre : reconnaître, 1948.
coi : tranquille, 1317.
col : cou, 620, 2577.
coleré : en colère, 1907.
comblé : rempli, 1469.
commune : cité, communauté, collectivité, 1988.
compassé : organisé, construit, ordonné, déterminé, 2039.
composer : disposer, arranger ;

composer les yeux : fermer les paupières d'un mort, 391.
confit : accompli, parfait ; *confits en cruautez :* passés maîtres dans l'art d'accomplir des actes sanguinaires, assassins confirmés, meurtriers professionnels, 2186.
confort : consolation, joie, réconfort, 1648.
conforter : réconforter, 499 ; consoler, 624.
conseil : décision, 1544.
conserver : sauver, 722.
consommer : consumer, 271, 823 ; réduire en cendres, brûler, 1326, 1335 ; détruire, 1887, affaiblir, exténuer, 652 ; *faire consommer :* faire dépérir, 862.
constamment : avec constance, avec fermeté, avec courage, 1896.
constance : fermeté, courage, 1607.
content : satisfait, sans désir, qui se contente de son sort, 1784.
contester : discuter, 1071.
contournement : cercle, 2074.
contraindre : violenter, 835, 853 ; presser, venir à bout de, 858.
contremont ou contre-mont : *pieds contre-mont :* à l'envers, sens dessus-dessous, la tête ou le faîte en bas, 23, 2388, 2510 ; *la face contre-mont :* le visage tourné vers le haut, 2589.
couard : lâche, peureux, 1503.
courage : cœur, 317, 715, 1428, 1917, 2103, 2535 ; orgueil, fierté, 713, 1009 ; détermination, volonté, obstination, 1620 ; sentiment, 2364.
coustau : coteau, 1288, 1875.
coy : calme, tranquille, 494, 1835.
crespelé : à la chevelure bouclée, frisée, 302.
crineux : chevelu ; *estoile crineuse* : astre chevelu, comète, 1517.
criniere : chevelure, 2587.
cruel : d'une cruauté sanguinaire, 407, 615, 957 ; impitoyable, sanguinaire, assoiffé de sang, *par personnification du tombeau*, 2162 ; d'une barbarie sadique, 825 ; *sens moderne*, 787, 802, 2172.
cuider : penser, 1413 ; croire, s'imaginer à tort, 340 ; essayer de, 901, 2581.
cure : soin, 353 ; souci, préoccupation, 115, 1937 ; *terme d'affection*, 1037.

dam : dommage, malheur, perte, 380.
dard : arme de jet, javelot, 223, 987, 1351.
darder : lancer, projeter, 763, 1828, 1469 ; viser, blesser, 1742 ; *se* darder : s'élancer, 37.
debile : faible, 88.
debiliter : affaiblir, 310.
decamper : quitter ou lever le camp, 448.
deceler : *deceler quelqu'un :* découvrir son stratagème, 703 ; découvrir, révéler, 873.

deceptif, -ive : trompeur, -euse, 2571.
decevoir : tromper, 462, 2273, 2332, 2566.
déconfit : défait, vaincu, 760.
dedagner : dédaigner, 425.
defaut : manque, 280.
deformé : défiguré, enlaidi, méconnaissable, 651.
dégraver : ouvrir *la pierre tombale*, 982.
degrez : marches d'escalier, 540.
dehaché : coupé en morceaux, fendu, brisé, 1940.
dehacher : assassiner, 2275.
deïté : *métonymie pour désigner les dieux*, 718.
deliberé : décidé, résolu ; *de propos deliberé :* à dessein, *Argument*.
delivre : *adjectif*, libéré, 1373.
delivrer : livrer, remettre, 849, 851.
demarcher : se déplacer, marcher, 668, 2482.
démarer : prendre la mer, 1526.
demeure : retard, 1513.
demeurer : s'attarder, 1105.
Démon : divinité (*cf. grec* δαίμων) ; *pris en mauvaise part*, divinité malfaisante, 2241.
departir : partager, répartir, 290, 1170.
depescher : se dépêcher, 656, 850.
deplorable : digne de pleurs, de plaintes, 1085.
derechef : de nouveau, 640, 2250, 2557, 2560.
desancrer : lever l'ancre, 2118.
desastre : malheur, *dû par exemple à une mauvaise conjonction des astres*, 4, 349, 352, 1731, 2268 ; qui annonce un malheur, 644.
desastreux : malheureux, *par suite d'une position défavorable des astres*, 1249.
desbordé, -ée : qui ne se contient pas, qu'on ne peut retenir, incotrôlé, 2560.
desemparer : abandonner *un lieu*, 875.
desestimer : mépriser, bafouer, 1378.
desolé, -ee (*pluriel desolez*) : abandonné, déserté, 2374.
despit : colère, haine, 1909.
despiteux : cruel, inhumain, méprisant, sans pitié, 1695.
dessur : dessus, 192, 371, 1448, 1711, 1909, 2153, 2236, 2283.
destourner : mettre à l'écart, 657.
detestable : qu'on doit haïr, qui mérite la vengeance divine, 1806.
detester : maudire, *souvent en prenant les dieux à témoin*, 2267, 2308 ; déclarer maudit, impie, sacrilège, 2081.
deul : douleur : *souvent consécutive à l'absence ou à la mort d'un être cher*, 1195.
devaler : descendre, 382, 789, 1701 ; tomber, 1233 ; *devaler en repos :* entrer dans la mort, 1964.
devant : avant, 2647 ; devant que : avant que, 2530.
devotieux : zélé, dévot, religieux, fervent, 471.

dextre : mai, 622, 981, 1049, 1089, 1973.
diffame : mauvaise réputation, blâme, honte, déshonneur, 1580, 1597.
discourir : *verbe transitif :* s'entretenir de, méditer sur, réfléchir tout haut sur, 2105.
dispos : en bonne santé, 735.
dol : ruse, tromperie, 331.
dolent, -ente : affligé, qui souffre, 43, 628, 1203, 2271 ; qui offre le spectacle de la douleur, 2240.
domestique : privé, *Dédicace.*
dommage : malheur, perte, 278.
douër : faire un don à, accorder à, 2095.
doute : *en doute :* en danger, 683.
douter : craindre, redouter, 884.
douteux, -euse : craintif, -ive, 827.
dueil : douleur, 2601 ; *en particulier* souffrance causée par l'absence ou la mort d'un être cher, *Argument*, 71, 583, 874, 902, 1614, 1994, 2031, 2042 ; *porter du dueil*, éprouver de la souffrance, 2385 ; *faire dueil :* rendre les honneurs funèbres, 95.

écaché : écrasé, 1939.
écarter : éloigner, emporter, 1166.
efforcer (s') : faire de violents efforts, s'épuiser, 338.
effort : force, 1310 ; violence, 84 ; douleur violente, 216 ; mouvement violent, 339, 2586 ; violent assaut, 580, 2509 ; offensive, attaque, poursuite, 718 ; résistance, 1687, 2134.
effusion : libation, 2113.
embrasser : entourer de ses bras, prendre dans ses bras, 533, 1471.
enclore : enfermer, 744.
encombre (s) : malheur (s), *Dédicace* ; 265, 2538.
encontre : contre, 1607.
endossé : revêtu, 1865.
endurer : souffrir (*employé absolument :* 1697, 1952).
enfariner : recouvrir de farine (*métaphore pour désigner les branches recouvertes de neige*), 136.
enfieler : aggraver, empoisonner, envenimer, 1960.
enflamber : enflammer, 1803.
engendreur : père, 1496.
ennui ou ennuy : douleur très vive, torture profonde et continue, 263, 1965, 1966, 2405.
ennuyeux : qui tourmente violemment, 588, 1375, 1720.
enorme : qui échappe à la norme, incroyable, inimaginable, inouï, 742.
enquerir : demander, 840.
ensaigner : ensanglanter, 2516.
enseigner : indiquer, 2326.
ensepulturer : inhumer, 104.
entendre : se préoccuper de, porter son attention à, 943 ; écouter avec attention, suivre les avis de, 1509 ; obéir, 1606 ; *au sens*

moderne : entendre, 1601, 1602.
entendu : attentif, 903.
entourner : entouré, ceint, 457.
envieilli, -ie : ancien, enraciné, invétéré, 2639.
errer : voyager, 20 ; marcher, se déplacer, 266, 436 ; *proche du sens moderne*, 821, 2484.
és : en les, dans les, 1344.
esbatemens : ébats, 484.
esbatre : réjouir, 2490.
escarbouiller : écraser, 1007.
escarté : éloigné, 2221.
escarter : exiler, 796.
esclairer : luire, 1700.
esclandre : malheur, 145, 208, 1608, 208, 1228, 1821, 2386, 2622.
esjouir (s') : se réjouir, 1447.
esloigner : *transitif*, s'éloigner de, 2211.
esmeu, -euë : poussé (e), mis (e) en mouvement, 57, 1751.
esmoy : vive souffrance, poignant chagrin, 1576.
espaissis : rassemblés, serrés, compacts, 1896.
espandre : disperser, 752 ; répandre, 2621.
espoinct : *participe passé du verbe espoindre*, accablé, atteint, blessé, souffrant vivement, 2020.
espoindre : tourmenter vivement, affliger profondément, faire souffrir, 1813 ; exciter, attiser, animer, 2629.
esprit : souffle, soupir, 1339 ; souffle, âme, 392 ; *esprits* : pensée, imagination, 679, 924.
esteindre : tuer, 2326.
estomach : poitrine, 559, 1460.
estonner : faire retentir un son éclatant, aussi puissant que le tonnerre, *Poème liminaire de Ronsard* (vers 7) ; *s'estonner* que : rester stupéfait devant le fait que, 33 ; *estonné* : *sens figuré*, frappé comme par le tonnerre ou la foudre, 507.
estouper : fermer, boucher, 1304 ; étouffer, 544.
estrange : étranger, 422, 1594 ; extraordinaire, hors du commun, monstrueux, 815.
esvertuer (s') : voir *évertuer (s')*.
et : hé ! 967, 2173 ; *et quoy* : hé ! quoi ? 887 ; *et bien* : hé ! bien, 929.
eventer : mettre à l'air, découvrir, 922.
évertuer (s') : faire de grands efforts, se mouvoir avec énergie, 338 ; déployer toutes ses forces, faire tout son possible, 1120 ; se débattre désespérément, 2583 ; s'acharner, 2463.
excité : mis en mouvement, agité, réveillé, 463.
execrable : haïssable, digne de la haine des dieux, 46, 446, 1933 ; barbare, cruel, monstrueux, condamné par les dieux, impie, 1452, 1544 ; maudit, 2256, 2466.

execré : maudit, 2273.
execrer : maudire en lançant des imprécations, 2255.
exercite : armée, 2058.
exploiter : accomplir, 1386.

faict ou fait : haut fait, 2488 ; exploit guerrier, 1386 ; forfait, 2449 ; crime, 1435, 1806.
failli, -ie : *participe passé du verbe* faillir : manquer, faire défaut, 2640.
fait : *voir faict.*
fallacieux : trompeur, 472 ; apparent, sans consistance, insaisissable, 662.
fameux, -euse : glorieux, euse, 423, 689, 1723, 1869, 2045.
fard : manège trompeur, 2578.
farder : déguiser, masquer, 2361.
faulser : forcer *les portes (d'une prison)*, 1360.
faut : *présent de l'indicatif de* faillir : manquer ; *le cœur me faut* : le courage me lâche, 913 ; *qui ne faut* : qui ne se dérobe pas, 2414.
faute : manque ; *avoir faute :* manquer, 105.
faux : sans consistance (*ou* perfide ?), 555 ; menteur, trompeur, 2182, 2308 ; parjure, 2633.
feintise : tromperie, feinte, stratagème, 2575.
felon : perfide, traître, méchant, cruel, 19 ; féroce, sauvage, 1906 ; d'une cruauté monstrueuse, 1807 ; ingrat, 1630.
felonnie : cruauté, perfidie, 1930 ; audace, insolence, *vis-à-vis d'un supérieur*, 1490.
fendre : se fendre, 1851.
ferir : frapper, 223.
ferme : sûr, à quoi l'on peut se fier, 2320 ; arrêté, fixe, immobile, 1283.
ferut : *troisième personne du singulier du passé simple de l'indicatif du verbe* ferir.
fiance : confiance, engagement, promesse, 2444.
fier : cruel, féroce, digne d'une bête sauvage, 1810, 2591, 2604 ; redoutable, 2246.
finement : adroitement, par la ruse, *Argument.*
flateux : doux, agréable, 647.
fluctueux :, -euse : battu par les flots, 2195.
forcenant, -ante : *adjectif*, furieux, déchaîné, 175 ; insensé, fou, 2595 ; *participe présent du verbe* forcener, 2248.
forcener : devenir fou, 2248.
forcer : faire violence ; *forcer une jeune fille de son honneur*, la violer, 1635.
forfait : crime, sacrilège, 1889, 2081 ; crime monstrueux, qui fait horreur, 1396.
forfaiture : crime, forfait, 1829.
fors : sauf, 1717.
fouteau : hêtre, 1881.
foy : fidélité, respect des promesses, 2299, 2335, 2365, 2368.
franc, -che : libre, affranchi,

1212 ; délivré (e), 1351, 1375 ; exempt, 1781 ; décidé, 2107.
franchement : librement, sans opposer de résistance, *Arguments*, 2134.
franchir : traverser, affronter *un danger*, 807.
franchise : liberté *ou* espace de liberté, 86.
fraude : ruse, tromperie, 402, 454, 898, 1068, 2301, 2440, 2447.
frauder : voler, dérober, 1313.
frauduleux : trompeur, traître, 2179.
fureur : très forte colère, 1813 ; rage, 1834 ; folie furieuse, rage criminelle, 341 ; cruauté, 968 ; folie guerrière, 552 ; acharnement au combat, 983 ; violence incontrôlée, barbarie, 612 ; folie imaginative, 680 ; colère aveugle, irraisonnée, mais momentanée, 712 ; caractère violent, ardeur excessive, 1398.
furieux, -euse : en proie à une forte colère, 1900 ; dominé par la folie ou la rage, 76, 2251 ; animé par la rage de tuer, 1420 ; en proie au délire prophétique, 56.

gachy : écrasé, 1940.
garantir : protéger, 616.
garder : préserver, 973.
gemissable : qui éclate sous forme de gémissements, 259.
gemmeux : qui regorge de pierres précieuses, 2046.
gendarme : soldat, guerrier, 418, 1866, 2176.
genereux : noble, courageux, 663, 729 ; d'un courage digne d'une haute naissance, 1663 ; magnanime, clément, accessible à la pitié, 1589.
geniteur : père, 327, 666, 2112.
geniture : descendance, enfants, 53.
gentil, -ille : noble, 758.
germain : frère, *plus précisément* né des mêmes parents ; *employé comme adjectif épithète de* frere, 619, 1956.
gesner : torturer, 856, 1712, 1744.
geste : exploit, prouesse, 1444.
giron : sein, 599, 1257.
globeux : en forme de globe : *globeux sejour* : globe terrestre, 1211.
gratifier : faire plaisir à, complaire à, donner satisfaction à, 1392 ; favoriser, être favorable à, 1584.
gravois : sol ou rivage caillouteux, 1096, 2234.
grief, -eve : pénible, 909 ; grave, 1829.
guarir : guérir, 2499.
guerdon : salaire, châtiment, 2614.
guerdonner : récompenser, 1550.

haineur : ennemi, 2079.
haineux : ennemi, 1482.
halenee : senteur, 1149.
haras : troupeau, 778
hasard : voir *hazard*.

hasarder : *voir hazarder.*
hasardeux : victime du sort, 388.
hausser : monter, 2073.
hazard : risque, péril, 1167 ; coup du sort, événement inattendu, 1415 ; *assimilé à la Fortune*, 1368.
hazarder : hazarder de + *infinitif* : oser, avoir l'audace de, 2401 ; se *hazarder* : prendre des risques, risquer sa vie, 405 ; se risquer, s'engager, 2498.
hecatombe : sacrifice de cent bœufs, 1553.
heur : bonheur, 2372.
honneste : honorable, conforme à la morale, aux bonnes mœurs ; *honneste honte* : pudeur, 2093.
honnestement : honorablement, conformément aux bonnes mœurs, 2154.
horreur : sentiment d'effroi d'origine religieuse, 984 ; objet effrayant qui fait hérisser les cheveux ; sentiment de crainte qui provoque des frissons, 1262, 2087 ; acte horrible, monstrueux, qui défie les lois morales ou religieuses, 323, 551, 748, 1452, 1817 ; crime affreux, 2176 ; crime abominable, qui souille celui qui le commet, 1598.
horrible : monstrueux, 644 ; monstrueux et condamné par les dieux, 2491 ; d'une cruauté inconcevable et sacrilège, 1806, 1933 ; effrayant et surnaturel, 1290 ; inouï, inconcevable, 2520 ; *en parlant de malheurs*, 2188 ; dont la barbarie défie l'imagination, 852, 954 ; *au sens moderne*, 999.
horriblement : en provoquant un effroi physique ou religieux, 198, 1294.
hostelage : hospitalité, 2230.
hostelier : hospitalier, garant des lois de l'hospitalité, 2281.
hostie : victime, 1566, 1670.
hûler : pousser des cris, hurler, 2257.
humeur : larmes, 371.
humide : liquide, 218.
hymenean : qui recherche l'hymen, 343.

idee : image, représentation, 594.
imbecile : faible, 780.
impassible : qui ne souffre pas, qui ne peut souffrir, 964.
impatient : qui supporte difficilement la douleur, 2009.
impiteux : impitoyable, 523, 572, 1728.
impudique : qui se livre à la luxure ou qui commet l'adultère, 331.
incontinent : immédiatement, *Argument* ; sans tarder, bientôt, 777.
infame : déshonorant, 438 ; maudit, 754 ; qui mérite la pire des réputations, 2277.
infecter : souiller, 438.

infet : infect, abject, 2534.
infructueux : qui ne porte pas de fruits *(au sens concret)*, 1156.
inhospitable : inhospitalier, 822.
injure : injustice ; offense subie, crime dont on est victime, 1830, 2327, 2610, 2613.
injurieux : injustice, criminel, 1456, 2229.
ire : colère, *Dédicace*, 2472 ; frénésie guerrière, 2542.

ja : déjà, 1109, 1111.
jasard, -arde : bavard, 2507.
journal : *adjectif*, diurne ; *appliqué au soleil :* qui donne la lumière du jour, qui éclaire, 1218.

labeur : exploit glorieux et qui a coûté de la peine, 1858.
lairray : laisserai, 2069.
lairrez : laisserez, 516, 991, 1119.
lambris : plafond, voûte, 38.
lamentable : digne de pitié, de pleurs, 69 ; digne de lamentations, de plaintes, 261, 1818 ; qui s'exprime sous forme de lamentations, 203 ; *cris lamentables :* cris de deuil et de douleur, 233 ; qui est source de lamentations, 519.
lamenter : se plaindre, 2398 ; se plaindre de, 126, 150 ; pleurer *un mort*, 211 ; pleurer *un malheur*, 1823 ; faire entendre des lamentations, 1724, 2169 ; exprimer sa douleur par des gémissements, 1988.
langueur : chagrin, malheur, 647, 1245, 1634.
languir : s'affaiblir, souffrir, 1108.
larmoyer : verser des larmes, *sans idée dépréciative*, 2158.
larval, -ale : où demeurent les larves (*spectres, fantômes*), 740, 2216.
las : hélas, 73, 93, 153, 621, 635, 699, 713, 755, 943, 953, 997, 1089, 1109, 1275, 1579, 1587, 1597, 1870, 1937, 1982, 2003, 2065, 2273, 2384, 2391, 2581, 2623.
libre : non attaché, sans liens, 2135.
lieu : *en son lieu :* au lieu de cela, 931.
los : gloire, 1313, 1980.
louanges : exploits glorieux, dignes d'éloges, 1593, 1094.
lustrer (se) : reluire, laisser paraître de l'éclat, briller d'un pur éclat, s'illuminer, 2096.

magnanime : qui fait preuve de grandeur d'âme, courageux, *Argument*, 790, 1127, 1445, 1632, 1913, 2106, 2643.
mais : plutôt, 1817, 1818.
majeurs : ancêtres, 1046.
mal : *à vostre mal :* pour votre malheur, 797.
malefice : méfait, 2279.
malencontre : malheur, 879.
malencontreux : malheureux, qui apporte *ou* connaît le malheur, 126, 1250.
malheureux : qui provoque le malheur, 456.

malice : méchanceté, 742, 1069, 2447.
malignité : méchanceté, *Dédicace*.
mander : demander, ordonner, 2059.
manes : âme d'un mort, 694.
manoir : demeurer, 1274, 1556.
marinier, -ere : marin, -ine, 2100.
marira : mariera, 374.
marrisson : douleur, tristesse, 2025.
martyrer : martyriser, 1994.
massacreuse : qui se complaît aux massacres, 2173.
mechant : mauvais, qui cause le malheur ; *mechant destin :* destin malheureux, 1179 ; misérable, sans valeur, 1492.
mechef : malheur, 879, 2054, 2249.
mecheron : petite mèche, 784.
menacer : *construit avec un objet direct représentant le contenu de la menace (et non pas la personne menacée)* 1517.
merci : pitié ; *requerir merci* : implorer la pitié, 1619 ; *demander merci* : demander pardon, 1424.
meurtrir : tuer, *Argument ;* 73, 523, 722, 993, 1000, 1004, 1095, 1836, 1951, 2048, 2214, 2231.
mignarder : cajoler, 1863, 2575 ; entourer de tendresse, choyer, 2656.
mignotises : cajoleries, 2576.
ministre : serviteur, 2218.
moissonner : piller, dévaster, 1093, 1760 ; anéantir, 1301.
moiteux : humide, 282, 397, 1750.
mol : voluptueux, enclin à la luxure, 332.
moleste : pénible, 1251 ; lourd, 1883.
monstreux, -euse : monstrueux, -euse, 2194.
mortel, -elle : qui apporte la mort, 228.
mortuaire : funèbre, 1841 ; funeste, fatal, mortel, 2628.
mourable : mourant, 538, 894.
mouvoir : émouvoir, 1589, 2104.

naus : navires, 99, 378, 379, 650, 753, 1040, 1186, 1416, 1757, 2078.
nautonnier : batelier, 250, 1779.
nave : navire, 1182.
navigage : navigation, 750.
neant : *pour neant* : en vain, 1537.
nerf : muscle, force, vigueur, 1246.
nerveux : vigoureux, plein de force et puissamment musclé, 413.
nocher : batelier, 1791.
noüer : nager, naviguer, 48.
nourriçon : enfant, 2277.
nourrir : élever, *Argument* ; 1272, 1639, 2655.
nuiteux : de la nuit ; qui apparaît la nuit, *en parlant des astres :* 2101.

obvier : *obvier à :* empêcher, faire obstacle à, *Argument.*
occire : tuer, *Argument ;* 76, 706, 1477, 1561.

occis : *participe passé de* occire, *Argument* ; 368, 618, 1470, 1596, 2460, 2602, 2634.
occuper : prendre d'assaut, conquérir, asservir, 1422.
occurrence : événement imprévu, 928.
odoreux : odoriférant, 267.
offendre : attaquer, blesser, 1902, 2524 ; offenser, 2281.
offense : action de blesser, faute, crime, 2616.
offenser : blesser, endommager ; commettre une faute, un crime, 1440.
office : devoir, 1073, 1653.
olive : olivier, 460.
oncq ou onques : jamais, 1420, 2621.
opposite : opposé, *Argument.*
oppressé : écrasé, 1008.
or : maintenant, 189, 1115, 2465 ; *suivi de l'impératif, exprime une exhortation pressante*, 713, 723, 973, 1110, 1651 ; or donc, *suivi du subjonctif : même sens*, 1001 ; or *en tête d'une phrase contenant un subjonctif de souhait ou d'ordre, avec, en outre, la nuance, précédemment signalée, de vive exhortation*, désormais, 2179.
oragé, -ée : secoué (ée) par les orages, par la tempête, 41.
ore : maintenant, 401, 689, 1079, 1583, 1870, 2313, 2612, 2623 ;
oree : rive, 1775.
oreiller : faire tendre l'oreille à, faire entendre un chant à, 1223.
ores : maintenant, 23, 1013, 1228, 1479, 1827.
ouïr ou ouyr : entendre, 122, 1626, 2423, 2314.
ourdir : inventer, imaginer, machiner, 742 ; causer, faire naître, provoquer, susciter, *par exemple un sentiment*, 2608.
outrage : blessure, 196 ; mauvais traitements, violence, sévices, 973, 1541, 2515, 2590, 2617 ; faire outrage : blesser, 1693, piller, ravager, 2376 ; faire cet outrage : massacrer de cette façon, 2239.
outrageant : *adjectif*, malfaisant, terrible, excessif, violent, 359 ; *participe présent : voir* outrager.
outrager : blesser, maltraiter, accabler de coups, 2593.
outrageux, -euse : violent, terrible, 604, 1911 ; violent à l'excès, 1425, 1506 ; déchaîné, 2286 ; fortement désagréable, 1255.
outré : endommagé, 243.
outrer : outrager, maltraiter, bafouer, 2310.
ouyr : *comme ouïr.*
oye, oyez : *voir ouïr.*

pais : *première personne du singulier du présent de l'indicatif de paistre* : de *larmes je me pais* : je me repais de larmes, 1843.
par : à par : *à par soy :* de son côté, tout seul, pour lui, en lui-même, 1919 ; *retraite à par moy :* retirée en moi-même, 1847.

part : lieu, 818, 1165, 1968.
partement : départ, *Argument*, 2182.
pasmé, -ee : évanoui (e), 441.
pasmer : se sentir mal, se trouver au bord de l'évanouissement, 598.
passion : souffrance, *Dédicace*, 803, 2005.
patience : résignation, acceptation de la souffrance, courage, 2615.
pavillon : tente, 2598.
1-pendant : se suspendant, 620.
2-pendant : ce pendant : pendant ce temps, 477 ; entre-temps, 2565 ; *ce pendant que* : pendant que, 2578.
pensement : pensée, souci, préoccupation, 1848 ; idée, présence d'esprit, 2153.
Pergames : citadelles, *en parlant des tours, des remparts et des fortifications de Troie*, 1421, 2555.
perruque : chevelure, 44, 85, 181 ; feuillage, 1884.
peste : fléau, 921, 1192, 1192, 2468.
pesteux : qui cause des catastrophes, 1752.
pieté : piété filiale, 1578.
piteux : *sens objectif :* digne de pitié, *sans connotation péjorative*, 725, 889, 2268 ; *sens subjectif :* capable d'éprouver de la pitié, sensible à la pitié, qui éprouve de la pitié, 1852.
pitiez : situations ou événements propres à faire naître la pitié, 1846.
pitoyable : enclin à la pitié, 1012 ; qui se laisse gagner par la pitié, 1018 ; qui témoigne d'un sentiment de pitié, 1918 ; digne de pitié, 2051, 2579.
plaindre : se plaindre, s'affliger, 365, 1603.
plomber : frapper violemment, au risque de blesser, 2247.
plorer : pleurer, 581, 1076, 1651, 1915.
poignant, -ante : perçant, 2591 ; qui pique, qui provoque une vive douleur : *en parlant d'une arme qui s'enfonce dans le corps en faisant souffrir*, 2149.
poil : chevelure, 699.
poinçonner : émouvoir fortement, 1575.
poindre : piquer, faire âprement souffrir, 1365.
poissé : enduit de poix, 1140, 2546.
police : ensemble des règles politiques, sociales et morales, 1927.
polu ou pollu : souillé, 2114, 2183.
populace : *masculin*, peuple, 2080.
portaux : portails, portes d'une ville fortifiée, 473.
porter : supporter, 356, 897, 1322, 1993, 2663 ; éprouver, 858, 2385 ; souffrir, 910 ; *se porter :* se comporter, 1047, 1581.
poudre : poussière, 164, 414, 689.
poudreux : poussiéreux, 398.

poudroyer : réduire en poussière, pulvériser, 2558.
pource que : parce que, 2029.
poursuivi, ie : pressant (e), imminent (e), 701.
pourtant : pour autant, 351, 2069.
premïer : récompenser, 1265.
presse : foule, 1866 ; *faire presse à quelqu'un :* se presser en foule autour de lui, 2352.
pressé : serré, compact, 2094 ; poussé, poursuivi, 2012.
preux : brave, courageux, 833, 1571, 2048, 2117 ; *employé comme substantif*, 2254.
prins : *participe passé du verbe prendre, Argument* ; 240.
priser : marquer de l'estime pour, admirer, faire l'éloge de, 2106.
prochain : voisin, 2658.
profette : prophétique, 350.
propiciable : agréable, favorable, 2116.
propicier : tenter de se concilier, de se rendre propices, favorables (*les dieux*), 1923.
prosperer : être favorable, 1023.
proüesse : vaillance, 1473, 2119.
province : royaume, 286.
prudemment : sagement, raisonnablement, 2429.
prudent : sage, avisé, 1513, 1717 ; prévoyant, 2553.
pucelle : jeune fille vierge, 1450, 1677, 2132, 2257.
pudicité : pudeur, chasteté, honneur, 1658.
quel : *quel quel soit cest esclandre :* quel que soit ce malheur, 1821.
quelquefois : un jour, 2626.
querir : chercher, 2440.
qui : *pronom interrogatif neutre :* qu'est-ce qui ? 924, 1286.

raboteux : inégal, dont la surface n'est pas plane, 1137.
race : peuple, famille, descendance, 322, 438, 757, 2079 ; lignée, 2475 ; enfants, 2524 ; peuple, patrie, 657 ; dynastie, famille royale, 665, 1014, 1494, 1497, 1662.
radieux : rayonnant, 1645, 2306.
raisonner : *transitif : raisonner quelque chose* : y réfléchir *ou* tenir un discours réfléchi sur quelque chose, 770.
ramasser : réunir en masse, *Argument*, 752.
rancœur : haine, 1591, 1911 ; haine accompagnée d'un violent désir de vengeance, 2290, 2519, 2608.
rassis : solide ; sain d'esprit, serein ; calme, ferme, 1895 ; de *sang rassis*, de sang froid, 1595.
rayer : rayonner, 1288.
rebours : *au rebours :* au contraire, 1982.
rechanter : chanter sans cesse, 204, 1158 ; chanter à plusieurs reprises, 1221 ; renvoyer l'écho, 2508.
rechef (de) : voir *derechef.*

recheoir : retomber, 1316.
recheut : *passé simple de recheoir.*
reclamer : invoquer, 2335 ; *reclamer à :* invoquer en criant, 1116 ; *se reclamer à :* invoquer, supplier, prier en poussant des cris, 515 ; implorer, 1731.
recoy : repos, 493.
recraindre : craindre sans cesse et fortement, 760.
reculer : éloigner, 2375.
redonder : retomber, rejaillir, 1438.
redresser : rebâtir, remettre debout, 673.
refuir : reculer avec force, se débattre et refuser d'avancer, 729 ; fuir, se détourner de, 2339 ;
regret : lamentation, 2266.
relaisser : rendre, 1600 ; laisser à l'écart, abandonner, 2597.
relant, -e : qui dégage une odeur nauséabonde, 982.
reliques : restes, cendres *des morts*, 397, 979 ; restes, vestiges *d'une ville ruinée*, 1888.
remarquer : rechercher les marques de, 2265.
rempli, -ie : comblé, -ée, 1585.
rengreger : aggraver, augmenter, 556, 1664.
reparer (se) : remettre en ordre ses vêtements, se rhabiller, 319.
repoindre : faire vivement et constamment souffrir, 444.
requerir : prier, 631 ; supplier, 1627 ; exiger 1534 ; *requerir merci* : implorer la pitié, 1619.
resoudre : dissoudre, anéantir, 690.
retaire : passer sous silence avec obstination, 839.
retenir : réserver, 295.
retors : tordu : *le filet retors des vieux jours* : le fil tordu de la vieillesse, 1735.
retraite : retirée, placée à l'écart, 1847.
revanger : venger, 2205, 2611.
rouër : précipiter, 912.
ruer : précipiter, déplacer avec force, agiter en tous sens, 2584.

saccagement : pillage, *Dédicace.*
sacquer ou saquer : tirer brutalement, 961 ; tirer, arracher, 2287.
sacré : consacré, 130.
saut : bondit (*présent du verbe saillir*), 506.
scintille : étincelle, 785.
saint : auguste, vénérable, vertueux, 2657.
sein : poitrine, 807, 859.
sejour : lieu où l'on demeure, pays, 672, 2554 ; endroit habité : *globeux sejour :* globe terrestre, 1211 ; présence, 844 ; immobilité, 2078.
semblable : *faire le semblable :* faire la même chose, 811, 812.
sembler : *transitif*, ressembler à, 1945.
sentir : ressentir, 1608.
seoir : être assis, siéger, 1640.
separer : ouvrir, fendre, 745.

serf, -ve : esclave, 100, 298, 1035, 1268, 2136, 2506.
service : esclavage, 1634.
servir : être esclave, 615, 1642, 1962.
seurement : en sûreté, 2164.
si : pourtant, 758, 925, 1967 ; si que : si bien que, 691, 785, 1945 ; *adverbe d'affirmation venant après une question qui comporte une négation et reprenant le verbe de l'interrogation précédente*, 1442.
siecle : époque, génération, 2308.
soin ou soing : souci, 1248 ; de *cela n'ayez soin* : ne vous inquiétez pas de cela, 2413.
solicitude : souci, chagrin, inquiétude, 1714.
sommeilleux : qui apporte le sommeil, la mort, 381.
sonnant : bruyant ; *en parlant du feu :* qui crépite avec fracas, 855.
souci ou soucy : soin, préoccupation, objet de tendres soins : *en parlant d'un enfant*, 714, 731.
soudard : soldat, 501, 805, 988, 2345, 2541, 2659.
souloir : avoir coutume de, 8, 1410, 2600.
sourci : *lever le sourci :* faire preuve de fierté, 732.
sourcilleux : très élevé, 1767.
souvenance : souvenir, 2415, 2428.
squadron : escadron, 2253.
subjuguer : vaincre, faire passer sous le joug, 1092 ; dominer, soumettre, 1488.
subvertir : renverser, détruite de fond en comble, anéantir, 1565.
succeder : se passer, connaître un résultat, aboutir, *Argument.*
sucré : agréable à l'oreille, 1209.
superbe : orgueilleux, 3 ; altier, 1305, 1412, 1913 ; méprisant, dédaigneux, 1457 ; majestueux, 35.
sus : allons ! 157, 735, 745, 919, 1011, 1041.

tandis : *adverbe*, pendant ce temps, 521.
targue : bouclier, protection, *Dédicace.*
teindoit : teignait, *imparfait du verbe teindre*, 1932.
tempester : abattre soudainement, foudroyer, 2284.
templette : bandelette placée sur la tempe, 303.
terroir : domaine, pays, territoire, 1143.
timide : timoré, craintif, lâche, 1458.
tollir : enlever, supprimer, 1513 ; ravir, 2638.
tollu : *participe passé de tollir.*
tort : dommage subi, 2205.
tortu, -ue : retors, tortueux, hypocrite, parjure, 2337.
tost : vite, 2464.
touiller (se) : se vautrer, 336.
tourbe : foule, 557, 2127, 2155.
tourment : torture, 348, 838, 864,

1664, 1720, 1820 ; douleur très forte, insupportable, 1987, 2193 ;
transmis : éloigné, déplacé, transporté, emmené, 2626.
travail : fatigue, 492.
travailler : faire souffrir, 559, 2188 ; inquiéter, 1098.
travaux : exploits guerriers, difficiles à accomplir, 1979.
trebucher : tomber, s'écrouler, 264, tomber sur le champ de bataille ; tomber à la mer, se noyer, 384 ; faire naufrage, 2191.
tres-accompli, -ie : abondamment pourvu, -ue, 1586.
trespas : mort, 582, 594, 615, 788, 852, 1104, 1628, 2330, 2565 ; façon de mourir, 2029.
trespassé : *participe passé employé comme adjectif*, mort, 1000, 1453, 1472.
trespasser : mourir (*souvent avec idée de passage de la vie à la mort ou de mort vécue*), 88, 345, 534, 1076, 1684, 2529.
trespassez (les) : *participe passé pluriel employé comme nom*, les morts, 1447.
triomphé, -ee : vaincu, -ue, 1858.
troupe : groupe, 2355.
tumulte : bruit confus et désordonné, mouvement de foule, contestation, 2126 ; ensemble de clameurs confuses et turbulentes, émises par une foule excitée, 2511.
ulcere : blessure, 808.
vagabond, -onde : qui s'évade, qui voyage, 2152 ; qui se déplace, 2223 ; *en parlant d'un animal*, qui erre à l'état sauvage, 2317.
vague : vaste, immense, illimité, 1443.
vaguer : errer, vagabonder, accomplir un parcours, 424, 496, 679.
vagueux, -euse : agité par les vagues, 1774 ; submergé par les vagues, 2030.
vaillantise : vaillance, 1469.
val (à) : *préposition :* vers le sol, en descendant le long de, 161 ; au bas de, jusqu'au bas de, 540.
vertu : énergie, courage, 412, 1659, 2491 ; qualités d'un prince, *notamment* la détermination, la volonté politique, le courage, l'aptitude à commander et à combattre avec énergie et bravoure, 772 ; *au pluriel*, qualités du guerrier, actes de vaillance, actions honorables et illustres, 1534 ; 2645.
vestir : revêtir, 2540.
viande : nourriture, 1844.
vieillard : *adj.*, vieux, 1674.
virgeal : de jeune fille, 2114.
vis : escalier tournant, 1893.
vœux : espoirs, 2624.
voire : oui, assurément, tout à fait, bien sûr, 2426.
voise : *subjonctif présent du verbe* aller, 703.

volage : inconstant, sur qui *ou* sur quoi l'on ne peut compter, 6.
volonté : désir, 1177.
volontiers : de bon gré, sans opposer de résistance, 276.
vueil : volonté, désir, 1605.
vuide : *employé comme nom*, espace céleste, 2221 ; séjour céleste des âmes après la mort, 1346 ; *employé comme adjectif, vuide de passion* : dénué de passion, 803.

INDEX NOMINUM

Cet index comporte les noms propres et les adjectifs formés sur le même radical.

Achaïe : Grèce, 1807.

Achaïque : Achéen, Grec, 242.

Acheron : fleuve des Enfers, 1738, 1789, 2215.

Acherontide : *adjectif*, qui habite l'Achéron, 2459.

Achille ou Achil : demi-dieu, fils de Thétis, déesse Néréide, et de Pélée, roi de Phthie ; après avoir tué Hector, il mourut de la flèche que lui avait lancée au talon Pâris Alexandre, second époux d'Hélène de Sparte et l'un des fils de Priam ; ami de Patrocle, il vengea celui-ci en tuant Hector, son meurtrier ; Achille est le père de Pyrrhus, Argument, 565, 1263, 1299, 1378, 1379, 1400, 1464, 1496, 1497, 1502, 1504, 1522, 1545, 1550, 1559, 1565, 1568, 1571, 1606, 1669, 1958, 2048, 2071, 2117, 2246.

Afrique : 1215.

Agamemnon : fils d'Atrée, il est roi d'Argos et de Mycènes, chef de l'expédition grecque contre Troie, dit *le roi des rois* ; il se querelle avec Achille au début de l'*Iliade* (chant I). Il accepte de sacrifier sa fille Iphigénie à Aulis, pour obtenir des dieux les vents permettant à la flotte grecque de voguer vers Troie ; il sera assassiné par sa femme Clytemnestre, *Argument*, 292, 296, 330, 335, 430, 812, 2057, 2139, 2513, 2607.

Alecton (= Alecto) : une des Furies, 2217 ; *au pluriel et au figuré*, 2468.

Amazone : femme guerrière, 987.

Amyclean, -anne : d'Amycles, ville de Laconie, où se trouvait un sanctuaire d'Apollon, 132.

Andromache : Andromaque, épouse d'Hector, mère d'Astyanax, 904.

Antenor : chef Troyen, qui, après la ruine de Troie, fonda des villes en Afrique et en Italie ; il avait proposé à ses concitoyens de rendre Hélène

à Ménélas (*Iliade*, VII, 347-354), 112.
Apollon : dieu du soleil et de la lumière, mais aussi de la maladie et de la mort subite ; il est souvent nommé *Phoibos* ou *Phœbus*, c'est-à-dire *le Lumineux*. Amoureux de Cassandre, qui refusa ses avances, il n'ôta pas à la princesse le don de prophétie qu'il lui avait octroyé, mais il l'avertit que personne ne croirait jamais à ses prédictions. Il favorise les Troyens dans leur lutte contre les Grecs. Il a construit avec Poséidon les remparts de Troie, 428.
Aquilon : vent du nord, 1751, 2191.
Arctique : 1216.
Argien, -enne : Grec, -que, 1084, 2548.
Argive : Argien, -enne, Grec, -que, 378, 649, 764.
Argolide : *adjectif*, grec, 285, 921, 2164 ; *nom*, Grec, 437, 1309.
Argolique : d'Argolide (région du Péloponnèse) *ou*, *par élargissement*, grec, 273, 402.
Argos : citadelle mycénienne, royaume d'Agamemnon, où ce dernier fut assassiné, 800, 1157.
Asie : *désigne le royaume de Troie en* 77, 1083, 2203.
Astree : fille de Zeus et de Thémis, elle est aussi sœur de la Pudeur et elle est assimilée à la constellation de la vierge, 2307.
Astyanax : fils d'Hector et d'Andromaque ; son père l'avait nommé Scamandrios, le mettant ainsi sous la protection du Scamandre, dieu-fleuve de Troie, mais tous l'appelaient *Astyanax*, c'est-à-dire « protecteur de la ville », puisqu'il était le fils d'Hector, qui, à lui seul, protégeait Ilion (*cf. Iliade*, VI, 402-403), 696, 832, 848, 876, 906, 1825, 2166, 2170.
Atlas : un des Titans, qui soutenait les colonnes du ciel, 1810.
Atré (= Atrée) : roi de Mycènes, père d'Agamemnon et de Ménélas, et frère de Thyeste 1494.
Atride : descendant d'Atrée ; *désigne* Agamemnon *en* 324, 353.
Atrope : Atropos, la dernière des trois Parques, celle qui coupe le fil de la destinée ; son nom signifie « l'Inflexible » ; 1212.
Atropos : *comme* Atrope, l'une des trois Parques, 1963.
Aulide : région d'Aulis, où la flotte des Grecs fut immobilisée, 814.
Aulis : port situé en Béotie et où les navires grecs furent bloqués, 1394.
Austral : 1214.

Auton (= Autan) : vent du sud, 1752.

Averne : entrée des Enfers, *traditionnellement identifiée à un lac de Campanie portant le même nom*, 1316, 2220.

Bellonne : Bellone, déesse romaine de la guerre, 413.

Beotique : de Béotie, 1512.

Boree : vent du nord, 1811.

Bouvier : constellation, 646.

Busire (= Busiros) : ancien roi d'Égypte, 1931.

Calchas : devin grec, fils de Thestor ; il a prophétisé la durée de la guerre de Troie (*Iliade*, II, 299-332), *Argument*, 769, 847, 931, 1066, 1277, 1509, 1519, 2055, 2160.

Calliope : muse de l'éloquence et de la poésie épique, 1207.

Capharez : *les rocs Capharez* : les rochers du cap Capharée, promontoire de l'île d'Eubée, 2195.

Cassandre : prophétesse troyenne ; fille de Priam et d'Hécube, et sœur jumelle du devin Hélénos. Apollon, amoureux d'elle, lui avait offert le don de prophétie, à condition qu'elle se donnât à lui. Elle accepta d'abord le contrat, puis se déroba à sa promesse. Apollon ne lui retira pas la faculté de prédire l'avenir, mais, pour se venger, il lui assura que nul ne la croirait jamais. Elle demeura prêtresse du dieu, vouée au célibat. Emmenée en captivité par Agamemnon, elle sera assassinée par Clytemnestre, 56, 57, 114, 294, 299, 1717.

Caucaside : du Caucase, chaîne de montagnes située au nord de l'Arménie, entre le Pont-Euxin et la mer Caspienne, 1812.

Caucasin, -ine : *comme Caucaside*, 1621.

Charton : *probablement la constellation du Bouvier en* 1788.

Charybde : monstre qui vivait sur un rocher bordant le détroit de Messine, 1770, 2196.

Clothon : une des trois Parques, celle qui préside à la naissance et tient le fuseau des destinées, 228.

Colque : habitant de la Colchide, 1926.

Crete : 1154.

Cupidon : fils de Vénus, dieu de l'amour 1804.

Cybele : déesse de la Phrygie, dite aussi Grande Mère ou encore Mère des Dieux ; elle représente la puissance de végétation de la Nature, 130.

Cyclops (= Cyclopes) : ce sont les forgerons de la foudre de Zeus ; ils vivent dans des cavernes et offrent un aspect monstrueux : ils sont

gigantesques et ne possèdent qu'un œil, 2198.
Cyprine (= Cypris) : autre nom d'Aphrodite, 2095.

Danois : Danaens, *c'est-à-dire* Grecs, 887, 2163.
Dardanes : *désigne* les Troyens, *dont la ville avait été bâtie par Dardanos*, 51, 235, 504.
Dele : Délos, 1164.
Diane : Artémis, déesse de la chasse, 813.
Dieu : *Dédicace*, 817, 1106, 2325.
Diomède : roi de Thrace qui donnait les visiteurs à manger à ses chevaux, 1933 ; (*ne pas le confondre avec le héros étolien qui porte le même nom, qui combattit les Troyens et accompagna Ulysse dans de difficiles missions diplomatique*).
Dires : Furies, 2218.
Dolopes : peuple de Thessalie ; Phœnix conduisit une armée de Dolopes à Troie ; *employé comme adjectif*, 28, 418.

Eac' (= Eaque) : fils de Zeus et père de Pélée, par conséquent grand-père d'Achille ; il passait pour être le plus pieux de tous les Grecs, et, après sa mort, il devint l'un des trois juges des Enfers, siégeant auprès de Minos et de Rhadamante ; une légende veut qu'il ait participé avec Poséidon et Apollon à la construction des murs de Troie, 1499.
Echo : nymphe éprise de Narcisse, 201.
Echon : *comme* Echo, 2307.
Elisez : Champs Elysées, 266.
Eole : dieu des vents (*cf. Odyssée*, X), 1922.
Epire : région occidentale de la Grèce, 1767.
Erebe : ténèbres infernales, 1298, 1555 ; assimilé à un fleuve infernal, 2215.
Eson (= Æson) : père de Jason, 1794.
Etion (= Eétion) : roi de Thèbes (*Thébé*, en Cilicie, à ne pas confondre avec *Thèbes* en Béotie), père d'Andromaque, 1956.
Etolien, -nne : d'Etolie, région de Grèce, 1155.
Eufrate : fleuve de Mésopotamie, 21.
Euripide : poète tragique athénien (Ve siècle avant J.-C.), *Argument*.
Eurydice : épouse d'Orphée, 1227.

Gargare : ville située au pied du mont Ida, en Phrygie.
Gargarique : de Gargare, 2206.
Gelons (*ou* Gelones) : peuple scythe ou sarmate, réputé pour sa cruauté, 1808.
Gete : habitant des bords du Danube, 1925.
Grec : *adjectif*, 778, 805, 1312, 1855, 2055, 2559.

Grece : 419, 762, 870, 1604, 1801, 2204.

Grecs : 328, 358, 376, 377, 400, 537, 612, 871, 920, 1056, 1236, 1503, 1527, 1740, 1971, 1976, 2179, 2437, 2636 ; *au féminin*, 1608.

1-Gregeois : *adjectif*, grec, 45, 1954, 2080, 2625 ; *au féminin*, 1093, 1200.

2-Gregeois : Grecs, 116, 240, 291, 415, 454, 579, 629, 724, 872, 875, 886, 1009, 1832, 1836, 2133, 2252, 2545.

Hector : fils de Priam et d'Hécube, époux d'Andromaque, père d'Astyanax ; dans l'*Iliade*, il est considéré comme le premier des héros troyens ; il tue Patrocle ; il est à son tour tué par Achille en combat singulier et son corps est traîné par son vainqueur autour des remparts de Troie ; son père vient racheter à Achille son cadavre (*Iliade*, XXIV), 111, 179, 211, 212, 227, 231, 268, 308, 368, 413, 423, 566, 580, 581, 582, 621, 648, 661, 667, 694, 723, 736, 745, 756, 768, 833, 883, 932, 945, 969, 971, 979, 994, 1086, 1104, 1111, 1384, 1641, 1723, 1972, 1978.

Hectorean : d'Hector, 1084, 1895.

Hectoride : d'Hector, 215.

Hecube : épouse de Priam, roi de Troie, 2053, 2213, 2386, 2463, 2321, 2323, 2565.

Helen : Hélénos, fils de Priam et devin, frère jumeau de Cassandre, 112, 1717.

Helene : princesse grecque, fille de Tyndare, roi de Sparte, réputée pour sa grande beauté, épouse de Ménélas, frère d'Agamemnon, puis de Pâris, fils du roi de Troie, Priam, 1175, 1190, 1205, 1393, 1563, 1716.

Helle (= Hellé) : sœur de Phrixos (*voir* Phrixe), avec lequel elle s'échappa sur un bélier volant pour échapper à leur belle-mère Ino, qui voulait les tuer. Si Phrixos réussit à traverser la mer sur le dos du bélier et parvint sans encombre en Colchide, Hellé, elle, tomba dans la mer qui porte son nom, l'Hellespont, 2021.

Heme (= Hémus) : montagne de Thrace, 2473.

Hercean : Hercéen : *épithète de Zeus, protecteur des enclos, de la maison et du domaine*, 252.

Herculide : d'Hercule, 244.

Hyades : groupe d'étoiles, proche de celui des Pléiades ; elles apparaissaient dans le ciel au retour des pluies printanières, 1787.

Hyrcanie : contrée d'Asie, située près de la mer Caspienne, 1929, 2277.

Ide : mont de Phrygie, où Pâris rendit son fameux et fatal jugement, 124, 167, 1183.
Idean : vivant sur le mont Ida, *en parlant d'un ours*, 1101.
Ilion : autre nom de Troie, 65, 121, 420, 574, 674, 1060, 1740, 2522, 2568.
Indois : habitants de l'Inde, 2046.
Iolchos : ville de Thessalie, 1153.
Iphigene : Iphigénie, fille d'Agamemnon et de Clytemnestre, 813, 1394.
Itaquois : d'Ithaque, *pour désigner Ulysse*, 968.

Jumeaux (= Gémeaux) : constellation (les jumeaux sont les Dioscures, Castor et Pollux, les fils de Zeus et de Léda et les frères d'Hélène), 1790.
Jupin : Jupiter, 1567.
Jupiter : Zeus, roi des dieux, époux d'Héra et fils de Cronos ; à la demande de Thétis, il favorise les Troyens tant qu'Achille reste à l'écart du combat ; il joue un rôle d'arbitre dans la guerre de Troie : tantôt il agit en faveur des Troyens, tantôt il laisse les autres dieux intervenir comme ils l'entendent ; il apparaît dans la pièce de Garnier comme le symbole de la justice, mais aussi de la providence insondable, 79, 102, 252, 351, 1162, 1773, 2037, 2184, 2226, 2280, 2281, 2298, 2469, 2621.

Lachesis : l'une des trois Parques, celle qui distribue les lots du destin et déroule le fil du fuseau, 1366.
Laert : Laërte, père d'Ulysse, 1026.
Laërtien : Ulysse, fils de Laërte, 61, 995.
Laomedon : un des premiers rois de Troie, père de Priam, célèbre pour son ingratitude, puisqu'il n'avait pas versé le salaire convenu à Apollon et Poséidon pour la construction de la muraille de Troie, 27.
Latone : fille du Titan Coios (= Céos) et de la déesse Phébé, fille du Ciel et de la Terre ; elle s'unit à Zeus et enfanta à Délos Apollon et Artémis, 1163.
Libyen : 2208.

Manes : Mânes, âmes des morts, 945, 1111, 1546, 2135.
Mars : dieu romain de la guerre : le nom est dans la pièce employé pour désigner le dieu grec Arès qui, dans l'*Iliade*, est du parti des Troyens et les aide au combat, 383, 2473, 2542, 2649.
Massagetes : peuplade scythe, 1810.
Megere : une des trois Furies (les deux autres étant Alecto et Tisiphone), 2217.

Memnon : fils de Tithon et de l'Aurore, neveu de Priam, roi des Ethiopiens ; il fut envoyé, à la tête d'une armée, au secours de Troie et fut tué par Achille, 1383.

Minerve (= Athéna) : déesse de la guerre ; elle est du parti des Grecs et protège plus particulièrement Ulysse ; elle déteste les Troyens, parce que Pâris ne lui a pas accordé le prix de la beauté ; au chant V de l'*Iliade*, elle aide Diomède à combattre Énée et sa rivale Aphrodite ; au chant VIII, on la voit souhaiter ardemment, avec Héra, la mort d'Hector, 476.

Mycenes : cité du Péloponnèse, dont Agamemnon était le roi, 325, 800.

Neptun ou Neptune : dieu de la mer (= Poséidon), il avait construit avec Apollon les fortifications des Troie, 383, 1023, 1921, 2188.

Olympien : désigne *Zeus*, 1831.

Oreste : fils d'Agamemnon et de Clytemnestre ; pour venger la mort de son père, il tuera sa mère et l'amant de cette dernière, Egisthe ; 341.

Orion : constellation qui se levait après le solstice d'été, causant orages et tempêtes, 1786, 2501.

Orphé ou Orphee : fils de la muse Calliope, époux d'Eurydice, remarquable joueur de lyre, 1223, 1232.

Pallas : autre nom d'Athéna, 2430.

Paris (= Pâris) : Alexandre, fils de Priam et d'Hécube, second époux d'Hélène de Sparte, meurtrier d'Achille, 60, 1181, 1187, 1204, 1503, 1797.

Parque : divinité de la destinée et de la mort ; mort, 94, 440, 1352, 2171. *Les Parques ou Moires sont au nombre de trois : Clotho qui tient le fuseau et préside à la naissance, Lachésis, qui distribue les lots du destin, tourne le fuseau et dévide le fil, et Atropos, qui le coupe au moment de la mort.*

Patarean : de Patare, ville de Lycie ; *épithète d'Apollon*, 428.

Pelasgides : Grecs (les Pélages étaient considérés comme les premiers habitants de la Grèce), 1609 ; *employé comme adjectif*, 2556.

Pelean : de la famille de Pélée (père d'Achille) : Achille, 251 ; *le jeune Pelean :* le fils d'Achille, Pyrrhus, 76 ; *le Pelean* : désigne également Pyrrhus, 76, 251, 2109.

Pelian : de Pélée, de la famille de Pélée, père d'Achille, 565, 596.

Pelide : descendant de Pélée ; fils

de Pélée (Achille), 62 ; petit-fils de Pélée (Pyrrhus), 81, 1589.

Pelopien, -enne : relatif à Pélops, fils de Tantale, père d'Atrée et de Thyeste et grand-père d'Agamemnon, il s'installa dans le Péloponnèse, où il devint roi ; *l'adjectif qualifie la ville d'Argos en* 1157.

Penates : dieux de la maison ; *par métonymie*, demeure, maison, 328.

Penee : le Pénée, fleuve de Thessalie, qui coulait dans la vallée de Tempé, 1145.

Penelope : épouse d'Ulysse, 1025.

Penthasilee (= Penthésilée) : reine des Amazones, alliée des Troyens, tuée par Achille, 1385.

Pergame : citadelle de Troie ; *employé au pluriel, désigne* les fortifications de Troie, 65, 674, 2555.

Phebus : *autre nom d'*Apollon, *dieu du soleil et de la lumière* (Phébus *signifie* lumineux), 57, 295, 302, 1288, 1700, 2478, 2499.

Phlegethon : fleuve infernal roulant des flammes, 2215.

Phrixe (= Phrixos) ; frère d'Hellé (*voir ce nom*), il traversa la mer à dos de bélier pour échapper à Ino, sa belle-mère, 2020.

Phrygien : habitant de la Phrygie, région de Troie, 717, 834, 2644.

Pléiades : groupe d'étoiles dans la constellation du Taureau, 1785.

Pleuros : ville d'Etolie, 1155.

Pluton : dieu des enfers, 2218, 2457.

Plutonien : *comme* Plutonique : *la cave Plutonienne* : les Enfers, 1226.

Plutonique : de Pluton, *en parlant du gouffre des Enfers*, 994, 1316.

Pole : 1214.

Polydore : le plus jeune des enfants d'Hécube et de Priam, *Argument*, 1270, 1718, 2267, 2271, 2412, 2448 ; 2490, 2539, 2624, 2634.

Polymestor : roi de Thrace, 2377, 2403, 2515, 2536, 2633, 2666.

Polyxene : fille de Priam et d'Hécube, 1320, 1523, 1530, 1547, 1569, 1571, 1690, 2064, 2244, 2254.

Priam : roi de Troie, époux d'Hécube, fils de Laomédon ; il rachète à Achille le cadavre de son fils Hector (*Iliade*, XXIV), 51, 72, 110, 233, 261, 262, 263, 595, 693, 833, 1088, 1392, 1411, 1470, 1561, 1723, 1859, 2045, 2383, 2539, 2550, 2635.

Prométhée ou Prométhé : dieu qui déroba le feu à Zeus pour le donner aux hommes, 1253.

1 -Pyrrhe : épouse de Deucalion, 2025.

2 -Pyrrhe : Pyrrhus, fils d'Achille,

1095, 1403, 1476, 1489, 1575, 1625, 1647, 1673, 1725, 2017, 2129, 2145, 2147.

Rhetean, -anne : de Rhétée, promontoire situé dans la région de Troie, 197, 2072.
Rhodope : montagne de Thrace, 1210, 2470.

Scylle (= Scylla) : monstre marin, habitant le détroit de Messine : c'était une femme dont le corps était entouré de six chiens terrifiants et qui dévoraient les navigateurs, 1770, 2196.
Scyre (= Scyros) : île située près de l'Eubée et où naquit Pyrrhus, 1491.
Scyrien : habitant de Scyros, 1490.
Scythe : habitant de la Scythie ; les Scythes étaient considérés dans l'Antiquité comme de cruels barbares, 1808.
Scythie : vaste contrée, située au Nord de l'Asie et au Nord-Est de l'Europe, 1217.
Seneque : philosophe et dramaturge latin (2-65 après J.-C.), *Argument.*
Sicile : 1771.
Sigé : Sigée, cap situé à l'entrée de l'Hellespont, le détroit qui sépare l'Europe de l'Asie, 138.
Simoïs : fleuve de Troade, 1611.
Sinon : guerrier et espion achéen, qui se fit passer auprès des Troyens pour un déserteur de l'armée grecque. Il les persuada d'introduire dans leur ville un énorme cheval de bois, qui, disait-il, devait leur attirer la protection de la déesse Athéna. Lorsque les Troyens eurent fait entrer dans leurs murs le cheval, il en fit sortir les Grecs qui s'y étaient cachés, armés et prêts à l'assaut. Il était le cousin d'Ulysse, 62, 2182.
Sirien : *le flambant Sirien* : Sirius, étoile située dans la constellation de la Canicule, 2501.
Sithonien, -enne : de Sithonie, pointe de Chalcidique ; *par extension*, thracien, 1222.
Sparte : cité de Laconie, dans le Péloponnèse, 1168, 1189, 1190.
Stygial, -ale : du Styx, fleuve des Enfers, 2180.
Stygian -ane : *comme* Stygial, -ale, 2136.
Stygieux, -euse : *comme* Stygial, -ale, 382.
Styx : fleuve infernal, 2503.
Syrtes : ce nom désigne deux bas-fonds sablonneux de la côte septentrionale de l'Afrique, 2196.

Talthybie : héraut de l'armée grecque, 1275.
Tartare : Scythe, 1925.
Telemaq' : Télémaque, fils d'Ulysse et de Pénélope, 1027.

Telephe : roi de Mysie, fils d'Héraclès. D'abord allié des Troyens, il fut blessé à la cuisse par la lance d'Achille ; il guérit, conformément à un oracle, grâce à la rouille de fer de la lance ; changeant alors de camp, il prit le parti des Grecs contre les Troyens et guida la flotte grecque d'Aulis à Troie, 1381.

Tempé : vallée située au Nord-Est de la Thessalie, réputée pour sa beauté, 1148.

Thebes (= Thebe) : ville de Cilicie, où naquit Andromaque, qui était la fille d'Eétion, le roi de cette cité (ne pas confondre avec la ville de Thèbes en Béotie), 1958.

Thessalie : région située au nord de la Grèce, 1145.

Thetis : déesse, femme de Pélée, fille de Nérée, le Vieillard de la mer ; elle habite chez son père et avec ses sœurs au fond de l'océan ; mère d'Achille, elle vient, dans l'*Iliade*, consoler son fils et elle intercède en sa faveur auprès de Zeus ; aux vers 1493 et 1500, Garnier la confond avec Téthys, femme de *l'Océan*.

1 - Thrace : région de la Grèce septentrionale, 1272, 2476.

2 - Thrace : habitant de Thrace, 2241, 2474.

Thracien, -enne : de Thrace, contrée située au nord de la Grèce, 1210, 2228, 2547.

Thyeste : frère d'Atrée et père d'Egisthe, 342, 1494.

Thyestean : de Thyeste, fils de Thyeste ; *désigne* Egisthe en 332.

Tiphys : un des pilotes du navire Argo, qui menait Jason en Colchide ; il ne revint pas de cette expédition dite des Argonautes, 1793.

Tisiphone : déesse de la vengeance, l'une des trois Erinyes, 550.

Trachin : Trachis, ville de Thessalie, 1152.

Trice : Tricca *ou* Trikké, ville de Thessalie (*cf. Iliade*), 1156.

Tritons : dieux marins qui accompagnent Poséidon, 1922.

Troades : Troyennes, 2572, 2618.

Troïle : Troïlos, fils de Priam ; il fut tué par Achille, 833, 1383.

Troïque : Troyen, 105, 177, 289, 674, 1096, 2554.

Troye : Troie, autrement dite Ilion ou Pergame, *Argument*, 7, 9, 17, 26, 29, 52, 68, 123, 188, 212, 241, 570, 584, 607, 678, 756, 763, 792, 794, 1061, 1112, 1235, 1288, 1306, 1409, 1421, 1565, 1803, 1853, 1858, 2180, 2250, 2264, 2293, 2456, 2550, 2635.

Troyen, -enne : de Troie, *employé comme nom ou comme adjectif, Dédicace, Argument*, 12, 129, 399, 414, 557, 577, 664, 760, 762, 766, 796, 984, 1058, 1083, 1302, 1503, 1823, 2047, 2244, 2292, 2509.

Tydide : Diomède, fils de Tydée ; il était roi d'Argolide ; il blessa Énée et Aphrodite, mais fut arrêté par Apollon (*Iliade*, chant V) ; il repoussa (chant XI) Hector et les Troyens, 61.
Tygre : fleuve de Mésopotamie, 21.
Tyndaride : descendant (e) de Tyndare, *désigne* Clytemnestre, fille de Tyndare, *au vers* 374.

Ulysse : fils de Laërte, roi d'Ithaque, 741, 830, 887, 1013, 1035, 1039, 1891, 1917.

Venus (= Aphrodite) : déesse de l'amour et de la beauté ; mère du Troyen Énée et, favorisée par le jugement de Pâris, elle prend parti pour Troie, 1790.

Xanthe : fleuve de Troade, 1303.

Zephyre (= Zéphyr) : vent de nord-ouest ou d'ouest, 1789, 1898.

TABLE DES MATIÈRES

AVANT-PROPOS 7

HIPPOLYTE

INTRODUCTION 17
Le modèle sénéquien et la structure du drame . . . 17
Spectacle et pathétique 29
La mythologie et le tragique 35
Tragique et sens religieux du drame 41

ÉTABLISSEMENT DU TEXTE 53

TABLEAU COMPARATIF
La tragédie de Garnier et celle de Sénèque 57

HIPPOLYTE
Tragédie 61
A Messeigneurs de Rambouillet 61
Suget de ceste tragedie 70
Interlocuteurs 72
Acte I 73

Acte II 88
Acte III 117
Acte IV 146
Acte V 164

TEXTES RETRANCHÉS 183
Argument des actes 183
Elegie, A Nic. de Ronsard,
Sieur de Roches, du Vivier, etc. 185

NOTES 191
Dédicace *À Messeigneurs de Rambouillet* 191
Pièces liminaires 191
Acte I 196
Acte II 219
Acte III 240
Acte IV 260
Acte V 271

BIBLIOGRAPHIE 287
Éditions 287
Dictionnaires, grammaires, lexiques,
traités de rhétorique 291
Études 292

INDEX VERBORUM 305

INDEX NOMINUM 325

LA TROADE

INTRODUCTION 337

NOTE SUR LA PRÉSENTE ÉDITION 375

LA TROADE

Tragedie 377

A Monseigneur l'Archevesque de Bourges 377

Argument de La Troade 382

Les entreparleurs de la tragedie 384

Acte I 385

Acte II 410

Acte III 440

Acte IIII 466

Acte V 490

NOTES 505

Dédicace et pièces liminaires 505

Argument 508

Acte I 510

Acte II 528

Acte III 540

Acte IV 555

Acte V 569

BIBLIOGRAPHIE 575
Éditions 575
Ouvrages 578
Articles et recueils d'articles 580

INDEX VERBORUM 583

INDEX NOMINUM 603

IMPRIM'VERT®

Achevé d'imprimer par Corlet Numéric,
Z.A. Charles Tellier, Condé-en-Normandie (Calvados),
en septembre 2019
N° d'impression : 160712 – Dépôt légal : juillet 2019
Imprimé en France